高等职业教育船舶与海洋工程装备类专业新形态教材

# 船舶柴油机使用与维护

主　编　刘晓丽　戴　武　吴璇璇
副主编　刘西全　孟宪东
参　编　尹立国　王志勇
主　审　童宗鹏

北京理工大学出版社
BEIJING INSTITUTE OF TECHNOLOGY PRESS

## 内容提要

本书按照项目化教学要求，基于工作过程的理念，按照最新项目教学方案编制。本书以船舶柴油机主要部件的拆装及系统维护管理任务为载体安排了10个教学项目、21个任务，每个任务包括任务导学、知识准备、任务实施、学生活动页等内容。本书系统阐述了柴油机总体结构、主要部件、配气系统、增压系统、燃油系统、润滑系统、冷却系统、操纵系统、特性曲线测取和柴油机操作与管理等理论知识与实操流程。学生活动页实现学做一体，使学生能够更快、更顺利地适应轮机工程技术生产岗位。

本书可作为高等院校船舶动力工程技术专业的教材，也可供企业员工培训、轮机修造从业人员自学使用。

**版权专有　侵权必究**

**图书在版编目（CIP）数据**

船舶柴油机使用与维护 / 刘晓丽，戴武，吴璇璇主编. —北京：北京理工大学出版社，2021.1（2021.3重印）

ISBN 978-7-5682-9537-6

Ⅰ.①船… Ⅱ.①刘… ②戴… ③吴… Ⅲ.①船用柴油机－使用方法－高等学校－教材②船用柴油机－维修－高等学校－教材 Ⅳ.①U664.121

中国版本图书馆CIP数据核字（2021）第022886号

出版发行 / 北京理工大学出版社有限责任公司
社　　址 / 北京市海淀区中关村南大街5号
邮　　编 / 100081
电　　话 / （010）68914775（总编室）
　　　　　（010）82562903（教材售后服务热线）
　　　　　（010）68948351（其他图书服务热线）
网　　址 / http://www.bitpress.com.cn
经　　销 / 全国各地新华书店
印　　刷 / 天津久佳雅创印刷有限公司
开　　本 / 787毫米×1092毫米　1/16
印　　张 / 17.5
字　　数 / 425千字
版　　次 / 2021年1月第1版　2021年3月第2次印刷
定　　价 / 49.80元

责任编辑 / 阎少华
文案编辑 / 阎少华
责任校对 / 周瑞红
责任印制 / 边心超

图书出现印装质量问题，请拨打售后服务热线，本社负责调换

# 前言

为了满足高等教育改革发展的需要，结合目前船舶动力工程技术专业行业需求，依照船舶动力工程技术专业人才培养方案，积极推行工学结合、校企合作、教学做一体化、混合式教学、实境教学等高校教学改革，我们编写了本书。本书以任务为导向，根据生产岗位的需要和职业标准的要求，紧密结合生产实际。

本书是集理论与实践于一体的教材。本书在编写过程中形成了如下特色：

1．教学内容按行动领域项目化，取材于工作实际，有企业专家和来自兄弟院校的教学专家共同参与编写，体现校企合作、工学结合。

2．知识结构按工作过程系统化，体现教学过程以学生为主体。

3．理论性知识总量适度够用，且反映新技术、新工艺。

4．任务引领设计具体、可操作，能方便地按岗位工作实际设计教学情境。

本书系统介绍了柴油机各部件及系统的典型结构、常见类型、实际应用、技术规范和行业标准，详细介绍了柴油机使用与维护过程中的检验维护、拆装步骤和操作要点。本书共分为10个项目，主要内容包括柴油机总体认知、柴油机主要部件拆装、配气系统维护管理、增压系统维护管理、燃油系统维护管理、润滑系统维护管理、冷却系统维护管理、操纵系统维护管理、柴油机测试及柴油机的操作与管理。

本书由渤海船舶职业学院刘晓丽、戴武和吴璇璇担任主编，由青岛港湾学院刘西全、渤海船舶职业学院孟宪东担任副主编，中国船舶集团有限公司第七一一研究所尹立国、渤海船舶职业学院王志勇参与编写。全书编写分工如下：刘晓丽编写项目二和项目三，并进行全书统稿；刘西全编写项目一，并为本书编写提供了参考资料；戴武编写项目四和项目五；吴璇璇编写项目六、项目七和项目十；王志勇编写项目八中的任务一；孟宪东编写项目八中的任务二和任务三；尹立国编写项目九。全书由中国船舶集团有限公司第七一一研究所童宗鹏主审。

由于编者水平有限，书中难免出现疏漏及不足之处，敬请读者批评指正。

编　者

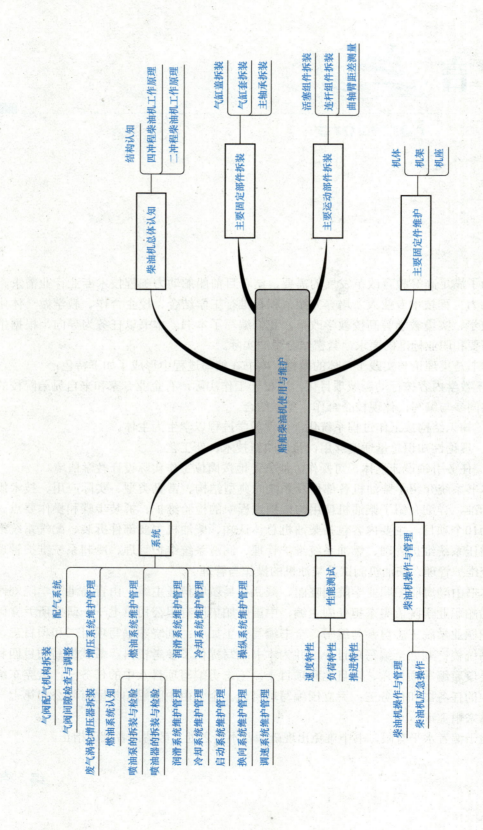

# 目录

## 项目一 柴油机总体认知 ··· 1
- 任务一 柴油机结构认知 ··· 2
- 任务二 柴油机工作原理分析 ··· 13

## 项目二 柴油机主要部件拆装 ··· 22
- 任务一 气缸盖的拆装 ··· 24
- 任务二 活塞、连杆组件拆装 ··· 34
- 任务三 曲轴臂距差测量 ··· 53
- 任务四 气缸套的拆装 ··· 67
- 任务五 机座、机体、贯穿螺栓与主轴承的维护管理 ··· 76

## 项目三 配气系统维护管理 ··· 89
- 任务一 气阀配气机构的拆装 ··· 90
- 任务二 气阀间隙的检查与调整 ··· 101

## 项目四 增压系统维护管理 ··· 113
- 任务 废气涡轮增压器的拆装 ··· 114

## 项目五 燃油系统维护管理 ··· 131
- 任务一 燃油系统认知 ··· 132
- 任务二 喷油泵的拆装与检验 ··· 145

任务三　喷油器的拆装与检验·································162

**项目六　润滑系统维护管理**···········································173
　　任务　润滑系统维护管理···········································174

**项目七　冷却系统维护管理**···········································188
　　任务　冷却系统维护管理···········································189

**项目八　操纵系统维护管理**···········································202
　　任务一　启动系统维护管理·······································203
　　任务二　换向系统维护管理·······································213
　　任务三　调速系统维护管理·······································221

**项目九　柴油机测试**···················································242
　　任务　特性曲线的测取···············································243

**项目十　柴油机操作与管理**··········································254
　　任务一　主柴油机操作···············································255
　　任务二　柴油机应急处理···········································263

**参考文献**····································································274

# 项目一　柴油机总体认知

## 思维导图

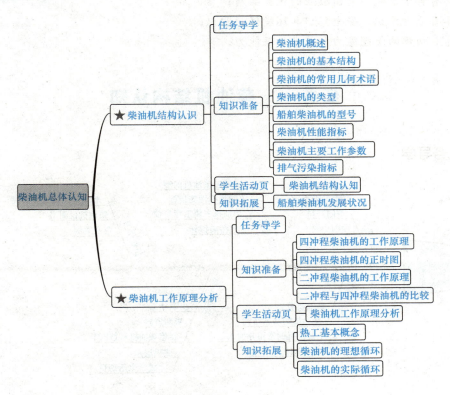

## 项目描述

柴油机自1897年问世以来，经过一个世纪的发展，其技术已经取得了很大进步并更趋完善。柴油机在动力机械中占据极为重要的地位，在船舶动力中也占据统治地位。目前，所有的内河及沿海中，小型船舶都采用柴油机作为主机和辅机；在远洋民用船舶中，2 000 t以上的船舶，以柴油机作为主机的船舶占总数的98%以上，占总功率的96%以上。通过本项目的训练，学生应达到以下要求：

一、知识要求
1. 掌握柴油机的基本构成和特点；
2. 掌握柴油机的常用几何术语；
3. 掌握柴油机的工作原理；
4. 熟悉柴油机的分类。

## 二、能力要求

1. 具备查阅柴油机说明书的能力；
2. 能够准确解释柴油机铭牌上的型号及相关技术指标的含义；
3. 能应用正时图说明二、四冲程柴油机的工作原理。

## 三、素质要求

1. 具有分析问题、解决问题的能力；
2. 具有沟通能力和团队协作精神；
3. 具有勇于创新、爱岗敬业的优秀品质；
4. 具有质量意识、安全意识和环境保护意识；
5. 具有初步的管理能力和信息处理能力。

# 任务一  柴油机结构认知

### 任务导学

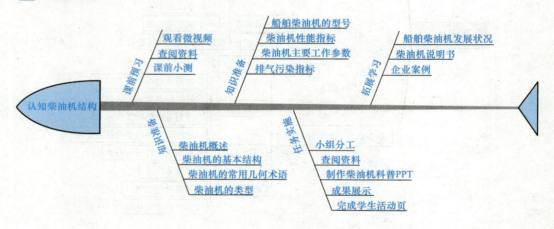

### 知识准备

#### 一、柴油机概述

热机是把燃料的化学能通过燃烧转变为热能，再通过燃烧产物（工质）的膨胀做功把热能转换成机械能的动力机械。热机通常以石化燃料作为能源，在工作过程中需要完成两次能量转化。首先通过燃烧将燃料的化学能转化为热能，再通过工质膨胀将热能转化为机械能。

两次能量转化过程在同一机械设备的内部完成的热机为内燃机；两次能量转化过程分别在两个不同的机械设备内部完成的热机为外燃机。汽油机、柴油机以及燃气轮机同属于内燃机，其工作特点是燃料在发动机内部燃烧并利用产生的高温高压燃气直接做功。从能量转换观点来看，此类机械能量损失小，具有较高的热效率，在尺寸和质量等方面也具有明显优势，如燃气轮机在热机中的单位质量功率最大。蒸汽机和蒸汽轮机同属于外燃机，其工作特点是燃料在锅炉中进行燃烧，水加热后产生高温高压蒸汽，然后利用蒸汽膨胀做功。由于外燃机热能需经中间工质（水蒸气）传递，热损失较大，所以其热效率不高；整个动力装置由锅炉、冷凝器等组成，十分笨重。内燃机在与外燃机竞争中已经取得明显的领先地位。

热机基本上有两种运动形式，即往复式和回转式。对于往复式发动机，工质膨胀做功是通过活塞的往复运动实现的；而回转式发动机是利用高速流动的工质在工作叶轮内膨胀，推动叶轮转动而工作的。往复式发动机是间歇工作的，其工质的最高温度较高；而回转式发动机是连续工作的，受材料热强度的限制，其工质的最高温度不能太高，这就限制了其热效率的进一步提高。

柴油机和汽油机同属往复式内燃机，但又都具有各自的工作特点。柴油机与汽油机的比较如表 1-1-1 所示。汽油机使用挥发性好的汽油做燃料，采用外部混合法形成可燃混合气，即汽油与空气在气缸外部进气管中的化油器内进行混合；采用电点火（电火花塞点火）。这种工作特点使汽油机不能采用高压缩比，因而限制了汽油机的经济性不能大幅度提高，也不允许作为船舶发动机使用（汽油的火灾危险性大）。但它工作柔和平稳、噪声低、比质量小，因而广泛应用于轿车和轻型运输车辆。

柴油机是一种压缩发火的往复式内燃机。柴油机使用挥发性较差的柴油或劣质燃料油做燃料；采用内部混合法形成可燃混合气，即燃油与空气的混合发生在气缸内部；采用压缩发火（靠缸内空气被压缩后形成的高温使可燃混合气自行发火）。这些特点使柴油机在热机领域内具有最高的热效率（50%左右），因而应用十分广泛。

表 1-1-1　柴油机与汽油机的比较

| 比较项 | 柴油机 | 汽油机 |
| --- | --- | --- |
| 燃料（燃烧工质） | 柴油或劣质燃油 | 汽油 |
| 点火方式 | 压缩自行发火 | 电火花塞点火 |
| 混合气的形成方式 | 内部混合 | 外部混合 |
| 压缩比 | 12～22 | 6～10 |
| 有效热效率/% | 30～55 | 15～40 |

柴油机通常具有以下突出优点：
(1) 经济性好。有效热效率可达 50% 以上，可使用低价的燃料油，燃油费用低。
(2) 功率范围广，单机功率从 0.6 kW 到 80 000 kW，适用领域广。
(3) 尺寸小，比质量（kg/kW）轻，便于机舱布置。
(4) 有较宽的转速和负荷调节范围，可直接反转，能适应船舶航行的各种工况要求。
(5) 可靠性高，寿命长，维修方便。

同时，柴油机也具有以下缺点：
(1) 存在较大的机身振动、轴系扭转振动及噪声。
(2) 某些部件的工作条件恶劣，承受高温、高压并具有冲击性负荷。

上述优点使柴油机广泛应用于各个领域，尤其在船舶主动力装置中，柴油机已经取得了绝对领先地位。

## 二、柴油机的基本结构

下面以四冲程柴油机为例,说明柴油机的结构(图 1-1-1)。

### 1. 固定部件

柴油机固定部件主要有气缸盖、气缸套、机体、机座、主轴承等,它们共同构成柴油机本体和运动件的支承,并且气缸盖、气缸套与活塞组件共同组成燃烧室和燃气工作的空间。

### 2. 运动部件

运动部件主要由活塞组件、连杆组件、曲轴和飞轮组件等组成。它们与固定部件配合完成空气压缩及热能到机械能的转换。

### 3. 系统

柴油机的主要系统有配气系统、燃油系统、润滑系统、冷却系统、启动系统、换向系统、调速系统,一般将启动、调速、换向和停车集中控制统称为操纵系统。多数柴油机还设有增压系统,用于进一步提高柴油机做功能力。

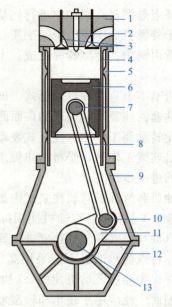

图 1-1-1 四冲程柴油机的基本结构
1—气缸盖;2—喷油器;3—进、排气阀;4—缸套;
5—缸体;6—活塞;7—活塞销;8—连杆;9—机架;
10—曲柄销;11、13—曲轴;12—机座

## 三、柴油机的常用几何术语

(1)上止点(TDC):活塞在气缸中运动离曲轴中心线最远时的位置,也称为上死点。

(2)下止点(BDC):活塞在气缸中运动离曲轴中心线最近时的位置,也称为下死点。

(3)缸径($D$):气缸套的名义内径。

(4)曲柄半径($R$):曲轴的曲柄销中心与主轴颈中心间的距离。

(5)冲程($S$):活塞从上止点(或下止点)移动到下止点(或上止点)间的直线距离,又称为行程。

(6)压缩容积($V_c$):活塞位于上止点时,由活塞顶、气缸盖底面与气缸套表面之间所包围的空间,也称为燃烧室容积。

(7)气缸工作容积($V_s$):活塞在气缸中从上止点(或下止点)移动到下止点(或上止点)时所扫过的容积,也称为活塞排量。

$$V_s = \frac{\pi}{4} D^2 \cdot S$$

(8)气缸总容积($V_a$):活塞在位于下止点时,活塞顶以上的气缸全部容积。显然

$$V_a = V_c + V_s$$

(9)压缩比($\varepsilon$):气缸总容积与压缩容积之比,也称几何压缩比。

$$\varepsilon = \frac{V_a}{V_c} = \frac{V_s + V_c}{V_c} = 1 + \frac{V_s}{V_c}$$

压缩比是柴油机的一个重要结构参数,它表示缸内工质被压缩的强烈程度。柴油机压缩比为 12~22。中、高速柴油机的 $\varepsilon$ 高于低速机。实际柴油机的有效压缩比取决于进、排气正时,因此运转中柴油机的压缩比与几何压缩比有所不同。

(10) 余隙高度($h_c$):活塞在上止点时,其最高顶面与气缸盖底面之间的垂直距离。

柴油机主要几何术语如图1-1-2所示。

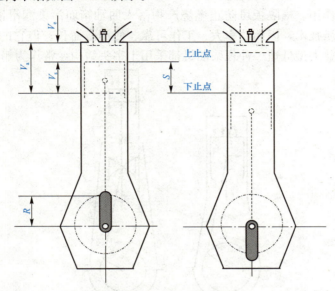

图1-1-2 柴油机主要几何术语

## 四、柴油机的类型

柴油机通常有以下分类方法:

(1)按工作循环特点分:四冲程柴油机和二冲程柴油机。

(2)按进气方式分:增压柴油机和非增压柴油机。

(3)按曲轴转速$n$或活塞平均速度$C_m$分:

高速柴油机:$n>1\,000$ r/min,$C_m=6.0\sim7.2$ m/s。

中速柴油机:$300<n\leqslant1\,000$ r/min,$C_m=7.0\sim9.4$ m/s。

低速柴油机:$n\leqslant300$ r/min,$C_m=9.0\sim14.2$ m/s。

一般对船用主机来讲,经济性、可靠性和使用寿命是第一位的,质量和尺寸是第二位的。因此,低速二冲程柴油机因其效率高、功率大、工作可靠、寿命长、可燃用劣质燃油以及转速低(通常为100 r/min左右,最低可达56 r/min)等优点适于大型海船主机;大功率四冲程中速柴油机因其尺寸小、质量小,较适合作为河船和部分海船的主机。由于中速机单机功率提高,工作可靠性、经济性及对劣质燃油适应性均有明显改进,基本上达到与低速机相近的水平,用作海船主机的数量明显增加。近年建造的2 000总t以上船舶中,使用中速机作为主机的占25%左右。船舶发电柴油机因要求功率不大、可多台柴油机联用、转速较高以及结构简单等特点,均采用中、高速四冲程柴油机。

(4)按柴油机结构特点分:筒形活塞式柴油机和十字头式柴油机。

图1-1-3(a)所示为筒形活塞式柴油机的构造简图。活塞1通过活塞销直接与连杆6连接。这种结构的优点是结构简单、体积小、质量小,缺点是由于运动时有侧推力,活塞与气缸之间的磨损较大,中高速柴油机一般采用这种结构。

图1-1-3(b)所示为十字头式柴油机的构造简图。活塞1设有活塞杆2,通过十字头3与

连杆 6 相连接，并在气缸下部设置横隔板将气缸与曲轴箱隔开。当柴油机工作时，十字头滑块 4 在导板 5 上滑动，侧推力由十字头滑块和导板承受，活塞不起导向作用，活塞与缸套之间没有侧推力作用。横隔板可防止燃烧产物落入曲轴箱而污染润滑油，有利于劣质燃油的使用和采用增压技术，因而功率大、工作可靠、使用寿命长。但它的质量和高度增大，结构也较复杂。目前大型低速二冲程柴油机都采用十字头结构，常作为船舶主机使用。

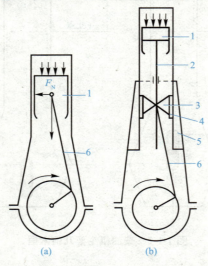

**图 1-1-3　筒形活塞式柴油机与十字头式柴油机的构造简图**
1—活塞；2—活塞杆；3—十字头；4—滑块；5—导板；6—连杆

(5) 按气缸排列方式的不同分：直列式柴油机和 V 形柴油机。

图 1-1-4(a)所示为气缸排成一列的直列式柴油机简图。为了提高柴油机的单位长度的功率，扩大单机功率范围，以及降低柴油机的重量指标，也有将柴油机设计成如图 1-1-4(b)所示的 V 形。在民用船舶柴油机中，主要是直列式和 V 形。

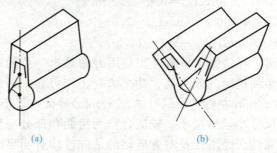

**图 1-1-4　直列式柴油机和 V 形柴油机简图**
(a)直列式；(b)V 形

(6) 按柴油机能否倒转分为：可倒转式柴油机和不可倒转式柴油机。

可由操纵机构改变曲轴转向的柴油机称为可倒转式柴油机。曲轴只能按同一方向旋转的柴油机称为不可倒转式柴油机。在船舶上，凡直接带动螺旋桨的柴油机均为可倒转式柴油机；凡带有倒顺车离合器、倒顺车齿轮箱或可变螺距螺旋桨的柴油机以及船舶发电柴油机均为不可倒转式柴油机。

(7)按动力装置的布置分：左旋柴油机和右旋柴油机。

由柴油机的功率输出(飞轮)端向自由端看，正车时飞轮按顺时针方向旋转的柴油机称为右旋柴油机；反之称为左旋柴油机。单台布置的船舶主柴油机通常均为右旋柴油机。某些船舶采用双机双桨推进装置(如客船)，由船尾向船首看，布置在机舱右舷的柴油机为右旋柴油机，也称为右机；布置在机舱左舷的柴油机为左旋柴油机，也称为左机。在这种动力装置中，为便于操纵管理，右机的操纵即燃油侧布置在柴油机左侧(内侧)，而排气侧布置在右侧；左机的操纵在柴油机右侧(内侧)。

(8)按冲程缸径比 $S/D$ 范围分：短冲程柴油机($S/D \leqslant 2.5$)、长冲程柴油机($2.5 < S/D \leqslant 3.0$)、超长冲程柴油机($S/D > 3.0$)。

### 五、船舶柴油机的型号

为了便于用户选择柴油机，每一柴油机制造厂都将其产品用一组字母或数字组成的字符串来命名柴油机，即柴油机的型号。

**1. 国产船舶柴油机的型号**

(1)中小型柴油机。国产中小型柴油机系列品种很多，其型号中一般有气缸数、冲程数、缸径、技术特征和改进型号等内容，组成如下：

气缸数、气缸直径用数字表示；

冲程数：E 表示二冲程，无 E 为四冲程；

技术特征：C 表示船用右机，Ca 为左机；

　　　　　Z 表示增压，G 表示高增压(有 Z 时)；

　　　　　V 表示 V 形排列；

　　　　　D 表示可倒转。

例如：12V135ZC 表示 12 缸 V 形排列、缸径为 135 mm、四冲程增压船舶柴油机；9E150C 表示 9 缸、二冲程、缸径为 150 mm、非增压船舶柴油机；6250GZC 表示 6 缸、四冲程、缸径为 250 mm、高增压船舶柴油机。

(2)大型低速柴油机。国产大型低速柴油机型号由气缸数、冲程数、缸径、技术特征和改进型号等组成。例如：6ESDZ43/82B 表示 6 缸、二冲程、十字头式、可倒转、增压、缸径为 43 cm、冲程为 82 cm 船舶柴油机，为厂家第二代产品。

**2. 国外常见船舶柴油机的型号**

(1)瑞士苏尔寿(Sulzer)船舶低速柴油机。有 RD、RND、RMD－M、RLA、RLB、RTA、RTA－M 等系列产品。

其符号意义如下：

前面数字为气缸数；

后面数字为气缸直径(cm)；

技术特征：R——焊接结构、二冲程、十字头式；

　　　　　N、M、A、B——设计改型发展序号；

　　　　　D——可倒转；

　　　　　L——长冲程；

　　　　　T——超长冲程、直流扫气。

例如：6RTA84M 表示 6 缸、二冲程、十字头式、缸径为 84 cm、焊接结构、改进型号为 M 的船舶柴油机。

(2) 德国曼恩(MAN)船舶低速柴油机。德国曼恩[现已与丹麦柏玛斯特—韦恩(B&W)公司合并]生产的船舶低速柴油机有 KZ、KSZ-A、KSZ-B 等系列产品。

例如：K10Z93/170E 表示十字头式、10 缸、二冲程单作用、缸径 93 cm、冲程 170 cm、改进型号为 E(80%增压度)。

(3) 丹麦 B&W 公司船舶低速柴油机。丹麦 B&W 公司(现已与 MAN 公司合并)生产的船用低速机有 VTBF、VT2BF、KEF、KGF、L-GF 等系列产品。

例如：10K98GF 表示 10 缸、二冲程单作用十字头式、缸径 98 cm、设计特征为 G、直接传动船舶主机。

### 六、柴油机性能指标

柴油机的性能通常可以从动力性、经济性、运转性(冷车启动、排放性、加速性与加载性等)、可靠性、耐久性等方面加以评价，通常柴油机的性能指标主要有动力性指标和经济性指标。

动力性指标包括平均指示压力 $p_i$、平均有效压力 $p_e$、指示功率 $P_i$、有效功率 $P_e$、机械效率 $\eta_m$、平均机械损失压力 $p_m$。

经济性指标包括指示油耗率 $g_i$、指示热效率 $\eta_i$、有效油耗率 $g_e$、有效热效率 $\eta_e$。

柴油机的性能指标又可分为指示指标和有效指标两大类。指示指标是以实测示功图所表示的一个工作循环所做的指示功为基础，它只考虑缸内燃烧不完全及传热等方面的热损失，没有考虑运动副间所存在的摩擦损失，主要用来评价气缸内工作循环的完善程度。有效指标是以在柴油机输出轴上所得到的有效功为基础，它既考虑了气缸内的热损失，也考虑了一系列的机械损失，它是评定柴油机工作性能的最终指标。

### 七、柴油机主要工作参数

#### 1. 最高爆发压力 $p_z$

燃烧过程中，气缸内工质的最高压力称为最高爆发压力。最高爆发压力是衡量柴油机机械负荷大小的重要参数，对柴油机的经济性也有着重要影响。它能引起各受力部件的应力和变形，造成疲劳破坏、磨损和振动。

提高 $p_z$ 已成为降低燃油消耗的主要技术措施之一。船舶低速二冲程柴油机 $p_z$ 已达 12.0~15.0 MPa，中速四冲程柴油机普遍提高到 13.0~15.0 MPa，而高速机个别达到 18.0 MPa。

#### 2. 排气温度 $T_r$

非增压柴油机的排气温度指排气管内废气的平均温度，增压柴油机的排气温度指气缸盖排气道出口处废气的平均温度。

对于同一台柴油机，排气温度高低反映了缸内负荷的大小与燃烧质量的好坏，故用排气温度来衡量热负荷的大小。柴油机排气温度过高，不但标志热负荷过高，而且会引起经济性和可靠性下降。为保证柴油机可靠运转，通常把排气温度的最高值作为限制标准。船舶柴油机排气温度的最高值应低于 550 ℃。

### 3. 转速

转速对柴油机的性能和结构影响很大，单位用 r/min 表示。

(1) 最高转速 $n_{max}$：受调速控制时，柴油机所能达到的最高转速。

(2) 最低稳定转速 $n_{min}$：柴油机能够稳定工作的最低转速。

在最低稳定转速和最高转速之间是柴油机转速的工作范围。

### 4. 活塞平均速度 $C_m$

活塞在气缸中运动的速度是不断变化的，在行程中间较大，在止点附近较小，止点处为零。若已知内燃机转速 $n$ 时，则活塞平均速度可由下式计算：

$$C_m = \frac{2Sn}{60} = \frac{Sn}{30}$$

式中  $S$——行程(m)。

活塞平均速度 $C_m$ 是柴油机机械负荷、热负荷和寿命的重要参数之一。提高 $C_m$ 可以提高柴油机的功率，但零件的机械负荷、热负荷会同时增加，机件的磨损也会相应增加，因而，靠提高 $C_m$ 来提高功率是有限度的。

近代船舶大型二冲程柴油机多采用长或超长行程。为了维持较长的寿命和适当的 $C_m$ 值，均选用较低柴油机转速，如标定转速低于 100 r/min，甚至仅为 60~70 r/min。这有利于提高螺旋桨的推进效率。

### 5. 润滑油消耗率

柴油机在标定工况时，每千瓦小时所消耗润滑油量的克数称为润滑油消耗率，单位为 g/(kW·h)。

柴油机的润滑油是在机内不断循环使用的，其消耗的原因主要是：柴油机在运转时润滑油经活塞窜入燃烧室内或由气阀导管流入气缸内烧掉，未烧掉的则随废气排出；另外，有一部分润滑油由于在曲轴箱内雾化或蒸发，而从曲轴箱通风口排出。柴油机的润滑油消耗率一般为 0.5~4 g/(kW·h)。

## 八、排气污染指标

柴油机的排气中包括一氧化碳(CO)、碳氢化合物(HC)、氮氧化物($NO_x$)和二氧化硫($SO_2$)。这些燃烧产物排入大气，污染环境而且对人体健康有害。

MARPOL73/78 公约对船舶柴油机的排放规定如表 1-1-2 所示。

表 1-1-2  船舶柴油机排放限制

| 排放物 | 中速机/[g·(kW·h)$^{-1}$] | 低速机/[g·(kW·h)$^{-1}$] |
| --- | --- | --- |
| $NO_x$ | 12 | 17 |
| CO | 1.6 | 1.6 |
| HC | 0.5 | 0.5 |
| $CO_2$ | 660 | 660 |
| $SO_2$ | 4.2×S% | 4.2×S% |

注：表中 S 为燃油中的含硫量，且不得大于 1.5%

# 学生活动页

| 学习领域 | 船舶柴油机使用与维护 | 任务名称 | 柴油机结构认知 |
|---|---|---|---|
| 学生姓名 | | 班级学号 | |
| 组别 | | 任务成绩 | |
| 任务描述 | 柴油机是船上重要的动力设备,在船上用来做船舶主机和柴油机发电机。本任务介绍了柴油机的结构、术语、类型、型号、性能指标及主要工作参数。通过学习,在工作中熟悉柴油机结构及使用 | | |
| 知识目标 | 1. 熟悉柴油机结构;<br>2. 掌握柴油机术语;<br>3. 熟悉柴油机分类 | | |
| 能力目标 | 1. 能够查阅柴油机说明书;<br>2. 能够解释柴油机铭牌上的型号 | | |
| 素质目标 | 1. 能够具备初步的管理能力和信息处理能力,主动获取信息,展示学习成果,对工作过程进行总结和反思;<br>2. 能够具备沟通能力、质量意识和安全意识,有效利用团队合作解决实际问题 | | |
| 学习重点 | 柴油机结构和类型 | 学习难点 | 柴油机术语 |
| 活动记录 | 1. 小组人员分工<br><br>| 姓名 | 分工 | 姓名 | 分工 | 姓名 | 分工 |<br>\|---\|---\|---\|---\|---\|---\|<br>\| \| \| \| \| \| \|<br>\| \| \| \| \| \| \|<br>\| \| \| \| \| \| \|<br><br>2. 查阅资料列表<br><br>| 内容明细 | 参考资料 |<br>\|---\|---\|<br>\| 中国柴油机厂有哪些 \| https://www.sohu.com/a/290617378_650946 \|<br>\| \| \|<br>\| \| \|<br><br>3. 柴油机科普 PPT 大纲摘要<br><br><br><br>4. PPT 展示汇报 | | |

| | |
|---|---|
| 活动记录 | 5. 存在问题 |
| 任务考核 | ★选择题<br>1. 柴油机是热机的一种，它是（　　）。<br>　　A. 在气缸内进行一次能量转换的热机<br>　　B. 在气缸内进行二次能量转换的点火式内燃机<br>　　C. 在气缸内进行二次能量转换的往复式压缩发火的内燃机<br>　　D. 在气缸内进行二次能量转换的回转式内燃机<br>2. 按我国有关规定，低速柴油机的转速范围为（　　）。<br>　　A. $n \leqslant 100$ r/min　　　　　　B. $n \leqslant 200$ r/min<br>　　C. $n \leqslant 300$ r/min　　　　　　D. $n \leqslant 500$ r/min<br>3. 在下列压缩比的表达式中，错误的是（　　）。<br>　　A. $\varepsilon = V_c/V_a$　　　　　　　B. $\varepsilon = V_a/V_c$<br>　　C. $\varepsilon = (V_s + V_c)/V_c$　　　D. $\varepsilon = 1 + V_s/V_c$<br>4. 在下列装置中，属于内燃机的是（　　）。<br>　　Ⅰ. 燃气轮机　Ⅱ. 蒸汽轮机　Ⅲ. 煤气机　Ⅳ. 汽油机　Ⅴ. 柴油机　Ⅵ. 蒸汽机<br>　　A. Ⅱ＋Ⅲ＋Ⅳ＋Ⅵ　　　　　　B. Ⅰ＋Ⅲ＋Ⅳ＋Ⅴ<br>　　C. Ⅱ＋Ⅳ＋Ⅴ＋Ⅵ　　　　　　D. Ⅰ＋Ⅲ＋Ⅴ＋Ⅵ<br>5. 根据柴油机结构的不同，柴油机可分为（　　）。<br>　　Ⅰ. 十字头式　Ⅱ. 二冲程　Ⅲ. 筒形活塞式　Ⅳ. 四冲程　Ⅴ. 增压式　Ⅵ. 非增压式<br>　　A. Ⅱ＋Ⅵ　　B. Ⅳ＋Ⅴ　　C. Ⅱ＋Ⅴ　　D. Ⅰ＋Ⅲ<br><br>★名词解释<br>1. 压缩容积<br><br>2. 下止点<br><br>3. 冲程<br><br>4. 最高爆发压力<br><br>★简答题<br>1. 简述铭牌为6ESDZ43/82B的柴油机含义。<br><br>2. 船上常用的主机是何种类型的？<br><br>3. 柴油机有哪些优点？ |

续表

| 任务评价 | 自我评价 | 1. 通过本任务学习，我学到的知识点和技能点：＿＿＿＿＿＿＿＿＿＿＿。<br>存在问题：＿＿＿＿＿＿＿＿＿＿＿。<br>2. 在本次工作和学习的过程中，我的表现可得到：<br>☐优 ☐良 ☐中 ☐及格 ☐不及格 |
|---|---|---|
| | 小组互评 | |
| | 教师评价 | |

知识拓展

### 船舶柴油机发展现状

柴油机同其他各种动力机械相比具有突出的优点，因而得到了广泛应用。据近些年世界各国造船资料统计，柴油机作为主动力装置，装船总数及所占功率份额均已达到98%以上，特别是在运输船舶上，柴油机作为主机和辅机更占有绝对统治地位。

一般对船用主机来说，经济性、可靠性和使用寿命是第一位的，质量和尺寸是第二位的。据此，低速二冲程柴油机因其效率高、功率大、工作可靠、寿命长、可燃用劣质油以及转速低(通常为100 r/min左右，最低可达56 r/min)等优点适于作船舶主机。大功率四冲程中速柴油机因其尺寸与质量小，适于作滚装船、集装箱船的主机。船舶发电柴油机因其发电机要求功率不大、转速较高以及结构简单，因而均采用中、高速四冲程筒形活塞式柴油机。

全球船用柴油机主要产自韩国、中国及日本。全球低速机市场仍被MAN、Wärtsilä和MITSUBISHI三大公司垄断，中速机品牌主要有瓦锡兰、曼恩、卡特彼勒，高速机品牌包括MTU、Deutz、MWM、SACM等。中国生产的柴油机基本是由曼恩、瓦锡兰、MTU授权的。

2017年，中国船用柴油机产量为1000.9 kW，全球占比三分之一左右，其中中国低速船用柴油机产量约为579.1万kW，占船用柴油机总产量的57.9%，船用高速机年产量为79.9万kW。在船用低速机市场，沪东重机股份有限公司和大连船用柴油机有限公司占据80%左右的市场，中速机70%以上的市场被潍柴重机股份有限公司、中船动力有限公司和沪东重机股份有限公司占据。

总部位于德国的MAN公司是世界最大的船用柴油机生产厂家，除了研制船用低、中速柴油机，还向许多国家出口柴油机生产许可证，包括日本、韩国的主要柴油机生产厂都引进MAN公司的技术。中国多家柴油机厂也引进该公司的生产许可证，制造部分型号的柴油机。MAN公司于1982年推出长冲程的L—MC系列低速大功率柴油机，此后不久又推出短冲程的K—MC系列和超长冲程的S—MC系列，各系列又有缸径不等的型号，缸径有50、60、70、80和90(cm)，还有26、42、46和98(cm)。MC系列有多个型号，近几年来，我国船机产能都保持了20%的年增长速度。功率范围为1 350 kW～87 200 kW。该公司于2003年推出了首台智能型柴油机ME。近几年又推出G系列的"绿色发动机"。

Wärtsilä公司由芬兰Wärtsilä公司和瑞士New Sulzer公司合并而成，是世界第二大船用柴油机生产厂家，其产品的结构比MAN公司的复杂，但燃油消耗率低。2001年该公司研制的首台智能型柴油机6RT—flex58T—B正式投入实际应用。2008年瓦锡兰和三菱重工合作研发

RT—X 系列低速柴油机，2011 年温特图尔发动机公司（WGD）推出 X 型船用低速二冲程柴油机，属于 RT—flex 机的优化改进型。其中：X62 和 X72 两型低速 X 系列柴油机是专为海岬型散货船、巴拿马型散货船、苏伊士型油船和巴拿马型集装箱船设计的；其后推出的 X92 机型主要用于大型集装箱船。上海沪东重机上船造机有限公司、大连船用柴油机有限公司等厂家持有 Wärtsilä 公司的许可证，生产 RTA 系列和 RT—flex 系列的低速柴油机。2019 年，瓦锡兰 20DF 双燃料发动机作为中国首批 LNG 燃料平台供应船的柴油发电机组。

日本 MITSUBISHI 设计制造的 UEC—LS 型系列低速船用柴油机已问世多年，1998 年完成了 UEC—LS Ⅱ 型系列化，主要用于日本市场。为了适应更大功率的需要，也为了适应日益严格的环保要求，MITSUBISHI 最近又开发了 UEC—52LSE 型。该型机与老式的同类型柴油机比功率进一步提高，而燃油消耗率大致相等。

## 任务二　柴油机工作原理分析

### 任务导学

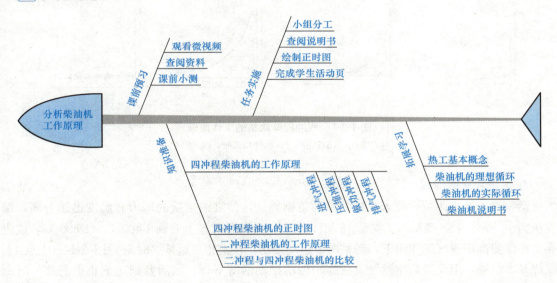

### 知识准备

一、四冲程柴油机的工作原理

四冲程柴油机的工作原理如图 1-2-1 所示。

**1. 进气冲程**

活塞从上止点下行，进气阀 a 打开。由于气缸容积不断增大，缸内压力下降，依靠气缸内外的压差，新鲜空气充入气缸。进气阀一般在上止点前提前开启（曲柄位于点 1），在下止点后延迟关闭（曲柄位于点 2），气阀开启的延续角[图 1-2-1(a)中阴影部分]为 220～250 °CA。

**2. 压缩冲程**

活塞从下止点上行，进、排气阀均关闭。上行的活塞对缸内的空气进行压缩，使其温度和压力均不断升高(曲线 2—3)。压缩终点的压力 $p_c$ 为 3~6 MPa；温度 $t_c$ 为 600 ℃~700 ℃。燃油自燃温度(210 ℃~270 ℃)远低于此值,自燃温度随压缩压力而变。在上止点(压缩终点)附近,燃油经喷油器 c 以雾化的状态喷入燃烧室,并在高温高压空气的作用下,开始自行发火燃烧。压缩冲程的曲柄转角为 140~160 ℃A。

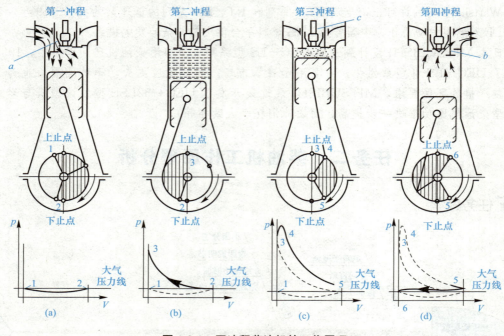

图 1-2-1　四冲程柴油机的工作原理
(a)吸气；(b)压缩；(c)燃烧和膨胀；(d)排气

### 3. 燃烧和膨胀冲程

活塞在上止点附近,喷入气缸的燃油急剧燃烧,使缸内工质的压力和温度迅速升高,爆发压力 $p_z$ 增高到 5~8 MPa,甚至 15 MPa 以上。最高温度 $t_z$ 上升到 1 400 ℃~1 800 ℃,或更高。在高温高压燃气的作用下,活塞向下运动做功,在上止点后某一时刻[图 1-2-1(c)中点 4],燃烧基本结束,但高温高压燃气继续膨胀做功推动活塞下行。当活塞到达下止点前某一时刻[图 1-2-1(c)中点 5],排气阀开启,膨胀过程结束。此时,气缸内的压力 $p_b$ 为 0.3~0.6 MPa,温度 $t_b$ 为 600 ℃~700 ℃。活塞则继续下行到下止点。燃烧膨胀冲程持续角为 130~160 ℃A。

### 4. 排气冲程

在上一冲程末,排气阀开启时活塞还在下行,废气靠气缸内外压力差经排气阀 b 自由排出,活塞从下止点上行时,废气被强制推出气缸,此时排气过程是在略高于大气压力,且在压力基本不变的情况下进行的。排气阀延迟到上止点后才关闭[图 1-2-1(d)中点 6]。排气阀开启的延续角度为 230~260 ℃A。

经过上述四个冲程,柴油机就完成了一个工作循环。活塞继续运动,新的循环按同样顺序重复进行。每个循环曲轴转两转,即 720°曲轴转角。在四个行程中,只有膨胀行程才做功,其余三个行程都要消耗功。因此,在单缸柴油机中,必须有一个足够大的飞轮来供给这三个行程所需的能量；而在多缸柴油机中,则借助其他气缸膨胀做功过程来供给。

## 二、四冲程柴油机的正时图

四冲程柴油机的进、排气阀的启闭都不正好在上、下止点,而是在上、下止点前后某一时刻。它们的开启持续角均大于 180 °CA。进、排气阀在上、下止点前后启闭的时刻称为气阀正时(定时),通常气阀正时用距相应止点的曲轴转角(°CA)表示。用曲轴转角表示气阀正时的图称气阀正时(定时)图,如图 1-2-2 所示。

在图 1-2-2 中,进气阀在上止点前点 1 开启,在下止点后点 2 关闭。其与相应止点的夹角 $\varphi_1$、$\varphi_2$ 分别称为进气提前角、进气滞后角。排气阀在下止点前点 5 开启,在上止点后点 6 关闭,其与相应止点的夹角 $\varphi_3$、$\varphi_4$ 分别称为排气提前角、排气滞后角。

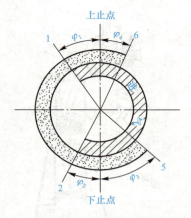

图 1-2-2 四冲程柴油机气阀正时图

由图 1-2-2 还可看出,在上止点前后进气阀与排气阀同时开启着,同一气缸的进、排气阀同时开启的曲轴转角称为气阀重叠角。在气阀叠开期间,进气管、气缸、排气管连通,这样有助于废气的排出和新气的流入。此时利用废气流动惯性的抽吸作用,除可避免废气倒冲入进气管外,还可将新鲜空气吸进气缸,并利用此压力差用新气将燃烧室内的废气扫出气缸,实现燃烧室扫气。此时不但可提高换气质量,还可利用进气冷却燃烧室零件的高温表面。因而,四冲程柴油机均有一定的气阀重叠角,而且增压柴油机的气阀重叠角均大于非增压柴油机。

## 三、二冲程柴油机的工作原理

在四冲程柴油机中,一个工作循环是在活塞四个冲程内完成的。为了进一步提高柴油机的做功能力,减少专门的辅助冲程,研制出二冲程柴油机。它是通过专门的扫气泵或增压器将外界空气压力提高后定时进入气缸,并按照一定的流线将上一循环的废气驱扫出气缸,同时完成进排气过程。根据扫气气流在气缸中的流动路线可分为直流扫气和弯流扫气两种。

$$
\begin{cases}
\text{直流扫气} \begin{cases} \text{气阀—气口式} \\ \text{气口—气口式} \end{cases} \\
\text{弯流扫气} \begin{cases} \text{横流扫气式} \\ \text{回流扫气式} \\ \text{半回流扫气式} \end{cases}
\end{cases}
$$

如图 1-2-3 所示,气阀—气口式直流扫气式二冲程柴油机,是船用大型低速机的主要类型。这种扫气形式的结构特点:在气缸套下部开有一圈相对于气缸中心线和气缸半径有一定倾角的扫气口;气缸盖上只设有排气阀(1~6 个)。其工作原理如下:

第一冲程:扫气和压缩冲程。

这一冲程活塞从下止点到上止点,完成扫气和压缩过程。在活塞上行没有遮住扫气口之前(曲柄从 $B$ 点到 $B_1$ 点),由废气涡轮增压器 1 或扫气泵 1[图 1-2-3(a)]或扫气泵[图 1-2-3(b)]供给的具有一定压力的新鲜空气由扫气箱 6 通过扫气口 5 进入气缸。由于扫气口倾角的作用,使进入气缸的空气有向上和绕气缸轴线旋转运动,形成"气垫",将上一循环残留在气缸中的废气经过开启着的排气阀扫出。扫气一直进行到活塞将扫气口遮闭时为止(图中 $B_1$ 点)。排气阀在配气机构的作用下定时关闭(图中 $B_2$ 点)。从 $B_1$ 到 $B_2$ 阶段称为过后排气。活塞继续上

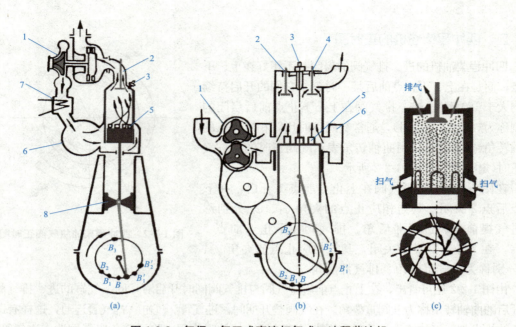

**图 1-2-3 气阀—气口式直流扫气式二冲程柴油机**
1—增压器；2、4—排气阀；3—喷油器；5—扫气口；6—扫气箱；7—空冷器；8—十字头组件

行，留在气缸中的扫气空气被压缩，压力和温度升高，当活塞接近上止点时(图中 $B_3$ 点)，燃油喷射系统通过喷油器将燃油以良好的雾化状态喷入燃烧室并开始燃前准备与发火燃烧。

第二冲程：燃烧膨胀、排气和扫气冲程。

这一冲程活塞从上止点到下止点，进行燃烧膨胀做功、自由排气和扫气过程。在上一冲程压缩终点附近，燃油喷入与空气混合并开始发火燃烧，当活塞刚越过上止点开始下行时，气缸内的压力和温度迅速增高，最高压力达 5～8 MPa 及以上，最高温度达 2 000～2 200 K。高温高压的燃气推动活塞下行做功。一直到排气阀打开为止。排气阀是在活塞还没有让开扫气口之前(图中 $B_2'$ 点)打开，这时具有一定压力的废气经排气阀自由排出。当气缸内压力下降到接近扫气空气压力时，活塞将扫气口打开(图中 $B_1'$ 点)，扫气空气进入气缸进行扫气，一直到该冲程的下止点并延续到下一冲程扫气口关闭时止。就这样，活塞经过上下两个冲程即完成一个工作循环。

排气阀的启闭由配气机构控制，扫气口的启闭由活塞来控制。和四冲程柴油机一样，不同系列柴油机有各自不同的最佳配气正时。

### 四、二冲程与四冲程柴油机的比较

二冲程柴油机与四冲程柴油机相比具有如下优点：

(1)二冲程柴油机每两个冲程即曲轴转一转完成一个工作循环。由此可以提高柴油机功率。在气缸直径、活塞冲程及转速相同时，理论上的功率是四冲程的 2 倍。但由于二冲程柴油机存在气缸上气口形成的冲程损失和扫气损失，实际上二冲程柴油机的功率仅是四冲程柴油机功率的 1.6～1.8 倍。

(2)由于二冲程柴油机曲轴每一转完成一个工作循环，因此回转比四冲程柴油机均匀，可使用较小的飞轮。

(3)二冲程柴油机结构简单,便于维护保养。

二冲程柴油机也有不足之处:

(1)二冲程柴油机换气质量较四冲程柴油机差。

(2)在相同转速下,二冲程柴油机工作循环比四冲程柴油机多一倍,所以二冲程柴油机的热负荷比四冲程柴油机高。

一般船舶大型低速柴油机为了得到较大的单缸功率都采用二冲程。由于转速很低,所以换气质量和燃油系统的工作条件均能得到保证。高、中速大功率柴油机大多数为四冲程,这主要是因为四冲程柴油机的热负荷低,易实现高增压。但随着二冲程柴油机的不断发展,逐步改善零件热负荷、换气质量以及增压系统等,高、中速大功率二冲程柴油机有可能得到较快的发展。

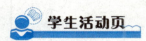

## 学生活动页

| 学习领域 | 船舶柴油机使用与维护 | 任务名称 | 柴油机工作原理分析 |
|---|---|---|---|
| 学生姓名 | | 班级学号 | |
| 组别 | | 任务成绩 | |
| 任务描述 | 四冲程和二冲程柴油机结构不同,工作原理也不相同。通过本任务的学习,学生能够绘制正时图,并对柴油机工作原理进行分析 | | |
| 知识目标 | 1. 掌握四冲程柴油机的工作原理;<br>2. 掌握二冲程柴油机的工作原理;<br>3. 理解二冲程与四冲程柴油机的不同点 | | |
| 能力目标 | 1. 能够查阅柴油机说明书;<br>2. 能够绘制柴油机正时图 | | |
| 素质目标 | 1. 能够具备初步的管理能力和信息处理能力,主动获取信息,展示学习成果,对工作过程进行总结和反思;<br>2. 能够具备沟通能力、质量意识和安全意识,有效利用团队合作解决实际问题 | | |
| 学习重点 | 四冲程柴油机工作原理 | 学习难点 | 正时图的绘制 |
| 活动记录 | 1. 小组人员分工 | | |

| 姓名 | 分工 | 姓名 | 分工 | 姓名 | 分工 |
|---|---|---|---|---|---|
| | | | | | |
| | | | | | |
| | | | | | |

续表

| | | | |
|---|---|---|---|
| 活动记录 | 2. 查阅柴油机说明书，填写如下数据 | | |

| 序号 | 名称 | 数据 |
|---|---|---|
| 1 | 进气提前角 | |
| 2 | 进气滞后角 | |
| 3 | 排气提前角 | |
| 4 | 排气滞后角 | |
| 5 | 气阀重叠角 | |

3. 绘制6300柴油机正时图

4. 计算柴油机每个冲程所占的曲柄转角

| 序号 | 冲程名称 | 计算过程 | 所占曲柄转角 |
|---|---|---|---|
| 第一冲程 | 进气冲程 | | |
| 第二冲程 | 压缩冲程 | | |
| 第三冲程 | 做功冲程 | | |
| 第四冲程 | 排气冲程 | | |

**任务考核**

★选择题

1. 根据柴油机的工作原理，在一个工作循环中其工作过程次序必须是（　　）。
   A. 进气、燃烧、膨胀、压缩、排气　　B. 进气、压缩、燃烧、排气、膨胀
   C. 进气、燃烧、排气、压缩、膨胀　　D. 进气、压缩、燃烧、膨胀、排气

2. 四冲程柴油机换气总曲轴转角角度一般有（　　）。
   A. 220～250°　　B. 230～260°　　C. 300～400°　　D. 450～500°

3. 四冲程柴油机的压缩与膨胀行程所占曲轴转角分别为（　　）。
   A. 均小于180°　　　　　　　　　B. 压缩行程小于180°，膨胀行程大于180°
   C. 均为180°　　　　　　　　　　D. 压缩行程大于180°，膨胀行程小于180°

4. 四冲程柴油机完成一个工作循环，其凸轮轴转速与曲轴转速之间的关系为（　　）。
   A. 2∶1　　　　B. 1∶1　　　　C. 1∶2　　　　D. 4∶1

5. 进、排气阀不在上、下止点位置关闭，其目的是（　　）。
   A. 提高压缩压力　　　　　　　B. 扫气干净
   C. 充分利用热能　　　　　　　D. 提高进、排气量

6. 四冲程柴油机的气阀重叠角等于（　　）。
   A. 进气提前角＋排气提前角　　B. 进气提前角＋排气滞后角
   C. 进气滞后角＋排气提前角　　D. 进气滞后角＋排气滞后角

7. 与四冲程柴油机相比，在二冲程柴油机的优点中，下列叙述错误的是（　　）。
   A. 换气质量好　　　　　　　　B. 回转均匀
   C. 换气机构简单　　　　　　　D. 维修保养方便

续表

| | | |
|---|---|---|
| 任务考核 | ★名词解释<br>1. 气阀重叠角<br><br>2. 正时图 | |
| | ★简答题<br>1. 简述四冲程柴油机的工作原理。<br><br><br>2. 四冲程柴油机与二冲程柴油机对比有哪些特点？<br><br><br>3. 简述气阀—气口式二冲程柴油机的工作原理。 | |
| 任务评价 | 自我评价 | 1. 通过本任务学习，我学到的知识点和技能点：_____。<br>存在问题：_____。<br>2. 在本次工作和学习的过程中，我的表现可得到：<br>□优　□良　□中　□及格　□不及格 |
| | 小组互评 | |
| | 教师评价 | |

## 知识拓展

### 一、热工基本概念

(1)热力系统：热力学中把分析的对象从周围物体中分割出来，研究它与周围物体之间的能量和物质的传递，这种被人为分割出来作为热力学分析对象的有限物质系统叫作热力系统，周围物体统称为外界。系统和外界之间的分界面叫作边界。

(2) 闭口系统：一个热力系统如果和外界只有能量交换而无物质交换，则该系统称为闭口系统。闭口系统内的质量保持恒定不变，所以闭口系统又叫作控制质量系统。

(3) 开口系统：如果热力系统和外界不仅有能量交换而且有物质交换，则该系统叫作开口系统。开口系统中的能量和质量都可以变化，但这种变化通常是在某一划定的空间范围内进行的，所以开口系统又叫作控制容积系统，或控制体。

(4) 绝热系统：当热力系统和外界无热量交换时，该系统称为绝热系统。

(5) 孤立系统：当一个热力系统和外界既无热量交换又无物质交换时，则该系统称为孤立系统。

(6) 工质：实现热能和机械能相互转化的媒介物质称为工质，依靠它在热机中的状态变化（如膨胀）才能获得功，而做功通过工质才能传递热。

(7) 示功图：气缸内的工质压力随气缸容积变化的图形叫作 $p$—$V$ 示功图，又称为压力—容积图，也可视为压力与活塞位置的函数关系。

## 二、柴油机的理想循环

在柴油机中，为了连续实现燃料化学能—热能—机械能的转换，需不断重复由进气、压缩、燃烧、膨胀和排气五个过程组成的循环，其实际进行情况十分复杂。

为了能用热力学的基本理论和公式分析研究柴油机循环，需将实际循环理想化和抽象化。基于热力学基本理论建立起来的柴油机循环称为理想循环，并对它做了如下几点假定：

(1) 工质为理想气体，其分子量与比热同纯空气在物理标准状态时相同。在整个循环中，比热和化学成分不变。燃料的燃烧过程用外界热源向工质加热过程代替，其方式可以是定容、定压或定容与定压混合过程。

(2) 循环为闭口系统，不更换工质，其数量也不变，故无进、排气过程与气体的漏泄。

(3) 压缩与膨胀过程为绝热过程，与外界没有热交换，也不存在摩擦。

(4) 废气排出带走热量的过程用工质向外界冷源放热过程代替。

因此，这样的理想循环是一个闭口系统的可逆热力循环。在能量转换过程中只有冷源损失，对四冲程和二冲程柴油机都适用。由于对工质所做的假定，有人称它为空气标准循环。

由热力学可知，按加热方式的不同假设，可以得到三种内燃机的理论循环，分别是等容加热循环（Otto 循环）、等压加热循环（Diesel 循环）和混合加热循环（Sabatlle 循环），如图 1-2-4 所示。

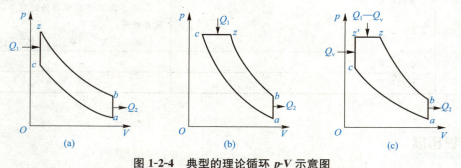

图 1-2-4 典型的理论循环 $p$-$V$ 示意图
(a) 等容加热循环；(b) 等压加热循环；(c) 混合加热循环

(1) 等容加热循环。由绝热压缩过程 $a$—$c$、等容加热过程 $c$—$z$（加热量 $Q_1$）、绝热膨胀过程 $z$—$b$ 及等容放热过程 $b$—$a$（放热量 $Q_2$）组成。汽油机按等容加热循环工作。

(2) 等压加热循环。由绝热压缩过程 $a$—$c$、等压加热过程 $c$—$z$、绝热膨胀过程 $z$—$b$ 及等容放热过程 $b$—$a$ 组成。现代高增压柴油机有向等压加热循环发展的趋势。

(3) 混合加热循环。由绝热压缩过程 $a$—$c$、等容加热过程 $c$—$z'$（加热量 $Q_v$）、等压加热过程 $z'$—$z$（加热量 $Q_1$—$Q_v$）、绝热膨胀过程 $z$—$b$ 及等容放热过程 $b$—$a$ 组成。一般柴油机都按混合加热循环工作。

### 三、柴油机的实际循环

柴油机的实际循环和理想循环之间是有差别的。

第一，实际循环是一个开口热力系统，而不是闭口热力系统。因为它需通过进、排气过程更换工质，排出废气，吸进新鲜空气，以保证循环反复进行。这样，工质性质会改变，且存在流动阻力损失。

第二，关于加热与放热过程。对工质的加热实际上是将燃油喷入气缸燃烧，将燃油的化学能转变为工质的热能，使其温度升高，因而存在不完全燃烧损失。由于燃烧速度的有限性以及与活塞运动速度不一致，故燃烧过程中的压力、容积均在改变，燃烧也会延续到膨胀过程。放热伴随废气排出进行。

第三，工质的数量和成分变化。这是由于进、排气过程更换工质、燃烧、高温分解与低温复合作用以及漏气等造成的。比热也随工质的成分和温度而变。

第四，各个工作过程进行时，存在热交换和摩擦。

由此可知，实际的循环和过程都是不可逆的；从能量转换角度来看，除了冷源损失外，还有不可逆损失，即不完全燃烧、热交换、漏气和流动阻力等其他热损失。

因而，柴油机循环不可能达到理想循环的热效率和平均压力。

# 项目二　柴油机主要部件拆装

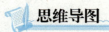思维导图

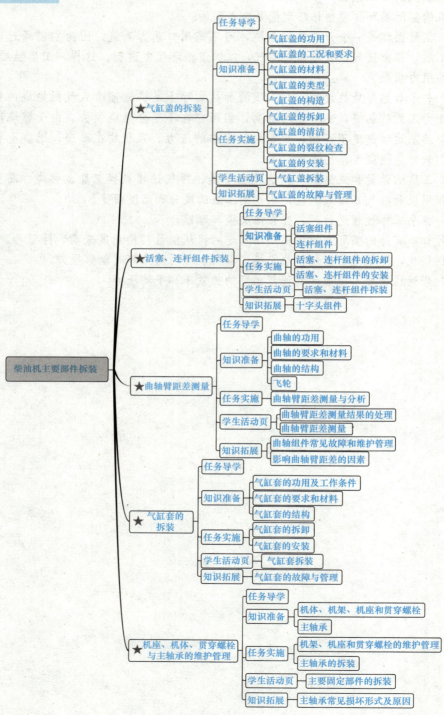

## 项目描述

船舶柴油机由固定部件、运动部件和系统组成。柴油机的主要部件包括燃料室部件(活塞、气缸、气缸盖)、曲轴连杆机构(十字头、连杆、曲轴和轴承)、机架、机座和贯穿螺栓等部件。这些部件构成柴油机的主体,它们工作的好坏,不但直接影响柴油机的技术性能指标,而且和安全航行密切相关。统计表明,船舶柴油机主要部件发生故障,占柴油机故障总数的90%左右,由此可见,深入了解主要部件的结构,是降低柴油机故障发生率的重要一环。通过本项目的学习,学生应达到以下要求。

### 一、知识要求
1. 了解柴油机各部件的工作条件及选材;
2. 掌握柴油机各部件的功用、组成和结构特点;
3. 明确柴油机主要部件薄壁强背的设计思想和特点;
4. 熟悉柴油机主要部件的常见故障及产生原因。

### 二、能力要求
1. 具有拆装工具选用及使用的能力;
2. 具有柴油机拆装技术与安全操作能力;
3. 具有拆吊和装配二冲程和四冲程柴油机主要部件的能力;
4. 具有正确测量曲轴臂距差的能力;
5. 具有正确拆装主轴承的能力;
6. 具有分析各部件故障类型及成因的能力。

### 三、素质要求
1. 具有分析问题、解决问题的能力;
2. 具有沟通能力和团队协作精神;
3. 具有勇于创新,爱岗敬业的优秀品质;
4. 具有质量意识、安全意识和环境保护意识;
5. 具有初步的管理能力和信息处理能力。

# 任务一  气缸盖的拆装

## 任务导学

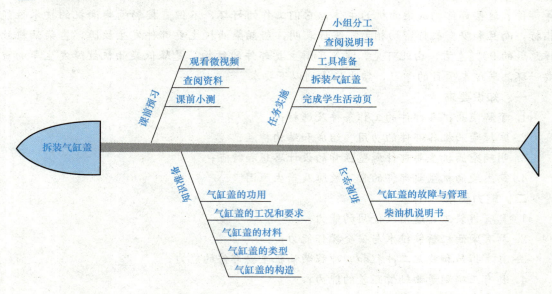

## 知识准备

### 一、气缸盖的功用

气缸盖用螺栓紧固于机体顶部,成为柴油机的顶端部件,俗称气缸头。其功用如下:
(1)封闭气缸套顶部,与活塞、缸套共同组成封闭的气缸工作空间;
(2)将气缸套压紧于机体正确位置上,使活塞运动正常;
(3)安装柴油机各种附件,如喷油器,进、排阀装置,气缸启动阀,示功阀,安全阀以及气阀摇臂装置等;
(4)布置进、排气道,冷却水道等。在小型高速机的气缸盖中还应布置涡流室或预燃室等。

### 二、气缸盖的工况和要求

气缸盖的工作条件十分恶劣,受到螺栓预紧力和缸套支反力的作用,底面直接与高温、高压的燃气接触,其冷却水腔还受到水的腐蚀。气缸盖结构复杂,孔道繁多,各孔处壁厚不均,各部位温差很大。因此,气缸盖承受着很大的、分布很不均匀的机械应力和热应力,故容易在气缸盖底面、孔座、肋板等处产生裂纹,尤其是在各阀孔之间的狭窄区域(称"鼻梁区")工作条件更为恶劣。

对气缸盖的要求:具有足够的强度和刚度,保证不会因为应力较大而断裂或产生严重变形以致影响密封性,气缸下平面要平直,以保证结合面处密封良好,气缸盖与气缸套之间的气密通常可通过采用紫铜或软钢垫床来保证;进、排气道流动阻力应最小,有的柴油机为了进一步改善燃油与空气的混合,将进气道做成螺旋形以利于产生进气涡流;缸盖水腔要有较好的冷却效果,力求各处温度均匀;气缸盖上各种阀件的拆装、维护方便,冷却水腔的水垢容易清除。

### 三、气缸盖的材料

气缸盖一般采用强度较好、刚度较高、耐热较好、膨胀系数小、良好的浇铸性能的材料制成,一般有铸铁、铸钢和锻钢气缸盖,为了提高铸铁气缸盖的强度和热稳定性,往往在其中加入铬、镍、钼等合金元素。缸径在 400 mm 以下的气缸盖多用 HT400 之类的灰铸铁;400 mm 以上的气缸盖多用球墨铸铁,如 QT600-2 等。不少大型低速柴油机采用铸钢缸盖或者采用铸铁—铸钢组合式缸盖。形状简单的气缸盖可用耐热钢(如钼钢)铸造。增压度较高的大型二冲程柴油机的气缸盖现在多用锻钢制造,锻钢材质结实,质量容易保证。

### 四、气缸盖的类型

气缸盖的类型有很多,其分类方法也有很多,按气缸盖与气缸之间的数量关系可分为以下几种:

(1)单体式气缸盖:如图 2-1-1 所示,每一个气缸单独做一个气缸盖称为单体式气缸盖,可用同一材料整体制造或用不同材料分开制造,形成组合结构以合理使用材料。单体式气缸盖普遍应用在大功率中低速柴油机以及强化度较高的高速柴油机上。它的特点是气缸盖和气缸套结合面处的密封性好,制造、运输、拆装以及检修均较方便。但单体式气缸的中心距加大,增加了柴油机的长度和重量。

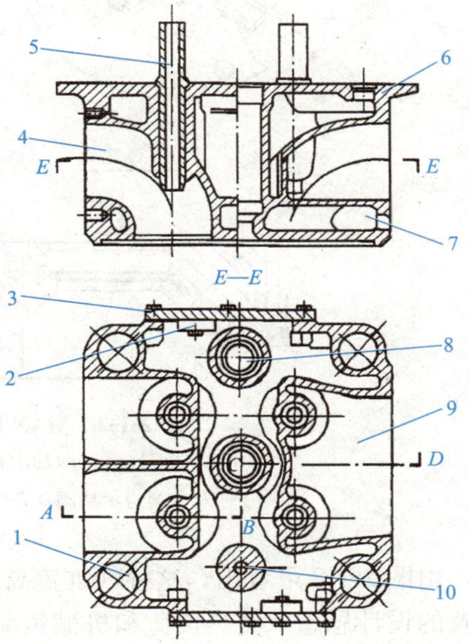

(2)整体式气缸盖:把一排气缸的气缸盖(一般 4~6 个气缸)做成一体的气缸盖称为整体式气缸盖。一般用于缸径小于 150 mm 的中小型高速柴油机上。它的气缸中心距小,结构紧凑,柴油机的刚度提高,质量减小。但易变形,密封性差,结构复杂,加工不便,往往由于局部损坏而导致整个气缸盖报废。

**图 2-1-1 6300 型柴油机单体式气缸盖**
1—气缸盖螺栓孔;2—防腐蚀锌板;3—盖板;
4—进气道;5—气阀导管;6—螺塞;7—进水孔;
8—启动阀孔;9—排气道;10—示功阀孔

(3)分组式气缸盖:由 2~3 个气缸共同组成一个气缸盖称分为组式气缸盖,一般用在缸径较大的中小型高速柴油机上。它的特点介于上述两者之间。

### 五、气缸盖的构造

**1. 大型低速柴油机气缸盖的构造**

现代大型低速柴油机以直流阀式二冲程机占主导地位,下面仅介绍这种柴油机的气缸盖。

图 2-1-2 所示为 MAN B&W S—MC—C 型柴油机气缸盖，它为圆形，由锻钢制造。在气缸盖中央设有排气阀孔 1，排气阀用四只双头螺栓固紧在气缸盖上。另外，气缸盖上还设有气缸启动阀孔 5、安全阀与示功阀孔 6 以及两只喷油器孔 4。在气缸盖中钻有许多径向冷却水孔 2；在气缸盖底部设有冷却水套 9，它与气缸盖底部构成冷却水腔 8。排气阀装入气缸盖后，排气阀的插入气缸盖部分与孔内壁之间也构成了一个冷却水腔。这两个冷却水腔通过钻出的冷却水孔 2 相沟通。冷却气缸套的水，通过冷却水套上四个通道进入冷却水腔 8。由冷却水腔 8 进入冷却水孔 2 冷却气缸盖底面后，进入阀孔与阀壳间的冷却水腔，以冷却排气阀和阀座。最后由垂直孔 3 流入排气阀壳的上部冷却腔，冷却排气通道后排至冷却水出口管。

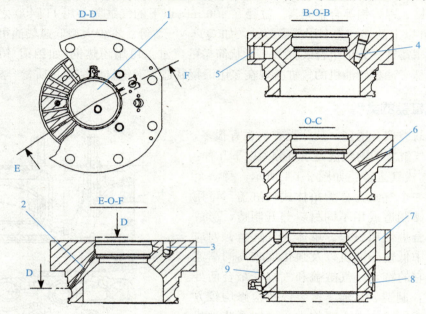

图 2-1-2　MAN B&W S—MC—C 型柴油机气缸盖
1—排气阀孔；2—冷却水孔；3—垂直孔；4—喷油器孔；5—启动阀孔；
6—安全阀与示功阀；7—气缸盖螺栓孔；8—冷却水腔；9—冷却水套

由图 2-1-2 可看出，这种气缸盖高度较大，但冷却水孔离燃烧室很近，充分体现了薄壁强背的设计思想，使热负荷和机械负荷都保持在比较低的水平上，提高了可靠性。气缸盖底面是燃烧室壁面的一部分。上述气缸盖底面为倒锥形，这种倒锥形燃烧室有利于换气和燃烧。故喷油器应设置两只并对称布置，这样不仅有利于油雾形状和燃烧室形状的配合，而且确保了油、气有良好的混合性能。气缸盖底最下部的圆柱形壁面，使缸盖和缸套的结合面下移，以便结合处不受火焰的直接冲击，对结合面起到保护作用。冷却水由结合面的外部进入气缸盖，消除了冷却水通过结合面漏入气缸内部的可能性。并且，冷却完气缸套的水通过沿周向均布的四个通道进入缸盖，确保燃烧室部位的冷却均匀。

图 2-1-2 所示的气缸盖是由 16 个固定在气缸体上的双头螺栓和螺母固紧在气缸套的顶部，这些螺栓在圆周上均匀分布，螺栓的固紧是用气缸盖自带的液压拉伸器完成的。

图 2-1-3 所示为气缸盖螺栓的液压固紧装置。在气缸盖本体 13 上用四个吊环螺栓 12 固定钢环 9，钢环中有油道 2 将所有气缸盖螺栓 4 上的液压活塞 8 下部空间沟通，气缸盖固紧螺母由内、外两个螺母组成。内螺母 5 的内、外圆柱面上都有螺纹，它安装在气缸盖螺栓

上并压住液压活塞8。外螺母6拧在内螺母上，它的底面呈球面形，并压在球面垫圈7上。当固紧气缸盖螺栓时，高压油由快速接头3引入，通过液压活塞和内螺母，将液力传给螺栓，从而将螺栓拉长，外螺母也跟着上移，此时可将外螺母再拧到与球面垫圈相靠。当系统中的油压泄放后，螺栓的回复弹力通过内螺母移到外螺母，继而通过球面垫圈传到气缸盖。由于液压油可进入每个螺栓上的液压活塞，所以16个气缸盖螺栓同时固紧或同时放松。具体操作步骤要严格按说明书进行。图2-1-3中气缸盖的快速接头3只有一个，其设置在柴油机操纵侧的两个螺栓之间，在其他螺栓之间均设有放气旋塞1，当对该系统注油放气时须打开这些放气旋塞。气缸盖螺栓沿圆周均匀分布并同时固紧，保证了气缸盖和气缸套受力均匀，提高了密封性，并便于拆装。

中速柴油机多为四冲程机，气缸盖上设有进、排气阀。

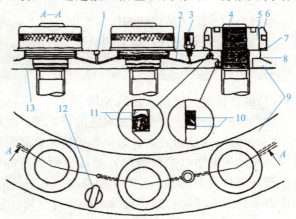

**图 2-1-3　气缸盖螺栓的液压固紧装置**

1—放气旋塞；2—油道；3—快速接头；4—气缸盖螺栓；
5—内螺母；6—外螺母；7—球面垫圈；8—液压活塞；
9—钢环；10、11—密封圈；12—吊环螺栓；13—气缸盖本体

### 2. 中速柴油机气缸盖构造

由于其气缸盖比低速机的体积小、阀件多，其结构往往更为复杂。

图2-1-4所示为Wärtsilä32型柴油机气缸盖。它用球墨铸铁制造。中央为喷油器孔3，左、右两侧分别有两个进气阀孔和排气阀孔，5为进气道，4为排气道，这种进、排气道左右分布的布置，减少了高温排气对低温进气的加热作用。触火面很薄，并由来自边缘流向中心的冷却水有效地冷却。在各阀中间的鼻梁处，钻有冷却通道以提供最好的传热。排气阀座可直接得到冷却。机械负荷由中间隔板及上面板和侧壁板吸收。四个角上有气缸盖螺栓孔，气缸盖螺栓液压上紧。气阀座圈是由具有良好耐磨性能的合金铸铁制造，进排气阀表面镀有司太立合金，阀杆镀铬，如使用重油，可使用镍钼合金的排气阀。

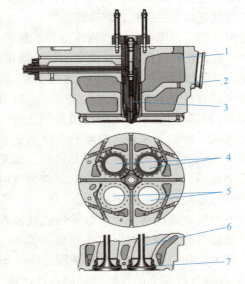

**图 2-1-4　Wärtsilä 32 型柴油机气缸盖**

1—冷却腔；2—气缸盖；3—喷油孔；
4—排气道；5—进气道；6—气阀；7—阀座

气缸盖上采用多管道集合元件代替了传统柴油机上单独元件的结构，可以完成空气进入气缸、废气排至排气系统、冷却水从气缸盖排出等多项功能。

## 🛠 任务实施

柴油机的吊缸就是把柴油机的气缸盖拆下,再吊出活塞、连杆组件(必要时也可吊出缸套),对活塞、连杆组件,缸盖和缸套进行清洁、检查、测量和钳工修配等工作。

### 一、气缸盖的拆卸

(1)准备拆装气缸盖所需的工具。

(2)放掉气缸盖、缸套冷却水腔的冷却水。

(3)拆除与气缸盖或缸盖附件相连接的管路附件,如进、排气管与缸盖的连接螺栓;气缸启动阀的压缩空气进口管路;喷油器的高压油管及回油管;缸盖冷却水进出口管路等。并把所有开口向上的管口、油孔用麻布包扎好(不可用棉纱进行此类包扎),以免在拆装过程中有杂物落入堵塞管路。对拆下的所有螺栓、零件和垫床都要放置整齐,妥善保管。拆除进、排气阀的摇臂机构,抽出气阀顶杆,拆除缸盖上的仪表。

(4)采用专用扳手,按对角线交叉顺序逐一拧松缸盖螺母。在拆装缸盖螺母时应注意每个气缸盖螺母与其螺栓的相对位置都要进行编号,并做好相应记号;每一缸盖螺母至少要分两次以上拧松;取下的缸盖螺母用铁丝或麻绳穿起来,放置整齐,以防丢失。

(5)用专用起吊工具起吊气缸盖。起吊缸盖时必须确认与缸盖相连接的附件都已全部松开。柴油机气缸盖上一般都设有供起吊用的螺孔,将吊环螺栓拧入起吊螺孔,穿好钢丝绳后即可以用电动葫芦将气缸盖吊起来。为了防止起重吊环被扭伤,可以在钢丝绳中加设一块撑板,以减少起重吊环在起吊过程中的侧向力,如图2-1-5所示。

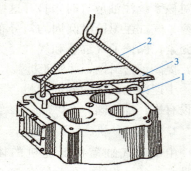

图2-1-5 气缸盖起吊
1—起重吊环;2—钢丝绳;3—撑板

必须注意的是,在起吊气缸盖时向上提升的力量切勿过猛,特别是用电动葫芦时。因为气缸盖与缸套接触平面之间经过长期工作之后接触很紧,所以在起吊瞬间,当钢丝绳被拉紧后可用手锤垫上木块轻轻敲打气缸盖侧面,并用手摇动钢丝绳使气缸盖松动。一旦气缸盖有所松动时,即可缓慢地将其吊起。如果黏合得很牢,可以在起吊钢丝绳拉紧后用撬杆小心地试撬,看缸盖是否有松动。如果这时仍未松动,便可用楔子在缸盖一侧打松,但要特别注意避免损伤缸盖或缸体。

拆下的气缸盖应用木板垫好放稳或放置在专用的垫架上以免碰伤与气缸套相接触的密封面。从缸套密封面上取出缸头垫床。若不起吊或暂时不吊起活塞时,应用木盖将气缸口盖好,避免杂物掉入缸内。缸体平面上的冷却水孔道应用破布或木塞塞堵。

(6)拆除气缸盖上的气缸启动阀,进、排气阀,喷油器,安全阀和示功考克等部件,然后进行气缸盖清洁,以备检查。

### 二、气缸盖的清洁

(1)气缸盖油污和积炭的清除。气缸盖油污可以用轻柴油或煤油进行清洗,也可以用化学洗涤剂清洗。气缸盖配合表面上的油污,要用毛刷、铜丝刷或泡沫塑料来刷洗,切不可用钢丝刷、刮刀等尖锐器具削铲配合面,以免损伤零件表面。清洗后用干布擦干再用压缩空气将零件孔道处吹净。气缸盖燃烧室面上的积炭和排气通道的积炭可采用刮刀、钢丝刷或钢丝轮(装在手电钻上)等机械方法清除,也可采用化学方法清除。清洗时应注意不要损伤气缸头的密封面和各座孔的密封面。积炭清除后也要用压缩空气进行吹扫。

(2)冷却水腔结垢后。应打开气缸盖冷却水腔的盖板或旋塞,用刮刀或钢丝刷伸进冷却水腔刷洗,然后用压缩空气吹扫或者清水冲洗。当锈垢厚度过厚时应采用化学清洗。

一般在气缸盖冷却水腔都装有防腐锌块,以防止部件腐蚀。打开冷却水腔盖板后也要对锌块进行检查,若锌块已被氧化则应换新。如锌块还可以使用,应用刮刀清除锌块表面的氧化层使之露出金属锌。对锌块的固定也要检查,使之与气缸盖本体接触紧密。

### 三、气缸盖的裂纹检查

气缸盖的裂纹主要发生在底面上孔与孔之间和孔的圆角处等薄弱部位。

**1. 目测法**

目测法是指用肉眼或借助放大镜等来观察和判断气缸盖裂纹的方法。这种操作方法比较直观和方便,但只适用于缸盖上比较明显的裂纹和缺陷的检查。

**2. 液体压力试验法**

在进行检查之前,先将被检查的气缸盖所有孔洞全部堵塞起来,然后向冷却水空间注满液体,按规范要求加压到 0.7 MPa 或不小于 1.5 倍冷却水工作压力,并保持 15 min,通过观察压力表压力的下降情况或零件表面上有无渗漏现象,如果该缸盖有裂纹或缺陷,则不能使用。

**3. 粉剂显痕法**

利用一种渗透剂渗透到裂纹里,然后用一种显像剂使裂纹中的渗透剂显示出来,从而发现零件表面的裂纹。比较常用而又方便的粉剂显痕方法是煤油白粉法和着色探伤法。气缸盖如果检查出裂纹后,一般情况不能再继续使用,应换用备用气缸盖。旧缸盖送厂进行修理。

### 四、气缸盖的安装

气缸盖安装须在活塞、连杆组件安装完毕之后进行。

(1)选取气缸盖与机体之间垫片时,应严格按说明书规定的尺寸要求。既不可以太厚,也不可以太薄,否则会改变压缩比。

(2)装上气缸盖起吊专用工具,用手拉葫芦把气缸盖吊起。用干净抹布把气缸盖与缸体的密封面清洁干净后,慢慢把气缸盖落座在缸体上。

(3)为了保证气缸盖各处受力的均匀,要特别注意固定螺母的拧紧次序和力矩的大小。安装时要按图2-1-6所示拧紧次序分三次将气缸盖螺母拧紧,最后一次的拧紧力矩要符合规定。多缸柴油机中,各个气缸盖安装时要互相照应,最好在进气总管和排气总管的螺栓均装好后,最后拧紧气缸盖螺母。

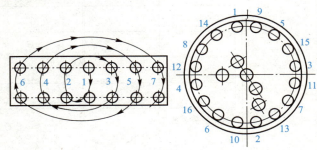

**图 2-1-6 气缸盖螺母拧紧次序**

(4)最后安装外部管系。如高压油管、回油管、冷却水管、启动空气管等。安装时,要注意垫床应换新,管接头要清洁,丝扣要对正,上紧的力量要适中。

(5)安装仪表。如温度表和缸套冷却水出口温度表,盖上气阀摇臂机构帽。整个安装工作完毕,以备进行调整和试运转。

## 学生活动页

| 学习领域 | 船舶柴油机使用与维护 | 任务名称 | 气缸盖拆装 |
|---|---|---|---|
| 学生姓名 | | 班级学号 | |
| 组别 | | 任务成绩 | |
| 任务描述 | 气缸盖作为柴油机燃烧室的一部分,工作条件极为恶劣。本任务通过气缸盖的拆装、清洁和裂纹检查,能够在工作中熟悉气缸盖的结构,进行日常检查与维护 | | |
| 知识目标 | 1. 熟悉气缸盖的结构;<br>2. 掌握气缸盖的功用;<br>3. 熟悉常见气缸盖的构造实例 | | |
| 能力目标 | 能够按柴油机说明书要求正确拆装气缸盖 | | |
| 素质目标 | 1. 能够具备初步的管理能力和信息处理能力,主动获取信息,展示学习成果,对工作过程进行总结和反思;<br>2. 能够具备沟通能力、质量意识和安全意识,有效利用团队合作解决实际问题 | | |
| 学习重点 | 气缸盖拆卸原则 | 学习难点 | 大型低速柴油机气缸盖结构 |
| 活动记录 | 请根据任务要求,确定所需要的知识、设备、工具,并对小组成员进行合理分工,制定完成气缸盖拆装任务的方案。<br>1. 小组人员分工<br><br>| 姓名 | 分工 | 姓名 | 分工 | 姓名 | 分工 |<br>\|---\|---\|---\|---\|---\|---\|<br>\| \| \| \| \| \| \|<br>\| \| \| \| \| \| \|<br>\| \| \| \| \| \| \|<br>\| \| \| \| \| \| \|<br><br>2. 所需要的工具 | | |

续表

| | |
|---|---|
| 活动记录 | 3. 拆装前准备工作<br><br>| 序号 | 项目型号 | |<br>|---|---|---|<br>| 1 | 形式 | |<br>| 2 | 排量 | |<br>| 3 | 压缩比 | |<br>| 4 | 额定功率 | |<br>| 5 | 额定转速 | |<br>| 6 | 气缸盖类型 | |<br>| 7 | 气缸盖材料 | |<br>| 8 | 气缸盖上附件名称 | |<br>| 9 | 气缸盖螺栓紧力矩 | |<br><br>4. 气缸盖的拆卸（拆装顺序和要点）<br><br>5. 气缸盖的清洁<br><br>6. 气缸盖的裂纹检验<br><br>7. 气缸盖的装配<br><br>8. 存在问题 |

| | |
|---|---|
| 任务考核 | **★选择题**<br>1. 可以区别是二冲程柴油机还是四冲程柴油机的气缸盖附件是(　　)。<br>　　A. 喷油器　　B. 启动阀　　C. 进气阀　　D. 示功阀<br>2. 根据工作条件要求，更适合用作大型低速柴油机气缸盖材料的是(　　)。<br>　　A. 铸钢　　B. 铸铁　　C. 锻钢　　D. 铸铝<br>3. 船用大型柴油机的气缸盖结构通常采用(　　)。<br>　　A. 钻孔冷却　　　　　　B. 厚壳结构<br>　　C. 薄壁强背结构　　　　D. A+C<br>4. 柴油机的气缸盖上没有下述哪一个附件？(　　)<br>　　A. 喷油器　　B. 安全阀　　C. 点火塞　　D. 启动阀<br>5. 柴油机气缸盖上所安装的附件有(　　)。<br>　　Ⅰ. 喷油器　Ⅱ. 气阀　Ⅲ. 气缸启动阀　Ⅳ. 示功阀　Ⅴ. 安全阀　Ⅵ. 火花塞<br>　　A. Ⅰ+Ⅱ+Ⅲ+Ⅳ+Ⅴ　　　B. Ⅱ+Ⅲ+Ⅳ+Ⅴ+Ⅵ<br>　　C. Ⅰ+Ⅲ+Ⅳ+Ⅴ+Ⅵ　　　D. Ⅰ+Ⅱ+Ⅲ+Ⅴ+Ⅵ<br>**★简答题**<br>1. 参考下图对 MAN B&W S—MC—C 型柴油机气缸盖进行实例说明。<br>说出各部分名称：<br>1. ＿＿＿＿＿；<br>2. ＿＿＿＿＿；<br>3. ＿＿＿＿＿；<br>4. ＿＿＿＿＿；<br>5. ＿＿＿＿＿；<br>6. ＿＿＿＿＿；<br>7. ＿＿＿＿＿；<br>8. ＿＿＿＿＿；<br>9. ＿＿＿＿＿。<br>薄壁强背的设计思想： 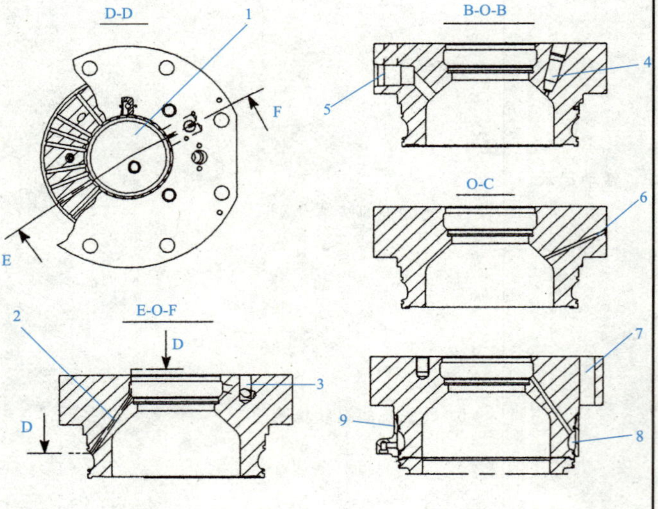<br>＿＿＿＿＿＿＿＿＿＿＿＿＿＿＿＿＿＿＿＿＿＿＿＿＿＿＿＿＿＿＿＿＿＿＿＿＿＿＿＿＿＿＿＿＿＿＿＿＿＿。<br>2. 分析气缸盖的工作条件及选材。 |
| 任务评价 | 自我评价：1. 通过本任务学习，我学到的知识点和技能点：＿＿＿＿＿。存在问题：＿＿＿＿＿。<br>2. 在本次工作和学习的过程中，我的表现可得到：<br>□优　□良　□中　□及格　□不及格 |
| | 小组互评 |
| | 教师评价 |

## 气缸盖的故障与管理

1. 贴合面漏气

气缸盖与气缸套贴合面容易发生泄漏。少量漏气时，冷却水中会有气泡出现。由于密封垫片材料不断硬化，气缸盖螺栓不断被加热伸长，泄漏会逐渐严重而引起漏气、漏水和漏油。严重时燃气吹破密封垫片、大量漏气，迫使柴油机停止工作。

造成气缸盖贴合面漏气的原因通常如下：

(1)气缸盖螺栓预紧力不足或严重不均；

(2)密封垫片装反、老化或损坏；

(3)贴合面有杂质在局部梗垫，或贴合面本身有损伤伤痕；

(4)缸盖底面或机体支承面变形，平面度误差严重。

此外，柴油机若负荷过重或工作粗暴，也易造成气缸盖贴合面漏气。

一般检修后的柴油机试车运转中发生少量漏气时，将气缸盖螺栓再均匀收紧即可消除漏气故障。若仍没有效果，则应拆吊缸盖，将密封垫片软化处理或更换损坏的垫片。若仍不奏效，则应检查气缸盖底面和与之贴合的平面的平直度或平面度，并用拂刮、研磨甚至磨削等方法修正。

2. 气缸盖翘曲

气缸盖翘曲是其本身发生的塑性变形。它使缸盖各表面失去正确形状。严重时缸盖底面与缸套或机体贴合面不平，造成密封失效，漏气、漏水严重，柴油机无法工作。

造成气缸盖翘曲的主要原因如下：

(1)缸盖螺栓预紧力过大或严重不均；

(2)柴油机长期超负荷或最高爆发压力过大；

(3)气缸盖制造加工残余应力严重。

检查气缸盖底部安装面翘曲时，对平底板可用直尺和塞尺进行。对环形安装面，可采用标准平台(板)用色油法和塞尺法进行。若气缸盖底板安装面因翘曲产生凹陷深度在 0.3 mm 以下时，可用刮削方法修正，直至安装平面与平板拖研后色油斑点均匀为止。如果平面度误差超过 0.5 mm 或用色油法平板拖研后接触斑点很少时，则要用铣削加工修正平面，再用平板拖研、修刮至平直良好。铣削加工量应尽可能少，以免影响强度。对于小型气缸盖，在全长上翘曲量超过 0.4 mm 时，应予报废换新。

3. 气缸盖裂纹

气缸盖裂纹常发生在底板上，最易发生在各阀座孔与喷油器座孔之间。造成缸盖裂纹的根本原因是热应力引起的热疲劳和腐蚀疲劳加上气体压力共同作用。热疲劳裂纹多数在燃气侧形成和发展，并有可能在短期内发生。脉动气体应力产生疲劳裂纹多见于底板的水腔侧表面，破裂断面有贝壳状挤压痕迹。腐蚀疲劳裂纹较多发生在水腔侧表面，但断裂面粗糙。

造成气缸盖裂纹的因素较多。例如：

(1)气缸盖材质不合要求，抗热疲劳强度低；

(2)制造缺陷，如没有消除制造残余应力，局部结构应力集中严重等；

(3)因结构不当或水垢严重，冷却效果差；

(4)柴油机使用、操作不当,如突然加大喷油量,突然向冷却系统补充大量冷水或者频繁启动、停车等。

此外,在严寒的气候下,柴油机停止工作后没有放掉冷却水等情况也会造成缸盖裂纹。

气缸盖底面若有裂纹,热态工作时,可从冷却水有大量气泡来分析。冷态时,拆吊气缸盖后洗净烘干裂纹怀疑处,用色油法等显示裂纹。用水压试验检查气缸盖底板裂纹时,先用 0.7 MPa 压力水检查。若有微量渗漏,再用 1.5 倍最大爆发压力水试验查漏。

底面有裂纹的缸盖应予报废。大型缸盖可用金属扣合法修理使用。缸盖其他表面的裂纹可用覆板法、工程塑料粘补法或金属扣合法修补。喷油器及阀件座孔孔壁产生裂纹时,可用镶套法修理。先将裂纹座孔键扩呈圆孔。用青铜或不锈钢车制成镶套。将镶套与扩锁后的座孔以 H7/S6 压配。还可在两者结合端面或圆面敷涂工程塑料。装配后再经 0.4~0.6 MPa 的水压试验,要求历时 5 min 不漏。

# 任务二　活塞、连杆组件拆装

## 📋 任务导学

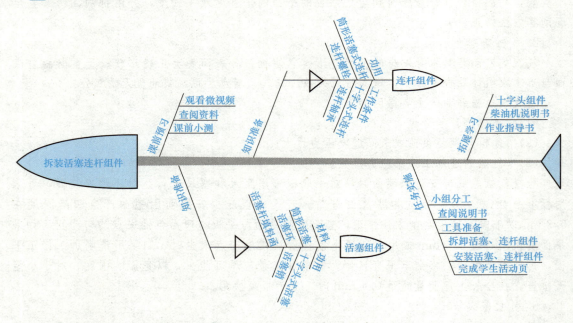

## 📖 知识准备

### 一、活塞组件

#### 1. 活塞组件功用及工作条件

活塞组件可分为筒形活塞和十字头式活塞两大类。筒形活塞组件由活塞、活塞环、活塞销等组成;十字头式活塞组件由活塞头、活塞裙、活塞环、活塞杆等组成。

活塞的主要功用是与气缸、气缸盖等组成封闭的燃烧室空间，承受气缸内气体的压力，并将气体压力经连杆传递给曲轴；在筒形活塞式柴油机中，活塞承受侧推力，起往复运动的导向作用；在二冲程柴油机中，活塞还起到启闭气口、控制换气的作用。

在柴油机工作中，活塞受到燃气高温、高压、烧蚀和腐蚀作用。它的热负荷和机械负荷很高，而活塞材料在高温下机械性能又有所降低，所以活塞在工作中容易发生裂纹和变形。活塞与气缸之间，在相对运动中产生摩擦和撞击。在气缸中，活塞由于温度很高、燃气冲刷、往复运动等，它和气缸之间不可能建立液体动压润滑，因此，摩擦损失功大，磨损严重。在中、高速柴油机中，活塞具有较大的往复惯性力，使得柴油机的振动加剧。

由于活塞对柴油机的动力性、经济性和可靠性影响很大。因此，要求活塞强度高、刚度大、密封可靠、散热性好、冷却效果好、摩擦损失小、耐磨损。对中、高速柴油机还要求活塞质量轻。

### 2. 活塞的常用材料

目前常用的材料有合金铸铁、铝合金、球墨铸铁和耐热合金钢。

合金铸铁材料具有较高的机械强度、较小的热膨胀系数以及良好的耐磨和耐腐蚀性能，价格低，工艺性好，活塞与气缸之间允许较小的间隙，是应用最广的材料，但缺点是密度大，吸热性和导热性比铝合金差。

铝合金材料密度小，铝合金活塞比铸铁活塞要轻30%～50%，因而能相应地减小活塞组件的往复惯性力，同时导热系数高。但高温强度差，热膨胀系数大，铝合金成本较高，仅用于中、小型高速柴油机。当铝合金活塞与铸铁缸套配合使用时，由于热膨胀系数不同，造成冷态配合间隙要比全是铸铁材料的大1倍左右，这将会造成冷车启动困难，低负荷运转时也将加剧活塞对气缸套的撞击。

球墨铸铁和耐热合金材料具有更高的机械强度。在强载柴油机中，常用这种材料制成薄壁式的活塞结构，以增加其承受热负荷的综合能力。耐热合金钢一般用作组合式活塞的头部材料。

### 3. 筒形柴油机活塞的构造

筒形柴油机活塞由活塞头、活塞裙、活塞环和活塞销组成，按其散热方式可分为非冷却式和冷却式两大类。

(1)非冷却式活塞（径向散热式）（图2-2-1）。非冷却式活塞用于缸径较小、强载度较低的小型柴油机中。由于活塞的尺寸小，相对散热面积$F/V_s$较大，散热条件较好，不采用强制性冷却措施。活塞头所吸收的热量主要是通过活塞环向气缸套及其外侧的冷却水散出，称为径向散热。因此，在结构上通常顶部壁厚较大，并沿半径方向逐渐增大。顶部内腔环带的过渡圆弧半径较大，既有利于散热，又可使活塞顶具有足够的强度和刚度。

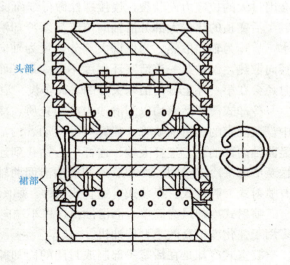

图2-2-1 非冷却式活塞

活塞头部和裙部分别装有气环和油环。活塞工作时,上下温度差很大,上部热膨胀量比下部大,为提高工作可靠性,活塞在制造时外形呈上小下大的宝塔形圆柱体。

在活塞销座附近,因活塞销的轴线方向金属堆积较多,受热时沿活塞销轴线方向膨胀较大,并且侧推力、燃气力的作用均使这个方向的变形增大。这样,在工作时活塞裙部变成椭圆形,如图 2-2-2(a)所示。为防止活塞在气缸内卡阻,常将活塞销座附近沿径向做成反椭圆形,即其短轴在活塞销轴线方向,如图 2-2-2(b)所示,或将销座周围的裙部表面制成凹陷形,如图 2-2-2(c)所示。

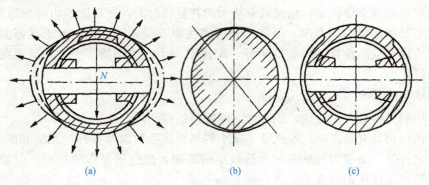

图 2-2-2 活塞销座附近的变形
(a)椭圆;(b)反椭圆;(c)凹陷

(2)冷却式活塞(轴向散热式)。冷却式活塞多用于大功率中速柴油机,冷却式活塞的结构形式可分为整体式和组合式两大类。组合式活塞将活塞头与裙部分开制造,以合理地使用材料,使成本降低、加工方便。由于大功率中速机的机械负荷和热负荷高,转速又比低速机高,除采用整体式活塞外,更多地采用钢和铝组合而成的强制冷却式活塞,即活塞头部用耐热合金钢制成,以减小活塞顶的厚度,降低热应力;裙部则用铝合金制造,以减轻质量和惯性力。为使活塞头和活塞裙在高负荷和低负荷下都能紧密结合,并使连接螺栓不会因过大的拉应力而断裂,连接螺栓做得细而长,具有较大的柔性。

活塞顶的热量大部分沿轴向传给活塞冷却液,小部分经活塞环通过缸壁传给缸套冷却水,故称为轴向散热。为保证大部分热量为轴向散热,活塞顶采用薄壁结构,同时为减小径向散热,保护第一道活塞环温度不致太高,而使活塞顶部内腔环带的过渡圆角较小,有时还会在第一环上方的活塞头外圆表面车设一道隔热环槽。

冷却式筒形活塞均以润滑油为冷却介质,冷却液的输送方式有两种:一种是在曲轴箱中设置固定的润滑油喷管,喷管对准运动着的活塞冷却腔喷射润滑油;另一种是由主轴承经曲轴内部油孔、连杆大端、连杆中心钻孔到连杆小端轴承,再经活塞销和销座中的孔道送至活塞头冷却空间,冷却后的润滑油泄回曲轴箱。目前大多采用后者。常用的冷却方式有喷射式、腔室式、振荡式、蛇管式四种,如图 2-2-3 所示。

喷射式冷却最为简单,润滑油由连杆小端向上直接喷射到活塞顶部的内表面进行冷却,多用于强化度不高的小型柴油机。

腔室式冷却是在活塞头部制成封闭的冷却腔室,润滑油由小端轴承及活塞内部钻孔送入腔室(先周围后中部)进行冷却后排出,工作时腔室充满润滑油。由于腔室及其通道的流通截面小,润滑油流速高,可获得较好的冷却效果。

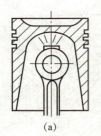 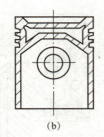 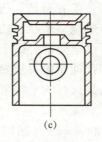 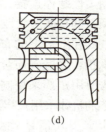

图 2-2-3　筒形活塞冷却方式

(a)喷射式；(b)腔室式；(c)振荡式；(d)蛇管式

振荡式冷却是在活塞顶内腔中设置大容积的冷却空间，并利用进、出口位置不同，保证冷却腔中的冷却液只充满40%～60%，并以一定的循环速度流过。活塞运动的惯性使冷却液在腔室中产生冲刷振荡，加强了冷却作用。振荡速度(与活塞平均速度同量级)与冷却液循环流速叠加产生较大的冷却液速度，加强冷却液的扰动，从而提高冷却效果，因此在大、中型强载柴油机上被普遍采用。

蛇管式冷却需在活塞内铸入预制的蛇形冷却管，工作时通入润滑油循环，这样在活塞顶部及环槽部分之间形成一个热障，以防止活塞环槽部分受热过高。腔室式和蛇管式属于循环冷却方式。

图 2-2-4 所示为 PC2-6 大功率中速柴油机的组合式活塞，活塞头 9 用耐热合金钢制造，活塞裙 1 由铝合金制成，两者用长柔性螺栓 10 连接起来，以便更好地承受强烈的冲击负荷。浅盆形活塞顶与气缸盖的平底面相配合，形成一定形状空间，以适应喷油器所喷出的油束，利于油、气混合和燃烧。活塞顶较薄，并采用内支承结构以增加其刚度，构成了薄壁强背的活塞头。活塞采用润滑油振荡冷却，润滑油由连杆、活塞销和活塞裙中的通道送至环形冷却腔 A，再流入中央冷却腔 C，最后泄至曲轴箱。

活塞环带部分由顶部悬挂下来，因为不传递燃气压力，所以与顶部的连接壁可做得很薄，冷却腔较大，这样在活塞顶部与环槽部分之间形成一个热障，同时，环槽部分本身的壁厚也做得很薄，可实现有效的冷却。筒形活塞的裙部承受气体力和侧推力的共同作用，所以裙部较长且要造得十分坚韧，图 2-2-4 中裙部采用厚壁结构。轻金属的活塞裙比钢质的重量轻，有利于减小惯性力。

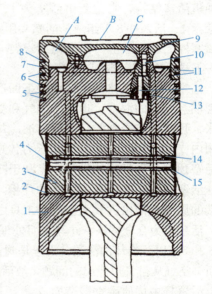

图 2-2-4　组合式活塞

1—活塞裙；2—卡簧；3—活塞销；
4—衬管；5—刮油环；6、7、8—密封环；
9—活塞头；10—柔性螺栓；11、15—密封圈；
12—垫块；13—螺母；14—衬管端盖；
A、C—冷却腔；B—避让坑

### 4. 十字头式活塞构造

十字头式活塞用于大型低速柴油机，由于其相对散热面积很小，热负荷和机械负荷都很高，因而普遍采用耐热合金钢活塞头和耐磨合金铸铁裙部的组合式结构。活塞头、裙部和活塞杆用柔性螺栓连接。活塞顶部有平顶、凸形和凹形顶，其具体形状取决于燃烧室形状、扫气要求和气阀在缸盖上的布置。由于侧推力由十字头滑块承担，为减轻质量，裙部通常做得较短，只有在需要用裙部来控制进、排气口的某些弯流扫气的柴油机才采用长裙活塞。

十字头式活塞均为强制冷却式（轴向散热型），冷却液有润滑油、淡水和蒸馏水。润滑油的比热小，散热效果差，在高温状态下易在冷却腔内产生结焦，但它不存在因泄漏而污染曲轴箱油的危险，故对输送机构的密封性要求不高；淡水和蒸馏水的水质稳定，比热大，散热效果好，并可采用水处理解决其腐蚀和结垢的缺陷，但对输送机构的密封性要求高。

图 2-2-5 所示为 MAN B&W L—MC 直流扫气柴油机活塞结构，它主要由活塞头 1、活塞环 2、活塞裙 4、活塞杆 8 等组成。活塞头用螺钉 7 紧固在活塞杆上端法兰上，活塞裙用螺钉 6 紧固在活塞头下端，有四道斜搭口活塞环。

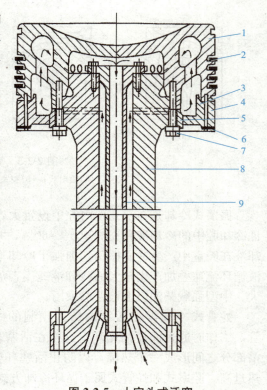

**图 2-2-5　十字头式活塞**
1—活塞头；2—活塞环；3、5—密封圈；4—活塞裙；
6、7—螺钉；8—活塞杆；9—回油管

活塞头由耐热铬钼钢铸成，下凹形顶面有利于燃油与空气的混合，也利于扫气和受热后自由膨胀。顶背铸有冷却腔，用润滑油冷却。活塞头采用内支承环形凸台，将气体压力传递到活塞杆上，大大提高了承受机械负荷的能力，所以活塞顶部和环带都比较薄，有利于冷却和降低热应力，体现了薄壁强背的原则。

活塞头上有四道安装气环的环槽，每个环槽上下端面都镀有硬铬，使之耐磨，活塞头顶端的周向凹槽供拆装活塞起吊工具之用。

活塞裙为合金铸铁，并经表面处理，有利于磨合。活塞裙与活塞头、活塞杆之间有密封圈 3 和 5，以防冷却油泄漏。由于是阀式直流扫气，缸套上没有排气口，活塞在上止点时不存在新鲜空气从排气口泄出的问题，故活塞裙可做得很短，以减轻质量及降低发动机吊缸高度。

活塞杆由优质碳钢锻造而成，上下端都是平面法兰，分别用螺钉与活塞头和十字头紧固连接，杆身为圆柱空心体，外表面经硬化处理，以提高耐磨性，内装有回油管 9，形成活塞冷却油的进出通道。冷却油通过连接在十字头上的一根伸缩套管引入，经十字头与活塞杆底部的钻孔进入活塞杆中润滑油管外的环形空间，沿回油管外周的环形通道向上经活塞杆上部的四个水平小孔进入活塞冷却腔。首先冷却活塞顶部四周的环带部分，然后从活塞头内支承上一周小孔喷向活塞顶中央内表面，以提高流速，增加冷却效果。活塞杆承受气体力和惯性力的作用，一般不受拉力只受压力。活塞杆的底部用四个螺栓与十字头连接，并由十字头上的凹槽定位。为适应不同工况，可在活塞杆与十字头之间装配调节垫片。

### 5. 活塞环

活塞环按功用分为密封环、刮油环和承磨环。密封环主要是用来保证活塞和气缸之间在相对运动条件下的密封。筒形活塞式柴油机装有密封环和刮油环，而十字头式柴油机气缸是采用注油润滑，一般只安装气环，在活塞裙比较长的活塞上还要安装承磨环。

活塞环的材料要求弹性较好，摩擦系数小，耐磨、耐高温；有良好的初期磨合性、贮油性和耐酸腐蚀。一般采用合金铸铁(加硼、高硅)、可锻铸铁、球墨铸铁。为了提高活塞环的工作能力，常采用的结构措施和制造工艺是：表面镀铬以提高耐磨性；松孔镀铬，以提高表面贮油性，加快磨合；内表面刻纹以提高弹性；环外表面开设蓄油沟槽；环外表面镀铜以利磨合，喷镀钼以防止黏着磨损等。

(1)密封环(气环)。密封环的主要作用是防止气缸中的气体泄漏和将活塞的部分热量传给气缸。密封环的工作原理如图 2-2-6 所示，依靠本身的弹性和作用在它上面以及漏到环的内侧的气体压力，使环紧紧贴合到气缸壁和环槽壁上，这样就阻止了气体通过活塞与气缸壁之间的间隙漏至气缸下部空间。但由于活塞环在气缸中要留有搭口间隙，因此，正常工作的压缩环也不可能完全阻断燃气的漏泄。另外，活塞环还有可能出现失效的情况，所以，为了提高

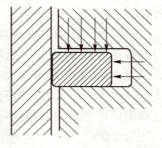

图 2-2-6　密封环的工作原理

密封效果，一个活塞上要设置多道密封环。但为了减少摩擦损失，密封环也不能设置过多，通常高速柴油机安装 2～4 道，低速柴油机安装 4～6 道。每道环的密封作用可由燃气压力在各道环槽中的变化情况看出。第一道环由于高温高压燃气的直接作用，承受的负荷最大，在新型柴油机上，采用将第一道环加高的方法提高其承载能力，并在环的外侧开设 4～6 道压力释放槽，以使第一、第二道环的负荷更加均匀。

密封环的结构形式有多种多样，根据其截面形状，可分为矩形环、梯形环、倒角环、扭曲环等。如图 2-2-7 所示。图 2-2-7(a)为矩形环，制造简单，应用最广，但温度超过 200℃时容易结焦卡死；图 2-2-7(b)为梯形环，也称为楔形环，常用作强化程度高的柴油机第一、第二道气环与槽配合时的间隙在张缩运动中不断改变，能挤破积炭和胶质，防止环熔着和结焦；图 2-2-7(c)为锥形环，接触面积小，比压大，上行时能对气缸壁布油，下行向下刮油，但不能做第一道气环；图 2-2-7(d)为扭曲环，分为内切口和外切口两种，密封性好，刮油能力强，安装时一定要使内侧切口在上，外侧切口在下，多用于中、高速柴油机。

活塞环的切口形式主要有直切口、斜切口和搭叠切口，如图 2-2-8 所示。其中直切口和斜切口环结构简单，加工方便，广泛应用于中、高速机；搭叠切口活塞环漏气少，但加工复杂，易折断，多用于低速机。为了减少通过搭口的漏气，安装时活塞环搭口不要摆在上下一条直线上，应该错开并且相邻环的斜搭口方向要彼此相反。

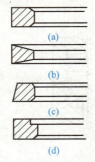

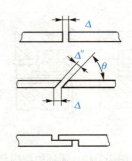

图 2-2-7　气环的断面形状　　图 2-2-8　气环的搭口形式
(a)矩形环；(b)梯形环；(c)锥形环；(d)扭曲环

（2）刮油环（油环）。在筒形活塞柴油机中，通过做回转运动的曲轴销轴承把润滑油甩到气缸壁上。活塞和气缸套之间就是依靠这样飞溅的油进行润滑，因此称为飞溅润滑。由于飞溅到气缸壁上的润滑油过多，气环会通过泵油作用把它泵入燃烧室，这不仅增加了润滑油的消耗量，而且会严重地污染活塞、气缸、气阀和排气道，因此，筒形活塞要在气环下面装设1～2道刮油环。新型柴油机通常只装设一道刮油环。

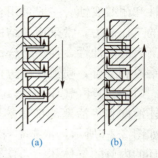

图 2-2-9　气环的泵油原理
(a)进气过程；(b)排气过程

气环的泵油作用是由活塞环在缸壁上的刮油作用和在环槽中的挤油作用引起的。活塞环在环槽中的运动是由气体力、惯性力和摩擦力的合力来决定。如在进气过程中，如图 2-2-9(a)所示，如果合力向上，环紧压在环槽顶面上。环在运动中把缸壁上的油刮到环槽中。当活塞经过下止点回行时，环所受的合力向下，环由槽的顶面移向底面，把环槽中的油由下方挤到上方，如图 2-2-9(b)所示。而第一道环槽上方的油被挤入燃烧室。气环在其他工作过程中也有类似的运动，随着柴油机工作循环的进行，润滑油就从一道环到另一道环逐渐泵上去，最后被第一道环泵入燃烧室。

油环的结构可分为单刃刮油环[图 2-2-10(a)]和双刃刮油环[图 2-2-10(b)、(c)]。图 2-2-10(d)为油环的工作原理。油环的特点是：环与缸壁的接触面积小，以增加接触压力，提高刮油效果；环与槽的天地间隙小，以减小泵油作用；油环及环槽设有泄油孔，可将刮在环槽中的油经环与槽上的泄油孔排回曲轴箱。需要注意的是，当安装的刮油环刮刃为锥状表面时，要把刮刃的尖端放在下方，如图 2-2-10(a)、(c)所示，以便油环下行时刮油，上行时让润滑油从它的倾斜面流过。但如果刮油环刮刃装反了，它就会向上刮油，从而加强气环的泵油作用，使大量的润滑油窜入燃烧室。

（3）承磨环。在十字头式活塞裙嵌有承磨环是专为活塞与气缸的磨合而设置的。超短裙活塞可不装承磨环，短裙活塞装1～2道，长裙活塞装2～4道。在活塞裙上开设燕尾形的环槽，如图 2-2-11 所示。把截面如图 2-2-11(a)所示的青铜条分成3～4段敲进环槽，然后加工到工作尺寸，如图 2-2-11(b)所示。承磨环的直径比活塞裙部直径大。在磨合中，先是减磨金属与气缸磨合，待承磨环逐渐磨平后，磨合过的气缸再与活塞裙逐渐接触进行磨合。实践证明，如果在活塞裙较长的活塞上不安装承磨环，活塞与气缸在磨合中就会拉缸。在中、小型筒形活塞的活塞裙上不设置承磨环。

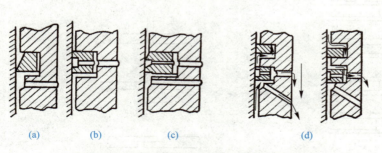

图 2-2-10　油环的结构形式和工作原理

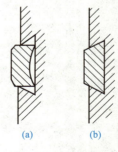

图 2-2-11　承磨环
(a)敲入；(b)加工

承磨环在运行中虽已磨平，但不必更换。如果发现缸套有不正常的磨损和擦伤，或当承磨环出现单边严重磨损或碎裂时，在对缸套进行修整的同时应更换新的承磨环。缸套、活塞换新时承磨环应予换新。从承磨环的磨损情况可分析活塞的对中情况。

### 6. 活塞销

在筒形活塞中，活塞和连杆小端是靠活塞销相连的。活塞销要传递周期变化的气体力和惯性力，还受到连杆小端和销座的摩擦和磨损。活塞销受活塞限制，本身尺寸小，润滑条件也较差。因此，要求活塞销要有足够的耐疲劳强度、抗冲击韧性、耐磨损和质量轻。

活塞销多用优质碳钢或低碳合金钢制造，表面渗碳淬火，使表面硬度高而内部韧性好。为减轻质量，活塞销都做成中空结构(图 2-2-12)。

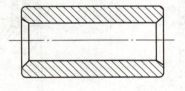

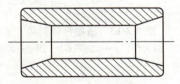

图 2-2-12 活塞销

活塞销与活塞销座孔和连杆小端配合有浮动式、固定式两类。浮动式活塞销是指活塞销在连杆小端和销座内部可以自由转动，销的相对转动速度小，因此磨损小而且均匀，从而提高了销的疲劳强度和使用寿命。为了防止这种浮动式活塞销从销座中窜动刮伤气缸，需用卡簧轴向定位。这种活塞销在筒形活塞式柴油机中应用最广。固定式活塞销是指活塞销固定在销座或连杆小端，因有一处固定，转动配合处的尺寸可以大些，使轴颈负荷比压减小。固定活塞销多用在大型二冲程柴油机活塞上。

### 7. 活塞杆填料函

在十字头式柴油机的气缸套下部均装设横隔板把气缸套下部空间(通常为扫气空间)与曲轴箱隔开。此时在活塞杆穿过横隔板处设有活塞杆填料函。它的作用是防止扫气空气和气缸漏下的污油、污物漏入曲轴箱，以免加热和污染曲轴箱润滑油、腐蚀曲轴与连杆等部件；同时也防止曲轴箱中的润滑油溅落到活塞杆上而带入扫气箱，污染扫气空气。

活塞杆填料函的基本组成结构如图 2-2-13 所示，主要由两组填料函组成，组装在横隔板中央的填料函座 1 中，上组用于密封扫气空气和刮掉活塞杆上的油污，内有两道密封环 6 和两道刮油环 7。刮下的污油经上下组分隔板上的油孔和填料函座上的孔道引至污油柜；下组用于密封曲轴箱润滑油，内有三道刮油环 2。每段密封环和刮油环都是由三段圆弧组合而成的铜环或钢环。三段弧段外面用捆扎弹簧(简称捆簧)5 收紧，使环的内孔紧贴活塞杆外圆表面。三圆弧之间在捆扎后仍应有间隙，同时各环端面之间亦应有规定间隙。下组刮油环2刮积的润滑油又回流到曲轴箱。

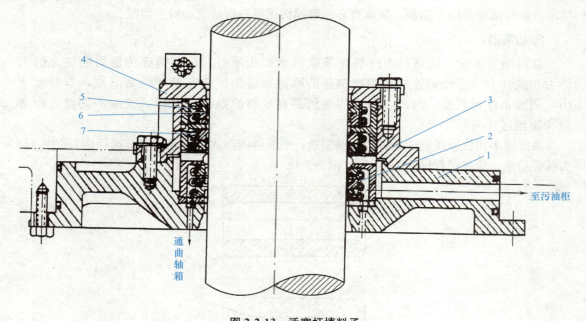

图 2-2-13　活塞杆填料函

1—填料函座；2、7—刮油环；3—填料箱；4—压盖；5—捆簧；6—密封环

## 二、连杆组件

### 1. 连杆组件的功用、工作条件和要求

连杆组件主要由连杆小端、连杆大端、连杆杆身、连杆螺栓等组成。小端轴承与活塞销（或十字头销）滑动配合，大端轴承与曲轴销颈配合，形成曲轴连杆机构，将活塞的直线运动转换为曲轴的回转运动。

连杆的功用是将作用在活塞上的气体压力和惯性力传给曲轴，并把活塞或十字头与曲轴连接起来，将活塞的往复运动变成曲轴的回转运动。

连杆的运动形式十分复杂，连杆的小端随活塞做往复直线运动，大端随曲轴销做回转运动，连杆杆身做平面运动。杆身上任意一点的运动轨迹随其位置而异，都近似呈椭圆。连杆不仅运动复杂，受力也很复杂。连杆承受周期性变化的气体力和活塞、连杆惯性力的作用，并且气体力在燃烧时具有冲击性。在二冲程柴油机中，连杆始终是受压的，但压力的大小是周期性变化的。在四冲程柴油机中，连杆有时受拉，有时受压。连杆小、大端轴承还与活塞销或十字头销、曲轴销产生摩擦和磨损。

对连杆的主要要求是：连杆应耐疲劳、抗冲击，具有足够的强度和刚度；连杆长度应尽量短，以降低发动机的高度和总质量；要求连杆轴承工作可靠、寿命长，同时，要求连杆轴加工容易，拆装维修方便。常用材料有 35 号、45 号、35CrMn 或 40Cr 等，并采用正火或调质等热处理。在十字头式柴油机中连杆多用中碳钢，筒形活塞式柴油机连杆采用优质碳钢或合金钢制造。

## 2. 筒形活塞式柴油机连杆

连杆杆身的截面形状通常有圆柱形和 I 形两种。圆柱形截面[图 2-2-14(a)、(b)]是由自由锻造毛坯制成，主要用于中型或小批量生产的柴油机中。I 形截面(图 2-2-14)在其摆动的平面内有较大的截面惯性矩，质量小，材料利用合理，通常采用模锻毛坯，适用于大批量生产的中、高速柴油机。连杆杆身中常钻有油孔，其作用是把润滑油从大端输送到小端，以润滑连杆小端轴承和冷却活塞。

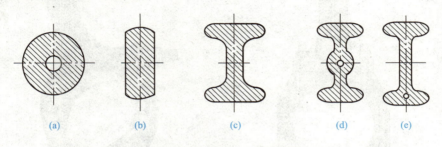

图 2-2-14　连杆杆身截面形状

连杆小端是活塞销的轴承，小端孔内压入锡青铜衬套或浇有轴承合金的卷制衬套。对于中速强载柴油机，通常采用锥形或阶梯形的连杆小端，以增大连杆小端下部主要承压面的面积。

连杆大端是曲轴销轴承，通常制成剖分式结构，用螺栓连接起来。连杆大端首先要满足拆装条件，即在检修时连杆应能同活塞一起由气缸中吊出。随着柴油机强化程度越来越高，使曲轴轴颈增粗，刚性增大，连杆轴承尺寸也越来越大，因此，连杆大端出现了平切口、斜切口和阶梯切口以及船用大端等各种结构。

对于 V 形柴油机，近年来生产的新机型几乎全部采用并列连杆，主、副连杆和叉骑式连杆基本不再使用。

图 2-2-15 所示为 Wärtsilä 38 型柴油机的连杆，连杆由合金钢锻造并加工成圆形截面，由于该柴油机的最高燃烧压力已达到 19 MPa，为了保证曲轴的刚度和轴承的承载能力，连杆大端采用船用大端结构，可以在不打开大端轴承的情况下进行吊缸，并使吊缸高度达到最小。连杆大端轴承较宽，使轴承负荷较小，在连杆大端和杆身之间为一铝合金板，保证了两部分很好贴合。连杆小端为阶梯形小端，并采用三层结构的轴瓦，具有良好的承载能力。杆身中间钻孔，将润滑油从连杆大端送至小端，供小端轴承的润滑及活塞冷却。杆身与连杆大端的结合面正处于连杆大端轴承座的上方，可以方便地拆卸和维护。所有螺栓用液压工具同时上紧。

图 2-2-16 所示为 Wärtsilä 20 型柴油机的连杆，连杆由合金钢锻造而成，由于该柴油机的转速较高，为了减小惯性力，连杆采用 I 形截面，杆身内开油孔以润滑小端和冷却活塞。为了满足连杆的拆装条件并同时减小轴承负荷和保证曲轴的刚度，连杆大端做成阶梯形切口。采用斜切口和阶梯切口的连杆大端会使连杆螺栓承受剪切作用。为了不使连杆螺栓承受剪切作用并在结合面处不产生滑动，在结合面处常采用锯齿形结构。连杆小端为阶梯形小端，具有良好的承载能力。

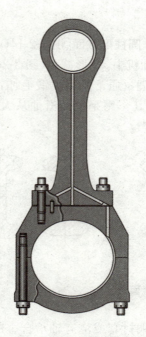 

图 2-2-15　Wärtsilä 38 型柴油机连杆　　　图 2-2-16　Wärtsilä 20 型柴油机连杆

### 3. 十字头式柴油机连杆的构造

十字头式柴油机连杆一般由小端、杆身和大端三部分组成。连杆大端根据杆身与大端轴承座是否分开分为车用大端和船用大端。

连杆杆身与连杆大端轴承座剖分式的大端结构称为船用大端,如图 2-2-17(a)所示,船用大端在剖分面处装有压缩比调节垫片,可以通过改变杆身与大端之间的垫片厚度 $\delta_1$ 调节连杆长度(大、小端中心距),以保证各缸压缩比。在大端轴承采用厚壁轴瓦或将合金直接浇铸在大端孔内的情况下,大端轴承分界面间也装有垫片,调整垫片的厚度 $\delta_2$,可在一定范围内调整垂直方向的轴承间隙,但结构比较复杂,多用于中、大型柴油机。

杆身与大端轴承座不分开的结构称为车用大端[图 2-2-17(b)],车用大端结构简单、紧凑,曲轴销直径与气缸直径之比在 0.72 以下,目前在大型船用低速柴油机中得到广泛的应用。

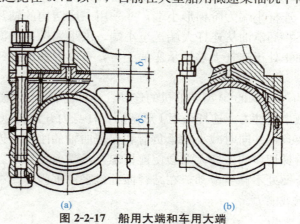

图 2-2-17　船用大端和车用大端
(a)船用大端;(b)车用大端

图 2-2-18 所示为 RTA－T－B 型柴油机连杆的构造。小端为十字头端，由轴承盖 3、轴承座、薄壁轴瓦 4 和连杆螺栓 2 等组装而成；大端为曲轴销轴承，由轴承盖 9、轴承座、薄壁轴瓦 8 以及连杆螺栓 7 等组装而成。大、小端的连杆螺栓 2 和 7 都是紧配螺栓，以保证轴承盖、轴承座和杆身之间正确而紧固地配合。各轴承盖和轴承座间以及轴承座与杆身间都由定位销定位。在小端轴承座上设有薄壁轴瓦以提高耐疲劳性能。大端轴承没有轴衬，白合金直接浇铸在轴承盖和轴承座上，这种结构可以增大轴颈并有利于轴承散热。连杆螺栓为柔性螺栓，有较高的疲劳强度，用专用液压工具上紧。

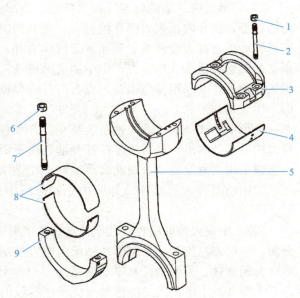

图 2-2-18　RTA－T－B 柴油机连杆
1、6—连杆螺栓螺母；2、7—连杆螺栓；3—小端轴承盖；
4、8—薄壁轴瓦；5—连杆杆身；9—大端轴承盖

MAN B&W 公司的 MC 系列柴油机连杆也采用类似结构。其连杆的杆身与连杆大、小端轴承座合为一体，整个连杆结构紧凑，长度很短，这对于现代超长行程柴油机减少整机高度非常重要。连杆小端刚性大，十字头销短而粗，采用全支承称刚性十字头轴承。它的承载能力和工作可靠性都明显增加。

### 4. 连杆螺栓

连杆螺栓是连接连杆大端与轴承座的重要螺栓。二冲程柴油机的连杆螺栓工作中只受到预紧力的作用，而四冲程柴油机的连杆螺栓除受到预紧力外，在换气上止点附近还受到惯性力的拉伸作用，此外，受到大端变形所产生的附加弯矩作用。筒形活塞式柴油机的连杆螺栓由于受到曲轴销和大端外廓尺寸的限制，其直径较小。为了满足强度上的要求，一般均选用韧性好、强度高的优质碳钢或合金钢制造连杆螺栓。在设计上采用耐疲劳的柔性结构（增加螺栓长度，减小螺栓杆部直径以增加螺栓柔度）；采用精细加工螺栓螺纹；在断面变化处以及螺纹部采用大圆角过渡，以减小应力集中；保证螺栓头与螺母支承平面与螺纹中心线垂直，以减小附加弯曲应力等。

连杆螺栓按安装方式（图 2-2-19）不同可分为用螺母连接与不用螺母连接两类。

在运转中连杆螺栓断裂，将发生机毁的重大事故，因此在安装中必须严格按照说明书规定进行。如安装预紧力的大小、预紧方法、预紧次序等甚至对连杆螺栓的检查与换新等均需严格按规定进行。实践证明，正确固紧与锁紧是避免发生断裂事故的有效措施。

### 5. 连杆轴承

连杆轴承一般由轴承座、轴承盖、轴瓦所组成。

图 2-2-19　螺栓安装方式

(1)筒形活塞式柴油机连杆轴承特点。筒形活塞式柴油机连杆小端均与主杆做成一体，为圆柱形，圆孔内压入耐磨青铜衬套，活塞销装入此衬套，在柴油机运转时，连杆即绕活塞销转动。连杆大端轴承上瓦除承受气体力外，还要承受曲轴连杆机构的惯性力，下瓦只承受曲轴连杆机构的惯性力。中小型柴油机连杆大端轴承普遍采用薄壁轴瓦；大功率中速机大端轴承普遍采用薄壁轴瓦，也有部分为厚壁轴瓦，甚至有些为了加大轴径，便于散热而采用无轴瓦形式。

筒形活塞式柴油机的曲轴箱油经专设管系首先送至各主轴承处并经曲轴内钻孔送往连杆大端轴承处润滑，最后经连杆杆身油孔由下而上送到小端轴承润滑后，流入曲轴箱。如活塞顶采用润滑油冷却，则此润滑油经小端轴承润滑后再经喷管喷入活塞顶（喷射式冷却）或经专用油路进入活塞顶冷却腔内先四周后中央部分循环冷却（循环冷却），最后泄入曲轴箱。

(2)十字头式柴油机连杆轴承特点。十字头式柴油机连杆小端为便于拆装均采用水平剖分面，并用螺栓连接。早期小端轴承内壁直接浇铸减磨合金，目前多用薄壁轴瓦。大端轴承有无轴瓦式、薄壁轴瓦和厚壁轴瓦。

大型低速十字头式二冲程柴油机通过专设的润滑油供给系统（如铰链或套管机构）把曲轴箱油送至十字头销处后再分三路：其一，送至导板滑块处润滑；其二，经油道送往活塞顶冷却；其三，送往连杆小端并经连杆钻孔下行至连杆大端轴承润滑。上述润滑油最后流入曲轴箱。这种机型曲轴颈上不必为输送润滑油而钻孔。也有的老机型其大端轴承的润滑油是经过曲轴内部的钻孔来自主轴承：一部分润滑油大端轴承，另一部分润滑油则经过连杆中心孔上至十字头轴承起润滑作用。

(3)厚壁轴瓦与薄壁轴瓦。轴瓦都是由瓦背（瓦壳）和在其上浇铸一定厚度的减磨合金所组成，薄壁轴瓦和厚壁轴瓦的区别在于厚度不同。厚壁轴瓦的厚度在 10 mm 以上，大型低速柴油机的轴瓦厚度可达 20~50 mm，其中，合金层厚度为 3~6 mm。连杆大端轴承常用薄壁轴瓦，低速柴油机也有将轴承合金直接浇铸在船用式连杆大端的内表面。厚壁轴瓦在连杆大端已不用，仅在低速机主轴承采用，MC 最新机型主轴承也改用薄壁轴瓦。

厚壁轴瓦由低碳钢制成瓦背，在其内表面上浇轴承合金，轴瓦厚度较大，轴承合金层厚度常为 0.75~2 mm。由于瓦背厚度大、刚性好，轴瓦本身可以保证轴承孔的尺寸和几何精度，对座孔的加工精度要求较低；轴瓦与轴颈的配合间隙须经单件刮配保证，适于小批量或单件生产，目前仅在大型低速柴油机的主轴承中应用。当轴瓦磨损使轴承间隙过大时，可以把装在轴承瓦口平面间的调隙垫片抽去一些，再配轴瓦上的轴承合金达到合适的配合间隙。厚壁轴瓦的轴承合金均采用质软的低疲劳强度的白合金。为了防止轴瓦在座孔内移动，可用销钉定位。

薄壁轴瓦通常由浇铸或轧制轴承合金的钢带制成。薄壁轴瓦不仅其壁薄，而且其减磨合金层也很薄。即使是中速大功率柴油机的薄壁轴瓦，其减磨合金层厚度达到 0.7~0.8 mm 的已逐渐减少，目前趋于采用厚度只有 0.2~0.4 mm 的合金层厚度，因为这有利于提高轴瓦合金层的疲劳强度。薄壁轴瓦具有制造精度高、互换性好、合金层厚度薄、疲劳强度高、承载能力强、寿命长等优点，广泛应用于各类柴油机中，包括新型十字头柴油机的连杆大端轴承。

## 🧰 任务实施

### 一、活塞、连杆组件的拆卸

拆卸前应首先清除气缸内积炭，避免在吊出活塞时，由于积炭的阻卡而松动气缸套。

#### 1. 拆卸连杆大端

(1) 转动曲轴，使准备拆下的活塞位于上止点的位置。

(2) 由曲轴箱道门处认准连杆大端轴承上下盖之间的标记，以备安装时参考，使用专用扳手从曲轴箱道门两边拧松连杆螺栓的固紧螺母。

为避免连杆螺母拆下后，连杆大端轴瓦盖跌落在曲轴箱内造成机件的损坏，在螺母拆下之前应用木方垫在连杆大端轴承盖下方，然后均匀拧松两边的连杆螺母，使大端轴承盖平稳地落在木方上，由曲轴箱道门取出。

#### 2. 吊缸

(1) 在活塞顶装上专用提升工具，利用手拉葫芦吊起活塞、连杆组件。

(2) 拆除活塞、连杆组件后，连杆轴承、连杆螺栓应装于连杆上，并小心保护连杆轴瓦，将其平稳地放置在木板垫上，以备进一步拆检、清洗和测量。

#### 3. 拆卸活塞销（连杆活塞组分解）

目前，柴油机均采用浮动式活塞销，它的两端用弹性卡簧定位。拆卸时，将活塞放置平稳，首先用内卡簧钳拆下活塞两端的定位卡簧，然后用手锤垫上木块由活塞销的一端敲击，将活塞销从另一端推出。活塞销取下时注意方向、位置不要弄错。连杆与活塞、活塞销等零件分别整齐地摆放在木垫板上。

#### 4. 拆卸活塞环

活塞环的拆卸应使用专用工具。专用工具的类型有很多，图 2-2-20 所示即两种活塞环拆装专用工具。在没有专用工具时，一般可用麻绳或铁丝弯成环形，套在拇指上，分别挂在活塞开口两端，缓慢地用力使活塞环张开后进行拆装，如图 2-2-21 所示。

张开活塞环时，应尽量使它在能拆卸的条件下张开得小些，否则其会很容易折断或使活塞环受到内伤，使其很快疲劳断裂。拆下的活塞环应按次序放置好以备检查，不要弄乱次序或随意乱放。

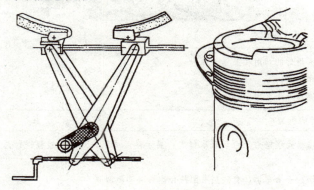

图 2-2-20 活塞环拆装工具

图 2-2-21 简易拆卸活塞环的方法

## 二、活塞、连杆组件的安装

活塞、连杆组件各零部件经过检查、修复或更新后,完全符合质量要求才能组装,具体步骤如下:

(1)缓慢地盘车,使准备安装活塞、连杆组件的曲轴销位于上止点位置。将活塞、活塞环、缸套内壁及曲轴销等部件的工作面涂抹上少许机油。将一根木棍横放在曲轴销上,在气缸体上安放好导筒。

(2)将活塞环搭口相互错开,且活塞环搭口错开位置应避开活塞销孔的垂直方向。

(3)用螺钉旋具插入活塞销孔,将活塞、连杆组件装入缸体(连杆大端的安装记号应向柴油机正面方向端),且暂搁置在导筒上。用两块碎布包在活塞头部边缘上,一人将活塞、连杆组件抬起,另一人将螺钉旋具从活塞销孔中抽出,此时松开两手活塞由其自重滑入缸套。

(4)将横放在曲轴销上的木棍取出,用手锤柄轻击活塞头部,使其连杆大端叉口及轴瓦与曲轴销吻合。装上连杆大端轴瓦盖(注意轴瓦盖上的安装记号是否与连杆大端叉口上的安装记号配对)。

(5)用工具按随机说明书规定的预紧力矩,分别逐次均匀地上紧连杆螺栓。最后用开口销或新铁丝将连杆螺栓固紧,螺母锁紧。

### 学生活动页

| 学习领域 | 船舶柴油机使用与维护 | 任务名称 | 活塞、连杆组件拆装 |
|---|---|---|---|
| 学生姓名 | | 班级学号 | |
| 组别 | | 任务成绩 | |
| 任务描述 | 活塞、连杆组件作为运动部件,在运行中要定期检修。本任务通过活塞、连杆组件的结构、材料、工作条件内容学习,使学生能够按流程拆卸活塞、连杆组件 | | |
| 知识目标 | 1. 熟悉活塞、连杆组件、十字头组件的功用和工作条件;<br>2. 掌握活塞、连杆组件的结构和组成;<br>3. 熟悉活塞、连杆组件常见故障及产生原因 | | |
| 能力目标 | 能够按流程进行活塞、连杆组件的拆装 | | |
| 素质目标 | 1. 能够具备初步的管理能力和信息处理能力,主动获取信息,展示学习成果,对工作过程进行总结和反思<br>2. 能够具备沟通能力、质量意识和安全意识,有效利用团队合作解决实际问题 | | |
| 学习重点 | 活塞、连杆组件结构 | 学习难点 | 十字头组件结构 |

续表

<table>
<tr><td rowspan="20">活动记录</td><td colspan="3">1. 小组人员分工</td></tr>
<tr><td>姓名</td><td>分工</td><td>姓名</td><td>分工</td><td>姓名</td><td>分工</td></tr>
<tr><td></td><td></td><td></td><td></td><td></td><td></td></tr>
<tr><td></td><td></td><td></td><td></td><td></td><td></td></tr>
<tr><td></td><td></td><td></td><td></td><td></td><td></td></tr>
<tr><td></td><td></td><td></td><td></td><td></td><td></td></tr>
<tr><td colspan="3">2. 设备、工具准备</td></tr>
<tr><td colspan="3">3. 查阅柴油机说明书，填写如下数据</td></tr>
</table>

| 序号 | 数据基准型号 | |
|---|---|---|
| 1 | 活塞裙部大径 | |
| 2 | 活塞轴直径 | |
| 3 | 曲轴连杆直径 | |
| 4 | 第一气环开口间隙 | |
| 5 | 第二气环开口间隙 | |
| 6 | 油环开口间隙 | |

4. 拆装活塞、连杆组件流程

5. 注意事项及存在问题

---

**任务考核**

★选择题

1. 活塞承磨环在（　　）情况下不必更换。
   A. 断裂　　　　B. 磨平　　　　C. 松动　　　　D. 缺损
2. 气密性最好的活塞环搭口形式是（　　）。
   A. 直搭口　　　B. 斜搭口　　　C. 重叠搭口　　D. 平搭口
3. 活塞环的轴向磨损会使环的（　　）。
   A. 天地间隙增大　　　　　　　B. 搭口间隙增大
   C. 背隙增大　　　　　　　　　D. 自由开口间隙增大
4. 船用大中型柴油机活塞头与活塞裙的材质分别是（　　）。
   A. 耐热合金钢、耐磨合金铸铁　B. 耐磨合金钢、耐热合金铸铁
   C. 优质合金钢、锻钢　　　　　D. 锻钢、优质合金钢
5. 活塞环的天地间隙和搭口间隙一般规律是（　　）。
   A. 第一、第二道环最大依次减小　B. 刮油环应最大
   C. 下面的环大于上面　　　　　　D. 上、下各环都一样
6. 大功率柴油机活塞头与活塞裙分开制造的目的是（　　）。
   A. 形成薄壁强背结构　　　　　B. 提高散热效果
   C. 合理使用材料　　　　　　　D. A+C

| | |
|---|---|
| 任务考核 | 7. 十字头柴油机的活塞杆填料函的作用是（　　）。<br>　Ⅰ. 隔开气缸下部与曲轴箱空间　　Ⅱ. 密封扫气空气　　Ⅲ. 减磨<br>　Ⅳ. 防止气缸中污物漏入曲轴箱　　Ⅴ. 散热　　Ⅵ. 防止曲轴箱润滑油进入气缸下部<br>　A. Ⅰ+Ⅱ+Ⅲ　　　　B. Ⅱ+Ⅳ+Ⅵ　　　　C. Ⅰ+Ⅲ+Ⅴ　　　　D. Ⅳ+Ⅴ+Ⅵ<br>8. 在中、高速柴油机中，连杆杆身做I形断面，其目的是（　　）。<br>　A. 减轻重量　　　B. 增大抗弯能力　　　C. A+B　　　D. 增大抗拉能力<br>9. 在柴油机中连杆的运动规律是（　　）。<br>　A. 小端往复；杆身晃动；大端回转　　　B. 小端往复；杆身平稳；大端回转<br>　C. 小端晃动；杆身平稳；大端回转　　　D. 小端晃动；杆身平稳；大端晃动<br>10. 筒形活塞式柴油机的连杆大端采用斜切口的目的是（　　）。<br>　A. 拆装方便　　　　　　　　　　B. 受力均衡<br>　C. 制造方便　　　　　　　　　　D. 增大曲轴销直径<br><br>★名词解释<br><br>1. 天地间隙<br><br><br>2. 搭口间隙<br><br><br><br>★简答题<br><br>1. 简述筒形柴油机活塞的组成及分类。<br><br><br><br><br>2. 简述十字头组件的功用和结构。 |
| 任务评价 | 自我评价　　　1. 通过本任务学习，我学到的知识点和技能点：_____。<br>　　　　　　　存在问题：_____。<br>　　　　　　　2. 在本次工作和学习的过程中，我的表现可得到：<br>　　　　　　　□优　□良　□中　□及格　□不及格 |
| | 小组互评 |
| | 教师评价 |

## 知识拓展

### 十字头组件

**1. 十字头组件的功用和工作条件**

十字头组件是船用十字头式柴油机所特有的部件，主要包括十字头销、十字头滑块、十字头轴承（连杆小端轴承）等。它的主要作用是将活塞组件和连杆组件连接起来，把活塞的气体力和惯性力传给连杆，承受侧推力并给活塞在气缸中的运动导向。

十字头组件的工作条件是比较苛刻的。十字头本体和轴承要承受周期性的气体爆发压力；十字头滑块还要承受大小和方向周期变化的侧推力作用。特别是十字头轴承，由于单向受力及连杆只做摆动，相对角速度较小，不易形成良好的润滑，工作条件更为恶劣。

**2. 十字头结构**

图 2-2-22 所示为十字头组件的结构组成。如图 2-2-22(a)所示，活塞杆下端螺杆从垂直方向插入十字头孔，末端用螺母 5 紧固。活塞杆大圆柱凸肩端面与十字头端面定位，并用立销圆周定位。连杆小端 8 的平台面紧固着两个小端轴承，它由轴承座 6、轴承盖 7 和内孔轴瓦及轴承螺栓等组成。十字头销左右两大圆柱与此两轴承滑配、两块十字头滑块 2 分别滑套于十字头销两端的小圆柱上。轴向用端盖板 3 限制滑块移动，周向用固定块 4 限制滑块相对十字头销转动。图 2-2-22(b)所示为双侧导板式十字头，滑块为两块，故相对应的机架两侧均有导板。

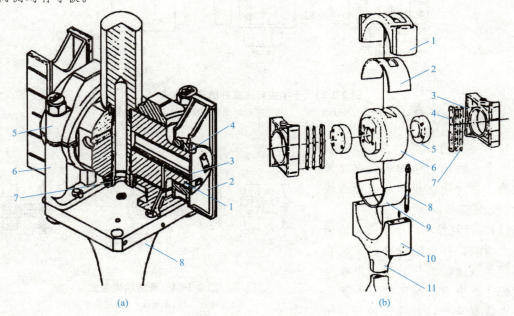

**图 2-2-22　十字头组件结构**

(a)6ESCZ76/160 型柴油机的十字头；(b)L-MC/MCE 型柴油机十字头

(a)1—十字头销；2—滑块；3—端盖板；4—固定块；5—活塞杆螺母；6—轴承座；7—轴承盖；8—连杆小端

(b)1—连杆小端轴承盖；2—连杆小端轴瓦；3—滑块；4—导轨；5—耳轴；6—十字头销本体；7—调整垫片；8—连杆螺栓；9—连杆小端下瓦；10—连杆小端轴承座；11—杆身

## 3. 十字头本体

十字头本体一般用优质碳钢（40、45号钢）锻造，有时也采用合金钢。在设计中除保证有足够的强度外，目前的趋势是增加其刚度。十字头销一般都做得粗而短，这样不但提高了刚度，而且可增加销表面的线速度，有利于轴承油膜的形成。十字头销的表面往往采用滚压或镀铬（镀层厚度0.25～0.50 mm）等方法来提高其耐磨性；对其表面粗糙度的要求也很高，以保证工作可靠性。

十字头与活塞杆的连接方式如图2-2-23所示。图2-2-23(a)、(b)两种属于同一类型，活塞杆均穿过十字头上的孔用海底螺母固定，但图2-2-23(a)是用锥面定位和压紧，图2-2-23(b)是用上螺母支承杆身传来的压力。连杆必须采用分叉形式，十字头轴承工作可靠性降低，现在已基本不用。图2-2-23(c)则是利用螺栓将活塞下部凸缘与十字头连接。这种连接方式可将整个十字头的下半部作为十字头轴承的承压面积，从而使轴承的比压降低，改善了轴承的受力状况，使十字头轴承的工作可靠性提高。目前MAN-B&W和Sulzer公司最新生产的柴油机都是采用这种结构。

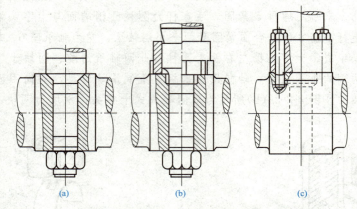

**图 2-2-23　十字头与活塞杆的连接方式**
(a)、(b)海底螺母固定；(c)利用螺栓将活塞下部凸缘与十字头连接

## 4. 十字头滑块

十字头滑块的结构形式有双滑块结构、单滑块结构和圆筒形滑块结构，如图2-2-24所示。

(1) 双滑块结构。十字头销的两端套上滑块，并用压板将其定位在机架的导板上，工作时滑块沿着导板滑行。每块滑板的两侧工作面上都浇有减磨合金，并开设油槽，润滑油来自十字头。正、倒车导板的

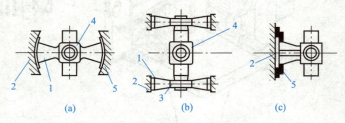

**图 2-2-24　滑块结构形式**
(a)双滑块；(b)单滑块；(c)圆筒形滑块
1—滑板；2—导板；3—滑板轴承；4—十字头轴承；5—翻转导板

承压面积相同，运转安全可靠；滑块的布置与柴油机的转向无关；导板设在机架的横隔板上，使连杆摆动平面宽敞，从机器的两侧进行检修工作比较方便，因此应用广泛；但其结构复杂，因前、后、左、右共有4个滑动面，安装校正较为麻烦。

(2) 单滑块结构。滑块用螺钉紧固在十字头本体上，滑块的正面与机架上的正转导板相

配，背面有两条面积较小的反转工作面与反转导板相配。正、倒车导板的承压面积不同，正车时受力大，工作时间长，有较大的承压面积，倒车导板的承压面积小；滑块的布置与柴油机的转向有关；导板位于连杆摆动的方向上，给检修工作带来麻烦；但结构简单，安装方便，目前很少采用。

(3) 圆筒形滑块仅为个别机型使用，如 ESDZ30/55 型柴油机。

5. 十字头轴承

十字头组件轴承及导板的润滑油供应方法，目前大多数是用专用油泵将高压润滑油由套管或铰链机构送入十字头销轴向中心孔道，用以润滑十字头轴承、滑块、导板，并通过连杆的中心孔向连杆大端轴承供给润滑油。或者由连杆大端上行至小端的压力润滑油，先润滑十字头轴承再润滑滑块导板摩擦面十字头轴承。

图 2-2-25(a) 表示连杆小端采用分开支承轴承座时，在气体爆发的压力下，十字头销的变形与连杆小端轴承座的变形不一致，使得两轴承内侧边缘出现局部负荷峰值而极易破坏。图 2-2-25(b) 所示是自整位轴承示意图。两轴承座均为不对称的 I 形，其轴承座面的中心线 $M$ 与腹板中心 $S$ 向内侧偏离一个距离 $e$。在气体爆发的压力下，I 形轴承座能自动适应连杆小端及十字头销的变形，使轴承支承面的负荷能均匀分布。

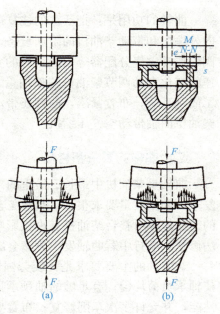

图 2-2-25　十字头轴承形式
(a) 分开支承；(b) 自整位轴承

## 任务三　曲轴臂距差测量

📋 任务导学

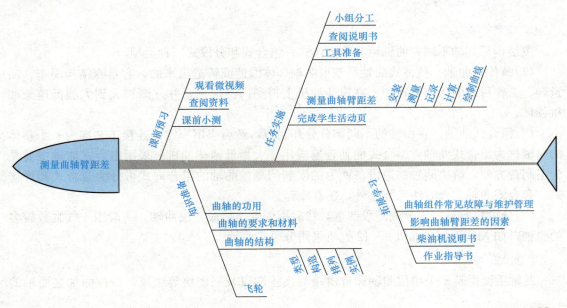

## 知识准备

### 一、曲轴的功用

曲轴的功用是：把活塞的往复运动通过连杆变成回转运动；将各缸所做的功汇集起来向外输出和带动柴油机的附属设备。在曲轴带动的附属设备中，柴油机的喷油泵、进排气阀、启动空气分配器等均因正时的要求，必须由曲轴驱动。离心式调速器要根据柴油机转速的变化自动调节柴油机的喷油量，也必须由曲轴带动。此外，在中、小型柴油机中，为了简化系统，布置紧凑，曲轴还带动润滑油泵、燃油输送泵、淡水泵和海水泵，也有少数柴油机曲轴带动空气压缩机。

### 二、曲轴的要求和材料

曲轴是柴油机中最长、最重的部件，直接影响整台柴油机的尺寸和质量。曲轴的形状复杂，加工质量要求很高，制造工艺难度大，因此它也是柴油机中造价最高的部件。曲轴的工作好坏对整台柴油机有直接影响，它的损坏会导致柴油机瘫痪，而且难以修复甚至无法修复。航行中若曲轴发生故障会威胁到全船的安全，所以对曲轴要求非常严格。

对曲轴的主要要求是：疲劳强度高，工作安全可靠；有足够的刚性，工作时变形小，使轴承负荷均匀；有足够的轴颈承压面积，以保证较低的轴承比压；轴颈要有良好的耐磨性能，并允许多次车削修复；布置要兼顾动力均匀、主轴承负荷低、平衡性好、扭转振动小、有利于增压系统的布置。以上这些要求是互相关联的，有些又是相互矛盾的，要权衡利弊妥善解决。

曲轴的常用材料有优质碳钢、合金钢和球墨铸铁。一般柴油机的曲轴常用优质碳钢制造，只有中、高速强载柴油机的曲轴才会采用合金钢制造，球墨铸铁一般用于强化程度不高的中、高速柴油机。

### 三、曲轴的结构

#### 1. 曲轴的类型

按结构形式的不同，曲轴可分为整体式、组合式和分段式三种类型。

（1）整体式曲轴。整体式曲轴是整根曲轴一体锻造或铸造出来的。它具有结构简单、质量轻、工作可靠的优点，在中、高速柴油机上得到广泛应用，并逐渐扩大到大型低速柴油机领域。

（2）组合式曲轴。将曲轴的不同部分分开制造，然后应用一定的连接工艺连为一个整体的曲轴称为组合式曲轴。组合式曲轴普遍应用于大型低速柴油机。采用组合式曲轴主要是为了制造方便，解决曲轴制造设备能力的限制问题。曲轴的组合方式可分为套合式和焊接式，套合式曲轴套合方法除红套外，还有冷套。

（3）分段式曲轴。先分成两段制造，然后用法兰连接成整根曲轴。一般用于气缸数较多的曲轴，如 MC 系列柴油机 9～12 缸机采用分段式曲轴。

#### 2. 曲轴的构造

曲轴主要由若干个单位曲轴和自由端与飞轮端以及平衡块等组成。单位曲轴是曲轴的基本组成部分,由主轴颈、曲轴销和曲轴臂组成,为了平衡曲轴不平衡回转质量产生惯性力,有的还在曲轴臂上装有平衡重。为了减轻曲轴的质量和减小惯性力,曲轴销和主轴颈一般都采用空心结构。轴颈与曲轴臂相连接的过渡圆角处由于截面急剧变化,应力集中十分严重,为减轻应力集中的影响,过渡圆角处应采用足够大的过渡圆弧半径,也有的采用车入式圆角。

为了润滑曲轴销轴承以及活塞销,对于筒形柴油机,其曲轴上钻有润滑油道,把输送至主轴承的润滑油引至曲轴销轴承。由于开油孔时会增加曲轴的液压力集中,因此,对油孔的位置要合理选择,使其对轴颈的削弱最小。为了减少应力集中,油孔应倒角、抛光。

### 3. 曲轴的排列

曲轴都是以气缸的号数命名的。气缸的排号有两种方法:一种是由自由端排起;另一种是由动力端排起。我国和大部分国家都是采用由自由端排起。

曲轴的排列是由气缸的发火间隔角和发火顺序决定的,而气缸的发火间隔角和发火顺序又要按照下列原则决定:

(1)柴油机的动力输出要均匀,即发火间隔角要相等。这样,相邻发火的两个缸的曲轴夹角,二冲程柴油机为$360°/i$,四冲程柴油机为$720°/i$。$i$为柴油机气缸数。图2-3-1所示为常见的二冲程六缸柴油机曲轴的排列及曲轴示意图。

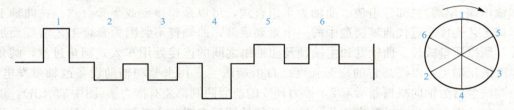

**图2-3-1 常见的二冲程六缸柴油机曲轴的排列及曲轴示意图**

(2)要避免相邻的两个缸连续发火,以减轻相邻两缸之间的主轴承的负荷。为此,最好在柴油机的首、尾两端轮流发火。如某四冲程六缸柴油机的发火顺序为1—5—3—6—2—4,曲轴排列如图2-3-2所示,较好地满足了这一要求。

对于V形柴油机普遍采用插入式发火。插入式发火就是两列的发火顺序及发火间隔彼此完全相同,而总的发火顺序为这两列的发火顺序根据气缸间的夹角关系进行穿插形成。例如八缸V形四冲程柴油机,每列四缸,每列的发火间隔都是$720°/4=180°$,发火顺序都是1—2—4—3。为了避免混乱,第Ⅰ列用$1_Ⅰ$—$2_Ⅰ$—$4_Ⅰ$—$3_Ⅰ$表示,第二列用$1_Ⅱ$—$2_Ⅱ$—$4_Ⅱ$—$3_Ⅱ$表示。气缸夹角为$\gamma$。如果气缸$1_Ⅱ$比$1_Ⅰ$落后$\gamma$角发火,其总的发火顺序和曲轴排列如图2-3-3(a)所示。假如$1_Ⅱ$比$1_Ⅰ$落后$360°+\gamma$角,也就是$1_Ⅰ$发火后跟随着的是$1_Ⅱ$进气,$1_Ⅰ$与$1_Ⅱ$不接连着发火,则对轴承负荷有利。此种情况总的发火顺序如图2-3-3(b)所示。

(3)要使柴油机有良好的平衡性。柴油机在往复惯性力与往复力矩、离心惯性力与离心力矩的作用下要产生振动。曲轴合理排列可使引起振动的力和力矩减至最小。

(4)要注意发火顺序对轴系扭转振动的影响。发火顺序不同,各段轴上扭矩的交变情况也不同,对轴系扭转振动的影响也不同。要力求减轻扭转振动。

(5)在脉冲增压式柴油机中,为了防止排气互相干扰,各缸的排气管要分组连接。

要同时满足上述要求,往往是不可能的,而只能满足某些主要要求,兼顾其他要求,在 MAN B&W 公司的 MC 系列柴油机中，为了满足平衡性和减少轴系的振动，甚至出现了各缸发火间隔角不相同的柴油机。

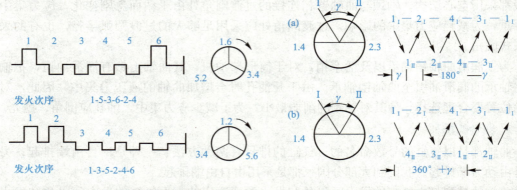

图 2-3-2　四冲程柴油机的曲轴排列

图 2-3-3　V 形柴油机的曲轴排列
(a)$1_{II}$ 落后 $1_{I}\gamma$ 角；(b)$1_{II}$ 落后 $1_{I}360°+\gamma$ 角

### 4. 典型曲轴介绍

图 2-3-4 所示为 S—MC—C 型柴油机的曲轴。锻钢曲轴由单位曲轴、自由端（首端）和功率输出端（尾端）三部分组成。曲轴为半组合式，可以是焊接型或半套合式。在曲轴上采用焊接工艺连接是近代曲轴制造中的一个重要成就，曲轴臂不必因为套合工艺需要而加大尺寸，所以质量减轻。曲轴臂和主轴颈及曲轴销之间的连接处用车入式圆角过渡，圆角处经过冷滚压加工，以提高它的疲劳强度。自由端法兰 1 用来驱动辅助设备或轴带发电机。自由端法兰后为轴向减振器活塞 2，推力环 4 的前后两侧都装有推力块（图中未示出），以传递螺旋桨的推力和为曲轴轴向定位。推力环的外圈用来安装主动链轮，以便通过链条驱动凸轮轴。这种推力轴和曲轴造成一体，并将推力轴承和主动轮组合在一起的形式，可缩短柴油机的长度，使布置更为紧凑。

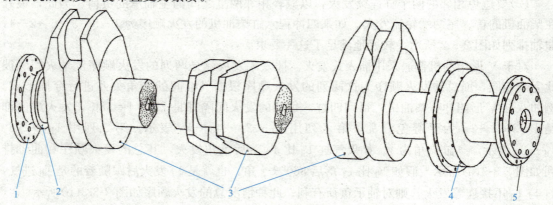

图 2-3-4　S—MC—C 型柴油机的曲轴
1—自由端；2—轴向减振器活塞；3—单位曲轴；4—推力环；5—功率输出端

图 2-3-5 所示为 Wärtsilä 46 型柴油机的曲轴。该曲轴为整体锻造式，并经过全面的机加工，曲轴内钻孔，使润滑油可以送至每一个轴承。在每一个曲轴臂上都有平衡重 4，使柴油机不会受到离心力和离心力矩的作用。曲轴的主轴颈和曲轴销之间有很大的重叠度，保

证了曲轴有足够的刚度和曲轴臂的强度。曲轴的首尾两端都设有法兰,可以在任何一端连接轴带发电机,如有必要,可以在曲轴首端安装扭振减振器。

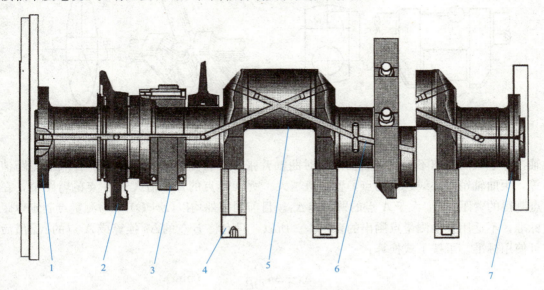

图 2-3-5　Wärtsilä 46 型柴油机曲轴
1—动力输出法兰；2—主轴承；3—传动齿轮；4—平衡重；5—曲轴；6—油道；7—首端法兰

## 四、飞轮

飞轮是一个具有较大转动惯量的圆盘零件,安装在曲轴输出端。飞轮的主要功用是使柴油机回转角速度趋于均匀,协助柴油机启动,保证柴油机空车运转的稳定性。

飞轮通常用铸铁、铸钢或锻钢制成轮缘形结构,使其大部分质量集中在轮缘处,以较小的质量获得尽可能大的转动惯量。飞轮上常装有齿圈,供电启动柴油机与启动机小齿轮啮合。在中、大型柴油机中,轮缘上设有供盘车用的杠杆孔或与盘车机相啮合的齿轮(涡轮)。此外,轮缘上还刻有各缸上止点等标志线,用来检查与调整柴油机的各种正时。

## 🧰 任务实施

### 一、曲轴臂距差测量与分析

在大、中型柴油机检修中,经常用测量臂距差的办法来检查曲轴轴线的状态和主轴承的磨损情况。

**1. 曲轴臂距差的测量选择**

测量曲轴臂距值是采用专门的量表——臂距表。

测量前,根据曲轴臂距的大小组装好臂距表量杆,并装于曲轴臂上的冲孔中,如图 2-3-6 所示。

曲轴臂距值测量点一般均设在距曲轴销中心线 $(S+D)/2$ 处（$S$ 为活塞行程,mm；$D$ 为主轴直径,mm）。为了便于迅速、准确地装表,一般在制造曲轴时在曲轴臂内侧中心对称线上 $(S+D)/2$ 处打上冲孔,即图中 $A$ 点作为固定的测量点。有的大型柴油机为了便于测量或避开轴孔套合处,将测量点设在曲轴臂下边缘 $B$ 点。由于曲轴臂中心对称线上各点与

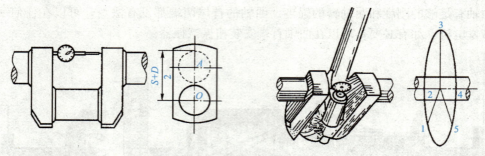

图 2-3-6 测量臂距差的位置

曲轴销中心线的距离不等,当曲轴回转时曲轴臂张开或收拢使中心对称线上各点的臂距值不等,距曲轴销中心线越远的点,臂距值越大。所以 B 点的臂距值大于 A 点的臂距值,在 B 点测得的臂距差 $\Delta_B$ 大于 A 点的臂距差 $\Delta_A$。目前国内外均以 $(S+D)/2$ 为测量点制定臂距差标准,不适用其他测量点测出的臂距差。所以,只有将 B 点的 $\Delta_B$ 换算成 A 点的 $\Delta_A$ 值后方可使用标准。可按下式换算:

$$\Delta_A = \Delta_B \frac{OA}{OB} \qquad (mm)$$

式中　$OA$——测量点 A 至曲轴销中心线的距离(mm);
　　　$OB$——测量点 B 至曲轴销中心线的距离(mm)。

### 2. 臂距差的测量步骤

(1)打开曲轴箱道门。

(2)检查臂距差的灵敏度。检查无误后,根据臂距差 L 的大小选择并调整臂距表测量杆长度,使之比臂距值 L 大 2 mm 左右,并装上重锤。

(3)将需测臂距差的曲轴销转到下止点,如果曲轴销上装有活塞、连杆组件,应把曲轴销转到下止点后 15°左右的位置,以此作为起始位置。

(4)寻找并仔细清洁两曲轴臂上的冲孔,冲孔应在距曲轴销轴线为 $(S+D)/2$ 处,除去孔中油污和杂物,以免引起误差,将臂距表装入两曲轴臂。

(5)装上臂距表预紧 1~2 mm,用手拨转臂距表 2~3 转,在确认安装良好后,转动表面将表上指针调到"0"位。

(6)正盘车转动曲轴,起始测点后根据销位法依次顺序测量 4 或 5 个位置的臂距值。

(7)读取臂距值。不同结构的曲轴量表在测量臂距增减时,表指针的转动方向不同。当曲轴量表的触头向表内压入时,表上的读数应减小,读负值,以"-"表示;当曲轴量表的触头外伸时,表上的读数应增大,读正值,以"+"表示。

### 3. 臂距差的记录

臂距表在曲轴臂冲孔装妥后即可测量。测量时,盘车使曲轴正车回转一周,分别测量曲轴销在上、下止点位置和左、右平位置的臂距值,从臂距表读出测量值,并记录在表格中。

(1)曲轴未装活塞运动装置。曲轴回转一周,测量曲轴销转至 0°、90°、180°、270°四个位置的臂距值和记录读数。

(2)曲轴已装活塞运动装置。由于曲轴转至下止点时,活塞运动装置的位置恰好居中,不能安装臂距表和测量下止点的臂距值。故生产中用曲轴销位于下止点前、后各 15°(以表不碰连杆为准)位置，即 165°和 195°位置的臂距值 $L_{下}^{I}$ 和 $L_{下}^{II}$ 的平均值$(L_{下}^{I}+L_{下}^{II})/2$ 代替下止点 $A(180°)$位置的臂距值 $L_{下}$，所以 $L_{下}=(L_{下}^{I}+L_{下}^{II})/2$。盘车至 195°处装表，并将表的指针调至零值后依次测量 195°、270°、0°、90°、165°五个位置的臂距值和记录读数。

现场记录测量读数依所选用的基准不同有以下两种方式：
①以曲轴销位置为准记录臂距值；
②以臂距表位置为准记录臂距值。

以上两种记录方式不同，但基本概念不变，均按公式 $\Delta_\perp=L_上-L_下$、$\Delta_-=L_左-L_右$，计算结果相同。

曲轴臂距差的精度与臂距表的精度、表的安装精度、读数误差和测量技术等有关。可用以下方法检验测量精度，将测得的上、下止点臂距值之和与左、右水平臂距值之和比较，两者差值在±0.03 mm 内，即$(L_上+L_下)-(L_左+L_右)<±0.03$ mm，表明测量基本准确。如果几次测量结果均超过±0.03 mm，表明曲轴存在严重的变形。

必须指出，以上检验方法便是测量者用来粗略判断自己测量的准确性，而非衡量臂距差的标准，切勿混淆。

## 二、曲轴臂距差测量结果的处理

### 1. 臂距差的计算

$$\Delta_\perp=L_上-L_下,\quad \Delta_-=L_左-L_右$$

式中　$\Delta_\perp$、$\Delta_-$——垂直平面、水平平面内的臂距值(mm)；
　　　$L_上$、$L_下$——曲轴销在上、下止点位置时的臂距值(mm)；
　　　$L_左$、$L_右$——曲轴销在左、右平位置时的臂距值(mm)。

当按曲轴量表所在位置记录臂距值，在计算臂距值时，应以记录图中下面的数值减去上面的数值为曲轴的上下臂距差，即 $\Delta_\perp$；记录图中右边的数值减去左边的数值为左右臂距差，即 $\Delta_-$。当按曲轴销所在位置记录臂距值，在计算臂距差时则与上述相反。

测量记录表如表 2-3-1 所示。

表 2-3-1　臂距差测量记录表

| 曲轴销号数 | 曲轴销位置 | | | | | |
|---|---|---|---|---|---|---|
| | 上止点 | 下止点平均值 | $\Delta_\perp$ | 左平 | 右平 | $\Delta_-$ |
| 1 | | | | | | |
| 2 | | | | | | |
| 3 | | | | | | |
| 4 | | | | | | |
| 5 | | | | | | |
| 6 | | | | | | |

### 2. 绘制曲轴轴线状态图

(1)按气缸中心距成比例地画出各缸曲轴都向上的曲轴示意图。

(2)在曲轴示意图的下方作与轴线平行的横坐标轴线，根据臂距差为正值则主轴承偏低，臂距差为负值则主轴承偏高，将正臂距差值取在横坐标轴线下，将负臂距差值取在横坐标轴线上。

(3)将各曲轴的臂距差值按其大小用直线连接起来，所得的折线即曲轴轴线状态图(图2-3-7)。

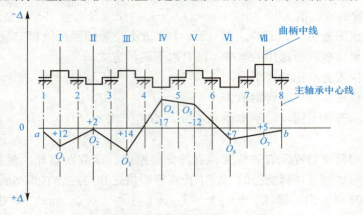

图 2-3-7　曲轴轴线状态图

### 3. 测量条件与要求

为了测量准确，应尽量消除影响测量精度的因素，准确地反映曲轴轴线状态，要求在以下条件下进行测量：

(1)在柴油机冷态进行测量。柴油机热态是指停机时的状态。柴油机停机后立即测量，机件热态使臂距表的测量值不准确，且随着温度的不断降低先后测量时的温度影响不同，所以测量值不稳定。而在冷态，即环境温度下，测量值准确、稳定，也便于操作。

(2)夜间、清晨或阴雨天气时测量。海水、气温直接影响船体变形，进而影响曲轴臂距差值。轮机员测量曲轴臂距差时应注意环境温度的影响，避免船舶在太阳暴晒下测量。

(3)在船舶装载条件相同的情况下测量。船舶装载条件不同，船体变形不同，如空载与满载时的曲轴臂距差不同。为了便于比较，应在相同的装载条件下进行测量。通常新造船舶和修理船舶都在空载条件下测量臂距差。

### 4. 曲轴臂距差标准

测量曲轴臂距差后，应对所测数值进行分析和判断。分析曲轴弯曲变形程度和变形方向，判断臂距差是否超过标准，确定主轴承高低和对其处理等。分析和判断的依据就是柴油机说明书和有关标准。

(1)柴油机说明书。曲轴臂距差随柴油机机型、结构、尺寸和计算方法不同而异。各类柴油机说明书中均对其曲轴臂距差测量方法、安装值和极限值有明确的规定。

(2)中国船级社规定。《海船法定营运检验技术规程》(2011)中规定了曲轴臂距差测量点在$(S+D)/2$处。

(3)中国修船标准。《船舶柴油发电机组原动机修理技术要求》(CB 3364—1991)、《船用柴油机曲轴修理技术要求》(CB/T 3544—1994)分别对船舶副柴油机和船舶主柴油机曲轴臂距差做出了规定。

《船舶柴油发电机组原动机修理技术要求》(CB 3364—1991)规定，曲轴臂距差测量点在$(S+D)/2$处，曲轴与发电机连接后冷态臂距差标准：正常值不大于$0.000\,125S$，即$1.25S/10\,000$；修理中飞轮端控制值不大于$0.000\,15S$，即$1.5S/10\,000$；飞轮端如为弹性联轴节可适当放宽至不大于$0.000\,175S$，即$1.75S/10\,000$。

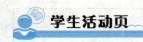

| 学习领域 | 船舶柴油机使用与维护 | 任务名称 | 曲轴臂距差测量 |
|---|---|---|---|
| 学生姓名 | | 班级学号 | |
| 组别 | | 任务成绩 | |
| 任务描述 | 臂距差也称拐挡差，反映曲轴轴线状态，修造船过程中都要进行臂距差测量。本任务通过学习曲轴功用、工作条件、构造内容，使学生能够按规范要求正确测量曲轴臂距差 | | |
| 知识目标 | 1. 熟悉曲轴组件的功用和工作条件；<br>2. 掌握曲轴组件的结构和构造 | | |
| 能力目标 | 能够熟练进行曲轴臂距差的测量 | | |
| 素质目标 | 1. 能够具备初步的管理能力和信息处理能力，主动获取信息，展示学习成果，对工作过程进行总结和反思；<br>2. 能够具备沟通能力、质量意识和安全意识，有效利用团队合作解决实际问题 | | |
| 学习重点 | 曲轴臂距差的测量 | 学习难点 | 拐挡表的使用 |
| 活动记录 | 1. 小组人员分工<br><br>| 姓名 | 分工 | 姓名 | 分工 | 姓名 | 分工 |<br>\|---\|---\|---\|---\|---\|---\|<br>\| \| \| \| \| \| \|<br>\| \| \| \| \| \| \|<br>\| \| \| \| \| \| \|<br><br>2. 设备工具准备<br><br>3. 查阅柴油机说明书，填写如下数据<br><br>| 序号 | 数据基准型号 | |<br>\|---\|---\|---\|<br>\| 1 \| 额定转速 \| \|<br>\| 2 \| 曲轴直径 \| \|<br>\| 3 \| 连杆螺栓扭紧力矩 \| \|<br>\| 4 \| 主轴承轴栓扭紧力矩 \| \|<br>\| 5 \| 飞轮螺栓扭紧力矩 \| \|<br>\| 6 \| 曲轴前端螺母扭紧力矩 \| \|<br><br>4. 测量曲轴臂距差步骤 | | | |

续表

| | |
|---|---|
| 活动记录 | 5. 注意事项<br><br>6. 存在问题 |
| 任务考核 | ★选择题<br><br>1. 曲轴带动的附属设备有（　　）。<br>　　A. 喷油泵　　　B. 进、排气阀　　　C. 空气分配器　　　D. A+B+C<br>2. 曲轴的主要作用是（　　）。<br>　　A. 通过连杆将活塞的往复运动变为回转运动<br>　　B. 汇集各缸所做的功向外输出<br>　　C. 带动柴油机的附属设备<br>　　D. A+B+C<br>3. 在柴油机投入运转初期所发生的曲轴疲劳裂纹大多属于（　　）。<br>　　A. 扭转疲劳　　B. 弯曲疲劳　　　C. 腐蚀疲劳　　　D. 应力疲劳<br>4. 在柴油机长期运转之后发生的疲劳裂纹多是（　　）。<br>　　A. 扭转疲劳裂纹　B. 弯曲裂纹　　C. 腐蚀疲劳裂纹　　D. 应力疲劳裂纹<br>5. 薄壁轴瓦磨损的检测方法是（　　）。<br>　　A. 测轴瓦厚度　　　　　　　　B. 压铅丝测轴承间隙<br>　　C. 比较内外径法测轴承间隙　　D. 测轴颈下沉量<br>6. 进行曲轴中线检查时，可能的测量内容是（　　）。<br>　　A. 桥规值　　B. 拐挡差　　　C. 正时值　　　D. A+B<br><br>★名词解释<br><br>1. 曲轴臂距差<br><br>2. 曲轴输出端<br><br>★简答题<br><br>1. 简述曲轴的功用及组成。<br><br>2. 曲轴臂距差的影响因素有哪些？ |

*续表*

| | | |
|---|---|---|
| 任务评价 | 自我评价 | 1. 通过本任务学习，我学到的知识点和技能点：_____。<br>存在问题：_____。<br>2. 在本次工作和学习的过程中，我的表现可得到：<br>□优　□良　□中　□及格　□不及格 |
| | 小组互评 | |
| | 教师评价 | |

## 知识拓展

**一、曲轴组件常见故障和维护管理**

曲轴组件是柴油机中最重要的部件，因此在维护管理中应给予高度的重视。对曲轴进行检验的主要内容如下：

（1）检查轴颈有无擦伤、蚀坑、机械损伤和磨损情况，曲轴吊起时应检查轴颈的椭圆度和圆柱度，轴颈的椭圆度与圆柱度不应超出相应的规定值。

（2）检查轴颈特别是圆角及油孔附近有无裂纹，必要时应用有效方法进行探伤，对曲轴裂纹，可按有关的技术规定研究处理。

（3）检查曲轴红套或压力配合处有无松弛或位移现象。

（4）检查分段式曲轴的法兰连接及组装式曲轴臂与平衡重块的紧固是否可靠。

曲轴在使用中常见故障有轴颈磨损、曲轴挠曲、疲劳损坏和红套滑移等。

**1. 轴颈磨损**

曲轴轴颈表面轻微磨损表现为表面擦痕、划痕变粗糙。这是由润滑油含杂质、表面不清洁或轴承粗糙等所致。有伤痕时应用砂布、油石或修磨夹具加以去除并抛光，以减少造成应力集中源的可能。

曲轴长期工作后的轴颈必然发生磨损，轴颈磨损是不均匀的。二冲程柴油机及大多数四冲程柴油机，曲轴销外侧的磨损大于内侧（靠近曲轴轴线一侧）的磨损。这是因为气体力的作用大于惯性力，活塞、连杆以受压为主，因此曲轴销磨损主要在外侧，而主轴颈是远离曲轴销的一侧磨损较大。

有些四冲程柴油机，由于惯性力较大，或连杆大端刚性较差而产生变形，其曲轴销内侧的磨损大于外侧的磨损。由于四冲程柴油机的主轴颈受力方向与曲轴销相反，故主轴颈的磨损是在靠近曲轴销的一侧较大。

当轴颈形状误差超过规定值时，则须进厂修理，用光车或磨削工艺消除形状误差。经过多次车、磨修理后，曲轴轴颈直径减少量一般不超过原始尺寸的5%，同时应进行强度校核，以达到国家船舶检验规定的要求。对于轻微不均匀磨损可用硬模色油法来配合手工修锉加以修正。但无论哪种修理，最后都应对曲轴轴颈进行抛光处理，并吹净油道杂质。

## 2. 曲轴挠曲

大、中型柴油机的曲轴较细长，刚性较低。安装后，自重使主轴颈座贴于主轴承下瓦表面。当各主轴承中心高低不一时，安装后的曲轴中心线就不是一条平直线而是一条弯曲弧线。若某曲轴的两主轴承低于相邻主轴承，则曲轴轴线在此则呈下塌挠曲状态。相反，若某曲轴两主轴承较相邻的主轴承高，则此处曲轴轴线呈上拱弯曲状态。

可以通过测量曲轴销在不同位置时的曲轴臂距进行比较，即可判断该曲轴的轴线挠曲的情况。一般规定垂直方向的臂距差 $\Delta_\perp = L_\perp - L_\top$，如图 2-3-8(a) 所示，当某曲轴处轴线呈下塌挠曲时，曲轴销在上止点时臂距值 $L_\top$ 将大于曲轴销在下止点时的臂距值 $L_\perp$，即 $\Delta_\perp = L_\top - L_\perp > 0$，此曲轴状态称为下叉口，并用符号"∧"标记，说明该曲轴的两个主轴承比相邻两侧的主轴承位置低。相反，若 $\Delta_\perp$ 为负值，则该曲

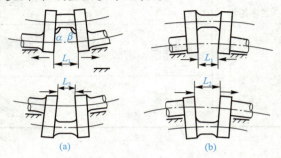

**图 2-3-8　挠曲与臂距差**
(a) 下塌挠曲；(b) 上拱挠曲

轴轴线呈上拱挠曲，此曲轴状态为上叉口，并用"∨"符号标记，说明该曲轴两主轴承位置较高，如图 2-3-8(b) 所示。水平方向臂距差也用同样的方法计算标记。

曲轴挠曲的直接原因是各挡主轴承中心高低不一。各挡主轴承高低不一的形成原因除了各主轴承磨损不均而使下瓦厚薄不一外，还有可能因船体变形导致机座变形而引起。常用的检测方法是测量各挡臂距差及各主轴颈的桥规值，从而进行相应的调整。

## 3. 疲劳损坏

曲轴工作一段时间后，有时会疲劳损坏。疲劳损坏是曲轴在交变负荷的作用下产生裂纹并逐渐扩展，随着裂纹的逐渐发展，承载截面逐渐减小，最后因截面尺寸不足而发生突然断裂。疲劳损坏的形式可分为两种，即弯曲疲劳损坏和扭转疲劳损坏。

(1) 弯曲疲劳损坏。损坏首先产生在曲轴销圆角或主轴颈圆角处，然后向曲轴臂发展。这是因为对于承受弯曲损坏来说，曲轴臂比主轴颈和曲轴销弱。弯曲疲劳的断面是与轴线垂直的，裂纹线为波浪线，如图 2-3-9 中 a 所示。曲轴弯曲疲劳破坏，通常是由于轴颈不均匀磨损造成主轴承不同轴度引起的。特别是如某个主轴承过低，则当柴油机不工作时，轴颈与下瓦脱开；而当柴油机工作时，轴颈又要压到轴承上，因此这段曲轴就

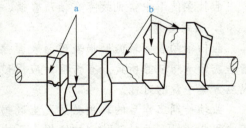

**图 2-3-9　曲轴疲劳损坏的形式**
a—由弯曲而产生的断裂；b—由扭转而产生的断裂

会产生过大的变形和过大的交变弯曲应力。由于轴承的不均匀磨损要经过一定的运转时间才会发生，因此弯曲疲劳损坏通常发生在长期使用的柴油机上。

(2) 扭转疲劳损坏。曲轴在驱动力矩作用下产生交变的扭转应力，由于扭转振动曲轴还会产生附加的交变扭转应力，它们会引起曲轴发生扭转疲劳损坏。扭转疲劳裂纹发生在加工不良的油孔或圆角处。轴颈的疲劳裂纹多从油孔开始，然后向与轴线成 45° 的方向发展，所以往往出现两条对称裂纹。起始于圆角处的扭转疲劳裂纹，由于轴颈的抗扭截面模数比曲轴臂的

弱，因此裂纹多自圆角部位向轴颈发展，较少向曲轴臂上发展，如图 2-3-9 中 b 所示。

但是，若同时存在较强的弯曲荷载，也有转变成曲轴臂弯曲断裂的情况。扭转疲劳损坏和弯曲疲劳损坏不同，扭转疲劳损坏一般是出现在柴油机运转初期。虽然也曾有过柴油机短期使用后曲轴发生弯曲疲劳损坏的事例，但这种损坏多数是曲轴、主轴承座或机座刚性不足所致。目前柴油机扭矩、扭振的计算及测量方法比较成熟，只要扭振减振器不发生故障和飞车，又不过于疏忽，通常不会出现扭转疲劳损坏。相反，弯曲应力复杂，难以计算精确，而且轴承磨损后能产生很大的附加弯曲应力，因此，曲轴的弯曲疲劳损坏多于扭转疲劳破坏。

为了防止曲轴疲劳损坏，在管理中要注意检查曲轴轴线的状态、轴颈与下瓦的贴合情况。在操作时要尽快越过临界转速区，注意对扭转振动减振器的检查和保养，要注意化验润滑油和利用分油机分离润滑油。如发现疲劳裂纹，要查明并消除引起裂纹的原因，并根据有关要求对裂纹进行处置。

4. 红套滑移

在套合式或半套合式曲轴中，其套合处有时发生相对位置错动的现象，称之为红套滑移。

曲轴红套滑移将严重影响柴油机各缸正时、燃烧和功率。曲轴产生红套滑移，往往是曲轴受到过大的冲击性扭矩引起的。例如，当爆发压力过高，或发生拉缸及轴承烧熔时，曲轴的扭矩比正常工作时大得多，曲轴红套处扭曲位移便容易产生。所以航行中若发现曲轴红套滑移，只能降低负荷暂时维持航行，待进厂后采用更换主轴颈并重新进行红套修复。

## 二、影响曲轴臂距差的因素

营运船舶影响主柴油机曲轴臂距差的因素有很多，影响的情况也各不相同。了解和掌握这些影响因素对减少和防止曲轴疲劳破坏与分析曲轴损坏的原因，以及修理、安装等都有很大的意义。主要影响因素如下。

1. 主轴承下瓦的不均匀磨损的影响

机座上各道主轴承下瓦磨损程度不同使下瓦的高度不等，坐落其上的曲轴轴线发生弯曲变形，臂距差发生变化。各道主轴承因柴油机各缸功率、轴承负荷及轴承间隙、润滑等的不同，下瓦的磨损不同，也无规律，所以，主轴承下瓦磨损使曲轴轴线状态、臂距差值和方向的变化也无规律。

2. 机座变形和下沉的影响

机座变形和下沉都会使曲轴轴线弯曲变形、臂距差发生无规律的变化。船体变形、机座地脚螺栓和贯穿螺栓松动或重新预紧等均会使机座产生无规律的变形。柴油机机座与底座间垫铁松动或磨损变薄等使机座的相应部位下沉，可用小锤敲击垫铁检查底脚螺栓、垫铁有无松动。

3. 船舶装载的影响

船体如弹性梁，受力易产生变形，船体刚性差则变形就更加严重。货船装载不同，船体变形不同，曲轴轴线状态和臂距差也会随之变化。船体刚性随船龄的增加不断降低，曲轴变形和臂距差变化也会随之增大。

机舱、货舱在船上的位置不同，其装载对船体变形和曲轴臂距差的影响程度也不同。

中机舱船舶：机舱位于船中部或靠近中部，货舱分布于机舱前后。装载后船体中部上拱，曲轴轴线朝拱腰形变化，臂距差向负值增大方向变化。如空载时臂距差就为负值，轻、满载时负值继续增大；如空载时臂距差为正值，轻、满载时正值减小向负值变化。

尾机舱船舶：机舱位于船尾，如油船，船舶装载后的影响与中机舱船舶基本相同，只是影响程度轻一些，仅波及曲轴首端曲轴，臂距差也是朝负值增大方向变化。

营运船舶应科学合理地配载，对于刚性差的船舶尤为重要。因装载引起船体过大变形，以致在每次装载后需测量曲轴臂距差，以检验船体和曲轴变形情况。当臂距差超过规定值时，则需重新佩戴，重新装货。

船厂在新造船舶时，主机安装中采用反变形安装工艺，即令安装曲轴时有一定的预变形，以克服船体结构带来的无法避免的影响，如中机舱船舶，安装曲轴时使其轴线具有塌腰形状态，以抵消装载后船体上拱变形的部分或全部影响。

4. 活塞运动装置和爆发压力的影响

活塞运动装置的质量使曲轴轴线朝塌腰形变化，大型柴油机的影响较为明显，如表2-3-2所示。船用二冲程柴油机气缸爆发压力较高，目前最高已达15 MPa，通过活塞、连杆作用于曲轴，使曲轴轴线朝塌腰形变化，且以曲轴销位于上止点时影响最大。以上两种因素均会使曲轴轴线朝塌腰形变化，臂距差值朝正值增大方向变化。

表 2-3-2　活塞运动装置对曲轴臂距差 $\Delta_\perp$ 的影响(mm)

| 状况 \ 缸号 | 1 | 2 | 3 | 4 | 5 | 6(尾) |
|---|---|---|---|---|---|---|
| 活塞运动装置安装前 $\Delta_\perp$ | −0.015 | −0.015 | −0.03 | −0.065 | −0.04 | −0.02 |
| 活塞运动装置安装后 $\Delta_\perp$ | −0.005 | −0.005 | −0.015 | 0 | +0.01 | +0.01 |

5. 飞轮的影响

飞轮装于曲轴尾端，使曲轴尾部轴线朝拱腰形变化，臂距差值向负值增大方向变化，而对其他曲轴的影响自尾向首逐渐减小。飞轮越重影响越大，对中、小型柴油机的影响也较大。安装曲轴时也可采用反变形工艺以减小飞轮的影响。

6. 轴系连接误差的影响

船舶主柴油机曲轴与轴系采用法兰刚性连接，轴系安装误差直接影响曲轴尾端轴线状态和臂距差的变化。要求曲轴尾端法兰与第一节中间轴首端法兰连接误差：偏移值不大于0.1 mm，曲折值不大于0.1 mm/m，以使曲轴尾端臂距差符合要求。

当轴系安装误差较大，使轴系轴线高于曲轴轴线、两法兰呈下叉口时，连接后使曲轴尾端轴线呈塌腰形，臂距差朝正值方向增大；当轴系轴线低于曲轴轴线、两法兰呈上叉口时，连接后使曲轴尾端轴线呈拱腰形、臂距差朝负值方向增大。

此外，大气、海水温度和船舶进坞坐墩等对船体变形和臂距差的影响，主轴承安装质量对臂距差的直接影响等在轮机管理工作中均应注意。

船舶航行期间应将曲轴臂距差始终控制在要求范围内，一旦超过标准应及时进行复测、全面分析和采取措施，以防造成曲轴裂纹和断裂的事故。

# 任务四　气缸套的拆装

## 📋 任务导学

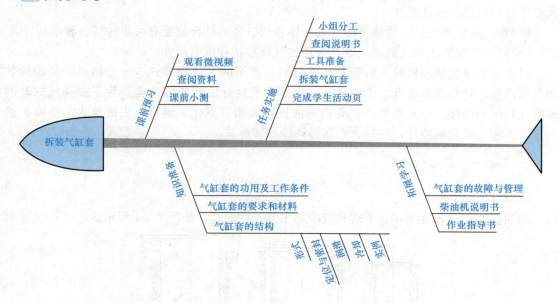

## 📖 知识准备

气缸由气缸体和气缸套组成。气缸体有每缸一个的单体式，有几个缸的缸体铸成一体的分组式，还有所有气缸的缸体铸成一体的整体式。在尺寸较大的柴油机中，为了制造、拆装和维修方便，气缸体多做成单体式或分组式。在中、小型柴油机中，为了减小尺寸和质量，增加刚性，气缸体不仅做成整体式，而且与机架或曲轴箱制成一体，称为机体。通常气缸体多采用灰铸铁制造，气缸套采用灰铸铁、耐磨合金铸铁或球墨铸铁。

### 一、气缸套的功用及工作条件

气缸套是圆筒形部件，它安装在机体的气缸孔内，其顶部被气缸盖压紧和封闭，里面装着往复运动的活塞组件。因此气缸套的主要功用如下：

（1）与活塞组件、气缸盖共同构成气缸的工作空间。

（2）引导活塞做往复运动，筒形活塞柴油机的气缸套还承受活塞的侧推力。

（3）通过缸套将部分热量传给冷却水，以保证活塞组件和缸套本身在高温、高压条件下正常工作。

（4）二冲程柴油机的气缸套上设有气口，通过活塞控制气口的启闭，实现配气。

气缸套的工作条件十分恶劣，内表面直接与燃气接触，受到高温、高压燃气的作用，湿式气缸套外部直接与冷却水接触，内外温差大。所以气缸套受到很大的机械应力和热应力，并受到燃气的化学侵蚀和冷却水的腐蚀作用。另外，与活塞产生摩擦，在筒形活塞式柴油机中还有侧推力的作用，使气缸套磨损加剧。

## 二、气缸套的要求和材料

由气缸所起的作用和所处的工作条件可知,对气缸套有如下要求:

(1)具有足够的强度和刚度,以承受热负荷和机械负荷的作用。

(2)气缸套工作表面应有较高的精度,具有良好的耐磨性和抗腐蚀性能,还要有良好的润滑条件和可靠的冷却条件。

(3)在气缸套和气缸盖的结合面、气缸体和气缸套的结合面要有可靠的气封和水封。

(4)对二冲程柴油机气缸套,要有合理的气口形状和截面尺寸。

目前绝大多数柴油机的气缸套是铸铁材料,常用的有球墨铸铁、合金铸铁、高磷铸铁和含硼铸铁,它具有价格低、工艺性好、耐磨以及良好的储油等性能。为了提高气缸套的耐磨性和抗腐蚀性,可采用对气缸套内表面进行镀铬、氮化、磷化、表面淬火、喷镀耐磨合金等工艺以提高耐磨性,对外表面涂防锈漆或装锌块。

## 三、气缸套的结构

### 1. 气缸套的形式

柴油机的气缸套有湿式、干式和带冷却水套三种形式,如图 2-4-1 所示。

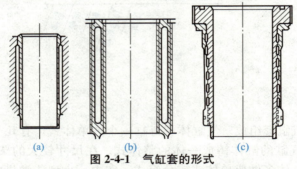

图 2-4-1　气缸套的形式
(a)湿式气缸套;(b)干式气缸套;(c)带冷却水套气缸套

图 2-4-1(a)所示湿式气缸套的表面直接与冷却水接触,气缸套只与气缸体内孔的支撑部分相配合,在气缸套和缸体之间形成冷却水腔,因此存在水密和腐蚀的问题。采用湿式气缸套的优点在于:散热条件好,缸壁较厚,既保证有足够的刚度和强度,又易于制造和更换,因此得到广泛应用。

图 2-4-1(b)所示干式气缸套的外表面不与冷却水接触,气缸体内布置有冷却水腔。因此,气缸套可以做得很薄,有利于节约合金材料。但加工要求高,气缸体内孔和气缸套外表面均需要精密加工,以保证气缸与气缸体紧密贴合和良好散热。因此,只适用于大批量生产的小型柴油机。

图 2-4-1(c)所示带冷却水套气缸套,可以直接在气缸套上铸出冷却水腔,也可以在气缸套外部镶套形成。这种形式的气缸套可以避免气缸体受到冷却水的腐蚀,大大降低气缸套的高度,简化缸体结构、减轻质量,并使冷却水腔得到合理的布置。新型低速机开始广泛应用这种形式的气缸套。

### 2. 气缸套的定位与密封

气缸套一般用上凸缘做轴向定位,与气缸体上部的支承相配合,由气缸套压紧在气缸体中，气缸套下端是不固定的，受热后可以自由伸长。为保证燃烧室的密封，气缸套顶部与气缸盖之间常用一只紫铜垫圈，该垫圈除防止漏气外，也可更换薄厚，供调整压缩比之用；气缸套凸缘下端面与缸体支承面之间装有紫铜垫片，用以密封冷却水。缸套外圆与缸体内孔之间有一定间隙，允许缸套受热时在径向处自由膨胀。缸套下部外圆处有几道环形槽，用作装橡胶密封圈，以防漏水。

### 3. 气缸套的润滑

气缸套润滑有飞溅和注油两种方式。一般筒形活塞式柴油机可凭借飞溅到缸套内壁的润滑油来润滑。十字头式柴油机因有横隔板隔开，故必须配备专用的气缸润滑油注油器。此时，气缸套上开有注油孔，安装注油嘴接头，并在注油孔的两侧开有八字形的布油槽。二冲程柴油机的注油孔位置一般在活塞处于上止点时第一、第二道环之间。

有些中速柴油机因燃用含硫量高的重油，除了飞溅润滑外，还辅以注油润滑，其注油孔的位置一般在活塞位于下止点时活塞环带区域。

### 4. 气缸套的冷却

为降低缸套的温度，减小热应力，防止润滑油结焦，保持缸套与活塞的正常工作间隙，要对气缸进行冷却，借以保持气缸的温度在允许的温度内，壁温不可过高或过低。

船用柴油机气缸广泛采用淡水循环冷却。冷却水由冷却水空间的最低处进入，由最高处排出，以确保冷却水充满冷却腔空间，并防止由冷却水带入的空气和生成的蒸汽形成气囊。有些柴油机的冷却水沿切向引入并绕缸套呈螺旋形上升，从而使缸套得到均匀的冷却。水在流动中不得有死水区，以防缸套局部过热。为了加强对缸套上部的冷却，常采用螺旋形水道、钻孔冷却等措施。冷却水空间要尽量宽敞，水的流速不可过高，进出水不要有急剧的压力变化，以防止产生穴蚀。气缸套中工作条件最恶劣的部位是缸套上部凸肩区，因其壁面较厚，所以多发生由热负荷过大而产生的裂纹故障。为了合理解决此问题，当代柴油机采用凸肩区钻孔冷却，而有些柴油机曾采用将燃烧室上移至气缸盖或下移至凸肩区下方的技术措施。

### 5. 气缸套实例

图2-4-2所示为二冲程十字头式Sulzer RTA型柴油机气缸套与气缸体的组装图。气缸体为每缸一个的单体式，用铸铁制造，气缸体下部有隔板，将气缸和曲轴箱隔开。

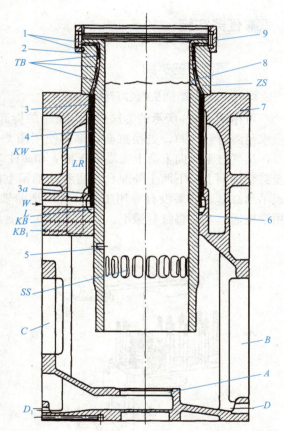

图 2-4-2 Sulzer RTA 型柴油机气缸套与气缸体的组装图

1、3、6—O形密封圈；2—气缸套；4—导水环；
5—闷头或传感器；7—气缸体；8—布油槽；
9—冷却水导套；
$D$、$D_1$—放泄孔；$L$—进水分配孔；
$KB$、$KB_1$—检漏孔；$KW$—冷却水腔；$LR$—空腔；
$TB$—冷却水孔；$SS$—扫气口；$ZS$—注油孔；
$A$—填料函座孔；$B$—扫气通道；$C$—人孔

底板上的孔 $A$ 中安装活塞杆填料函。气缸体在左右方向上设有扫气通道 $B$ 和人孔 $C$。人孔 $C$ 平时由盖板盖住,在检修时打开,使轮机人员很容易接近活塞杆填料函、扫气口等部位,可对填料函、缸套内表面、活塞及活塞环等进行检查,并对气口和活塞下部空间进行清洁。扫气通道 $B$ 和扫气箱相连,在活塞打开扫气口 $SS$ 时进行气缸换气。

气缸套和气缸体之间设有导水环4,冷却水由 $W$ 处进入气缸体,经导水环下部的冷却水分配孔 $L$ 进入冷却水腔 $KW$,再由下向上进入气缸套凸肩上的冷却水孔 $TB$,最后汇集于冷却水导套9,并由此进入气缸盖。为了防止冷却水的泄漏,设有O形密封圈3、$3a$ 和6。3和 $3a$ 用于密封 $KW$ 空间的冷却水,正常情况下 $LR$ 空间不会有水。O形密封圈6用来阻止冷却水沿缸套和缸体的间隙漏入活塞下部空间,同时阻止扫气进入冷却水空间。为了监视这些密封圈的工作状态,设有检查孔道 $KB$ 和 $KB_1$。若 $KB_1$ 处漏水,说明O形密封圈3或 $3a$ 损坏,应及时换新。若 $KB$ 处漏水,说明O形密封圈6上面的一道密封圈失效。若 $KB$ 处漏气,则说明O形密封圈6下面的一道密封圈失效。

## 🧰 任务实施

### 一、气缸套的拆卸

#### 1. 中、小型柴油机气缸套的拆卸

可用图2-4-3所示的方法进行气缸套的拆卸操作。为了清除曲轴箱内的泥沙和水垢,更换水封圈(挡水圈),更换缸套,都要使用图2-4-4所示的工具将缸套拉出来。把曲轴箱架空,从气缸下口向上套上宝塔形压板4和螺柱3,放上骑马5和平垫圈2,拧紧六角螺母1,至缸套外圆上、下两个外配合凸肩和曲轴箱上的上、下气缸孔脱开,拆去工具,用手提出或吊出缸套。如果没有专用工具,可以把曲轴箱倒立架空,在缸套下端面上放一块木头,用铁棍通过木头将缸套镦下。

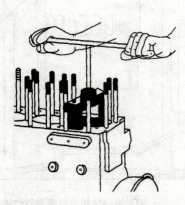

图2-4-3 气缸套的拆卸

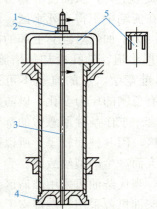

图2-4-4 拆卸气缸套专用工具
1—六角螺母;2—平垫圈;3—螺柱;
4—压板;5—骑马

#### 2. 大、中型柴油机气缸套的拆卸

大、中型柴油机气缸套的拆卸可用液压千斤顶和吊索等专用工具进行,如图2-4-5所示,其程序如下:

放掉所拆气缸套内的冷却水，旋出8根润滑油导管。

（1）把两只千斤顶安放在每两只对向缸体上的缸盖螺栓之间。用提吊钩块3对准中心，然后将装配工具放入缸套内，直至悬吊梁落在气缸套上。

（2）旋转在提吊杆顶端的两只手柄6，这样使提吊钩块3钩着缸套底边。当手柄旋到底点时用定位螺栓7将手柄固定。拧紧两只螺母5。只需用扳手去旋转带活块的提吊杆。

（3）用高压软管将两只千斤顶与油泵连接起来，操动油泵从而使缸套被顶出缸体。如图2-4-5(a)所示，当缸套松脱时，即可卸除拆吊工具。在此之前，导水套已用4只拉架拆除，如图2-4-5(b)所示。

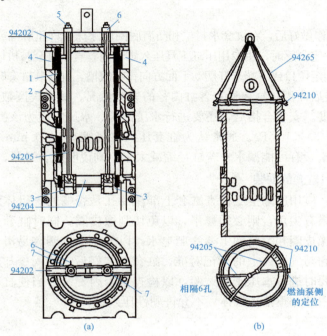

**图 2-4-5 大、中型气缸套拆卸**
(a)顶出缸体；(b)卸除拆吊工具
1—缸套；2—气缸体；3—提吊钩块；4—液压千斤顶；5—螺母；6—手柄；7—定位螺栓

（4）随后把4只吊钉插入特定孔眼中，一定要使钉子完全插到孔底。可借助机舱吊车用吊索把缸套吊出。当然也可以仍用拆吊工具将缸套吊出，但这将增加对缸套的放置和各个拆吊工具的卸除难度。

（5）为避免脏物从气缸体上落入活塞杆填料箱中，填料箱及其周围应以帆布或其他物料遮盖起来。

（工具：1根缸套悬吊梁(94202)、1根托底梁(94204)、2根带螺母和提吊钩块的吊棒(94205)、2只间距套管(94208)、4只用于拆导水套的拉架(94209)、4只吊钉(94210)、1副吊索(94265)、2只液压千斤顶(94931)、1套扳手。)

## 二、气缸套的安装

### 1. 中、小型柴油机气缸套的安装

（1）如果缸套凸肩下缘面与机体凹槽肩位装有紫铜垫圈，则该垫圈应进行退火处理；旧

缸套水封圈如失去弹性或已被轧坏，则必须更新。新水封圈装进缸套前，应检查其弹性。通常，水封圈的周长约为缸套圈槽周长的 9/10；靠水封圈本身的收缩力，夹紧在缸套上。水封圈应平顺地装入缸套圈槽（必要时用手工抚匀）中。不得有绞缠现象。圈外圆应高出缸套下配合肩外圆 0.5～0.6 mm。若气缸直径较大（如 6300C 柴油机），可放高至 0.8 mm。高度过大或水封圈本身硬度较大时都应进行调整或更换新件。

（2）气缸套孔的水腔室应保持干净，防水橡胶圈套上端口要用三角刮刀倒角、砂布打光，以利水封橡胶皮圈的安装。

（3）气缸套外圆（与冷却水接触部分）可涂薄磁漆，以减少锈蚀（磁漆层不可过厚，以免影响冷却效果）。

（4）一切准备工作做好后，在缸套水封位和凸肩底圈面涂抹少许蓖麻油或肥皂水即可将缸套放入机体中，待有一定紧感时，用专用压缸工具压入缸套内，直至缸套与机体凹缘肩面贴紧。若缸套上端铣有缺口、定位口或下端连杆摆动平面方向铣有缺槽，则安装缸套时，要对准方向。

（5）气缸套安装后需用量缸表检查各缸内径的失圆情况。如果失圆数值较大，可重新调整水封圈的凸出高度。安装合格后，还要进行水压试验。水压力应为该机冷却水压力的 1.5～2 倍，一般为 $(2～3)\times 10^5$ Pa。通常认为缸套压入缸径缩小 0.01 mm 左右。若缸径无变化，则说明配合太松，有可能漏水；若缸径缩减太多，则说明配合过紧，必须重新安装。

### 2. 大型柴油机气缸套的安装

在吊装缸套前，应用压缩空气检查缸套上部注油孔是否畅通，机体水套内凡缸套橡皮圈要通过之处，如果有尖角，则必须修平，以免切割橡皮圈。同时缸套外表面及气缸体内壁与缸套配合处，橡皮圈和填料圈上要涂肥皂水，以便使橡皮圈容易滑过。气缸套上有定位标记时，必须使它与气缸体上的标记对准，缸套安装好后，注入冷却水，检查防漏橡皮圈处有无泄漏，必要时进行水压密封试验，以检查是否因安装不当使缸套产生裂纹，对于大型缸套，一定要由其自重落入缸体，不允许硬性压入。

## 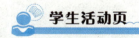 学生活动页

| 学习领域 | 船舶柴油机使用与维护 | 任务名称 | 气缸套拆装 |
|---|---|---|---|
| 学生姓名 | | 班级学号 | |
| 组别 | | 任务成绩 | |
| 任务描述 | 气缸套作为燃烧室部件，工作条件极其恶劣。通过对气缸套功用、形式、密封、润滑内容的学习，学生能够按流程拆卸气缸套 | | |
| 知识目标 | 1. 熟悉气缸套的功用和工作条件；<br>2. 掌握气缸套的形式及应用实例 | | |
| 能力目标 | 能够熟练拆装气缸套 | | |
| 素质目标 | 1. 能够具备初步的管理能力和信息处理能力，主动获取信息，展示学习成果，对工作过程进行总结和反思；<br>2. 能够具备沟通能力、质量意识和安全意识，有效利用团队合作解决实际问题 | | |

| 学习重点 | 气缸套实例 | 学习难点 | 气缸套实例 |
|---|---|---|---|

| 活动记录 | 1. 小组人员分工 |

| 姓名 | 分工 | 姓名 | 分工 | 姓名 | 分工 |
|---|---|---|---|---|---|
|  |  |  |  |  |  |
|  |  |  |  |  |  |
|  |  |  |  |  |  |

2. 设备工具准备

3. 查阅柴油机说明书，填写如下数据

| 序号 | 数据型号 |  |
|---|---|---|
| 1 | 气缸数 |  |
| 2 | 气缸直径 |  |
| 3 | 活塞行程 |  |
| 4 | 吊缸高度 |  |

4. 气缸套拆卸

5. 气缸套安装

6. 注意事项

7. 存在问题

| | |
|---|---|
| 任务考核 | **★选择题**<br>1. 现代超长行程柴油机的气缸套上部凸肩既高又厚并钻孔冷却，其目的是（　　）。<br>　A. 形成薄壁强背结构　　　　　B. 降低气缸体高度<br>　C. 简化气缸结构　　　　　　　D. A+B<br>2. 气缸套正常磨损最严重的位置是（　　）。<br>　A. 第一环上止点对应位置　　　B. 十字头机行程中间<br>　C. 第一环下止点对应位置　　　D. 筒形活塞在行程中间<br>3. 在船用柴油机中，湿式气缸套应用普遍，它与干式气缸套相比其存在的主要问题是（　　）。<br>　A. 散热性差　　B. 刚性较差　　C. 加工要求高　　D. 容易产生穴蚀<br>4. 气缸套的安装状态为（　　）。<br>　A. 上部固定，下部可自由膨胀　B. 下部固定，上部自由膨胀<br>　C. 径向固定，轴向也固定　　　D. 轴向固定，径向可自由膨胀<br>5. 为保证气缸套上部凸肩区工作可靠，在结构上可采取的措施是（　　）。<br>　A. 燃烧室上移　　　　　　　　B. 减少凸肩部位的壁厚<br>　C. 采用高凸肩钻孔冷却结构　　D. A和C<br><br>**★简答题**<br>1. 简述气缸套的结构形式及特点。<br><br>2. 简述气缸套的功用。 |
| 任务评价 | 自我评价 | 1. 通过本任务学习，我学到的知识点和技能点：_____。<br>存在问题：_____。<br>2. 在本次工作和学习的过程中，我的表现可得到：<br>□优　□良　□中　□及格　□不及格 |
| | 小组互评 | |
| | 教师评价 | |

## 气缸套的故障与管理

1. 气缸套的磨损

由于缸套内表面润滑条件较差，所以摩擦磨损、磨料磨损、熔着磨损、腐蚀磨损都难以避免。磨损量沿气缸轴线方向分布如图2-4-6所示。

图2-4-6(a)为摩擦磨损正常分布。磨损量从活塞上止点时第一道活塞环的位置向下渐小。活塞环上止点位置对应缸套处位置的磨损最严重。这是因为缸壁温度较高，活塞环携油速度低，润

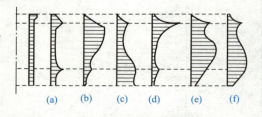

图2-4-6　缸套磨损图
(a)摩擦磨损；(b)、(c)磨料磨损；
(d)熔着磨损；(e)、(f)腐蚀磨损

滑油难以存在,加之此时活塞对缸壁的压力最高。

图 2-4-6(b)、(c)所示为磨料磨损较重的情况。图 2-4-6(b)所示为进气中含有大量尘埃或燃油积炭所致,图 2-4-6(c)所示是润滑油中含有较多杂质或金属磨屑所致。

图 2-4-6(d)所示为熔着磨损,这种磨损最易发生在缸套上部,由于此处温度过高,燃气损伤作用最重,更易产生干摩擦的熔着现象。这是一种事故性的损伤,会使磨损表面产生严重粗糙沟痕和金属发生过热的金黄色或蓝色。熔着磨损会发生在使用初期的磨合阶段。熔着磨损一旦发生若不及时采取措施,磨损面积将会越来越大,从而引起大面积损伤和熔着,使活塞不能滑动而被咬死,即称为咬缸。二冲程柴油机易在排气口或扫气口的筋肋上发生熔着磨损。造成熔着磨损的根本原因是干摩擦、磨合不良、超负荷运转、冷却不良或配合间隙不当以及燃气窜漏或操作不当等,这些都可能导致拉缸和咬缸。

图 2-4-6(e)、(f)所示为腐蚀磨损严重时的磨损量分布。图 2-4-6(e)所示为燃用高硫燃油或频繁低温启动所致,磨损在上部严重。图 2-4-6(f)所示是因长期冷却水温过低,缸套下方温度则更低,从而导致冷凝水更易产生酸性腐蚀。

缸套的磨损量在轴线方向上上大下小,而且在同一横截面内是不同的。筒形活塞柴油机的正常磨损,是缸套横向磨损大于纵向磨损。其原因是活塞对缸套的侧推力在横向,即垂直曲轴轴线的方向,而纵向指曲轴轴线方向。

缸套磨损量超过规定值后,应更换或采取镗缸、修理尺寸法或恢复尺寸法修复。

### 2. 气缸套裂纹

气体脉动应力及热应力造成机械疲劳与热疲劳或者安装应力过大会使缸套产生裂纹。若缸套有裂纹,工作时高压燃气便会冲入冷却水系统中,使冷却水压力波动或出现气泡;停车冷却后缸内会有冷却水漏入并积蓄。怀疑缸套有裂纹时,应停止该缸供油,并停车检查,一旦发现裂纹,则应根据情况采取金属扣合法修理或更换。

气缸套裂纹易发生在安装凸肩与外圆转角处,或在燃烧室内壁或气口间筋肋处。上部裂纹往往是安装应力和疲劳应力过大所致。例如安装 135 型柴油机缸套,采用缸盖来压缸套时,因为没有加衬密封垫,使缸套压裂。又如两缸套共用一个合铸式缸盖,当两缸套凸肩凸出机体上平面高度不一时,凸出高度大的,因安装应力增大而产生裂纹。燃烧室壁和气口筋肋往往因过热或拉缸、咬缸产生裂纹。因冷却水温过低,热应力过大也会产生裂纹。活塞与缸套间隙过大,撞击强烈也加速裂纹产生。如果燃烧压力过大或燃油量过大,则容易造成裂纹产生。

### 3. 气缸套的穴蚀

在气缸套外表面冷却壁上出现光亮无沉淀物的蜂窝状小孔群损伤现象称为穴蚀。它是由空泡腐蚀和电化学腐蚀两种因素共同形成的。一般在闭式循环淡水冷却的柴油机中,缸套穴蚀主要由空泡腐蚀引起;在开式海水冷却的柴油机中,缸套穴蚀则主要以电化学腐蚀为主。穴蚀在筒形活塞式柴油机中普遍存在。有的柴油机尽管缸套镜面还未磨损多少,但是缸套已被穴蚀击穿,导致缸套漏水。因此,穴蚀直接影响柴油机的寿命和可靠性。

为了避免穴蚀,就要防止电化学腐蚀和空泡形成。在防止电化学腐蚀方面,常采用在缸体上安装防腐蚀锌板,或在冷却水中加入缓蚀剂和防锈油。也有的柴油机在壁面上镀防腐金属、涂树脂薄膜、进行离子轰击,提高缸套抗穴蚀能力。为了防止空泡形成,应降低缸套的振动,如增加缸壁厚度;提高缸套支承刚度及增加支承数量;减少缸套的轴向支承距离;减小活塞与缸套的装配间隙;采用宽敞合理的冷却水腔与结构,使水流平顺;向水中加添加剂,提高冷却水的消振性能;使冷却水系统具有合理的冷却水温度和必要的压力。

## 任务五  机座、机体、贯穿螺栓与主轴承的维护管理

### 任务导学

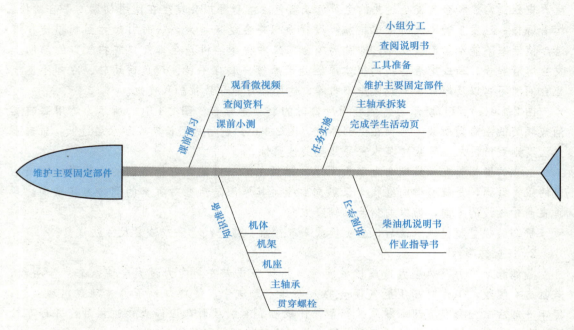

### 知识准备

柴油机的主要固定部件包括机座、机架、气缸、贯穿螺栓和主轴承等，它们构成柴油机的骨架，用来支撑柴油机的运动机构和辅助设备，并形成柴油机的工作和运动空间。

由于柴油机结构类型的不同，机体、机座的结构也会有较大的差别。

图 2-5-1 所示为中、小型柴油机机体与机座结构示意图。图中机座 1 的中央圆孔为主轴承座孔。机体 2 的上部圆孔用以安装气缸套，称为气缸体部分。机体下部内腔与机座共同形成曲轴连杆回转空间，称为曲轴箱部分。机体与机座以平面贴合，并用短螺栓及贯穿螺栓连接紧固。柴油机以机座安装到船体的基座上。中、小型柴油机为紧凑结构，还有机体与机座为整体的结构形式以及采用倒置主轴承而无机座的结构形式。

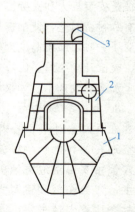

图 2-5-1　中、小型柴油机机体与机座结构示意图
1—机座；2—机体；3—气缸盖

图 2-5-2 所示为大型低速柴油机机体与机座结构示意图。图中机座 1 的中央是主轴承座孔。机体中，气缸体 3 与机架 2 分开制造，从气缸体顶面到机座之间用较长的贯穿螺栓连接紧固。气缸体顶面安装气缸盖 4，一侧安装扫气箱 5。

柴油机的固定机件承受着气体力和运动机件惯性力的作用，承担着全部机件的重力。

动力转矩的输出使它产生倾覆；惯性力的作用使它产生振动；贯穿螺栓和连接螺栓的紧固使它受到安装应力；各处温度不同使它产生热应力；水、油、气的作用使它受到腐蚀。为了保证柴油机的工作可靠性和使用寿命，要求机体、机座有足够的刚度和强度，以使各运动件的支撑和导承变形小，保证良好的配合和精确的位置，以避免运行中发生裂纹和损坏。在满足刚度和强度要求的前提下，因机体、机座的轮廓尺寸决定整个柴油机外形尺寸，同时其质量占整个柴油机质量的25%～40%，要求尺寸小、质量小；此外，机体、机座的结构要便于内部运动机件的拆装和检修，机体和机座的各结合面、检修道门要密封好，避免泄漏造成浪费、污染甚至出现事故。

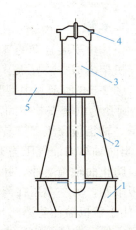

图 2-5-2 大型低速柴油机机体与机座结构示意图

1—机座；2—机架；3—气缸体；4—气缸盖；5—扫气箱

### 一、机体、机架、机座和贯穿螺栓

在十字头式柴油机中，气缸、机架和机座分开制造，然后由贯穿螺栓连成一刚性整体。这一刚性整体构成了柴油机的主体部分，如图 2-5-3 所示。

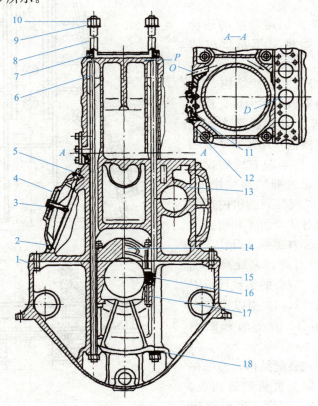

图 2-5-3 中型柴油机机体、机座结构实例

1—连接螺栓；2—薄钢片；3—弹簧；4—小盖板；5—防爆道门；6—贯穿螺栓；7—螺母；
8、9、10—缸盖螺栓、垫圈、螺母；11—锌板；12—盖道门；13—凸轮轴箱；14—主轴承盖；
15—机座；16—定位销；17—主轴承螺栓；18—贯穿螺栓垫片；
D—挺杆孔；O—进水孔；P—气缸体

## 1. 机体

机体由安装缸套的气缸体和形成曲轴箱上半部的机架两部分组成。机体顶面安装气缸盖，机架内部安装导板、凸轮轴等，外侧还装有扫气箱和高压油泵等机件设备。

图 2-5-3 所示为中型柴油机机体、机座结构实例。该机体为整体铸造的箱形结构，上部 6 个圆孔为缸套安装空间，顶面安置缸盖螺栓 8，其右下方为凸轮轴箱 13，圆孔中安装凸轮轴承，轴箱板顶板面安装高压油泵，箱体外侧有检修道门。在机体左下方有 6 个防爆道门 5，当曲轴箱内油气压力升高超过规定值时，小盖板 4 将自动打开，释放油气后再迅速关闭，防止曲轴箱爆炸，并告示轮机人员柴油机运行有异常。弹簧 3 一端被防爆道门 5 中心环板限制，另一端压在薄钢片 2 上，并通过固置于薄钢片螺母中的螺钉将弹力传给小盖板 4，使小盖板盖住防爆门与外界的通口。旋紧螺钉时小盖板压紧力变大，此压紧力应符合规定——保证曲轴箱内压力不大于 0.02 MPa。机体下平面与机座上平面精密贴合，并垫有密封垫片。机体与机座除用短螺栓连接外，更依靠贯穿螺栓 6 紧固。在机体上侧面设有进水孔 O，并设有检查冷却水腔结垢情况的盖板门 12，盖板门内侧还设有保护机体，即缸套的防蚀锌板 11。

## 2. 机架

机架是柴油机的支架，它与机座形成的曲轴箱空间是柴油机运动件的运动空间。机架分为 A 形机架与箱形机架两种。

图 2-5-4 所示为双导板焊接结构 A 形机架。每片机架均由钢板焊接而成，横跨于主轴承之上。每两片 A 形机架之间用横挡板及两侧纵向加强板 5 连接紧固成刚性足够的 A 形机架。机架左右两侧设有道门 6，供轮机人员进入曲轴箱检修用。打开检查孔盖 7，可以观察柴油机内部情况，排气侧道门上设有防爆门 8 和防护罩 9。当曲轴箱内油气压力达到表压 0.005 MPa 时，防爆门自动打开，释放高压油气，防止曲轴箱爆炸。空心的铸铁导板固定在机架内侧，垫片 11、12 用以调整十字头 10 滑块与导板 13 的正面和侧面间隙。

A 形机架是单片式装配结构，通过在铸造的单片 A 形机架上覆板制造而成。但由于加工制造复杂，刚性、密封性较差，目前已很少使用。

图 2-5-5 所示为 MAN B&W S-MC-C 型柴油机机架立体图。箱形机架由上面板 5、底板 6、横向隔板 2 和左、右侧

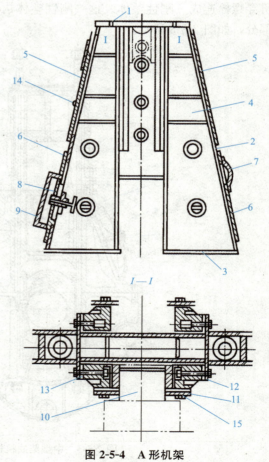

图 2-5-4 A 形机架

1—上横梁；2—倾斜支板；3—下横梁；
4—面板；5—加强板；6—道门；7—检查孔盖；
8—防爆门；9—防护罩；10—十字头；11、12—垫片；
13—导板；14—$CO_2$ 接头；15—侧面导板

板7焊接而成，它具有结构紧凑、质量轻、刚性好的优点。在机架内设有十字头滑块导板3，用以承受侧推力。在侧板上开有检修通道门8，通过它可以检查主轴承、曲轴及连杆大端轴承的工作状态。在机架的背面设有防爆门。由于整个机架为一个刚性整体，结合面少，使加工、制造容易，安装简单，也改善了曲轴箱的密封性。目前MAN B&W公司的MC系列柴油机和Wärtsilä瑞士公司的Sulzer RTA系列柴油机都采用箱形机架。

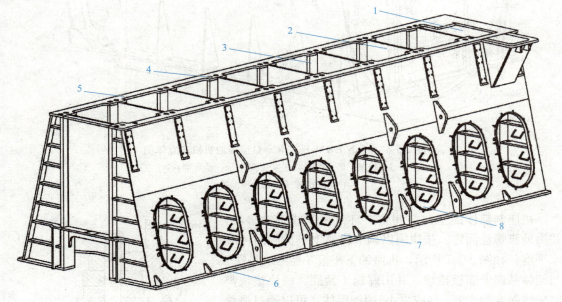

图 2-5-5　MAN B&W S—MC—C型柴油机机架立体图
1—链条传动箱；2—横向隔板；3—滑块导板；4—贯穿螺栓孔；5—上面板；6—底板；7—侧板；8—检修通道门

## 3. 机座

机座位于柴油机的下部，是所有机件安装的基础，柴油机也靠它安装到船体的基座上。它既是主轴承及曲轴安装的依据，也是曲轴箱下半空间及润滑油回流汇集空间。机座除承受机件重力、气体力及惯性力作用外，还直接受到风浪等因素使船体变形所带来的拉伸、弯曲及扭曲等额外应力作用。为此，机座必须具有足够的刚性及强度，以免机座变形造成曲轴挠曲变形以及活塞、曲轴连杆机构与气缸的位置精度变坏而发生机件异常等事故。

目前在大型低速柴油机中主要采用的是单壁深型机座。图 2-5-6 所示为 MAN B&W S—MC—C型柴油机机座立体图。机座主要由两侧的纵梁和带铸钢轴承座的横梁焊接而成。每侧纵梁为单层结构，横梁上焊有铸钢的主轴承座用以支撑曲轴。轴承盖用四个螺栓安装在轴承座上，螺栓液压上紧。轴承座孔在机座中的位置较低，便于给主轴承盖定位。机座设计得较高，以提高刚性。在机座的首端安装有轴向减振器，用以控制轴系的轴向振动，这是现代新型柴油机的基本配置。机座尾端还设有推力轴承和驱动链条空间用以安装推力轴承和驱动链轮。S—MC—C型柴油机机座的主要改进之处在于取消了贯穿螺栓孔，使机座与主轴承座的焊接过程都得到简化，另一个改进之处是在不增加机座宽度的情况下将地脚螺栓移至机座外侧，这样更有利于安装。

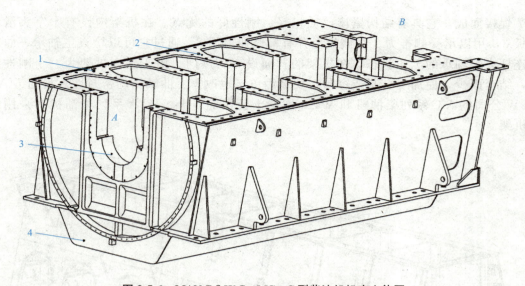

图 2-5-6　MAN B&W S—MC—C 型柴油机机座立体图
1—纵梁；2—横梁；3—主轴承座；4—油底壳；
A—自由端；B—动力输出端

机座与船体的基座之间垫有环氧树脂或铸铁垫块，并由地脚螺栓固定。垫块用以调节机座上平面的高度和水平度。如图 2-5-7 所示，机座的下座板 3 经两块垫铁 2 与船体基座上面板接触，并用螺栓 4 紧固。两块垫块都制成倾斜度为 100∶1（或更小）的楔形体，可以通过垫块的不同楔入深度调整轴线高低。一般将下垫铁外倾安装并与基座焊固，改变上垫铁楔入的深度，即能调整该处轴心高度，达到要求后，再加工出螺栓孔装配螺栓。垫铁可用铸铁或铸钢来加工，但每块厚度都有标准规定，以保证刚度和强度。垫铁之间以及垫铁与机座或基座之间接触必须十分紧密，因此各接触面经刨铲、拂刮、研磨等精密加工，使相互接触面积在 60% 以上，并且接触斑点均匀。要求垫铁装入后，地脚螺栓紧固前接触面间插不进 0.05 mm 的塞尺。

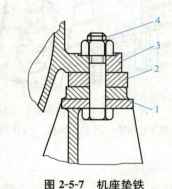

图 2-5-7　机座垫铁
1—基座；2—垫铁；3—下座板；4—螺栓

### 4. 贯穿螺栓

贯穿螺栓是柴油机最长、最重要的螺栓，主要用于大、中型柴油机，它的作用是将机座、机架和气缸体三者或其中两者连成一个刚性整体，使这些固定部件仅承受压应力而不用承受由气体力产生的拉应力。贯穿螺栓不起定位作用，所以机体机座间各贴合面处仍须有紧配螺栓或定位销来保证各面之间的相对位置精度，以便装配时防止以后柴油机运转过程中机件之间产生横向移动。

大型低速柴油机贯穿螺栓如图 2-5-8 所示。贯穿螺栓两头都车有螺纹，配有专用螺母，其顶部还制有供液压拉伸器使用的附加螺纹头。为防止柴油机运转时细长的贯穿螺栓发生横向振动，在贯穿螺栓 1 中部装有防振夹套 4，在水平方向还有两个支头螺钉 5，它们在贯穿螺栓装配完毕后再上紧，将防振夹套 4 牢固地顶靠在气缸体上。

## 二、主轴承

### 1. 主轴承功用、工作条件和要求

主轴承的作用是支承曲轴,保证曲轴的工作轴线,使曲轴在转动中以小的摩擦和磨损传递动力。有些柴油机还有一道主轴承(一般为最后一道主轴承)起着曲轴轴向定位作用,称为止推轴承,它用来防止曲轴因柴油机振动、倾斜和摇摆时发生轴向窜动。

主轴承的工作条件比较恶劣。主轴承受到曲轴传来的气体力和惯性力的作用,具有很大的轴承负荷。曲轴的主轴颈在主轴承中转动,还受到摩擦力的作用。主轴承轴承合金的硬度和强度远低于轴颈,因此比轴颈有较大的磨损。轴承工作表面与轴颈工作表面之间的相对运动速度很高,除造成轴承磨损外,还使轴承发热。润滑油在使用中的氧化变质,还会使轴承遭到腐蚀。主轴承决定着曲轴轴线,主轴承中心线与气缸中心线垂直并相交的准确性决定着曲轴、连杆、活塞和气缸之间的正确位置关系。主轴

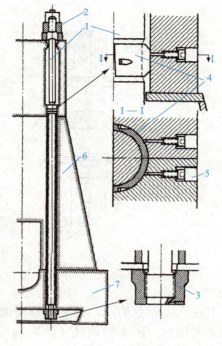

图 2-5-8 贯穿螺栓
1—贯穿螺栓;2—上螺母;3—下螺母;
4—防振夹套;5—支头螺钉;6—机架;7—机座

承刚性不足,会引起曲轴弯曲、轴承与轴颈产生不均匀磨损和过度磨损。主轴承的损坏将直接影响活塞在气缸中的工作,严重时会发生机械敲缸和拉缸事故,也有可能使曲轴挠曲变形过大甚至折断。

对主轴承的要求是有正确而且固定的位置,有足够的刚度,有较高的承载能力和疲劳强度。在工作温度下有足够的热强度和热硬度,有较好的抗腐蚀能力,有减磨性和耐磨性,能均布润滑油和散走摩擦热量,另外,要求维护管理方便。

除个别高速柴油机采用滚动式主轴承外,船舶柴油机的主轴承绝大多数是滑动式轴承。轴承材料一般采用巴氏合金或高锡铝合金。为了提高轴承的抗疲劳能力,新型柴油机的大型轴承普遍采用薄壁轴瓦结构,轴承材料使用 Sn40Al,这种轴承材料具有较低的温度敏感性和很强的抗疲劳能力,可以大大提高主轴承的可靠性。

主轴承按结构特点,可分为正置式和倒挂式两类。正置式主轴承的轴承盖固紧方式又有连接螺栓固紧和撑杆螺栓固紧两种;倒挂式主轴承的轴承盖或只采用倒挂的连接螺栓固紧,或再增加横向连接螺栓进一步固牢。

(1)正置式主轴承。图 2-5-9 所示为正置式主轴承结构图。轴承座 1 设在机座横隔板上,与机座成一整体,轴承盖 2 正置于轴承座上方,用两个(或四个)螺栓 7 紧固在机座上。上轴瓦 3 与下轴瓦 4 以平剖切口相结合,结合面之间有垫片 6,增减垫片厚度可以调整轴承与轴颈间隙。轴瓦内表面均浇铸减磨合金层 5,具有减磨效果。运转时,还可将轴承受到的侧推力传给机座,使轴承螺栓 7 免受横向剪切应力。轴承盖与轴承座材料相同,为增加刚性,采用"工"字形截面结构并且有筋肋支撑。主轴承螺栓在两侧将,轴承盖、上瓦压紧在下瓦轴承座上。中央有润滑油管接头,用来引入压力润滑油。

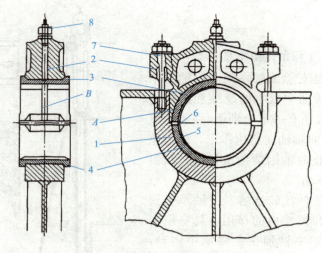

图 2-5-9 正置式主轴承
1—轴承座；2—轴承盖；3—上轴瓦；4—下轴瓦；5—减磨合金层；6—垫片；7—螺栓；8—润滑油管

上述形式的主轴承，都是用轴瓦两侧的螺栓来紧固的，因主轴颈尺寸的影响，两侧轴承螺栓之间的距离较大，故柴油机的横向尺寸也较大，轴承盖中部所受的弯矩也大，致使刚性也较差，容易变形和开裂。因此，在某些大中型柴油机中采用撑杆式主轴承，如图 2-5-10 所示，撑杆螺栓 8 下端压于主轴承盖圆坑中，上端以液压油缸 1 外端顶于机架 15 横隔板中。液压油缸 1 套于撑杆上端凸台上。液压油缸 1 在有油从螺塞 3 处压入活塞顶的油腔时会上升，此时螺母 6 与液压油缸 1 脱离接触，即可向上旋动抵到液压油缸 1 下部，使撑杆伸长，压紧主轴承盖。采用撑杆螺栓 8 可提高主轴承刚度，且能减小机架两侧贯穿螺栓之间的距离，使机架横向刚度也得以提高。需要注意的是，撑杆螺栓 8 的上紧工作应在所有的贯穿螺栓按规定全部上紧之后才能进行，并在贯穿螺栓拆卸之前进行拆卸。

显然，正置式主轴承刚度大，机座横梁的弯曲和变形小。

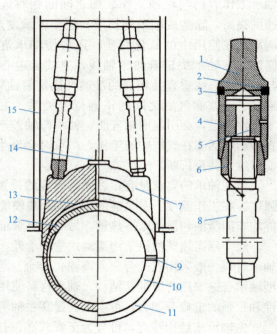

图 2-5-10 撑杆式主轴承
1—液压油缸；2—放气阀；3—螺塞；4—液压活塞；
5—螺栓；6—螺母；7—轴承盖；8—撑杆螺栓；
9—垫片；10—下轴瓦；11—机座；12—上轴瓦；
13—输出油槽；14—润滑油管；15—机架

(2) 倒挂式主轴承。轴承座布置在机体的横梁上，用螺栓把轴承盖倒挂在机体上以支承曲轴。采用倒挂式主轴承可以省去机座，机体底部只需装一个轻便的油底壳。这种结构广泛地应用在小型高速柴油机和大功率中速柴油机中。由于轴承盖受到气体力和惯性力的作用，轴承盖及其连接螺栓应该有足够高的疲劳强度。对于大功率中速机来说，除使用倒挂螺栓将轴承盖紧固到机体上之外,还会使用横向螺栓把轴承盖侧面与机架紧固到一起,使下部类似封闭式结构,提高了主轴承和机体的刚性,避免了柴油机工作时机体下部张开而造成的较大塌腰变形,因此可以满足柴油机增压度提高的需要。

图 2-5-11 所示为倒挂式主轴承的结构。主轴承座布置在机架 3 横隔板上,轴承盖 4 用倒挂螺栓 1 倒挂在机架上以支撑曲轴。采用倒挂式主轴承的优点是拆装检修曲轴比较方便;可减少机座 6 的变形对轴线的影响;可减轻机座的质量,甚至可以不需要单独的机座,只需有倒挂安装的钢板冲压的油底壳 7;其缺点是:其负荷重且刚性差,因而专门设置的横向螺栓 2 将轴承盖 4 侧面与机架紧固以增加刚性。

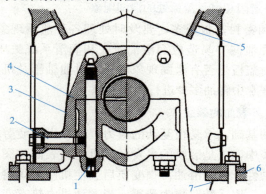

图 2-5-11　倒挂式主轴承的结构

1—倒挂螺栓;2—横向螺栓;3—机架;4—轴承盖;5—气缸套;6—机座;7—油底壳

### 2. 轴瓦结构

现代中、小型柴油机主轴承大多采用薄壁轴瓦,新式大型低速柴油机的主轴承采用厚壁轴瓦仍很普遍,并有向薄壁轴瓦发展的趋势,这主要是由于薄壁轴瓦疲劳强度高,并且尺寸小,质量轻,造价低,互换性好。两半式主轴承的厚壁轴瓦如图 2-5-12(a)所示。为保证合金与瓦背结合牢靠,在锻钢瓦背内表面开有燕尾槽,浇铸时合金即嵌入槽内。上轴瓦有径向油孔和周向油槽,其作用是使得由上部油管引入的润滑油通过上轴瓦的油孔和油槽流至下轴瓦。一般主轴承的布油槽开设在轴承负荷较小的上轴瓦上,下轴瓦不开油槽,而连杆大端轴瓦的布油槽则设置在轴承负荷较小的下轴瓦上,上轴瓦不开油槽。上、下轴瓦内侧铣有油槽用于贮油,以便更好地把润滑油分布到轴承的全部宽度范围内,同时也起着沉积机械杂质的作用,故又称为"垃圾槽",油槽的宽度约为轴瓦的 2/3,其两端要留出一定的边缘,以防大量润滑油外流。轴瓦的卷边用来防止轴向移动。为了防止轴瓦在瓦座中转动,轴瓦要在瓦座中采取周向定位措施,对于厚壁轴瓦,用定位销周向定位,而薄壁轴瓦则在轴瓦的结合面处冲压出一个小凸肩(或称定位唇),如图 2-5-12(b)所示,在轴承座和轴承盖的相应位置铣出凹槽(或称定位槽),轴瓦的小凸肩即可镶嵌在凹槽中,以此来实现轴向定位。

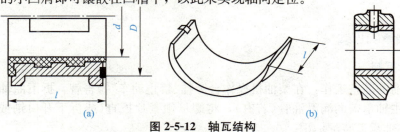

图 2-5-12　轴瓦结构

(a)厚壁轴瓦;(b)薄壁轴瓦

## 任务实施

### 一、机架、机座和贯穿螺栓的维护管理

**1. 严防曲轴箱爆炸**

曲轴箱上的防爆门(安全释放阀)要定期进行功能试验。运转中经常触摸曲轴箱,若发现过热要及时查找原因。

**2. 及时处理曲轴箱各道门和密封盖板处的泄漏现象**

曲轴箱各壁面道门和密封盖板很多,要及时处理各种泄漏现象,以免造成严重事故。特别是机座周围和油底壳泄漏容易造成润滑油流失和润滑系统失压,因此更要密切注意。判断曲轴箱各道门和密封盖板是否有泄漏现象可以通过曲轴箱及机座四周壁面上是否有泄漏现象和柴油机周围舱底水中含油多少进行判断。

**3. 定期检查机座内、外表面的裂纹**

机座是整台柴油机的基础,承受很复杂的应力,容易出现疲劳裂纹。主轴承座孔周围形状复杂,易出现应力集中,更是裂纹的多发区。机座内表面和润滑油接触,正常情况下润滑油本身基本没有腐蚀性,但润滑油污损变质后会使机座遭受腐蚀,这种腐蚀在柴油机停止运转时由于污物停滞,比运转时更为严重。当发动机由热态变为冷态时,机座表面有凝水出现也会产生腐蚀作用。腐蚀处应力集中、强度下降,成为裂纹的发源地。焊接机座的焊接不良处、铸造机座的铸造缺陷区及因为船体变形使机座受到较大附加应力的地方,也都可能出现裂纹,所以,对机座内、外表面要定期检查。柴油机的不平衡力和力矩都要作用到地脚螺栓上,船体变形有可能使地脚螺栓受到剪切作用,所以还要定期检查地脚螺栓有无松动和断裂。

**4. 防止贯穿螺栓断裂**

贯穿螺栓安装紧固质量影响机体、机座的位置精度和形状精度,故必须按规范进行。贯穿螺栓都是用液压专用工具紧固的。为了防止贯穿螺栓受到附加弯曲应力,贯穿螺栓要与螺栓孔同心,两端螺母不能偏斜。上紧时要严格按图 2-5-13 所示的顺序进行,从中央向柴油机两端左右交替进行,一般应

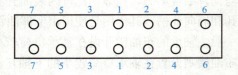

图 2-5-13  贯穿螺栓上紧顺序

分两阶段上紧螺母,不准单根上紧和放松,一定要成对进行。紧固时要分两个阶段,每个阶段应达到的螺栓伸长量或液压专用工具的泵油压力要符合说明书的规定。对紧固情况要定期检查(新机一年一次,老机四年一次),贯穿螺栓预紧后应注意将其中部的连接套或止动螺钉固紧。

### 二、主轴承的拆装

**1. 主轴承拆卸**

(1)拆装前的准备工作:在柴油机操作台旁挂"禁止动车"警告牌,拆下曲轴箱道门。

(2)拆下主轴承盖的润滑油管(若有),将螺母锁紧片扳直(或拆下开口销或锁紧铁丝),并检查确定主轴承盖装配标记。

(3)用扭力扳手(或液压拉伸工具)按对角分数次拧松螺母,用扳手拧出螺母,拆下锁紧片(若有),记住螺母与螺栓的配对关系。

(4)用铜棒敲击轴承盖的两端筋部,边敲击边提起取下的轴承盖。对于厚壁轴瓦,仔细地将瓦口垫片取出并做好标记。

(5)拆下上瓦。薄壁轴瓦较轻,可直接用手提起;低速机的厚壁轴瓦则要拧上吊装环将其吊出(为防错位可仍按配合标记将上瓦与瓦盖装一起)。

(6)拆下下瓦。将盘瓦销钉的圆柱部分插入轴颈油孔,使销钉侧平面抵于下瓦口端面,顺下瓦定位凸舌方向盘车将下瓦盘出(低速机为避免盘出下瓦时擦伤瓦背,各种机型均采取了必要的拆卸措施,可按说明书的指示操作。如 MAN B&W 机型采用向轴瓦背面与座孔面泵入机油,Sulzer 机型采用液压千斤顶和转瓦螺栓等)。

(7)取出盘瓦销钉,用胶带纸封住轴颈的油孔,避免落入异物。

**2. 主轴承安装的工作任务**

(1)将轴承盖、轴承座、轴瓦、螺栓等清洗干净。

(2)安装轴瓦。主轴瓦装入主轴承盖(座)前,应进行厚度检测,并做记录。将下轴瓦按盘出时的相反方向盘入轴承座。为保证轴瓦背面与轴承座孔有良好的接触,要使轴瓦两端面对轴承盖(座)分开面有一定的凸出高度,一般凸出高度为 0.03~0.10 mm,也可按下式计算:

$$d = 0.06\pi D/4 \tag{2-5-1}$$

(3)安装主轴承盖。装主轴承盖时,应在和轴承座配合的定位凸肩平面上涂布润滑油。

(4)使用扭力扳手按规定的扭矩拧紧主轴承螺母,并装上开口销防止螺母松动。最后安装主轴承润滑油管。

**3. 拆卸注意事项**

(1)拆下的锁紧零件应予报废。换新装配时应注意规格和锁紧方法,确保可靠锁紧。

(2)拆卸螺母时应清洁螺纹,装配时应清洁并涂上清洁机油。拆卸或装配时,应按对角分数次序均匀拧出或拧入至规定力矩。

(3)拆装时应注意轴承盖的装配标记,螺母也应注意与螺栓的配对关系。

(4)装配时,必须去掉轴颈处封闭油孔的胶带纸,并检查轴颈油孔处是否有被盘瓦销钉挤压出现的局部凸起,若有可用牛油将轴颈油孔堵住后,应用细粒度的油石仔细地打磨掉。修整后应清洁轴颈并将牛油取出。

(5)装配时应清洁轴瓦,并在其工作面涂上清洁机油。下瓦入座后应检查两次瓦口端面位置。后臂轴瓦应稍微低于座孔平面;薄壁轴瓦应高于座孔平面。无论高于或低于座孔平面,两次瓦口高度必须相等。

(6)对于厚壁轴瓦按原位置装回垫片。若换新垫片,注意垫片的材质应符合要求,两侧垫片厚度应相等,垫片平整,大小应合适,防止垫片与轴颈相碰,造成工作时损伤轴颈。

(7)主轴承的装配是拆卸的反程序,可参照拆卸程序进行。

## 学生活动页

| 学习领域 | 船舶柴油机使用与维护 | 任务名称 | 主要固定部件的拆装 |
|---|---|---|---|
| 学生姓名 | | 班级学号 | |
| 组别 | | 任务成绩 | |
| 任务描述 | 柴油机的主要固定部件包括机座、机架、气缸、贯穿螺栓和主轴承等。它们构成柴油机的骨架,用来支撑柴油机的运动机构和辅助设备,并形成柴油机的工作和运动空间。通过本任务学习,学生能够对主要固定部件进行维护与管理 | | |
| 知识目标 | 1. 熟悉主要固定部件的功用和工作条件;<br>2. 掌握主要固定部件的形式及应用实例 | | |
| 能力目标 | 能够进行主要固定部件的维护 | | |
| 素质目标 | 1. 能够具备初步的管理能力和信息处理能力,主动获取信息,展示学习成果,对工作过程进行总结和反思;<br>2. 能够具备沟通能力、质量意识和安全意识,有效利用团队合作解决实际问题 | | |
| 学习重点 | 贯穿螺栓的使用与维护 | 学习难点 | 主轴承拆卸 |
| 活动记录 | 1. 小组人员分工<br><br>\| 姓名 \| 分工 \| 姓名 \| 分工 \| 姓名 \| 分工 \|<br>\|---\|---\|---\|---\|---\|---\|<br>\| \| \| \| \| \| \|<br>\| \| \| \| \| \| \|<br>\| \| \| \| \| \| \|<br><br>2. 设备工具准备<br><br>3. 查阅柴油机说明书,填写如下数据<br><br>\| 序号 \| 项目 \| \|<br>\|---\|---\|---\|<br>\| 1 \| 型号 \| \|<br>\| 2 \| 结构特点 \| \|<br>\| 3 \| 机座、机体保养要点 \| \|<br>\| 4 \| 贯穿螺栓保养要点 \| \|<br><br>4. 绘制6300柴油机贯穿螺栓拧紧顺序 | | |

续表

| | |
|---|---|
| 活动记录 | 5. 主轴承安装<br><br><br>6. 存在问题 |
| 任务考核 | ★选择题<br>1. 气缸体与机架一体组成机身的这种结构形式多用于(　　)。<br>　　A. 大型柴油机　　　　　　　　B. 中、小型柴油机<br>　　C. 四冲程柴油机　　　　　　　D. 二冲程柴油机<br>2. 大型柴油机所使用的箱形机架与A形机架相比,其主要优点是(　　)。<br>　　A. 节省材料　　B. 加工简单　　C. 强度好　　D. 刚性好<br>3. 低速柴油机采用贯穿螺栓结构将(　　)连在一起。<br>　　A. 气缸盖、气缸体、机架和机座　　B. 气缸盖、气缸体和机架<br>　　C. 气缸体、机架和机座　　　　　　D. 机架和机座<br>4. 按照我国《钢质海船入级规范》的规定,船用主柴油机曲柄箱必须装设防爆门,其主要作用是(　　)。<br>　　A. 防止曲轴箱内压力过高而爆炸　　B. 爆炸前释放曲柄箱内气体<br>　　C. 避免曲柄箱气体达到着火极限　　D. 曲柄箱透气<br>5. 大型低速柴油机的贯穿螺栓上紧方法是(　　)。<br>　　A. 人力扳手锤击上紧　　　　　　　B. 风动冲击扳手上紧<br>　　C. 液压拉伸器上紧　　　　　　　　D. 上述三种任一种<br>6. 十字头式柴油机贯穿螺栓的上紧顺序是(　　)。<br>　　A. 顺时针方向逐个上紧　　　　　　B. 逆时针方向逐个上紧<br>　　C. 从中央到两端交替成对地上紧　　D. 从前向后成对依次上紧 |
| 任务评价 | 自我评价：1. 通过本任务学习,我学到的知识点和技能点：_____。存在问题：_____。<br>2. 在本次工作和学习的过程中,我的表现可得到：<br>□优　□良　□中　□及格　□不及格 |
| | 小组互评 |
| | 教师评价 |

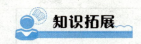

## 主轴承常见损坏形式及原因

1. 划伤

划伤是硬质外来物随同润滑油进入轴承造成的。轴颈带动这些硬物旋转,小的颗粒能嵌入软的轴承合金,大的颗粒则划伤轴承和轴颈。划伤的特征是在轴承表面与轴颈表面出现周向线条,时间久了还会形成带状划痕。

2. 擦伤

擦伤的特征是白合金的部分覆盖层(对三层金属轴承)或白合金层被磨毛,变得模糊不清,甚至有部分覆盖层或白合金金属进入油槽或楔形斜面。发展严重时可将楔形斜面和油槽填平,更有甚者会使白合金烧熔而发生抱轴现象。

引起擦伤的原因有轴颈表面太粗糙,装轴时对中不良,润滑油失压或变质,轴承间隙过大或过小,以及柴油机超负荷运转等。

3. 裂纹

裂纹是轴承受到周期性的交变负荷反复作用的结果。起初往往是很细的、少量的裂纹,称为发裂。继续发展会成为网状的龟裂,再发展下去轴承合金会从瓦背上脱落下来,称为脱壳。

轴承裂纹乃至脱壳的原因主要有轴承座刚度不足,轴承合金与钢质瓦背贴合不牢,安装时轴颈与轴承承压面间接触不均,磨合运转不够,轴颈偏磨与超负荷运转等。一般认为,在其他条件相同的情况下,负荷越大,轴的转速越高,则轴承的疲劳寿命越短。

4. 穴蚀

在液体动力润滑的轴承中,在轴承与轴颈最接近点之后,油膜中的润滑油压力会突然下降,使溶解在润滑油中的空气会逸出而形成气泡。由于主轴承承受交变负荷,特别是负荷有冲击性质,气泡被吸附到金属表面会迅速破裂。这样,在轴承的局部地区就产生了空泡效应,使轴承表面产生麻点,出现穴蚀。穴蚀通常发生在油槽和油孔周围,特别是在低压区。

5. 腐蚀

轴承有可能遭到化学腐蚀、电化学腐蚀和火花腐蚀。

当润滑油变质而含有机酸时,对于薄壁铜铅合金轴承和铅基合金轴承,容易发生化学作用,使铅析出,形成表面孔穴。锡基白合金虽不易受有机酸的侵蚀,但它的富锡基体表面与氧容易发生化学反应,形成极硬的二氧化锡。这层硬的氧化层外观上呈灰色或灰黑色。表面硬化后使轴承厚度增加,间隙变小,失去白合金原来的适应性和嵌入性,使轴颈易变粗糙。

若润滑油中有水和酸时,酸与水结合就成了强电解质,使轴承遭到电化学腐蚀。

若船上电气设备漏电,螺旋桨工作时切割磁场,使主轴承与轴颈间产生静电动势,这样主轴承和主轴颈就组成了类似电容的结构,润滑油膜起着电解质的作用。只要油膜厚度相对于静电动势来说足够大,则不会有放电现象。若由于转速的降低或轴颈的跳动使油膜变薄,就会穿过油膜产生放电现象。放电时的火花使轴承以点蚀形式造成损坏。随着柴油机的运转,这个过程将重复进行,有可能形成严重损坏,而且轴颈将变得粗糙。

# 项目三 配气系统维护管理

## 思维导图

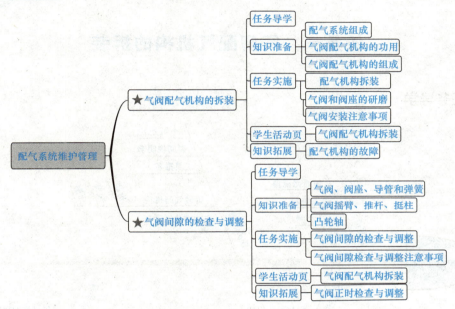

## 项目描述

排出废气、吸入新鲜空气是柴油机工作过程中必不可少的重要环节，这种排出废气、吸入新鲜空气的工质置换过程称为柴油机的换气过程。换气过程的质量影响柴油机功率性、经济性、可靠性以及排放指标，它是柴油机工作优劣的先决条件。柴油机的配气系统的作用是保证柴油机在工作过程中各缸能够按照规定的顺序和时间开启或关闭各气缸的进气阀和排气阀，使更多的新鲜空气进入气缸，并使膨胀终了的废气从气缸排除干净，保证柴油机工作过程进行得完善。为完成柴油机的换气过程而设立的专门机构称为配气机构，它通常包括气阀机构、气阀传动机构、凸轮轴和凸轮轴传动机构等。通过本项目的学习，学生应达到以下要求：

一、知识要求
1. 熟悉配气系统的组成；
2. 掌握气阀配气机构的组成；
3. 熟悉气阀配气机构主要零部件；
4. 明确气阀间隙的影响、调节目的。

二、能力要求
1. 具有配气机构正确拆装的能力；

2. 能进行气阀间隙检查与调整。

三、素质要求
1. 具有分析问题、解决问题的能力；
2. 具有沟通能力和团队协作精神；
3. 具有勇于创新、爱岗敬业的优秀品质；
4. 具有质量意识、安全意识和环境保护意识；
5. 具有初步的管理能力和信息处理能力。

## 任务一　气阀配气机构的拆装

### 任务导学

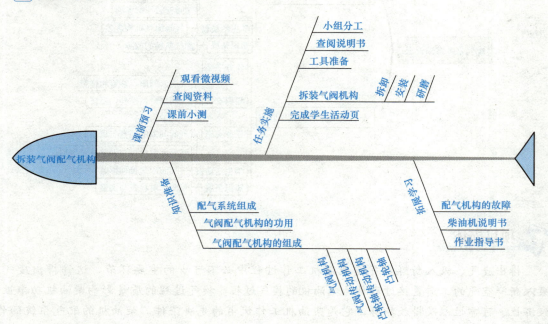

### 知识准备

#### 一、配气系统组成

四冲程柴油机的配气系统由空气滤清器、进排气管道、气阀配气机构组成。二冲程柴油机与四冲程柴油机不同的是：弯流扫气和气口－气口直流扫气式中没有气阀配气机构，配气工作由活塞和气缸套上的进、排气口来完成；气阀－气口直流扫气式中只设有排气阀。

近年来，某些大功率带有废气涡轮增压器的柴油机上增设了"气水分离器"（图3-1-1）。另外，在低速二冲程柴油机中，为提高换气质量，必须具有适当的扫气容积。当缸套进气口周围空间不足时，应另设有扫气箱，用以稳定气缸的进气压力。

在四冲程柴油机中，外界空气经过滤后，还要通过进气总管、各缸进气支管、气缸盖中的进气道、进气阀才能进入气缸。各进气支管与缸盖用螺钉连接，在连接处加有密封垫片。进气管的流动阻力要尽量小，内壁应光滑，截面面积足够大，转弯处要平滑，各缸的进气量要尽可能均匀。二冲程柴油机的进气总管称为扫气箱。在中、大型柴油机中，进气总管可分段制成，然后通过凸缘用螺栓连接起来。

四冲程或二冲程气阀—气口直流扫气式柴油机的废气经排气阀、缸盖内的排气道、排气支管、排气总管，然后再经消声器或余热利用装置（废气涡轮增压器、废气锅炉等）排入大气。排气管有冷却式和非冷却式两种。冷却式排气管一般用于没有废气涡轮增压的柴油机。

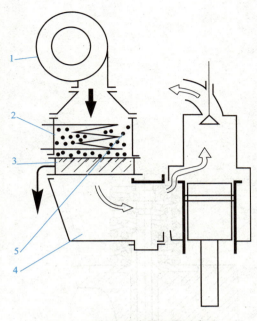

图 3-1-1　气水分离器位置示意图
1—增压器；2—空气冷却器；3—气水分离器；
4—扫气箱；5—水滴

## 二、气阀配气机构的功用

气阀配气机构是四冲程柴油机和气阀—气口直流扫气式二冲程柴油机所特有的机构，它是实现柴油机进、排气过程的控制机构：按照柴油机各缸的工作次序，定时打开和关闭进、排气阀，使新鲜空气尽可能多地进入气缸；使膨胀做功后的废气干净地排出气缸。

柴油机工作的好坏在很大程度上取决于配气机构的好坏。因此，对配气机构的要求：进、排气正时要准确；气阀关闭要严密可靠；气流流动阻力要小；结构简单、工作可靠、拆装方便。

## 三、气阀配气机构的组成

气阀配气机构由气阀机构、气阀传动机构（或机械式或液压或气压）、凸轮轴传动机构和凸轮轴组成。

### 1. 气阀机构

气阀机构主要由阀座、气阀、气阀导管、气阀弹簧和连接件等组成。它有不带阀壳和带阀壳两种形式。

图 3-1-2 所示是不带阀壳形式的气阀机构。这种形式气阀构造简单，但检修时必须拆下气缸盖。为防止因阀座座面损坏而导致缸盖报废，一般都装有可以更换的阀座，多用于小型柴油机。

带阀壳式结构（图 3-1-3）是把气阀、阀座、气阀弹簧等装在阀壳上，组成一个整体后用螺钉固装在气缸盖中。这样，换修气阀时不用拆吊气缸盖，只需将阀壳卸下即可修理。在应急状况下，可迅速将事先预装好的备用阀壳组件装上，大大节省了时间。其广泛应用在大功率中、低速柴油机上，尤其是排气阀上。

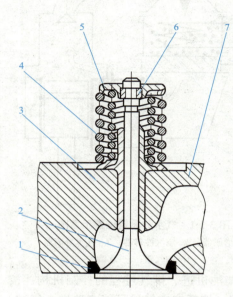
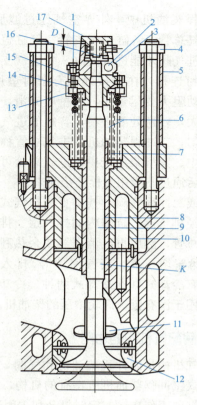

**图 3-1-2 不带阀壳式气阀机构**
1—阀座;2—气阀;3—气阀导管;
4—气阀弹簧;5—弹簧盘;
6—卡块;7—气缸盖

**图 3-1-3 中速大功率**
1—防转螺栓;2—夹紧螺栓;3—阀夹;4—气阀螺栓;5—螺栓管;
6—气阀弹簧;7—密封圈块;8—气阀导管;9—气阀;
10—阀壳本体;11—阀壳流道体;12—阀座;13—键;
14—旋阀器;15—弹簧盘;16—击块弹簧;17—柴油机排气阀;
$D$—气阀间隙;$K$—阀杆与导管间隙

## 2. 机械式气阀传动机构

气阀的定时开启和关闭是靠传动机构来实现的。传动机构可分为机械传动和液压或气压传动形式。机械传动方式根据凸轮轴的作用位置可分为下置式、上置式、顶置式三种传动形式。

图 3-1-4(a)所示是下置式形式。它是由凸轮 1、挺柱 2、推杆 3、摇臂 6、摇臂座 4、摇臂轴 7、调整螺钉 5 等组成。凸轮按正时关系设置在轴上,称为凸轮轴。凸轮轴由曲轴传动并有一定正时关系。挺柱与凸轮接触可做上下运动。推杆下端放在挺柱凹坑内,上端与摇臂一端上的调整螺钉球接;摇臂支承在摇臂轴上,摇臂轴由摇臂座支承。摇臂座固定在气缸盖上。当某缸气阀欲打开时,凸轮顶起挺柱,经过推杆、摇臂调整螺钉使摇臂左端向上绕支点转动,与此同时,右端向下转动,克服气阀弹簧弹力,使气阀向下运动、离开阀座,打开气道。随着凸轮转过顶点后,气阀在弹簧作用下,逐渐抬起而关闭气道。这种传动机构应用广泛,其主要特点是:从凸轮轴到气阀之间的传动距离较远,整个机构运动质量大,对高速柴油机工作不利,但是从曲轴到凸轮轴的传动距离较小。

图 3-1-4(b)、(c)所示是上置式形式。凸轮轴位于气缸盖上部或气缸盖一侧,凸轮只通过摇臂驱动气阀。由于省去了推杆等部件,使机构运动的质量减小,但曲轴到凸轮轴传动距离较远,使结构复杂、成本提高。

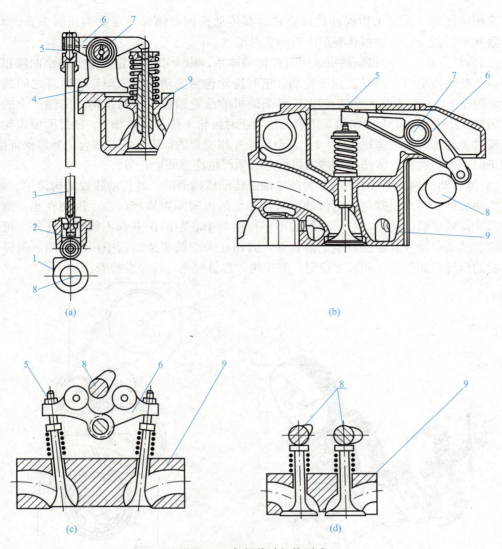

**图 3-1-4 气阀传动机构形式**
(a)下置式形式；(b)、(c)上置式形式；(d)顶置式形式
1—凸轮；2—挺柱；3—推杆；4—摇臂座；5—调整螺钉；6—摇臂；7—摇臂轴；8—凸轮轴；9—气缸盖

图 3-1-4(d)所示是顶置式形式。凸轮轴安装在气缸盖上的支座中，凸轮直接与气阀发生作用。这种形式连摇臂也省去了，从而大大改善了传动机构的动力特性。它适用于高速柴油机，如轻 12V180 型柴油机就是采用此种形式。其主要缺点是：当凸轮与气阀作用时，气阀杆直接受到侧推力作用，因而产生单边磨损；凸轮轴的传动也往往通过一系列的锥齿轮和立轴实现；气阀上要设置间隙调整部件；传动机构在气缸盖上的布置也比较困难。

**3. 凸轮轴传动机构**

曲轴与凸轮轴之间的传动方式与发动机的类型、凸轮轴位置以及附件的传动等因素有关。一般采用齿轮传动或链传动。四冲程柴油机通常采用齿轮传动。大型低速二冲程柴油机根据凸轮轴的位置来分有两种传动方式：一种是凸轮轴布置在机架中部，因曲轴与凸轮轴距离较近，采用齿轮传动；一种是凸轮轴布置在气缸体中部，因曲轴与凸轮轴的距离较远,采用链传动。无论采用何种传动方式,其传动机构必须保持正确的正时关系。此外,应尽量减小扭振及凸轮轴扭转变形引起的正时偏差。

(1)齿轮传动。四冲程柴油机采用齿轮传动体系,称为正时齿轮。为了减小曲轴扭振的影响,凸轮轴传动机构都安装在飞轮端。正时齿轮包括主动轮、从动轮和两者之间的中间齿轮。图3-1-5所示为某大型四冲程V形柴油机的凸轮轴齿轮传动机构。曲轴4上的曲轴正时齿轮5,经过中间齿轮3和2传给凸轮轴正时齿轮1带动凸轮轴6。经过两极齿轮减速后,正时齿轮1与5的速比为1∶2。三个齿轮互相啮合的轮齿上均有啮合记号以保证配气、喷油正时正确。在拆、装凸轮轴传动机构时必须严格注意装配记号。

(2)链传动机构。图3-1-6所示为凸轮轴链传动机构简图。链传动装置结构简单、紧凑,且在柴油机换向时可以避免齿轮传动中可能产生的齿间间隙累积误差,因而在正、倒车运转时都能得到准确的正时,对于轴线的不平行度与中心距的误差都不敏感。此外,可以通过链轮、链条驱动往复惯性力矩平衡装置,因而在大型低速柴油机中广泛使用。但链条传动装置的润滑不如齿轮传动装置稳定,磨损快,容易松弛,需经常检查。

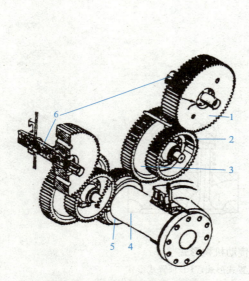

图3-1-5 凸轮轴齿轮传动机构
1—凸轮轴正时齿轮;2、3—中间齿轮;
4—曲轴;5—曲轴正时齿轮;6—凸轮轴

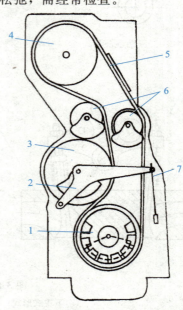

图3-1-6 凸轮轴链传动机构简图
1—曲轴链轮;2—张紧臂;3—张紧轮;
4—凸轮轴链轮;5—链条;6—中间轮;7—张紧弹簧

链条传动机构由曲轴上的主动链轮1、凸轮轴从动链轮4、链条5、中间轮6、链条张紧臂2、张紧轮3、张紧弹簧7等组成。主动链轮1由两个半块组成,用螺栓紧固在曲轴上。从动链轮4为整体式,用键连接在凸轮轴上。曲轴与凸轮轴之间采用一级链传动,速比为1∶1。链条5选用双排套筒滚子链。导轨(未画出)是由导轨板和装在导轨板上的特种耐油橡胶块组成的,以防止链条的横向抖动和敲击,使之工作平稳。链传动装置由于链条磨损较快,容易松弛,这就影响了凸轮的正时,并引起链条振动。故在链条传动装置中设有中间轮6和链条张紧装置,用以减少链条的振动和调节链条的松紧程度,保证链条与链轮啮合良好,传动平稳。张紧弹簧7的弹力通过张紧臂2、张紧轮3作用到链条5上将它拉紧。为了保证正时正确，链条按啮合记号装在链轮上。张紧轮可位于正车转动时链条的紧边或松边。通常老机型多位于紧边，而新机型多位于松边。张紧链条时要边盘车边张紧。盘车时要使张紧轮一侧的链条为松边。要注意的是，链条、链轮磨损后，链条会松弛，再度张紧时，正时会发生变化。若链条长度增加1.5%时，需换新。

### 4. 液压式气阀传动机构

液压式气阀传动机构是在气阀、顶头的上端各设液压传动器，两者之间通过油管连通。开阀靠液压传动器产生的油压，关阀靠"空气弹簧"的气体压力来实现。液压式气阀传动机构具有尺寸小、质量轻、利于布置、气阀不承受侧推力、噪声小、拆装方便等优点。但存在着调试困难与密封困难等缺陷。目前普遍用于超长行程低速柴油机的排气阀中。图3-1-7所示为这种液压式气阀传动机构和气阀机构简图。图中顶头处的液压传动器由顶头3、顶杆4、套筒5、柱塞6、安全阀7、补油阀8等组成。气阀处的液压传动器由缓冲销10、柱塞11、套筒12等组成。空气弹簧装置由活塞13、气缸14等组成。由启动空气瓶来的经减压的空气通过止回阀进入空间$N$。当凸轮2通过顶头3、顶杆4顶起柱塞6时，$C$空间的油被压缩建立起油压并经油管9泵入$D$空间，作用在柱塞11上面。油压力推动柱塞11下行并推动活塞13下行，将空间$N$内的空气压缩，并把气阀17打开。当凸轮把顶头放下时柱塞6重新下行，油压下降，$D$空间的油流回到$C$空间。气阀17在$N$空间内气体压力（空气弹簧）的作用下关闭。气阀17关闭时，液压柱塞11上行，缓冲销10进入柱塞11上面孔内将油挤出。由于油的阻尼作用，减小了气阀与阀座的撞击。液压传动机构在运行时经柱塞和套筒间隙漏泄的油，由管道$A$和补油阀8补充。机

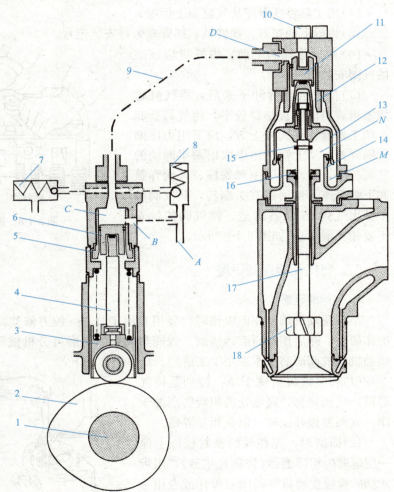

图3-1-7 液压式气阀传动机构和气阀机构简图
1—凸轮轴；2—凸轮；3—顶头；4—顶杆；5—套筒；6—柱塞；7—安全阀；
8—补油阀；9—油管；10—缓冲销；11—柱塞；12—套筒；13—活塞；
14—气缸；15—卡环；16—弹簧板；17—气阀；18—转翼；19—补油管；
$A$—管道；$B$—补油孔；$C$、$D$—油空间；$M$、$N$—气空间

构中的油由十字头轴承润滑系统经减压后供给。当机构中的油压过高时，油由安全阀 7 泄掉。当 N 空间没有压缩空气时，柱塞 11 会在油压作用下下移，气阀被打开。但当卡环 15 落在弹簧板 16 上时便不再下移，避免气阀与活塞发生撞击。

## 任务实施

### 一、配气机构拆装

(1) 盘车至所要拆除的该气阀处在完全关阀的状态下。

(2) 用工具将摇臂轴上的卡簧（或开口销）拆除。

(3) 用工具将摇臂轴从摇臂座上拆除。

(4) 用工具将摇臂座从气缸盖上拆除。

(5) 将拆下的摇臂、摇臂轴、摇臂座做好安装记号。

(6) 在拆除气阀之前，做好对应该缸的气阀安装记号。

(7) 待气缸盖拆卸下来后，将气缸盖用木板或防油胶板垫稳放平，将气阀拆卸专用工具套在气阀杆上方，向下用力压缩气阀弹簧，从上弹簧座中取出两半圆块的气阀锁夹，依次取下上弹簧座、气阀弹簧和下弹簧座，然后将缸头翻转，从气阀座中抽出气阀（注意各缸进、排气阀的位置不要相互混淆），如图 3-1-8 所示。

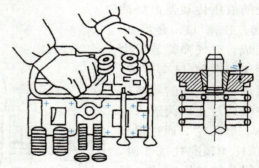

图 3-1-8 进、排气阀的拆卸

### 二、气阀和阀座的研磨

#### 1. 气阀的研磨

小型柴油机阀座座面损伤时，要用专用工具——铰刀修整。气阀阀面损伤时要用专用磨床研磨，然后用细研磨砂研磨。气阀与阀座的研磨可分机械研磨和手工研磨。中、小型柴油机的气阀研磨基本采用手工研磨。具体操作如下：

(1) 将气缸盖清洗干净，特别是排气通道，气阀导套，阀座处的积炭要刮洗干净。气阀要做好记号，以免相互弄错。

(2) 研磨时，先在气阀密封锥面上涂一层薄薄的粗研磨砂（俗称凡尔砂），用带木柄的橡胶皮腕将气阀阀面吸住或专用手工研磨工具（图 3-1-9），以边拍打边转动相结合的动作进行研磨，直到气阀锥面出现一条十分整齐的灰暗色环带为止。

(3) 擦掉气阀和气阀座上的粗研磨砂，然后用 600 目的研磨砂进行细研，直到出

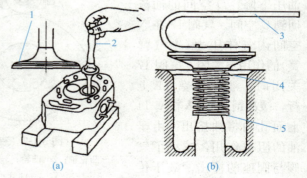

图 3-1-9 气阀的研磨

1—气门密封线；2—研气门工具；
3—压把；4—阀杆；5—弹簧

现完整的密封带。

(4)最后在气阀上涂上一层机油，继续研磨数分钟，使气阀与气阀座之间能更好地配合。

(5)研磨完毕后，应将气阀、气阀座、气阀导管及进、排气道里的研磨砂用轻柴油仔细清洗干净，不允许有残留。特别是气阀导管里面一定要清洗干净，不然会使气阀杆与导管产生磨损使之间隙过大。

注意事项：气阀研磨时应注意不要用力过大，以免使气阀与气阀座由于过度撞击而使密封锥面宽度加宽或磨成凹形。研磨后的密封带宽度：进气阀应为 1.5～2 mm，排气阀应为 2～3 mm。密封带过宽则密封性不好，过窄则工作寿命缩短。研磨时还应注意研磨砂不能掉进气阀导管，以免造成阀杆和导管磨损、拉毛和正常的间隙被破坏。

### 2. 气阀与气阀座的密封性检查

气阀在研磨好之后，应检查气阀的密封性，检查的方法有如下几种：

(1)取出已研磨好的气阀，在气阀密封锥面上沿圆周方向每隔 3～5 mm 均匀地画出铅笔线，将气阀在气阀座上上下轻轻地拍打一次（注意气阀不要转动），如图 3-1-10(a)所示。如果铅笔痕迹均在环带部分中断，则表示气阀密封性良好。

(2)在气阀锥面上抹上一层薄红铅油，将气阀装在气阀座上轻轻转动 1/4 圈，取出后，如气阀座上的环带全部沾上了红油，看起来又非常整齐、均匀，则表示气阀与气阀座密封良好。

(3)将气缸盖倒置放平（气阀阀面朝上），在气阀与气阀座结合面附近下沉处注入煤油[图 3-1-10(b)]，观察 10 min 以上无渗漏现象，则表示其密封性良好。

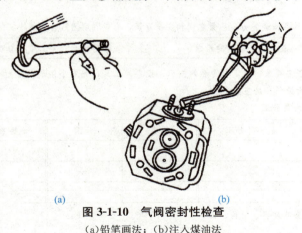

图 3-1-10　气阀密封性检查
(a)铅笔画法；(b)注入煤油法

### 三、气阀安装注意事项

气阀的装配程序与拆卸时相反，但在安装时应注意以下几个问题：

(1)安装气阀时，要对各部位进行清洗并加注适量的润滑油。

(2)检查气阀杆与导管之间有无卡滞、松动现象，上下应能活动自如。

(3)进、排气阀不能互换，注意不可搞错。

(4)卡块安装前应检查，确保其上面无疲劳裂纹。

(5)要防止气阀杆上的锥形锁块错位，气阀装上后要将锁块装好，防止因气阀弹簧断裂使气阀掉入气缸。

## 学生活动页

| 学习领域 | 船舶柴油机使用与维护 | 任务名称 | 气阀配气机构拆装 |
|---|---|---|---|
| 学生姓名 | | 班级学号 | |
| 组别 | | 任务成绩 | |
| 任务描述 | 本任务通过对配气系统的组成、气阀传动机构的拆装的学习,使学生在工作中熟悉配气系统,能够对配气机构进行日常检查与维护 ||||
| 知识目标 | 1. 掌握配气系统的组成;<br>2. 熟悉气阀配气机构的功用;<br>3. 掌握气阀配气机构的组成 ||||
| 能力目标 | 1. 能按照拆装流程正确拆装气阀配气机构;<br>2. 能正确进行气阀和阀座的研磨 ||||
| 素质目标 | 1. 能够具备初步的管理能力和信息处理能力,主动获取信息,展示学习成果,对工作过程进行总结和反思。<br>2. 能够具备沟通能力、质量意识和安全意识,有效利用团队合作解决实际问题 ||||
| 学习重点 | 气阀配气机构的组成 | 学习难点 | 二冲程与四冲程配气系统设置的不同 |
| 过程记录 | 请根据任务要求,确定所需要的知识、设备、工具,并对小组成员进行合理分工,制定完成气阀配气机构拆装任务的方案。<br>1. 小组人员分工<br><table><tr><td>姓名</td><td>分工</td><td>姓名</td><td>分工</td><td>姓名</td><td>分工</td></tr><tr><td></td><td></td><td></td><td></td><td></td><td></td></tr><tr><td></td><td></td><td></td><td></td><td></td><td></td></tr><tr><td></td><td></td><td></td><td></td><td></td><td></td></tr></table><br>2. 所需要的知识、设备、工具<br><br>3. 拆装前准备工作 ||||

| | |
|---|---|
| 过程记录 | 4. 气阀配气机构的拆装（拆装顺序和要点）<br><br>5. 气阀的研磨<br><br>6. 实操中存在的问题 |
| 任务考核 | ★选择题<br><br>1. 机械式气阀传动机构的组成部分包括（　　）。<br>　　Ⅰ. 凸轮　　Ⅱ. 滚轮　　Ⅲ. 顶杆　　Ⅳ. 摇臂　　Ⅴ. 气阀弹簧<br>　　A. Ⅰ+Ⅱ+Ⅲ+Ⅳ+Ⅴ　　　　　B. Ⅰ+Ⅲ+Ⅳ<br>　　C. Ⅱ+Ⅲ+Ⅳ　　　　　　　　D. Ⅲ+Ⅳ+Ⅴ<br>2. 气阀采用液压式传动机构的优点有（　　）。<br>　　Ⅰ. 影响气阀运动规律的因素较少　　Ⅱ. 改善了气阀拆装条件　　Ⅲ. 阀杆不受侧推力<br>Ⅳ. 总体布置较困难　　Ⅴ. 噪声低，阀与阀座撞击小　　Ⅵ. 压力油密封简单<br>　　A. Ⅰ+Ⅲ+Ⅴ　　　　　　　　B. Ⅱ+Ⅲ+Ⅴ<br>　　C. Ⅲ+Ⅳ+Ⅵ　　　　　　　　D. Ⅲ+Ⅴ+Ⅵ<br>3. 在筒形活塞式柴油机中，传动凸轮轴的齿轮一般安装在曲轴的（　　）。<br>　　A. 首端　　　B. 尾端　　　C. 中部　　　D. 上部<br>4. 机械式气阀传动机构摇臂轴磨损对气阀工作的影响是（　　）。<br>　　A. 早开、早关　　　　　　　B. 晚开、晚关<br>　　C. 晚开、早关　　　　　　　D. 早开、晚关<br><br>★简答题<br><br>1. 简述四冲程柴油机与二冲程柴油机配气系统的不同。<br><br>2. 四冲程柴油机气阀配气机构由哪些组成？<br><br>3. 说明液压配气机构的工作原理。 |

续表

| 任务评价 | 自我评价 | 1. 通过本任务学习，我学到的知识点和技能点：_____。<br>存在问题：_____。<br>2. 在本次工作和学习的过程中，我的表现可得到：<br>□优　□良　□中　□及格　□不及格 |
|---|---|---|
| | 小组互评 | |
| | 教师评价 | |

## 配气机构的故障

在换气机构中，气阀机构的工作条件最恶劣。尽管气阀机构在设计、制造和材料方面根据其工作条件已做了充分考虑，但在使用中由于运转情况经常变化或因维护保养和使用管理不当，仍然会常常出现各种故障。

1. 阀面和阀座磨损与腐蚀

阀座磨损：主要是由燃气中的固体颗粒、气阀积炭或其他杂质冲刷或落在结合面上时阀与阀座撞击造成阀面和阀座密封面上有伤痕。腐蚀：主要是由燃油中的硫、钒和钠的腐蚀，造成阀面和阀座密封面上出现麻点。磨损和腐蚀都会使气阀的密封性变差，引起漏气，使柴油机功率下降，各缸功率不均，启动困难，甚至不发火。因此，必须经常检查气阀的工作情况，发现漏气应对气阀进行研磨，使之重新密封。

2. 阀面与阀座烧损

阀面与阀座变形（扭曲、偏移、倾斜、失圆和阀盘翘曲等）或严重积炭而漏气，会产生烧损或烧伤；阀面和座面过度磨损，会引起麻点、伤痕处漏气而形成烧损；气阀导管间隙过大或过小，使阀杆卡阻、弯曲，造成阀盘不能落座，使密封面发生均匀烧损。

3. 阀杆卡紧

阀杆卡紧的原因除安装不正（中心线倾斜或偏移）外，气阀导管间隙过小或过大、润滑油量过多或过少、温度过高等均会使阀杆卡死在导管中。这将使气阀与阀座关闭不严而发生漏气，甚至影响气阀的正常启闭。为此，必须注意阀杆与导管之间的间隙、对中性和润滑情况。

4. 阀杆和阀头断裂

这种断裂大多是由阀的启闭频繁撞击引起金属疲劳以及高温下金属的机械强度降低造成的。阀盘的断裂则是由阀盘变形局部应力过大、气阀间隙过大而使落座速度过大、高温下金属的机械强度降低、气阀机构振动、阀盘堆焊材料不同而开裂等原因造成的。断裂通常发生在阀头与阀杆的过渡处或阀杆上端支承弹簧盘的圆槽处。气阀断裂后掉入气缸，将会引起柴油机立即停止工作，并可能将活塞、气缸盖、气缸套击碎。

5. 气阀弹簧断裂

气阀弹簧断裂多是由振动造成的，也可能是因为材质、加工、热处理不符合要求，或锈蚀所致。

6. 阀壳产生裂纹

阀壳裂纹通常是由于安装时将固定螺栓拧得太紧造成的。因为这样会使阀壳在柴油机工作时因受热膨胀而产生很大的应力。阀壳裂纹将会使冷却水喷入排气管。因此，固定螺栓不宜拧得过紧。虽然这可能在初期造成少许漏气，但工作一段时间后，漏气将逐渐消失。

## 任务二　气阀间隙的检查与调整

### 任务导学

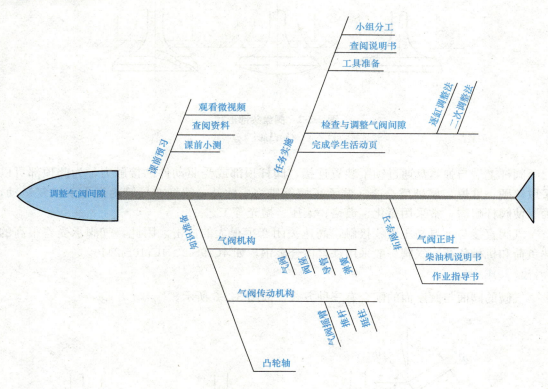

### 知识准备

#### 一、气阀、阀座、导管和弹簧

**1. 气阀**

气阀是直接控制进、排气通道的零件，它主要由阀盘 1 和阀杆 2 两部分组成，如图 3-2-1 所示。

阀盘与阀座配合的圆锥面和顶平面的夹角称为阀面角 α，一般有 45°或 30°两种。阀面角 α 增大则气阀对中性好，密封性好，但磨损较大。为了制造和维修上的方便，进、排气阀往往都采用 45°的阀面角。

阀盘头部形状对气体流阻，气阀刚度、导热性、质量和制造成本都有影响，常见的阀盘头部形状如图 3-2-2 所示。

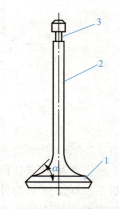

图 3-2-1　气阀结构

1—阀盘；2—阀杆；3—卡块槽

101

图 3-2-2(a)所示为平底阀盘,其优点是结构简单,工艺性好,受热面积小。阀面与阀杆之间一般采用较大过渡圆弧,以增加气阀刚度和改善气体的流动性能。

图 3-2-2(b)所示为凸底阀盘,其特点是刚度大,能够改善气流在阀底面处的流动性能,减小阻力;但质量大,受热面积大。这种气阀一般用于二冲程和四冲程强荷载柴油机的排气阀。

图 3-2-2(c)所示为凹底阀盘,其特点是质量轻,阀面与阀杆间有较大过渡圆弧,可以改善进气气体的流动性能;但其受热面积大,制造困难。这种气阀只用作高速强化柴油机的进气阀。

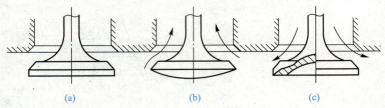

图 3-2-2 阀盘头部形状
(a)平底;(b)凸底;(c)凹底

阀杆上端与弹簧盘通过锁紧装置连接,阀杆顶部或受驱动件的接触力,为此顶部可以采取淬硬、堆焊一层硬质合金、装承压帽等措施。此外,阀杆在导管内做上下往复运动,为了使阀杆耐磨,常采用氮化、镀铬、滚压、抛光等工艺。

气阀直接与高温高压燃气接触,高速关闭产生很大的冲击,因此,气阀承受着很高的热负荷和机械负荷。气阀一般采用铁素体合金钢,如 4Cr9Si2、4Cr10Si2Mo。

**2. 阀座**

气阀的阀面与阀座面的配合有三种方式,如图 3-2-3 所示。

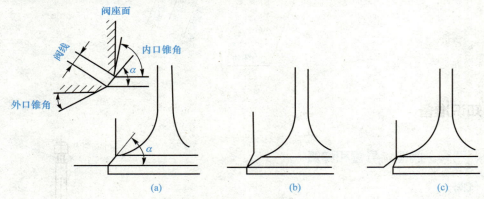

图 3-2-3 阀与阀座的配合方式
(a)全接触式;(b)外接触式;(c)内接触式

图 3-2-3(a)所示为全接触式,阀面与座面锥角相等,接触面大,耐磨,传热好,但易积炭,敲击产生麻点。阀线宽度一般为 1.5~2.5 mm,多用在小型高速柴油机上。

图 3-2-3(b)所示为外接触式,阀面锥角比座面锥角小 0.5°~1°,接触面小,密封性好,阀面与座面内侧不与燃烧时的气体接触,阀盘在高压燃气作用下发生拱腰变形会使内侧阀面与座面接触,减小了接触应力,增加了散热。它多用在强载中速机中。

图 3-2-3(c)所示为内接触式，阀面锥角比座面锥角大 0.2°～0.5°，接触面小，密封性好，接触面因离燃烧室远一些，温度低，钒、钠的腐蚀小。阀盘在高温和高压燃气的作用下会发生周边翘曲的热变形和机械变形，使外侧阀面与座面接触，减小了接触应力，增加了阀盘散热，多用在长行程低速柴油机中。

阀座一般采用合金铸铁或耐热合金钢。为了使阀面和座面耐磨、耐腐蚀，高增压和燃用重油的柴油机气阀还在阀面和座面上堆焊钴基硬质合金，如司太立(Stellite)合金。在阀头接近燃烧室侧覆盖耐热耐蚀的铬镍铁合金。

**3. 气阀导管**

气阀导管压配在气缸盖中，与气阀杆相配合，使气阀有正确的运动方向，保证气阀与气阀座严密配合；承受气阀的侧推力；把气阀部分热量传给气缸盖冷却水。导管与阀杆之间润滑条件很差，工作温度(250 ℃～300 ℃)较高，所以气阀导管一般采用耐磨铸铁或铁基粉末冶金制成，其结构形式如图 3-2-4 所示。

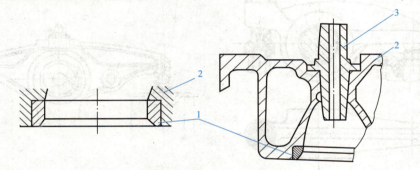

图 3-2-4　气阀座和气阀导管
1—气阀座；2—气缸盖；3—气阀导管

**4. 气阀弹簧**

气阀弹簧的作用是当气阀不受传动机构下压时，使气阀迅速关闭，并有足够的弹力使气阀紧紧压在气阀座上以保证气密性。

在大多数柴油机中，每个气阀都装有内、外两根弹簧。这样在满足总的弹簧负荷要求下，每根弹簧的负荷就可以小一些，使之尺寸小、应力低，提高抗疲劳能力。此外，两根弹簧由于自振频率不同，互相干扰，可以起到减振的作用。为了防止一根弹簧断裂后卡进另一根弹簧中，两根弹簧的旋向应当相反，这还可以减少阀在开关时由于弹簧产生扭转而发生的自动研磨。此外，采用两根弹簧可以增加工作的可靠性。除机械弹簧外，目前超长行程直流扫气式柴油机的排气阀普遍采用空气弹簧。

气阀弹簧用优质冷拔弹簧钢丝绕制而成，表面进行热处理(HRC=42～47)、机械处理和化学处理，以提高硬度、疲劳强度和耐蚀性能。

## 二、气阀摇臂、推杆、挺柱

**1. 气阀摇臂**

图 3-2-5(a)所示是最常见的下置式传动机构的摇臂形式。它是一个双臂杠杆，与气阀接触的一边称为前臂，支承孔的另一边称为后臂。为了增大气阀开度和减小凸轮尺寸，前

臂要长于后臂。摇臂支承孔内镶有青铜衬套，并设有润滑油孔槽。摇臂的前端与气阀顶面接触，一般具有圆柱表面，以适应滚滑运动状态；但有的大型柴油机摇臂的前端设有硬块和压帽的球形接触面，以减少对气阀的侧推力，如图 3-2-5(b)所示。摇臂后端一般装有调节螺钉，螺钉下部为球形，与推杆上端凹坑相配，调节螺钉用以调整气阀与传动机构的间隙。对于同时驱动两个同名气阀的摇臂上，调整螺钉设在前端，这样可以达到两个气阀间隙的统调；在具有"T"形横臂的传动中，为了达到两个气阀的统调，除了在摇臂后端设置调整螺钉外，在"T"形横臂的一端也应设置调整螺钉，如图 3-2-5(c)所示；在上置式传动的摇臂中，螺钉设在前端，后端安有滚轮与凸轮接触，如图 3-2-5(d)所示。为了增大摇臂刚度，减轻质量，摇臂断面一般为 I 形或 T 形。摇臂一般用中碳钢模锻或精密铸造而成，现在也广泛采用冲击韧性较高的球墨铸铁铸造。

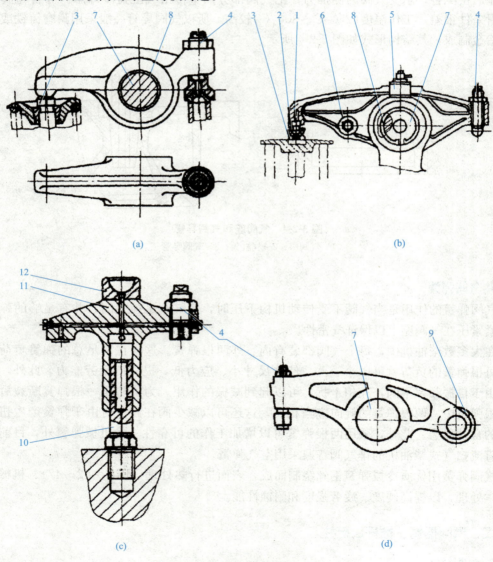

图 3-2-5　摇臂及"T"形横臂
(a)双臂摇臂杠杆；(b)设有球形接触面的摇臂；(c)设有调整螺钉的"T"形横臂；(d)安有滚轮的上置式摇臂
1—硬块；2—压帽；3—气阀上端部；4—调节螺钉；5—润滑油管接头；6—支架摇轴；
7—摇臂轴；8—衬套；9—滚轮；10—横臂导杆；11—横臂；12—压球座

## 2. 推杆

推杆一般用冷拔圆钢制成。为了减轻质量，有些柴油机采用冷拔无缝钢管制造，两端压配或焊有端塞。图 3-2-6 所示是 43/82 型柴油机的推杆，上、下端分别压入制有凹球面和凸球面的端塞，为了润滑关节连接处，端塞上设有油孔。

## 3. 挺柱

挺柱和凸轮直接接触，并推动推杆。挺柱的基本形式有滑动式和滚动式。

图 3-2-7(a)、(b)是菌状和薄壁筒形滑动式挺柱。其下平面与凸轮接触，摩擦阻力较大，同时还受凸轮传动时的侧推力作用。这种挺柱结构简单、加工方便、成本低，广泛应用在中、小型柴油机中。

图 3-2-7(c)为滚轮挺柱，挺柱下面设滚轮与凸轮滚动接触，从而减少磨损。这种挺柱要有防止绕其自身旋转的措施，以保证凸轮和滚轮有正确的工作位置，结构比较复杂，重量也较大，但具有动作灵活、摩擦小、侧推力小等优点。

图 3-2-7(d)是以滚轮摇臂代替往复运动的挺柱形式。通过一根凸轮轴放在 V 形柴油机的夹角内实现两排气缸的气阀控制。

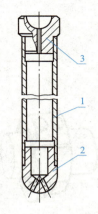

图 3-2-6　43/82 型柴油机的推杆

1—推杆体；
2—下接头；
3—上接头

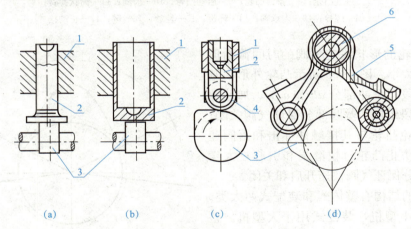

图 3-2-7　挺柱

1—导承；2—挺柱；3—凸轮；4—滚轮；5—滚轮支架；6—滚轮轴

## 三、凸轮轴

凸轮轴是柴油机中非常重要的传动轴。柴油机进、排气阀的启闭、喷油泵和空气分配器的驱动都是通过凸轮轴进行的。此外，凸轮轴还带动调速器及其他附件的传动轮。装在凸轮轴上的凸轮是每缸一组，组数与缸数相同。凸轮轴要放在凸轮轴箱内，由多个轴承支撑，如图 3-2-8 所示。

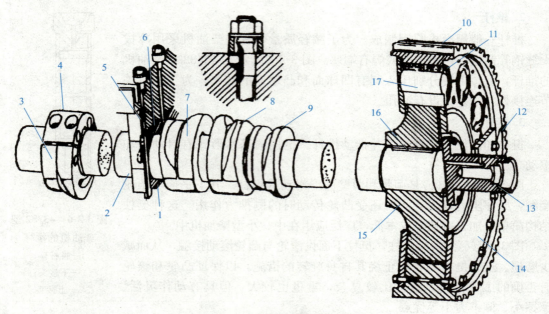

**图 3-2-8 凸轮轴及传动齿轮**
1—轴承盖；2—轴；3、4—喷油泵凸轮；5—螺栓；6—轴承座；
7—进气凸轮；8—排气凸轮；9—启动凸轮；10—齿圈；11—筒状弹簧；
12—螺栓；13—支承轴；14—环板；15—轮毂；16—键；17—止动栓

配气凸轮的形状决定气阀的时间截面值和惯性力的大小。图 3-2-9 所示凸轮外形由基圆部分 $aea'$ 段、缓冲部分 $ab$ 和 $a'b'$、加速部分 $bc$ 和 $b'c'$ 段组成。基圆部分保证气阀关闭；缓冲部分避免凸轮与其接触件冲击和落阀速度太大，以防止凸轮过快磨损和引起过大噪声；加速部分保证气阀快速开启和关闭。

凸轮轴的结构有整体式和装配式两大类。整体式用于小型机，装配式用于大型机。整体式凸轮轴的凸轮是与轴本体锻成或铸成一体的；装配式凸轮轴的凸轮和轴分开制造，然后根据正时的要求将凸轮紧固在轴上。这

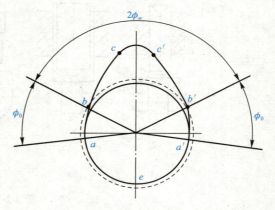

**图 3-2-9 凸轮外形**

种凸轮轴上的凸轮是可调的，以便定时调节，并且任何一个凸轮损坏时都可以单独更换。由于大型柴油机的凸轮轴很长，故都是分成几段组装而成的。为了使柴油机结构简单，控制进、排气阀和喷油泵的凸轮一般都装在同一根轴上。但近年来，为了更好地控制柴油机的进、排气过程和燃烧过程，满足日益严格的排放法规要求，某些新型柴油机采用了两根凸轮轴的结构。

凸轮在顶动滚轮过程中，在工作表面上产生摩擦和很高的接触应力，工作面会发生疲劳损坏，产生麻点或金属剥落。因此，凸轮要有很好的耐磨、耐疲劳性能。凸轮轴材料一般是碳素钢、合金钢和球墨铸铁。凸轮工作表面应渗碳或表面淬火，以提高硬度。

## 任务实施

### 一、气阀间隙的检查与调整

柴油机处于冷车状态，气阀在关闭时，气阀顶端与摇臂前端或凸轮基圆(顶置式)要留有一定的间隙，称为气阀间隙。

柴油机安装后或配气机构检修后，要检查和调整气阀间隙(图 3-2-10)。柴油机在工作过程中由于配气机构各部件的磨损及调整螺钉的松动，也要检查和调整气阀间隙。气阀间隙的数值与气阀的大小、材料和工作温度有关，一般排气阀要比进气阀大一些。各柴油机说明书中都有气阀间隙的具体规定。

图 3-2-10　气阀间隙调整

以六缸四冲程柴油机(发火顺序 1—5—3—6—2—4)为例说明检查与调整的方法及步骤。

#### 1. 逐缸调整法

逐缸调整法即按照柴油机发火顺序逐缸进行检查调整，具体步骤如下：

(1)按曲轴工作转向盘动飞轮，注意观察靠近飞轮的第六缸(或第一缸)进、排气阀推杆，当发现推杆同时上下移动时，就表示第六缸(或第一缸)处于进、排气阀重叠状态，停止转车。此时第一缸(或第六缸)处于压缩冲程(发火)上止点，进、排气阀都关闭。

(2)根据说明书规定的气阀间隙值，用塞尺插入摇臂与阀杆顶端之间，来回抽动塞尺手感稍有阻力即最适宜的间隙。若来回抽动塞尺阻力很小甚至无阻力说明间隙太大；反之，若手感阻力很大说明间隙太小，应予调整。

(3)用扳手拧松调节螺钉的缩紧螺母，将(2)所确定厚度的塞尺插入摇臂与阀杆顶端的间隙之间，一边用螺钉旋具按调整要求拧动调节螺钉，一边抽动塞尺，直至手感稍有阻力，即表示间隙值已合乎规定。

(4)用螺钉旋具止住调节螺钉，使之不能转动，同时用扳手拧紧缩紧螺母。

(5)再次来回抽动塞尺复校松紧程度是否变化，直到完全合格为止。

(6)按曲轴工作转向盘动飞轮，经过一个发火间隔角(本例为 120°CA)可检调下一个发火缸气阀间隙。依次类推，5→3→6→2→4。

#### 2. 两次调整法

(1)顺曲轴工作转向转动飞轮，使第一缸活塞处于压缩冲程上止点附近。

(2)当第一缸处于压缩冲程上止点时，可按表 3-2-1 检查调整各缸进、排气阀间隙，其检查方法同逐缸调整法(2)、(3)、(4)、(5)。

表 3-2-1　第一缸活塞处于上止点时，各缸检查调整排气阀间隙

| 缸　序 | 1 | 2 | 3 | 4 | 5 | 6 |
|---|---|---|---|---|---|---|
| 可调整的气阀 | 进、排 | 进 | 排 | 进 | 排 | —、— |

(3)转动飞轮一圈(360°)，使第六缸活塞处于压缩行程上止点，可按表 3-2-2 检查调整各缸进、排气阀间隙，检查方法同逐缸调整法(2)、(3)、(4)、(5)。

表 3-2-2  第六缸活塞处于上止点时，各缸检查排气阀间隙

| 缸　序 | 1 | 2 | 3 | 4 | 5 | 6 |
|---|---|---|---|---|---|---|
| 可调整的气阀 | 一、一 | 排 | 进 | 排 | 进 | 进、排 |

(4) 整理并填写气阀间隙(表 3-2-3)。

表 3-2-3  气阀间隙

| 缸　号 | 1 | | 2 | | 3 | | 4 | | 5 | | 6 | |
|---|---|---|---|---|---|---|---|---|---|---|---|---|
| 气阀间隙 | 进 | 排 | 进 | 排 | 进 | 排 | 进 | 排 | 进 | 排 | 进 | 排 |

对于一般多缸柴油机，可按照"先调进，后调排，本缸调进、排"的格式完成检查操作。具体方法：按发火顺序，先于发火缸发火的缸号可以调整进气阀间隙；后于发火缸发火的缸号可以调整排气阀间隙。正在发火的气缸，进、排气阀可同时调整；进、排气阀重叠的气缸，进、排气阀均不可调。

判断气阀关闭的方法如下：

(1) 盘车时不断用手拧动所测气阀的顶杆，如顶杆可以用手轻轻拧动，则该气阀关闭；
(2) 观察该缸高压油泵柱塞弹簧的压缩情况，如柱塞弹簧被压缩，则该缸气阀关闭；
(3) 如顶杆滚轮在凸轮基圆上，则该气阀关闭。

## 二、气阀间隙检查与调整注意事项

(1) 气阀间隙检调的条件：柴油机处在冷态或热态按说明书规定，一般为冷态，即通常检调气阀的滚轮应落在凸轮的基圆上。
(2) 检查时，为达到要求的间隙值，所用塞尺的片数应尽量少，以防增大累积误差。塞尺应保持干净。
(3) 调整时应注意间隙变化与螺钉旋动的关系。

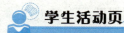
**学生活动页**

| 学习领域 | 船舶柴油机使用与维护 | 任务名称 | 气阀配气机构拆装 |
|---|---|---|---|
| 学生姓名 | | 班级学号 | |
| 组别 | | 任务成绩 | |
| 任务描述 | 气阀间隙大小直接决定进、排气正时，本任务通过气阀间隙的检查与调整实操，使学生能够在工作中熟练进行气阀间隙检查与调整 | | |

续表

| 知识目标 | 1. 熟悉气阀、阀座、导管和弹簧的结构；<br>2. 熟悉气阀摇臂、推杆、挺柱的结构；<br>3. 熟悉凸轮轴的结构 | | | |
|---|---|---|---|---|
| 能力目标 | 能够正确按照调试规程进行气阀间隙的检查与调整 | | | |
| 素质目标 | 1. 能够具备初步的管理能力和信息处理能力，主动获取信息，展示学习成果，对工作过程进行总结和反思；<br>2. 能够具备沟通能力、质量意识和安全意识，有效利用团队合作解决实际问题 | | | |
| 学习重点 | 二次调整法检查与调整气阀间隙 | | 学习难点 | 气阀间隙对正时的影响 |
| 过程记录 | 请根据任务要求，确定所需要的知识、设备、工具，并对小组成员进行合理分工，制定完成气阀间隙检查与调整任务的方案<br>1. 小组人员分工<br><br>{表格：姓名/分工/姓名/分工/姓名/分工}<br><br>2. 工具准备<br><br><br>3. 查阅说明书，填写以下数据<br><br>{表格：机型___ 发火顺序___<br>进气阀 / 排气阀<br>开启始点 / 开启始点<br>关闭终点 / 关闭终点<br>持续进气时间 / 持续排气时间<br>气阀最大升程 / 气阀最大升程<br>气阀间隙 / 气阀间隙}<br><br>4. 二次调整法检查步骤 | | | |

109

续表

| 过程记录 | 测量数据填写： | | | | | | | | | | | | |
|---|---|---|---|---|---|---|---|---|---|---|---|---|---|
| | 缸号 | 1 | | 2 | | 3 | | 4 | | 5 | | 6 | |
| | 气阀间隙 | 进 | 排 | 进 | 排 | 进 | 排 | 进 | 排 | 进 | 排 | 进 | 排 |
| | | | | | | | | | | | | | |
| | 5.注意事项及存在问题 | | | | | | | | | | | | |

| 任务考核 | ★选择题<br>1.气阀传动机构中留有气阀间隙的主要目的是（　　）。<br>　　A.给气阀阀杆受热留有膨胀余地　　B.起到调节配气正时作用<br>　　C.防止气阀与摇臂发生撞击　　　　D.起到贮油润滑作用<br>2.柴油机气阀间隙增大，将会引起进、排气阀（　　）。<br>　　A.开启提前角增大，关闭延迟角减小　B.开启提前角减小，关闭延迟角增大<br>　　C.开启提前角增大，关闭延迟角增大　D.开启提前角减小，关闭延迟角减小<br>3.当气阀间隙过小时，将会造成（　　）。<br>　　A.撞击严重，磨损加快　　　　B.发出强烈噪声<br>　　C.气阀关闭不严，易于烧蚀　　D.气阀正时未有改变<br>4.测量气阀间隙时应注意的事项有（　　）。<br>Ⅰ.应把摇臂压向气阀端　　Ⅱ.调节后凸轮应紧固好　　Ⅲ.柴油机处于冷态下进行<br>Ⅳ.顶头滚轮应处于凸轮基圆上　　Ⅴ.测量时要把塞尺夹紧　　Ⅵ.间隙调好锁紧螺母应锁紧<br>　　A.Ⅰ＋Ⅲ＋Ⅴ　　B.Ⅱ＋Ⅲ＋Ⅴ　　C.Ⅲ＋Ⅳ＋Ⅵ　　D.Ⅲ＋Ⅴ＋Ⅵ<br>★简答题<br>1.气阀弹簧有什么作用？如何设置？<br><br>2.什么是气阀间隙？有哪几种调节方法？ |

| 任务评价 | 自我评价 | 1.通过本任务学习，我学到的知识点和技能点：_____。<br>存在问题：_____。<br>2.在本次工作和学习的过程中，我的表现可得到：<br>□优　□良　□中　□及格　□不及格 |
|---|---|---|
| | 小组互评 | |
| | 教师评价 | |

## 知识拓展

### 气阀正时检查与调整

长期运转的柴油机，由于正时齿轮或链轮的磨损、凸轮轴的磨损、凸轮轴弯曲、调节螺钉松动等，各缸的气阀正时会发生变化。而正时齿轮安装位置记号不正确，会使所有气缸的气阀正时同时发生很大的误差。因此，在柴油机使用和修理过程中，应对气阀正时进行仔细的检查，当气阀正时不符合规定时，要查找原因，进行调整。

气阀正时的检查调整应在气阀间隙符合规定值的基础上进行。

1. 气阀正时检查

(1) 千分表测定法。如图 3-2-11 所示，盘车使被测气缸的气阀处于关闭状态。

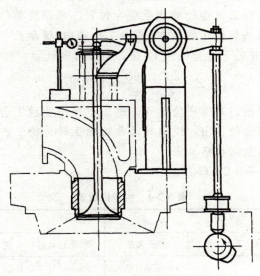

**图 3-2-11　气阀正时检查**

1) 在气缸盖上的适当位置上放置磁性千分表架座及千分表，并使千分表的触头与所测气阀的弹簧上座面相接触，调整千分表使其有一定读数（如 1 mm），以使千分表能够立即反映弹簧盘的运动，然后转动千分表盘使表针回零。此时，该气阀处于关闭状态。

2) 顺曲轴工作转向缓慢地盘车，注意观察千分表指针。当千分表指针刚刚移动的瞬间即气阀开启时刻，立即停止盘车，并查看飞轮侧面机座处所装固定指针指示的飞轮位置，该位置与飞轮上相应的止点标记线之间的夹角即为该气阀的开启提前角。若飞轮上无刻度线时，可测量其相应的圆弧长度，然后换算成相应的曲柄转角，计算式为

$$弧长 = \frac{D \times 3.14 \times 正时角度}{360}$$

式中　$D$——飞轮外缘直径。

3) 继续盘车，当千分表指针刚刚回到零位的瞬间立即停止盘车，此即该气阀关闭时刻，同理测量飞轮处固定指针与相应的止点标记线之间的夹角即该气阀的关闭滞后角。

4) 如此逐缸逐气阀校验，记下各气阀的提前、滞后角度与说明书规定值进行比较。

(2) 捻动推杆法。

1)从第一缸(或其他缸)开始,按曲轴工作转向缓慢地转动飞轮,用手捻动旋转气阀推杆上部,在觉得推杆旋转产生阻力的瞬间,立即停止转车,此时表示该气阀开始开启,检查指针所指飞轮(或刻度盘)上的刻度,即得该气阀的开启提前角。

2)继续转动曲轴:当气阀推杆从不能捻动变为刚刚能转动的瞬间,立即停止转车,此时表示该气阀刚好关闭。检查指针所指飞轮(或刻度盘)上的刻度即气阀的关闭延迟角。

3)如此逐缸逐气阀地检验,记下各缸各气阀的启、闭角度并与说明书规定值进行比较。

## 2. 气阀正时调整

(1)微量调整:当气阀启、闭角度与说明书规定范围值相差不大时(如小于10°),可借调整气阀间隙的办法进行微量补偿。减小气阀间隙可以使气阀提前开启和滞后关闭;增大气阀间隙则相反。但经过微量调整后,气阀间隙仍应在说明书规定的范围值以内。

(2)大角度调整:当气阀启、闭角度与说明书规定值相差较大时(如超过20°时),则应改变凸轮轴正时齿轮与曲轴正时齿轮的相互啮合位置。根据提前(或滞后)角度值与凸轮轴正时齿轮齿数之间的关系决定逆工作转向(或顺工作转向)拨动凸轮轴正时齿轮齿数。如当比规定值提前20°时,凸轮轴正时齿轮为42齿,则拨动齿数为

$$Z = \frac{20°}{2} + \frac{360°}{42} \approx 1.2(齿)$$

把凸轮轴正时齿轮拉出,与惰齿轮脱开,逆工作转向拨过1齿,再将凸轮轴正时齿轮推入重新啮合,也可将惰齿轮拉出,逆向转动凸轮轴正时齿轮1齿后,再将惰齿轮推入啮合。再次进行检查测定,直到合格为止。

3. 填写检查记录表(表3-2-4)

表3-2-4 检查记录表

| 缸号 | 进气阀 | | | 排气阀 | | |
| --- | --- | --- | --- | --- | --- | --- |
| | 开(上止点前) | 关(下止点后) | 打开角度 | 开(下止点前) | 关(上止点后) | 打开角度 |
| 1 | | | | | | |
| 2 | | | | | | |
| 3 | | | | | | |
| 4 | | | | | | |
| 5 | | | | | | |
| 6 | | | | | | |

# 项目四  增压系统维护管理

## 思维导图

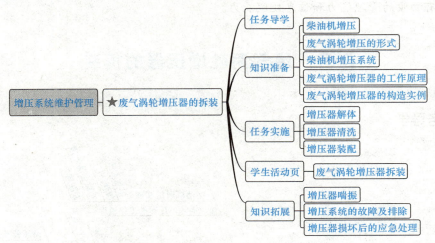

## 项目描述

目前,船用大功率柴油机的绝大部分、车用柴油机的半数以上均采用了增压技术。柴油机的增压有机械增压和废气涡轮增压两种基本形式。对于机械增压来说,随着增压压力的提高,增压器所消耗的功率也随之增大。当增压压力达到某一值时,增压器消耗的功率有可能大于柴油机增压的功率,此时柴油机的有效功率反而下降。而对于废气涡轮增压来说,一般功率可提高20%~50%,高增压时为100%,废气能量利用好,柴油机的机械效率、热效率可提高,经济性好,同时降低排气噪声和烟度,减少环境污染。所以现代船舶柴油机的增压采用废气涡轮增压方式。柴油机废气涡轮增压系统是由柴油机、压气机、废气涡轮、空气冷却器和辅助扫气泵等基本元件组成的。其主要任务是提供足够的空气,保证柴油机扫气和燃烧的需要。涡轮增压器在使用过程中,由于各种因素的影响,会产生异常现象,轮机修造人员必须掌握增压系统维护管理的基本技能。通过本项目的学习,学生应达到以下要求:

### 一、知识要求

1. 了解增压的作用;
2. 明确增压器的类型及构造;
3. 明确增压器的工作原理;
4. 能对废气涡轮增压器的喘振进行分析。

### 二、能力要求

1. 具有正确拆装增压器的能力;

2. 具有增压器的清洗能力;
3. 具有分析增压器主要故障及成因的能力。

### 三、素质要求

1. 具有分析问题、解决问题的能力;
2. 具有沟通能力和团队协作精神;
3. 具有勇于创新、爱岗敬业的优秀品质;
4. 具有质量意识、安全意识和环境保护意识;
5. 具有初步的管理能力和信息处理能力。

## 任务 废气涡轮增压器的拆装

### 任务导学

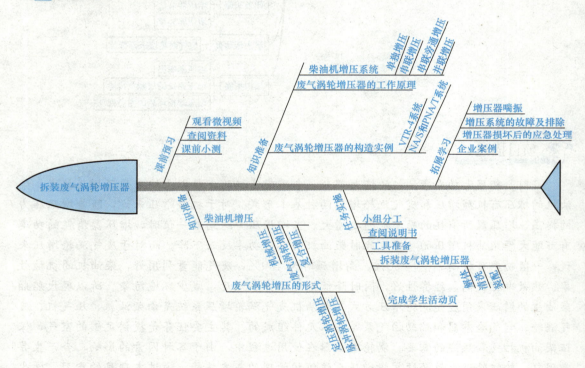

### 知识准备

#### 一、柴油机增压

所谓增压,就是用提高气缸进气压力的方法,使进入气缸的空气密度增加,从而可以增加喷入气缸的燃油量,以提高柴油机的平均指示压力 $p_i$ 和柴油机的平均有效压力 $p_e$。柴油机的增压程度一般以增压度来表示。增压度是柴油机增压后标定功率与增压前标定功率之差值与增压前标定功率的比值。它表示增压后功率增加的程度。

根据驱动增压器所用的能量的不同，柴油机增压主要分为以下三种类型（图 4-1-1）：

（1）机械增压。柴油机输出轴直接驱动机械增压器（压气机），实现对进气的压缩。

（2）废气涡轮增压。压气机与涡轮同轴相连，构成涡轮增压器。涡轮机在排气能量的推动下，带动压气机工作，实现进气增压。显然，这种增压形式可以从废气中回收部分能量，不仅提高了柴油机的功率，还提高了动力装置的经济性，因而获得广泛应用。

（3）复合增压。这种增压形式既采用涡轮增压，又采用机械增压。根据两种增压器的不同布置方案，可分为串联增压和并联增压。

随着废气涡轮增压技术的发展，目前，机械增压和复合增压已很少使用。

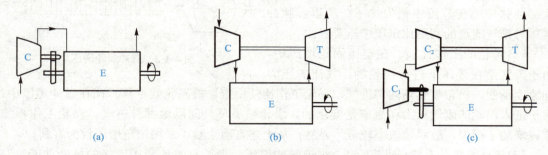

图 4-1-1　柴油机增压类型
（a）机械增压；（b）废气涡轮增压；（c）复合增压
C—压气机；T—废气涡轮；E—主机

## 二、废气涡轮增压的形式

柴油机的废气涡轮增压系统，根据对废气能量利用方式的不同，可分为定压涡轮增压和脉冲涡轮增压两种基本形式，其他的增压方式都是由这两种方式演变和发展而来的。

**1. 定压涡轮增压**

定压涡轮增压的特点是进入废气涡轮增压器的废气压力基本上是稳定状态的。柴油机各缸的排气管连接到一根共用的、容积足够大的排气总管上，涡轮就装在排气总管后面，如图 4-1-2 所示。由于排气管容积足够大，各缸排出的废气进入其中后迅速膨胀、扩散并很快稳定下来，只引起微小的压力波动。排气总管实际上成了一个集气箱，具有稳压作用。正因为废气以基本不变的速度和压力进入涡轮，所以这种增压方式涡轮工作稳定，效率高。

**2. 脉冲涡轮增压**

脉冲涡轮增压的特点是进入废气涡轮增压器的废气压力为脉动状态。在结构上把各缸排气管经过分组直接与一个或几个废气涡轮相连，排气管短而细，如图 4-1-3 所示。由于排气管容积相当小，因此排气阀和排气口开启后，排气管中的压力因废气冲入而迅速提高，瞬间将接近气缸的压力。此后，由于气缸和排气管的压差迅速减小，废气进入排气管的流速降低，加上排气管中的废气不断流入涡轮，排气管中的压力又随之下降。

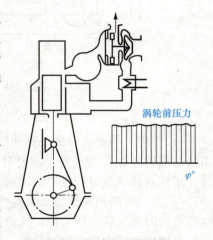

图 4-1-2　定压涡轮增压

这样就形成了所谓脉冲压力波,这就是涡轮中利用的脉冲动能。因此,脉冲增压系统中不仅排气管应短而细,而且弯头要少,通道要光滑,呈流线形,并使涡轮尽量靠近排气口。

### 3. 两种增压方式比较

(1)废气能量的利用。脉冲增压不但利用了废气的定压能,而且能够有效地利用废气的脉冲能。而定压涡轮增压只利用了废气的定压能,大部分脉冲能在节流中损失掉了。所以,脉冲增压对排气能量的利用比定压增压要好。

(2)涡轮的工作性能。在定压涡轮增压中,由于废气是在等压下进入涡轮的,气流的压力

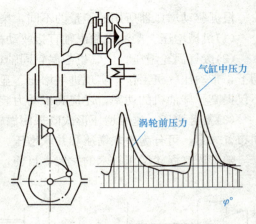

图 4-1-3 脉冲涡轮增压

和速度不变,涡轮喷嘴环均匀进气,涡轮工作比较稳定,故涡轮效率高。而在脉冲增压中,由于进入涡轮的废气压力和流速是变化的,涡轮喷嘴环是间歇地部分进气,涡轮工作不稳定,增加了损失,故涡轮效率较低。显然,从上述方面来看,采用定压增压较为有利。

(3)增压系统的布置(图 4-1-4)。对于脉冲增压,为了有效地利用废气的脉冲动能,对排气系统的布置、构造和加工方面都有较严格的要求。定压增压排气系统的布置比较简单,只需装设容积足够大的排气总管,增压器的布置不受限制,增压器的数量也可以减少并且使用较小的增压器。

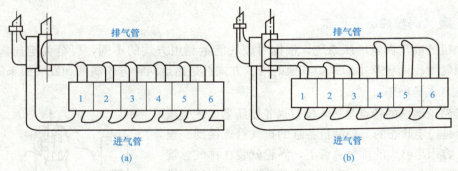

图 4-1-4 定压增压和脉冲增压系统的布置
(a)定压增压;(b)脉冲增压

(4)管理上的要求。由于脉冲增压的增压器离排气阀(口)很近,并且,由于气流脉冲冲击使得涡轮叶片容易污损,活塞环碎片及燃气中的碳粒等容易损伤涡轮中的零件。此外,脉冲增压对排气正时和气口的清洁程度较敏感,而定压增压则不存在上述问题。

(5)柴油机的加速性及低负荷性能。在定压涡轮增压柴油机中,由于排气管容积较大,在低负荷时排气管中压力低,能量少,涡轮发出的功率不能满足压气机的需要;在加速时,排气管中废气压力建立比较缓慢,增压器跟不上柴油机的加速,出现较大的滞后。而脉冲增压柴油机由于排气管容积较小,不存在上述问题。因此,定压增压柴油机必须另设辅助风机来满足低负荷时的扫气要求。

综上所述,在不同的增压压力下应当采用不同的增压方式。在低、中增压时,即当 $p_k$ 为 0.13～0.20 MPa 时,采用脉冲增压可以更多地利用废气能量。在高增压时均采用定压增

压。如目前 Wärtsilä 瑞士公司 RTA 系列柴油机、MAN B&W 公司 MC 系列柴油机，均采用定压涡轮增压。定压增压也是目前大型低速柴油机增压系统的发展方向。

### 三、柴油机增压系统

把实现增压所设置的成套附件及管路系统称为增压系统。增压系统可分为单独增压系统、串联增压系统、串联旁通增压系统和并联增压系统。

只利用废气涡轮增压器来实现增压，而不增设其他辅助机械的增压系统称为单独增压系统，如图 4-1-5 所示。因为完全由废气驱动涡轮旋转，无须消耗柴油机的有效功就可以满足启动、低速、全速工作的需要，所以该增压系统能够有效地提高柴油机的功率，同时能改善柴油机的经济性。

采用等压增压和脉冲增压的单独增压系统在船用四冲程柴油机上得到广泛的应用，其主要原因：四冲程柴油机的换气质量好；活塞具有推挤废气和抽吸新气的能力；增压压力变化对进、排气的影响较小。

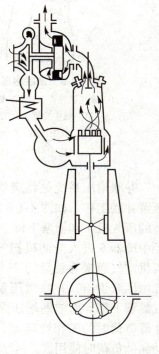

#### 1. 单独增压系统

单独增压系统（图 4-1-5）只适用于采用脉冲增压且扫气质量较好的直流扫气柴油机。在单独增压系统中必须附设一台电动应急鼓风机，以便在增压器损坏时保证柴油机能够继续运转。单独增压系统在高增压时，低负荷性能较差。

我国 6ESDZ75/160B 和 9ESDZ43/82B 型柴油机，丹麦 B&W 公司生产的柴油机均采用脉冲涡轮增压的单独增压系统。目前 MAN B&W 公司生产的 MC 系列柴油机及 Wärtsilä 瑞士公司生产的 Sulzer RTA 系列柴油机也采用单独增压系统。

图 4-1-5 单独增压系统

#### 2. 串联增压系统

串联增压系统是将涡轮增压器与辅助扫气泵串联，如图 4-1-6 所示。在常用的串联增压系统中，由废气涡轮 1 驱动的离心式压气机 2 作为第一级增压，它将空气压缩到增压压力的 70%～95% 后，经第一级中冷器 3 冷却，然后空气进入串联的往复泵 4 进行第二次压缩，再经第二级中冷器 5 冷却后送入扫气箱 6，提供柴油机足够的增压空气。

#### 3. 串联旁通增压系统

串联旁通增压系统是串联增压系统的一个特例，如图 4-1-7 所示。废气涡轮增压器是第一级增压，活塞与其下部空间 4 构成第二级增压泵，起辅助扫气泵的作用。当活塞上行时，其下部空间容积增大，扫气箱压力下降，由废气涡轮增压器输出的空气经中冷器 6、总扫气箱 5、单向阀 7（又称口琴阀）进入各缸扫气箱 8 中。当活塞下行时，扫气箱压力高于总容器箱压力，单向阀关闭，使空气压力得以不断升高。当活塞打开扫气口时，经两级压缩的扫气空气迅速流入气缸，进行强制扫气。当活塞由下止点开始上行时，扫气箱 8 内压力低于总扫气箱 5 内压力，由第一级废气涡轮增压压送的空气，将不经活塞下部空间而直接通过单向阀、扫气箱，流入气缸进行扫气，直至扫气口完全关闭为止，使串联的活塞下部空间在扫气后期失去二级增压的作用。

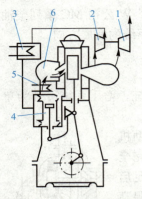

图 4-1-6　串联增压系统
1—废气涡轮；2—离心式压气机；
3—第一级中冷器；4—往复泵；
5—第二级中冷器；6—扫气箱

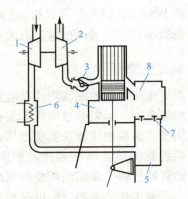

图 4-1-7　串联旁通增压系统
1—压气机；2—废气涡轮；3—排气回转阀；
4—活塞下部空间；5—总扫气箱；6—中冷器；
7—单向阀；8—扫气箱

#### 4. 并联增压系统

并联增压系统是将废气涡轮增压器与活塞下部辅助增压泵并联工作，如图 4-1-8 所示。空气并列地进入涡轮增压器的压气机 1 和活塞下部空间 5 中，两股增压空气汇合后，经中冷器 8 进入柴油机扫气箱 7 中供扫气用。涡轮增压器所供空气通常为总量的 75%～80%，其余部分则由活塞下部增压泵供给。并联增压系统在低负荷时因涡轮增压器供气显著下降，而辅助增压泵的供气量远远不足，故柴油机在低负荷时的工作性能差。必须附设电动鼓风机以便在启动和低负荷时使用。

综上所述，近代船舶低速柴油机增压系统的基本趋势为：采用定压单独增压系统，附设电动鼓风机以备启动与低负荷时使用。向定压增压发展的主要因素在于脉冲能所占比例随增压度的提高而下降，定压增压器的效率高并易于向高增压发展。

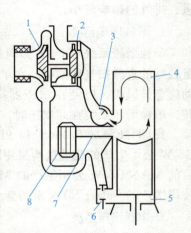

图 4-1-8　并联增压系统
1—压气机；2—涡轮；
3—回转阀；4—扫气空间；
5—活塞下部空间；6—单向阀；
7—扫气箱；8—中冷器

### 四、废气涡轮增压器的工作原理

废气涡轮增压器由废气涡轮和压气机两部分组成。在废气涡轮增压器中一般都采用离心式压气机，故可依据所采用的涡轮机类型把废气涡轮增压器分为两大类，即轴流式涡轮增压器和径流式涡轮增压器。船舶大、中型柴油机均采用轴流式涡轮增压器，中、小型柴油机多采用径流式涡轮增压器，但近年来也有向大型化发展的趋势。

#### 1. 离心式压气机的基本工作原理

废气涡轮增压器的压气机一般都采用单级离心式压气机。离心式压气机工作原理如图 4-1-9 所示。它由进气道、工作轮（也称压气机叶轮）、扩压器和排气涡壳组成。1—1、2—2、3—3、4—4 分别为上述各部件的交界面。当压气机工作时，新鲜空气经进气道轴向进入压气机叶轮。由于通道的导流作用，气流能在最小的损失下均匀进入压气机叶轮。进气道是渐缩流道，在进气道中，压力、温度略有降低，流速提高。正是因为压力降低，空气才被吸入工作轮。空气进入压气机叶轮后，随叶轮高速回转，因而产生离心力。这样，空气在叶轮叶片间随叶轮做圆周运动的同时，在离心力的作用下向叶轮外缘流动并被压缩。在叶轮中气体的流速、压力、温度都升高了，其中流速提高了很多。这是由于叶轮对气体做功，把叶轮的机械能变成了气体的动能和压力能。气体被压缩时也提高了温度。在扩压器中，由于流道逐渐扩大，使空气的动能转换为压力能，流速降低，压力升高。排气蜗壳中的通道也是渐扩的，因而空气流过时继续将动能转换为压力能。

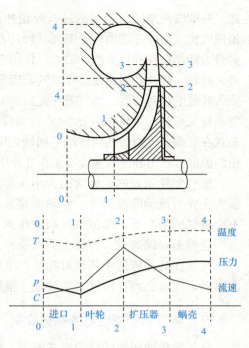

图 4-1-9　离心式压气机工作原理

**2. 单级轴流式废气涡轮机的基本工作原理**

单级轴流式废气涡轮的工作原理如图 4-1-10 所示。它的主要元件是固定的喷嘴环和旋转的工作叶轮。一列喷嘴叶片和其后的一列工作叶片组成了涡轮机的一个级。图 4-1-11(a)为喷嘴环和工作叶轮的局部剖视图。中部的叶形断面是用一个通过 I—I 的圆柱面切割涡轮，将所得切面展开在平面上，称为平面叶栅。喷嘴环的各叶片间和叶轮各叶片之间构成了废气流道。废气流经喷嘴和叶轮时，其参数（压力 $p$、温度 $T$、流速 $c$）沿流道的变化情况如图 4-1-11(b)所示。

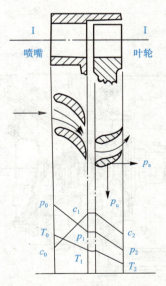

图 4-1-10　废气涡轮工作原理

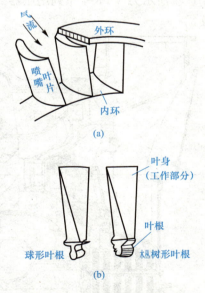

图 4-1-11　喷嘴环与工作叶片
(a)喷嘴环；(b)工作叶片

如图 4-1-10 所示，具有一定压力 $p_0$ 和温度 $T_0$ 的废气以速度 $c_0$ 流入喷嘴。在喷嘴收缩形的流道中膨胀加速，其压力和温度降低到 $p_1$ 和 $T_1$，而流速升高到 $c_1$，部分压力能转变为速度能。从喷嘴出来的高速气流进入叶轮叶片间的流道时，气流被迫转弯。由于离心力的作用，迫使气流压向叶片凹面而企图离开叶片凸面。使叶片的凹、凸两面间产生压力差。此压力差的合力即作用在叶片上的冲动力。作用在所有叶片上的冲动力对转轴产生一个冲动力矩。此外，叶轮、叶片的通道也是收缩的，废气在其中继续膨胀加速，其流出叶轮的相对速度大于流入叶轮的相对速度。当气流在旋转的叶轮中流动时，因膨胀加速而给涡轮以反作用力，使得涡轮又得到一个反作用力矩（或称为反动力矩）。冲动力矩和反动力矩的方向是相同的，叶轮就在这两个力矩的共同作用下回转。由于工作轮在高速气流作用下旋转并做机械功，故气流的温度、压力和绝对速度在工作叶片中从进口的 $T_1$、$p_1$、$c_1$ 下降到出口的 $T_2$、$p_2$、$c_2$。

废气涡轮所做的轮轴功的大小主要取决于燃气的流量和热状态。燃气在涡轮中的流动损失主要有流动摩擦损失、叶轮摩擦鼓风损失、漏气损失和叶片进口撞击损失等。在涡轮不全进气的情况下，摩擦鼓风损失很大；涡轮在偏离设计工况下工作，气流进入叶片时就会产生撞击，偏离越大，撞击损失越大。

气流在叶片流道中流动时除了产生旋转力 $p_u$ 外，还产生轴向推力 $p_a$，使轴朝压气机方向窜动，因此必须在压气机端装设止推轴承。

### 五、废气涡轮增压器的构造实例

废气涡轮增压器的结构形式繁多。船舶柴油机中用得较多的 ABB 公司制造的 VTR 系列增压器和 MAN B&W 公司制造的 NA 系列增压器。VTR 系列增压器有 0、1、4、4A、4D、4E 及 4P 等系列产品。

**1. VTR-4 系列增压器**

图 4-1-12 所示为 VTR-4 系列增压器剖视图。由右侧轴流式废气涡轮和左侧的离心式压气机组成。

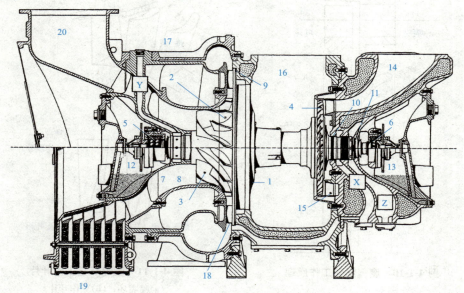

图 4-1-12 VTR-4 系列增压器剖视图

1—隔热墙；2—压气机叶轮；3—压气机导风轮；4—涡轮机叶轮；5、6—滚动轴承；7、11—油封；8、9、10—气封；12、13—润滑油泵；14—进气箱；15—喷嘴环；16—排气箱；17—排气蜗壳；18—扩压器；19—消声器；20—进气箱；X、Y、Z—通道

(1)轴流式废气涡轮结构。废气涡轮由涡轮进气箱 14、喷嘴环 15、工作叶轮 4、隔热墙 1、排气箱 16 等组成。进、排气箱内腔用水冷却。进气箱与排气箱之间用螺钉紧固。进气箱右部布置着轴承箱。排气箱下部装有增压器支架。柴油机排出的废气由进气箱 14 下部引入涡轮，由排气箱上部排出。隔热墙用绝热材料制成，避免废气对压气机叶轮和空气加热。

柴油机排出的废气经进气箱 14 送至喷嘴环 15。喷嘴环由喷嘴内环、外环和喷嘴叶片组成。喷嘴叶片形成的通道从进口到出口呈收缩状，其作用是将柴油机排出的废气的压力能部分转变为动能，并使气流具有工作叶片所需要的方向。工作轮由轮盘和工作叶片组成，工作叶片轴向安装在轮盘边缘的槽口。叶根有枞树形和球形两种（图 4-1-13）。叶身为叶片的工作部分，其形状由气体流动情况决定。它沿着高度逐渐扭转。这是因为废气通过喷嘴进入叶轮时，气流的参数（如压力和速度的大小和方向等）均沿叶片的高度而变化。为了减少气流流过叶片时的能量损失，要求叶片的形状与气流参数与叶片的变化相适应，以提高涡轮效率。高速流动的气流进入工作轮的叶片通道，其中一部分能量转变为机械功，最后经排气箱排往大气。

(2)离心式压气机。增压器的压气机主要由进气消声器 19、进气箱 20、压气机叶轮、扩压器 18、排气蜗壳 17 等组成。空气从消声器滤网处进入。消声器 19 中的空气滤网、导流环对空气起滤清、导流、吸声（导流环由吸声材料制成）作用。进气箱由内、外进气壳共同组成进气通道，对吸入的空气起导流定向作用。进气箱的左部分布置着轴承箱。工作叶轮是压气机的主要部件，主要有枞树形和球形两种形貌，如

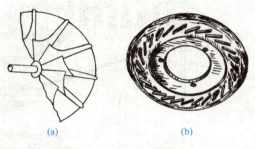

图 4-1-13　压气机的工作叶轮
(a)枞树形；(b)球形

图 4-1-13 所示。它是由前弯的导风轮 3 和半开式叶轮 2 组成的。导风轮的扭曲方向和角度应适应气流进入叶轮的相对流动方向，使气流平顺地从轴向转到径向，以减少进气流动损失；在工作轮上沿径向布置着直叶片，各叶片间形成气流通道。两部分分别装在转轴上。有叶扩压器用焊钉固定在排气蜗壳上，其叶片间的气流通道呈扩张形。它将把压缩空气的动能变成压力能，以提高空气的排出压力。叶片环一般比圆环形平板圈窄一些，无叶片的圆环段同样起扩压作用，通常称为无叶扩压器。一个工作轮与相邻的扩压器组成一个级。压气机排气箱的主体是一个蜗壳状的管道，其流通截面由小到大。它一方面收集从叶片扩压器流出的空气，另一方面继续起着扩压作用。空气从蜗壳排出后经空气冷却器进入柴油机的扫气箱中。

(3)轴承。压气机叶轮和涡轮机叶轮装在同一根轴的两端，构成增压器的转子。转子轴的两端由轴承 5 和 6 支承。这种支承称为外支承式，它具有转子稳定性好，轴承受高温气体影响较小，便于密封，有利于增加轴承寿命等优点。但也存在着使涡轮增压器结构复杂，质量、尺寸增大，清洗涡轮增压器困难等问题。

轴承 5 和 6 是滚动轴承，它的摩擦损失小，加速性能好。轴承封闭在轴承箱中，一般采用三种润滑方式：一是靠装在转轴上的甩油盘进行飞溅润滑；二是由涡轮增压器的专门油泵润滑；三是由柴油机的润滑系统供给润滑油润滑。

在压气机端，由于叶轮出口的空气漏至叶轮右侧，其压力大于叶轮左侧的空气压力；在涡轮端，涡轮右侧的压力也大于涡轮左侧，因此在转子上作用着一个自右向左的轴向推

力。必须在压气机端设一个支持止推轴承承受转子的径向和轴向负荷,并起着转子轴向定位的作用。涡轮端的轴承是一个支持轴承,只承受转子的径向负荷,并允许产生一定的轴向位移以保证转子的热膨胀。

(4)气封与油封。为了防止燃气、空气和润滑油漏泄,在轴承箱的内侧装有油封7、11,在叶轮两侧装有气封8~10。气封10处由排气蜗壳经通道X引入增压空气以提高气封效果。在转子左右两端的油气封之间通过通道Y、Z与大气相通。

### 2. NA/S 和 NA/T 系列增压器

NA/S 和 NA/T 系列增压器结构上的主要差别是 NA/S 系列的转子轴承箱无冷却,NA/T 系列的转子轴承箱用水冷却。图 4-1-14 为 NA/S 系列增压器的结构图。

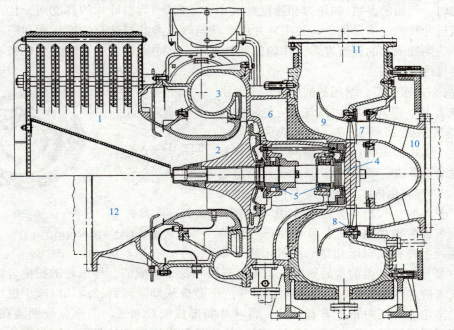

**图 4-1-14　NA/S 系列增压器的结构图**

1—消声器；2—压气机叶轮；3—排气蜗壳；4—涡轮机转子；5—轴承；6—轴承箱；
7—喷嘴环；8—封口环；9—废气扩散器；10—涡轮机进气壳；11—涡轮机排气壳；12—压气机进气壳

与 VTR 系列增压器相比,NA/S 系列增压器的结构特点主要如下:

(1)轴承位置在压气机叶轮和涡轮机叶轮之间的转轴上,属内支承式。这样的结构可使涡轮增压器结构简单、尺寸小,质量轻,清洗增压器方便。采用滑动轴承,构造简单、制造成本低、使用寿命长。轴承的润滑由柴油机的润滑系统提供润滑油。

(2)压气机连续后弯叶片可使压气机在宽广的压比范围内保持高效率。

(3)最新设计的加长涡轮机叶片提高了叶片效率。

(4)增压器轴承箱、压气机进气壳为非冷却式,这样,省去了笨重的双层夹套及冷却水装置,减轻了增压器的质量。

## 任务实施

### 一、增压器解体

较大一些的增压器常采用外支承结构。它们的轴承布置在轴的两端,有滑动轴承和滚动轴承两种。由于热负荷和机械负荷都比较大,在涡轮机和压气机之间有隔热墙,而且一般都有自己的润滑系统和专用的冷却管路系统。由于尺寸较大,可以安排较复杂的迷宫式密封装置。也正因为零件既重又精密,所以在拆装和调整时要更加细心谨慎。

这里以GZ750型(图4-1-15)增压器为例,说明其拆装和调整的过程。

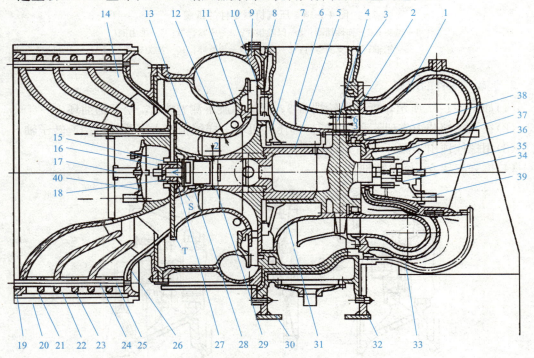

图 4-1-15  GZ750型废气涡轮增压器

1—涡轮进气蜗壳;2—喷嘴环;3—排气蜗壳;4—涡轮叶片;5—叶轮;6—导流圈;7、8、37、38—气封圈;9—压气机蜗壳;10—扩压器;11—压气机叶轮;12—导风轮;13—压气机进气道;14—消声器;15—推力盘;16—滑环;17—转速表传感电动机;18、36—支持轴承;19—消声器盖;20、21—金属滤网;22—导风环;23—消声环;24—定位管;25—螺栓;26—消声器座;27、34—挡油圈;28—油、气封;29—螺母;30、32—支座;31—隔热墙;33—气封管;35—衬套;39—端盖油管;40—端盖;
A—压力空气通道;S—大气通道;T—螺塞

**1. 压气机端零件的拆卸**

(1)如图4-1-16所示,拆下压气机端端盖1和转速表。

(2)拆下连接消声器、压气机进气道和压气机蜗壳的螺栓,吊出消声器。

(3)按顺序拆下弹性挡圈的保险垫片3,然后用套板旋出压紧螺母4,取出推力圈5。

(4)拧上销轴6,装上支架8,用活络扳手将支架下部的支头螺钉7微微旋上少许以抬高转子轴。然后用螺栓顶出调整环9和推力轴承10。松下支头螺钉7,拆去支架8和销轴6。

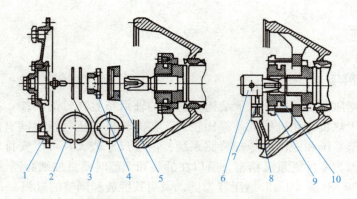

**图 4-1-16 压气机端零件的拆装**
1—端盖；2—弹性挡圈；3—保险垫片；4—压紧螺母；5—推力圈；
6—销轴；7—支头螺钉；8—支架；9—调整环；10—推力轴承

### 2. 涡轮端零件的拆卸

(1)如图4-1-17所示，拆下涡轮端盖3，用扳手旋下测速头2，松开刮油环1。

(2)在涡轮端装上支架6和销轴7，和压气机端一样稍稍旋入支头螺钉抬起转子轴。

(3)用螺栓顶出半圆环5和支持轴承4。

(4)拆去支架6，旋出销轴7。

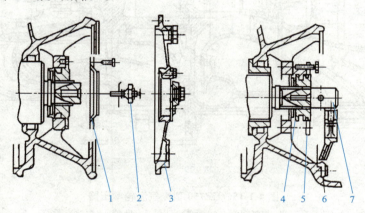

**图 4-1-17 涡轮端零件的拆装**
1—刮油环；2—测速头；3—端盖；4—支持轴承；5—半圆环；6—支架；7—销轴

### 3. 固定部件的解体

如图4-1-18所示，松去压气机蜗壳3与排气蜗壳7、压气机进气道1之间的连接螺栓。吊出压气机进气道1和压气机蜗壳2、3，取下有叶扩压器5和叶轮外罩4。然后拆去8条连接隔热墙6与排气蜗壳7的内六角螺栓。

### 4. 转子抽出

(1)如图4-1-19所示，在涡轮端装上滚轮支架4从涡轮端伸进转子导管2并旋在转子轴头上接牢。利用旋在压气机端轴头上的环首螺母1稍稍抬起转子轴。两端配合动作，用力从排气蜗壳中向压气机端抽出转子组件。

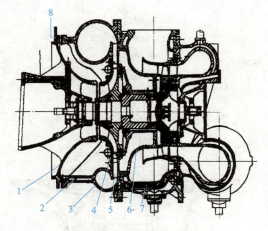

**图 4-1-18 固定部件的解体**
1—压气机进气道；2、3—压气机蜗壳；4—叶轮外罩；5—有叶扩压器；6—隔热墙；7—排气蜗壳；8—螺栓

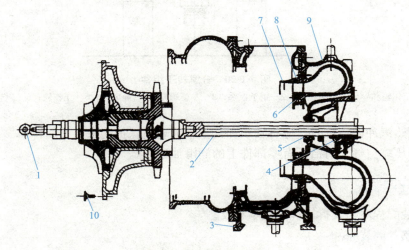

**图 4-1-19 卧姿抽出转子组件**
1—环首螺母；2—转子导管；3—支架；4—滚轮支架；5—刮油气封套；
6—涡轮端气封环；7—扩压环；8—喷嘴环；9—涡轮进气壳；10—内六角螺栓

(2) 如图 4-1-20 所示,将转子组件竖直搁在可靠的木垫上,让压气机端向上。用销子扳手 2 卸去左旋螺母 3(图 4-1-15 中的件 29),分别在导风轮 4、工作轮 5 和转子轴上做好相互配合的位置记号。在轴头上套上专用拉母 1,用长螺栓旋入导风轮端面上的螺孔拉出导风轮 4。用相同的方法拉出工作轮 5。最后吊出隔热墙 6。

## 二、增压器清洗

装配前所有零件均应仔细清洗(包括装配用的各种工具)。
(1) 不允许使用有腐蚀性的清洗液清洗各零部件。
(2) 在清洗液内浸泡零部件上的炭及沉淀物使之松软,其中,中间壳回油腔内在涡轮端侧壁的较厚积炭层必须彻底铲除。
(3) 只能用塑料刮刀或鬃毛刷清洗,铲刮铝质和铜质零部件上的积污。

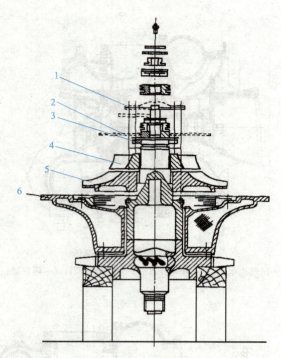

图 4-1-20 分解转子组件

1—工作轮和导风轮专用拉母；2—销子扳手；3—左旋螺母；4—导风轮；5—工作轮；6—隔热墙

（4）若用蒸汽冲击清洗时，应将轴颈和其他轴随表面保护起来。

（5）应用压缩空气来清洁所有零部件上的润滑油通道。

### 三、增压器装配

增压器装配程序与其拆卸程序基本相反。

#### 1. 转子组件的装配

将装好涡轮叶片的转子轴立放在可靠的木垫上，如图 4-1-20 所示。吊进已安装了两只气封的隔热墙 6。按照拆卸时所作的相互位置记号，将压气机的工作轮 5、导风轮 4 端平套入轴颈，放上保险垫圈，拧上压紧螺母，直至各配合端面贴合平整。

#### 2. 固定部件的装配

（1）将涡轮排气壳装在支架 3 上，如图 4-1-19 所示。在涡轮进气壳端装上滚轮支架 4 后，从涡轮端中心伸进转子导管 2，接上带隔热墙的转子轴端，让转子总成保持水平（四面不碰外壳），慢慢送入涡轮排气壳。旋紧隔热墙与涡轮排气壳相连的 8 只内六角螺栓。拆除转子导管 2 和滚轮支架 4。

（2）如图 4-1-18 所示，将有叶扩压器 5 和叶轮外罩 4 装在压气机内蜗壳 2 上，将内蜗壳水平装入压气机外蜗壳 3，然后将该组合件紧固在蜗轮排气壳的端面上。装进压气机进气道 1 中，拧上螺栓 8，使之与压气机蜗壳紧固。

#### 3. 涡轮端零件的装配

如图 4-1-17 所示，在涡轮端装上销轴 7 和支架 6，用支头螺钉将转子轴头微微抬起，压入支持轴承 4 和半圆环 5，紧固后上好保险。拆除支架，盖上端盖 3。

### 4. 压气机端零件的装配

压气机端零件的装配方法如图 4-1-16 所示，压入调整环 9 和推力轴承 10 并紧固调整环 9。

### 5. 安装收尾

(1) 如图 4-1-16 所示，装上磨准了的调整环 9，用螺栓拧紧并穿上保险铁丝，装上推力圈 5、保险垫片 3、弹性挡圈 2，然后用套板旋紧压紧螺母 4。

(2) 用转速表扳手旋紧电动转速表测头，装上端盖 1，最后装上消声器。

## 学生活动页

| 学习领域 | 船舶柴油机使用与维护 | 任务名称 | 废气涡轮增压器拆装 |
|---|---|---|---|
| 学生姓名 | | 班级学号 | |
| 组别 | | 任务成绩 | |
| 任务描述 | 为了正确管理和保养增压器，正确排除故障和处理异常情况，就必须熟悉增压器的内部结构、工作原理，掌握其拆装顺序和要求，只有这样才会使增压器保持良好的技术状态 | | |
| 知识目标 | 1. 了解增压的作用；<br>2. 明确增压器的类型及构造；<br>3. 明确增压器的工作原理 | | |
| 能力目标 | 1. 具有正确拆装增压器的能力；<br>2. 具有清洗增压器的能力 | | |
| 素质目标 | 1. 能够具备初步的管理能力和信息处理能力，主动获取信息，展示学习成果，对工作过程进行总结和反思；<br>2. 能够具备沟通能力、质量意识和安全意识，有效利用团队合作解决实际问题 | | |
| 学习重点 | 废气涡轮增压器结构形式 | 学习难点 | 废气涡轮增压器的工作原理 |
| 过程记录 | 请根据任务要求，确定所需要的知识、设备、工具，并对小组成员进行合理分工，制定完成废气涡轮增压器拆装任务的方案。<br>1. 小组人员分工 | | |

| 姓名 | 分工 | 姓名 | 分工 | 姓名 | 分工 |
|---|---|---|---|---|---|
| | | | | | |
| | | | | | |
| | | | | | |
| | | | | | |

续表

| | |
|---|---|
| 过程记录 | 2. 所需要的知识、设备、工具<br><br>3. 拆装<br><br>4. 清洗<br><br>5. 实操中存在的问题 |
| 任务考核 | ★选择题<br><br>1. 废气涡轮增压器，涡轮机的主要组成部件有（　　）。<br>　Ⅰ．工作叶轮　　Ⅱ．喷嘴环　　Ⅲ．进气箱　　Ⅳ．扩压器　　Ⅴ．排气壳　　Ⅵ．消声器<br>　A．Ⅰ＋Ⅱ＋Ⅲ＋Ⅴ　　　　　　　　B．Ⅱ＋Ⅲ＋Ⅳ＋Ⅴ<br>　C．Ⅱ＋Ⅲ＋Ⅳ＋Ⅵ　　　　　　　　D．Ⅲ＋Ⅳ＋Ⅴ＋Ⅵ<br>2. 废气涡轮增压器，压气机的主要组成部件有（　　）。<br>　Ⅰ．工作叶轮　　Ⅱ．喷嘴环　　Ⅲ．排气蜗壳　　Ⅳ．扩压器　　Ⅴ．推力轴承　　Ⅵ．气封<br>　A．Ⅰ＋Ⅱ＋Ⅲ　　B．Ⅱ＋Ⅲ＋Ⅳ＋Ⅴ　　C．Ⅰ＋Ⅲ＋Ⅳ　　D．Ⅲ＋Ⅳ＋Ⅴ＋Ⅵ<br>3. 在废气涡轮中，实现废气压力能转变为动能的部件是（　　）。<br>　A．进气道　　　B．喷嘴环　　　　C．涡轮　　　　D．排气蜗壳<br>4. 在废气涡轮中，实现废气动能转变为机械能的部件是（　　）。<br>　A．进气壳　　　B．喷嘴环　　　　C．叶轮　　　　D．排气蜗壳<br>5. 引起增压器在工作中发生强烈振动的原因有（　　）。<br>　Ⅰ．压气机喘振　　Ⅱ．压气机叶轮损坏　　Ⅲ．轴承烧坏　　Ⅳ．叶轮积炭<br>　Ⅴ．气封、轴封积炭　　Ⅵ．润滑效果差<br>　A．Ⅰ＋Ⅲ＋Ⅴ　　B．Ⅰ＋Ⅱ＋Ⅳ　　C．Ⅱ＋Ⅳ＋Ⅵ　　D．Ⅱ＋Ⅳ＋Ⅴ<br><br>★简答题<br><br>1. 废气涡轮增压器有哪两种形式？这两种形式的废气涡轮增压器又有何不同之处？<br><br>2. 柴油机增压系统有哪几种？ |
| 任务评价 | 自我评价　　1. 通过本任务学习，我学到的知识点和技能点：＿＿＿＿＿＿＿＿＿。<br>　　　　　　存在问题：＿＿＿＿＿＿＿＿＿。<br>　　　　　　2. 在本次工作和学习的过程中，我的表现可得到：<br>　　　　　　□优　□良　□中　□及格　□不及格 |
| | 小组互评 |
| | 教师评价 |

 知识拓展

## 一、增压器喘振

增压器产生喘振的原因从根本上讲,是压气机的实际流量小于该转速下引起喘振的限制流量,造成气流与叶片的强烈撞击与脱流。随着运转时间的增长,增压系统中各部件就会污损或出现故障,柴油机本身某些部件也会产生故障,致使两者的性能逐渐恶化,导致匹配不良,引起喘振。此外,运行中某些暂时的匹配不良也可能发生喘振。运转中可能导致增压器喘振的原因如下:

### 1. 气流通道堵塞

增压系统流道堵塞是引起增压器喘振最常见的原因。柴油机运行时,增压系统的气体流动路线是:压气机进口滤器和消声器→压气机叶轮→压气机扩压器→空气冷却器→扫气箱→柴油机的进气阀(口)→排气阀(口)→排气管→废气涡轮喷嘴环→废气涡轮叶轮→废气锅炉→烟囱。上述流动路线中的任一环节发生阻塞,如脏污、积炭、变形等,都会因流阻增大而使压气机流量减小,背压升高,引起喘振。

### 2. 增压器和柴油机的运行失配

如果设计时选配良好的柴油机和增压器,那么在正常情况下,增压器和柴油机便不会因为匹配不良而发生喘振。但是,由于柴油机本身的某些故障或者由于装载、顶风、污底等,或者由于轮机员操作不当以及在大风浪天航行,都可能导致柴油机和增压器匹配不良,引起喘振。

### 3. 脉冲增压—缸熄火或各缸负荷严重不均

在脉冲增压系统中,往往将三个气缸与一台增压器相连接。一台柴油机有多台增压器,它们并联地向一根进气总管供气。当某缸熄火时,与之相连的涡轮功率减小,转速下降,供气能力降低。而其他增压器正常工作,压气机的出口背压仍与正常运转时相同。这对于同熄火缸相连的增压器来说背压就显得过高,使其压气机排量减小,发生喘振。由于喘振使得压气机出口压力波动幅度较大,甚至可能引发多台增压器交替喘振。若使熄火缸恢复工作或减小另一组气缸的供油量,则可消除喘振。各缸负荷不均引起喘振的机理与上述相同。

### 4. 环境温度的变化

在低温时匹配的不带空冷器的增压器和柴油机如用在高温海域时,或者在高温时匹配的带有空冷器的增压器和柴油机用在低温海域时,由于两者匹配关系的改变,运行点更靠近喘振区,因而容易引起喘振。

## 二、增压系统的故障及排除

涡轮增压器在使用过程中,由于各种因素的影响,会产生异常现象。下面介绍增压系统除喘振以外的其他常见故障和处理方法。

### 1. 轴承烧损

轴承烧损大多是由于润滑油压力过低、油量不足或断油及润滑油过脏和油中混入金属屑等造成的。轴承烧损时往往表现为增压器转速急剧下降,润滑油出口温度升高,增压压力降低,并出现异常的声音。若在管理中发现增压器转速急剧下降、运转声音异常时,应立即停车检查增压器轴承,否则可能造成严重事故,甚至整台增压器报废。若轴承轻度烧损,轴封和叶片均未损伤,可更换轴承;若转子严重损伤无法修复,则必须停止增压器运转。

### 2. 增压器强烈振动

排除喘振的原因，增压器强烈振动还可能是涡轮叶片上有积炭和附着燃烧产物、涡轮叶片折断、压气机叶轮损坏、转子与固定件碰擦、轴承减振弹簧片损坏等引起的。

对于因装配调整不当使转子与固定件发生摩擦或轴承运转磨损引起增压器强烈振动的，应重新装配或更换轴承。此外，应注意检查轴承减振弹簧片的状态，及时更换。

### 3. 增压压力下降

废气涡轮和压气机通流部分脏污是引起增压压力下降的重要原因，这里包括进口滤器、消声器、空冷器等。运行中应按说明书的要求按时清洗增压器。此外，还必须定时拆开清洗以清除坚实的积炭和污垢。当空气滤器压降超过 0.98 kPa、空冷器压降超过 1.96 kPa 时，也要进行清洗。

若在增压压力降低的同时发现增压器的转速也明显下降，说明废气能量不足。在柴油机方面，可能是喷油提前角过大、排气阀开启较晚、缸套活塞漏气等引起的；在废气涡轮方面，可能是喷嘴环变形使通流面积增大、涡轮前排气管膨胀接头漏气等引起的。此外，由于轴封积炭、轴承故障使转子阻力增大也会使增压器增压压力下降，转速降低。应具体查明原因，予以排除。

若在增压压力降低的同时增压器的转速没有明显下降，则可能是压气机故障引起的。如压气机进口滤器和消声器堵塞、内部气流通道积垢、增压器轴封、气封漏气、扫气箱漏气等。

### 4. 增压压力升高

增压压力升高主要是由柴油机引起的。常见的是柴油机负荷过大或喷油系统故障使燃烧不良、后燃严重，导致废气能量增加，涡轮转速提高，增压压力升高。排气阀漏气、开启过早也会产生类似的情况。

### 5. 轴承箱中润滑油很快变黑和漏失

润滑油变黑是排气漏入轴承箱造成的。这是由于涡轮机端的轴封损坏、密封衬套间隙过大、密封空气的通道被阻塞造成的。润滑油漏失是密封平衡空气失去作用、密封衬套间隙过大、轴承箱压力过高、轴承箱盖板螺栓松动漏油造成的。

## 三、增压器损坏后的应急处理

在航行中由于增压器损坏得不到及时修复，只能采取应急措施将损坏的增压器停掉，让柴油机继续运行。采取应急措施后，既要保证增压器不会进一步损坏，还要使柴油机排气温度不超过规定的数值。

在航行中发现增压器损坏时，使损坏的增压器停止运转的措施有两种：如果允许柴油机停车的时间很短，必须马上恢复运行，这时只需拆下压气机端和涡轮端的轴承盖，用专用工具把转子轴锁住，并在压气机排出管路装上密封盖板防止增压空气流失；如果允许柴油机停车时间较长，可将转子拆除，并用专用工具封闭涡轮增压器，以防燃气和增压空气外泄。

进行完停增压器运行的应急处理后，应降低柴油机的负荷，防止排温过高和冒黑烟。对涡轮的进、排气箱继续保持冷却，对外部供油润滑者，应切断润滑油供应。

如果在航行中发现增压器损坏又不允许停车，应大大降低柴油机的转速，且只能运行一个较短的时间。

# 项目五　燃油系统维护管理

**思维导图**

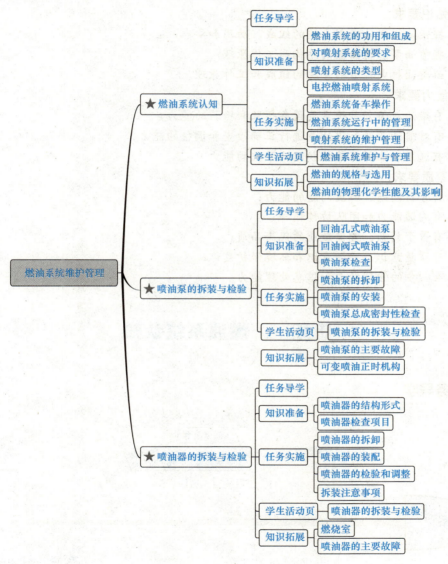

**项目描述**

　　柴油机的燃油系统是柴油机最重要的系统之一，其主要功能是为柴油机缸内混合气的形成与燃烧提供所需的燃料。它对柴油机的燃烧以及柴油机的动力性、经济性、可靠性、排放特性和启动性能等一系列性能指标具有直接的影响。根据柴油机的压缩发火特点，欲

完成一次缸内燃烧，必须在压缩行程末期把燃油高压喷入气缸并与缸内的新鲜空气混合成可燃混合气(内部混合)，然后在足够高的压缩温度下发火并燃烧。

在燃油系统中，喷油设备是该系统的核心设备，其工作好坏，直接关系到柴油机的经济性、动力性及可靠性。喷油设备主要由喷油泵、高压油管和喷油器组成。柴油机的三对精密偶件均在喷油设备中。由于摩擦磨损和管理上的原因，三对精密偶件经常发生故障，造成柴油机不能正常工作。因此，在平时使用和管理中，应对喷油设备进行拆装检验、调整和修理。通过本项目的学习，学生应达到以下要求：

### 一、知识要求

1. 掌握柴油机燃油喷射系统的组成、功用和要求；
2. 掌握喷油泵、喷油器的结构和工作原理；
3. 了解柴油机电控喷射系统的组成和工作原理。

### 二、能力要求

1. 具有柴油机喷射系统主要设备拆装和检验的能力；
2. 具有对喷油正时和供油量进行正确检查和调整的能力；
3. 具有选用燃油并正确维护燃油系统的能力。

### 三、素质要求

1. 具有分析问题、解决问题的能力；
2. 具有沟通能力和团队协作精神；
3. 具有勇于创新、爱岗敬业的优秀品质；
4. 具有质量意识、安全意识和环境保护意识；
5. 具有初步的管理能力和信息处理能力。

## 任务一　燃油系统认知

### 任务导学

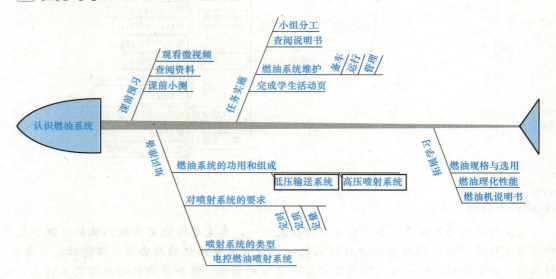

## 知识准备

### 一、燃油系统的功用和组成

柴油机燃油喷射系统的功用是将一定数量的洁净燃油,以足够高的压力,按照严格的喷油正时,在规定的时间内以良好的雾化状态喷入气缸内,与燃烧室内压缩空气混合形成均匀的可燃混合气,以保证缸内燃烧的进行。

燃油系统包括供应和喷射两个系统。供应系统一般由日用油柜、输油泵、燃油滤清器和低压管路等组成,用来向喷射系统提供充足、清洁的燃油;喷射系统由喷油泵、高压油管和喷油器组成,用来按照柴油机燃烧过程的要求,定时、定量、定压地向气缸内喷入雾化良好的燃油,与空气混合形成均匀的可燃混合气使燃油燃烧,将燃烧的化学能转化为热能。

图 5-1-1 所示是一台小型高速柴油机的燃油系统。燃油从日用油柜 1 被输油泵 2 压送经燃油滤清器 3 过滤后供给喷油泵 4。燃油在喷油泵中建立高压后经喷油器 6 以雾状喷入气缸。供给喷油泵多余的燃油流回输油泵进口端。从喷油器泄漏的燃油沿着回油管 5 流回日用油柜。

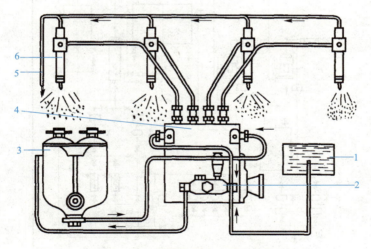

图 5-1-1　小型高速柴油机燃油系统

1—燃油日用油柜;2—输油泵;3—燃油滤清器;4—喷油泵;5—回油管;6—喷油器

图 5-1-2 所示是 6250C 型柴油机燃油系统。它包括轻柴油和重油两个系统。使用轻柴油时,关闭重油供给阀 A,开启轻柴油供给阀 B,由输油泵从轻柴油日用油柜吸出轻柴油,经燃油滤清器过滤后供给喷油泵;改用重油时,关闭阀 B 开启阀 A,输油泵从重油日用油柜将加热后的黏度降低并已净化的重油吸出压送至喷油泵。

图 5-1-3 所示为低速柴油机重油供应系统。重油自重油贮存柜经粗滤器 1、重油驳运泵 2 输送到重油沉淀柜 3 中,再经分油机 4、7 净化后进入重油日用油柜 8。重油日用油柜 8 中的燃油再经集油柜 11、燃油输送泵 13、燃油黏度自动控制装置(燃油黏度发信器 16、雾化加热器 14 等)、双联细滤器 17 送到喷油泵 19。燃油中的水分及低沸点的碳氢化合物受热蒸发形成的气泡,经截止止回阀 6 汇集到集油柜 11 排出。

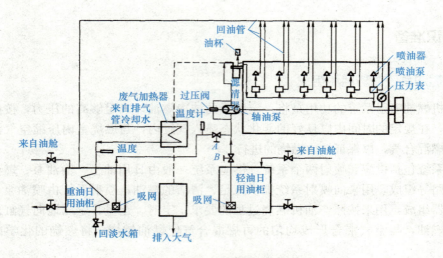

图 5-1-2　6250C 型柴油机燃油系统

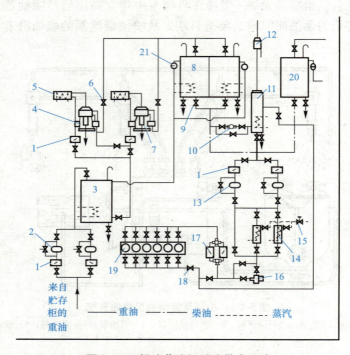

图 5-1-3　低速柴油机重油供应系统

1—粗滤器；2—重油驳运泵；3—重油沉淀柜；4—重油分离机(分水)；5—分油加热器；
6—截止止回阀；7—重油分离机(分杂)；8—重油日用油柜；9—自动快闭截止阀；10—流量计；
11—集油柜；12—凝水集合器；13—燃油输送泵；14—雾化加热器；15—气动薄膜调节阀；
16—燃油黏度发信器；17—双联细滤器；18—调压阀；19—主机高压喷油泵；20—柴油日用油柜；21—观察镜

## 二、对喷射系统的要求

为保证柴油机在动力性、经济性、排放和噪声等方面的优良性能，对喷射系统有如下要求。

**1. 定时喷射**

在柴油机运转工况范围内，尽可能保持最佳的喷油正时、喷油持续时间，不同时刻的喷油量还应符合燃烧规律要求。能对喷油定时进行总调(整机调节)和单调(单缸调节)，以保证良好的燃烧并取得优良的综合性能。

**2. 定质喷射**

喷射雾化良好，油滴细小均匀，具有足够的穿透力，且与燃烧室形状和气流运动相匹配，保证油气混合均匀。喷射开始和结束均应干脆利落，不得有滴油现象。

**3. 定量喷射**

喷入气缸的喷油量能进行调节，且能随柴油机的负荷变化而调节；对于多缸柴油机，各缸的喷油量应当均等。

此外，从保持柴油机性能稳定角度出发，要求喷油设备能杜绝重复喷射、断续喷射、不稳定喷射和隔次喷射等异常喷射现象；从营运角度出发，要求喷油设备工作可靠、调节方便、能迅速停油，还要求喷油设备具备驱除系统中的空气、在柴油机不停车的条件下能使单缸停油等功能。

### 三、喷射系统的类型

**1. 直接作用式和间接作用式喷射系统**

直接作用式喷射系统又称为柱塞泵式系统。此类系统结构虽然简单，但在低转速、低负荷时喷射质量和各缸供油均匀性较差。间接作用式喷射系统又称为蓄压式喷射系统，也称为定压喷射系统或共轨式喷射系统，其优缺点与直接作用式喷射系统相反。目前柴油机上广泛应用的是直接作用式喷射系统，简称直喷式。蓄压式喷射系统(共轨式喷射系统)也已经广泛应用于新造船用大型中、低速柴油机，并成为今后燃油喷射系统发展的方向。

**2. 阀控制式和柱塞控制式喷射系统**

燃油系统的油量调节方式有喷油泵控制式和喷油器控制式。喷油泵控制式属于直接作用式喷油系统，可以分为阀控制式和柱塞控制式两种；喷油器控制式是指利用电子控制技术对喷油器进行喷油正时、喷油量调节等控制，属于蓄压式喷射系统。目前广泛应用的是喷油泵控制式，但电控蓄压式喷射系统代表着柴油机未来燃油喷射系统的发展方向。

### 四、电控燃油喷射系统

为了满足柴油机不断强化及日益严格的排放法规与噪声法规的要求，目前正在大力发展各种高压、电控燃料喷射系统，如采用短管的单体泵系统、泵—喷嘴与PT系统、电控共轨系统等。其中电控共轨喷射系统则代表着柴油机燃油喷射系统未来的发展方向，这在国内外已达成共识。

电控共轨(Common Rail)式喷射系统由高压油泵、油轨、高压油管、喷油器、电控单元、各种传感器和电磁阀等执行器组成，如图5-1-4所示。输油泵提供低压燃油(从油柜中吸出)，系统中的油压由高压柱塞泵产生，高压燃油送到高压油轨中，共轨系统中的高压油泵与喷油器之间的燃油容积起到一个蓄压器的功能。在整个喷油过程中，油轨内的压力波动很小。系统内压力由油轨中的压力传感器调节，它把检测到的压力值传送给电控单元。高压油泵、油轨压力传感器和电控单元形成了一个油轨压力的闭环控制回路。控制单元将实测的油轨压力值与根据柴油机转速和喷油量决定的设置值相比较，并根据比较的结果调节高压泵的供油量，以使油轨内的压力得到控制。共轨式电控喷射系统的核心部件是电磁阀控制的喷油器，其喷油过程是通过电控单元激励电磁阀开始，使控制油压作用于喷油器针阀底部，打开喷油器启喷，喷油量由喷油器的开启持续时间（电控单元输出脉冲宽度）、喷油器的流量特性及喷油压力决定。

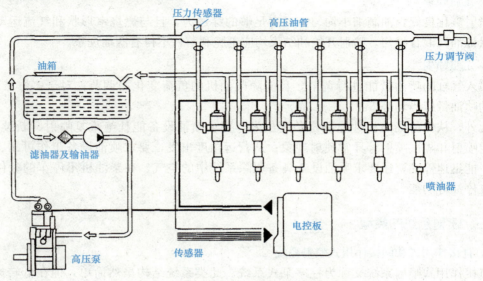

图 5-1-4　共轨式电控（燃油）喷射系统

图 5-1-5 所示为 Sulzer RT-flex 柴油机所采用的共轨燃油喷射系统的简图。该柴油机省去了常规的凸轮轴、凸轮轴驱动机构、燃油泵、排气阀驱动泵和换向伺服泵，采用电子控制的共轨式燃油喷射和排气阀驱动系统，克服了机械驱动的局限性，具有非常大的灵活性，可保证全工况下的低排放和低燃油消耗率，具有更低的稳定转速，减少了维修工作量和运行成本，适用于不同品质的燃油。

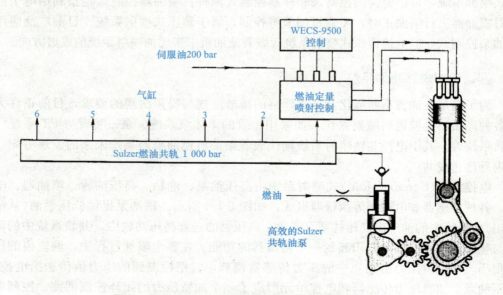

图 5-1-5　RT-flex 柴油机共轨燃油喷射系统简图

该共轨式燃油喷射系统由曲轴带动的共轨式油泵先将燃油泵入一个燃油总管，压力可达 100 MPa 左右。另外，还有一个轴带伺服油泵，产生 20 MPa(200 bar)左右的伺服油压。每缸有 3 只常规的液压启阀式喷油器，共轨式燃油总管中 100 MPa(1 000 bar)左右的恒压燃油，经容积式液压伺服机构进入 3 个喷油器并喷入气缸中。这个容积式液压伺服机构又由一个 WECS-9500 型电子控制系统进行控制，它可以独立地控制每个喷油器的供油始点、终点和供油量。因此，这种燃油喷射系统可以根据不同的工况、不同的燃油品质调整各个喷油器和各缸的燃油喷射量，达到全工况下的低油耗、低排放、低维修成本和具有高可靠性的目的。目前，这种柴油机已经在部分集装箱船、冷藏船和油船上装船使用。

电控喷射系统是通过电子控制系统实现对燃油喷射始点、喷射压力、喷油持续时间的有效控制，以达到优化燃烧过程，降低燃油消耗率和降低柴油机排放，改善柴油机的启动、换向、加速和降低稳定转速等目的。它的核心系统是一个微处理器，柴油机的转速和转角作为输入信号，温度、压力及相关设定参数等作为附加输入信号；输出信号用以自动修正喷射正时，以实现在变工况、变使用条件下的最佳运转。

电控喷射系统的主要特点如下：

(1)优化燃烧过程。电控喷射系统在调节喷油正时的同时，也改变喷射压力，并使喷射压力在高负荷时比传统喷射系统显著降低，在低负荷时则显著升高。同时可以改变燃油喷射规律，控制喷射过程不同阶段的喷油量，使燃油有效地雾化和燃烧，有相对理想的放热规律，使燃油消耗率降低。

(2)适用多种燃油。采用电控喷射后，通过控制装置输出一个简单信号，可根据燃油的品质给出相对理想的喷油始点和喷射压力特性，使它们燃烧时都有较好的放热规律，以利于降低油耗和减轻磨损。

(3)适应不同环境温度。用电控喷射始点，可通过提高最高爆发压力来修正环境温度的不利影响，使船舶柴油机适应不同环境温度的能力明显提高。

(4)转速微调化。控制装置把电子信号直接传输到电液驱动喷油器，使转速调节迅速而准确。电控喷射可以使柴油机的最低稳定转速降至标定转速的 1/6 左右，相应的最低运转转速随之降低，改善了船舶的操纵性能。

(5)操纵灵敏化。该装置可以控制气缸启动阀和喷油器的动作，启动、停车、正车、倒车等均由操纵机构的位置来确定，可取消传统的机械式启动和换向机构。用操纵杆将设定转速和转向输入柴油机，各种动作指令脉冲一旦触发，实际的运转程序便可自动进行。

世界各大船舶柴油机公司都在进行电子控制共轨系统柴油机的研究，在大缸径低速二冲程柴油机的研制方面，MAN B&W 和 Wärtsilä 两家公司已经相继推出了配有电子控制的共轨柴油机，而且都已装船营运。它们发展的主要目标都是通过采用电子控制设备取代凸轮轴的功能来控制燃油正时，也就是发展无凸轮轴柴油机。尽管 MAN B&W 公司研制的 ME 型与 RT-flex 型电控柴油机在主要发展目标上几乎一致。然而，两者也有显著的区别，尤其是在燃油喷射系统上。

(1)油轨方面。RT-flex 机型的公共油轨有两个：一个是 20 MPa 的润滑油，它的作用是作为驱动排气阀、气缸启动阀和喷射控制装置伺服油；二个是 100 MPa 的重油，它作为柴油机的燃料油，在油轨中等待喷射。而 ME 机型的公共油轨仅有一个 20 MPa 的润滑油，它作为动力油使用。油轨压力上的差别很大程度取决于油轨的密封技术，因此对油轨的管理就要区别对待。

(2)原始动力方面。RT-flex 机型采用曲轴带动的复合凸轮来带动柱塞式油泵保持油轨中 100 MPa 的燃油油压，同样由曲轴通过传动齿轮带动的一个油泵来保持伺服润滑油 20 MPa 的油压；ME 机型用的是轴带轴向液压泵给油轨输入润滑油（柴油机启动之前是用电动泵润滑油），之后高压润滑油再给共轨系统提供动力。

(3)高压油泵方面。RT-flex 机型的高压油泵是柱塞式增压泵，与原来相比，变化不大；而 ME 机型采用液压驱动式高压油泵。前者是凸轮的传动使燃油泵柱塞上下运动，后者是用高压润滑油作为高压燃油的驱动动力。

(4)喷油控制方面。RT-flex 机型在控制喷油时，是由控制系统发出信号给电磁阀，电磁阀的动作使伺服油的油路变化，从而改变燃油的油路，完成喷射过程；ME 机型在控制喷油时，同样是控制系统发出信号给电磁阀，电磁阀改变伺服油后，再由伺服油驱动油泵使燃油增压，完成喷射过程。前者控制的是伺服油，后者控制的是动力油。

(5)燃油的来源方面。RT-flex 机型燃油来自 100 MPa 的油轨，ME 机型的燃油是由给油泵供给的大约 1 MPa 的燃油。

(6)构造方面。由于上述两种机型的共轨系统在驱动动力和布局上有较多差异，也就决定了 MAN B&W 和 Wärtsilä 这两大船舶柴油机厂家的最新机型在结构和共轨系统的传动机械上有所不同。

## 🧰 任务实施

### 一、燃油系统备车操作

(1)根据轻柴油的油质、黏度和地区性温度情况，具体掌握启动轻柴油舱的加热装置。

(2)检查轻柴油日用油柜、沉淀油柜的油位，不足时启动燃油泵向轻柴油沉淀油柜驳油至适当油位。启动轻柴油分油机向轻柴油日用油柜补油。

(3)注意检查轻重油转换开关，主机备车时用轻柴油。

(4)打开主机燃油系统各个阀件，关闭燃油加热器蒸汽阀，启动主机燃油输送泵、燃油增压泵，驱除系统内空气，检查并调整好油压在规定范围值之内。

(5)海水温度较低时，启用重油舱加热装置加热重油，并将重油沉淀柜驳至规定油位，开启重油沉淀柜加热器加热至 75 ℃左右。

(6)检查重油日用油柜的油位及温度，不足时，启动重油分油机向重油日用油柜加油，并将重油日用油柜加热至 80 ℃左右。

(7)注意对重油沉淀油柜和日用油柜底部放残。

### 二、燃油系统运行中的管理

(1)主机启动运行后，应注意燃油的温度。机动航行时，主机燃用轻柴油可依据燃油黏度的要求，略微加热或不加温。

(2)要注意燃油的压力变化。在油温变化特别是轻重油切换时，燃油的压力经常会发生变化，燃油滤器前后的压差正常约为 0.02 MPa，当其压差达到 0.04 MPa 或以上时，应立即转换并清洗滤器，并注意驱除系统气体，避免压力波动。当燃油压力超出规定值时，应通过调压阀来调节控制油压；对于不正常的油压变化，应迅速查明原因并及时采取必要的措施。

(3)开启柴油分油机和燃油分油机,做好驳油和分油工作,并要注意调节好分油时的加热温度。

(4)要定期给燃油沉淀油柜、燃油日用油柜和柴油日用油柜放残水。

(5)要注意检查并记录好燃油流量表的读数。

(6)要经常检查喷油泵和喷油器的温度,用手触摸检查高压油管的脉动情况,发现问题及时排除。

(7)船舶进入正常航行须进行油、重油转换时,要注意回油筒内混合油的加热温度,重油进入喷油泵的黏度应控制为 12～25 cst。

(8)主机启动运行一段时间后,当驾驶台重复两次"Full Ahead"时,船舶进入定速航行状态,要进行轻、重油的转换操作。

轻油换重油时,首先必须将燃油日用油柜加热并可以高出规定温度 10 ℃～15 ℃,关掉黏度计,开启燃油雾化加热器,手动控制使柴油温度上升至 85 ℃左右,随之转换接入重油切断柴油,然后逐渐加热集油柜内的混合油,并在消耗完系统内的柴油之前将燃油温度加热至燃料油雾化所要求的温度,再打开黏度计自动控制加热温度。

船舶在进港机动操纵前 1 h,应进行重油换轻油的操作,换油时应先关闭燃油雾化加热器的蒸汽加热阀,之后切断重油接通轻油,关闭黏度计。但必须注意,在轻、重油转换过程中,要防止油温突然升高或降低,不然会使喷油泵的柱塞卡住或咬死。

重油系统各段加热温度可按如下参数进行调整:

(1)燃油大舱 15 ℃～20 ℃,吸入 35 ℃～40 ℃;

(2)重油沉淀油柜 50 ℃～70 ℃;

(3)重油分油机进口 85 ℃～95 ℃;

(4)重油日用油柜 70 ℃～80 ℃;

(5)重油进机黏度 12～25 $mm^2/s$,温度 100 ℃～150 ℃;

运动黏度单位 1 cst＝1 $mm^2/s$,根据所用油料的规格牌号确定。

### 三、喷射系统的维护管理

(1)对喷油设备需要适时进行拆检和试验,查出隐患和缺陷,及时排除。拆检时须注意清洁,清洗只准使用轻柴油(或煤油),擦拭时不得使用棉纱。装复时注意正确定位,注意各密封面处的结合,注意有关装配记号。

(2)备车时应对各缸油泵逐个进行手动泵油,以便润滑柱塞偶件并观察柱塞及其相关运动件的灵活性。此外,应检查喷油泵油量调节机构动作的准确性和可靠性。

(3)长期停车之后或喷油设备经拆检重新装复之后,应注意喷油设备及燃油系统放气。喷油设备各处不得有燃油渗漏。

(4)运转中应注意高压油管的脉动状态。脉动突然增强,喷油泵有异响发出,则多为喷油器喷孔堵塞或针阀在关闭位置咬死所致;若高压油管无脉动或脉动微弱,则是柱塞或针阀在开启位置咬死或喷油器弹簧折断所致;若脉动频率或强度不断变化,则柱塞有卡阻现象。

(5)在柴油机运转中如需单缸停油,则应使用喷油泵专门停油机构抬起该油泵柱塞。不可关闭喷油泵燃油进口阀,以免柱塞偶件断油缺乏润滑而卡死。

(6)应注意喷油器冷却系统的工作状况,确保喷油器可靠冷却,防止过热。定期检查喷油器冷却水循环柜内的水质变化,如混有油,则表明喷油器内有漏油现象。

(7)喷油器装入气缸盖前应检查其与缸盖配合座面的密封性,必要时需清洁与研磨,以防止燃气漏出烧毁喷油器;喷油器在缸盖上的固定螺母不可预紧过度,应按照说明书规定的预紧力预紧。否则喷油器可能不能正常工作,气缸盖配合座面可能产生裂纹。

(8)注意缸内燃烧过程的变化。如从排烟颜色、排气温度、示功图等的不正常变化,判断喷油设备的工作状况。必要时应酌情进行调整。

## 学生活动页

| 学习领域 | 船舶柴油机使用与维护 | 任务名称 | 燃油系统维护与管理 |
|---|---|---|---|
| 学生姓名 | | 班级学号 | |
| 组别 | | 任务成绩 | |
| 任务描述 | 柴油机的燃油系统是柴油机最重要的系统之一,它对柴油机的燃烧以及柴油机的动力性、经济性、可靠性、排放特性和启动性能等一系列性能指标都具有直接的影响。在运行中要做好燃油系统的维护与管理 | | |
| 知识目标 | 1. 熟悉燃油系统的功用与组成;<br>2. 了解喷射系统的要求;<br>3. 熟悉喷射系统的类型;<br>4. 了解电控燃油喷射系统 | | |
| 能力目标 | 具有燃油系统维护与管理能力 | | |
| 素质目标 | 1. 能够具备初步的管理能力和信息处理能力,主动获取信息,展示学习成果,对工作过程进行总结和反思;<br>2. 能够具备沟通能力、质量意识和安全意识,有效利用团队合作解决实际问题 | | |
| 学习重点 | 燃油系统的组成 | 学习难点 | 燃油系统原理图 |
| 过程记录 | 1. 小组人员分工 | | |

| 姓名 | 分工 | 姓名 | 分工 | 姓名 | 分工 |
|---|---|---|---|---|---|
| | | | | | |
| | | | | | |
| | | | | | |

| | |
|---|---|
| 过程记录 | 2. 查阅说明书，填写如下内容<br><br>| 序号 | 燃油系统组成设备 | 序号 | 燃油系统组成设备 |<br>|---|---|---|---|<br>| 1 | 主油柜 | 8 | |<br>| 2 | | 9 | |<br>| 3 | | 10 | |<br>| 4 | | 11 | |<br>| 5 | | 12 | |<br>| 6 | | 13 | |<br>| 7 | | | |<br><br>3. 燃油系统备车操作<br><br>4. 燃油系统运行中的管理<br><br>5. 存在问题 |
| 任务考核 | ★选择题<br>1. 船用柴油机的喷射系统大多采用（　　）。<br>　A. 直接作用式喷射系统　　　B. 间接作用式喷射系统<br>　C. 蓄压式喷射系统　　　　　D. 电子喷射系统<br>2. 目前认为有广泛的应用前景的喷射系统是（　　）。<br>　A. 直接作用式喷射系统　　　B. 间接作用式喷射系统<br>　C. 蓄压式喷射系统　　　　　D. 电子喷射系统<br><br>★简答题<br>简述燃油系统的功用与组成。 |
| 任务评价 | 自我评价：1. 通过本任务学习，我学到的知识点和技能点：_____。存在问题：_____。<br>2. 在本次工作和学习的过程中，我的表现可得到：<br>□优　□良　□中　□及格　□不及格 |
| | 小组互评 |
| | 教师评价 |

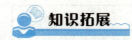
## 知识拓展

### 一、燃油的规格与选用

#### 1. 国产柴油机燃油的规格与选用

我国的柴油机燃油分为轻柴油、重柴油、内燃机燃料油和重油四类。

(1) 轻柴油。国产轻柴油是由直馏(常压蒸馏)柴油馏分及二次加工的柴油馏分制成的。其主要性能及质量指针取决于原油品质与炼制方法。轻柴油以其凝点数值作为柴油的牌号,分为 10 号、0 号、—10 号、—20 号和—35 号五个规格。轻柴油是质量最好、价格最高的柴油机燃料,在船舶上用作高速柴油主机、高速柴油发电机组、应急设备柴油机和救生艇柴油机等的燃油。

(2) 重柴油。国产重柴油由石蜡基原油炼制而成,凝点相应较高,按凝点数值分为 10 号、20 号和 30 号等三个牌号。重柴油主要用于中、低速柴油主机,发电柴油机等。

(3) 内燃机燃料油。国产内燃机燃料油是由渣油、重油与重柴油调制而成的,供船舶低速柴油机使用,目前尚无国家标准,一般执行炼油厂与有关单位商定的协议标准。

(4) 重油(燃料油)。重油按 80 ℃时的运动黏度分为 20、60、100 及 200 四个牌号,可供船舶锅炉使用。

#### 2. 国外柴油机燃油的规格与选用

国外船用燃油基本上分为四类:

(1) 轻柴油(Marine Gas oil,简称 MGO),常用于救生艇柴油机和应急发电柴油机。

(2) 船用柴油(Marine Diesel Oil,简称 MDO),常用作发电柴油机和柴油机主机机动操纵时的燃料。

(3) 中间燃料油(Intermediate Fuel Oil,简称 IFO),是渣油与柴油调制而成的掺合油,可用于各类大功率中速及低速柴油机。

(4) 船用燃料油(Marine Fuel Oil,简称 MFO),也称为 C 级燃油,主要用于锅炉,也可用于最新型的大功率中速柴油机及大型低速柴油机。

### 二、燃油的物理、化学性能及其影响

燃油的质量是以其理化性能指标来衡量的,这些质量指标有多种,分别从不同方面反映燃油的质量。这些指标根据其对柴油机工作的影响大致可分为三类:影响燃油燃烧性能的指标,如十六烷值、柴油指数、热值和黏度等;影响燃烧产物成分的指标,如硫分、灰分、沥青分、残炭值、钒和钠含量等;影响燃油管理工作的指标,如闪点、密度、凝点、倾点、浊点、水分和机械杂质、黏度等。

#### 1. 十六烷值

十六烷值是评定燃油自燃性能的指标。其定义为在标准的四冲程柴油机上,将所试柴油的自燃性(通常以滞燃期长短计量)同正十六烷(十六烷值为 100)与 α-甲基萘(十六烷值为 0)的混合液相比较,当两者相同时,混合液中的正十六烷的容积百分比,即所试验燃料的十六烷值。

柴油机对燃油的十六烷值有一定的要求。十六烷值过低时燃烧粗暴,甚至在启动或低速运转时难以发火;十六烷值过高,不仅燃油费用高,而且因发火过快使燃油产生高温分解而生成游离碳,致使柴油机排气冒黑烟,经济性能下降。通常,高速柴油机使用燃油的

十六烷值为 45~60，中、低速柴油机为 40~50。对于燃用重油的大型低速柴油机，其十六烷值应不低于 25。

2. 苯胺点

苯胺点指同体积的燃油与苯胺混合加热成单一液相溶液，然后使之冷却，当混合液开始浑浊（析出沉淀物）时的温度（℃）。

燃油中各族烃类在苯胺中有不同的溶解度，燃油中芳香烃最易溶于苯胺。燃油和苯胺越易溶解，则其苯胺点越低。燃油的苯胺点低，则自燃性差，根据燃油的苯胺点可大致判断其十六烷值的高低。

3. 柴油指数

柴油指数也是衡量燃油自燃性的指标。它不必使用贵重的试验设备而可以在试验室中用简单的方法测定，并按下式计算燃油的柴油指数（D.I.）：

$$D.I. = (1.8t + 32)(141.5/d - 131.5) \times 1/100$$

式中　$d$——燃油相对密度（温度为 60 ℉ 时同体积燃油与水质量之比）；
　　　$t$——苯胺点（℃）。

柴油指数和十六烷值在数值上相近。一般，柴油指数较十六烷值略高几个单位，两者的换算公式为

$$十六烷值 = 2/3 \times 柴油指数 + 14$$

4. 热值

1 kg 燃油完全燃烧时放出的热量称为燃油的热值，单位用 kJ/kg 表示。其中不计入燃烧产物中水蒸气的汽化潜热者称低热值，用符号 $H_u$ 表示。重油的基准低热值 $H_u = 42\,000$ kJ/kg，轻油的基准低热值 $H_u = 42\,700$ kJ/kg。

5. 黏度

黏度是液体内分子摩擦的量度，即燃油流动时分子间阻力的大小，它是评定燃油流动性的指标，是燃油最重要的特性之一。燃油在管路中输送的流量和压差、燃油在喷射时的雾化质量、燃油对喷油泵偶件的润滑能力等都与黏度有密切关系。

液体的黏度值有绝对黏度和条件黏度（又称相对黏度）两种表示法。绝对黏度表示内摩擦系数的绝对值，条件黏度是在一定条件下测得的相对值，并因测定仪器而异。属于绝对黏度的有动力黏度和运动黏度；属于条件黏度的有恩氏黏度、赛氏黏度和雷氏黏度。

(1) 动力黏度。动力黏度是两个相距 1 cm、面积为 1 cm² 的液层，相对运动速度为 1 cm/s 时所产生阻力的数值。工程单位为 g/cm·s（泊），国际单位为 Pa·s（帕·秒），1 Pa·s = 10 g/cm·s。

(2) 运动黏度。运动黏度是动力黏度与同温度下液体密度之比。国际单位为 m²/s 或 mm²/s。通常在实际中使用厘斯（cst——工程单位），1 cst = $10^{-6}$ m²/s = 1 mm²/s。

(3) 恩氏黏度。恩氏黏度是 200 cm³ 液体在特定温度下，从恩氏黏度计流出所需的时间与蒸馏水在 20 ℃ 时流出相同体积所需的时间之比。它是一个无因次量，符号为 °E。恩氏黏度曾是我国和部分欧洲国家常用的黏度表示法。

(4) 赛氏黏度。赛氏黏度是液体在 37.8 ℃（100 ℉）温度下从赛氏黏度计流出 60 cm³ 所需的时间（s）。

(5) 雷氏黏度。雷氏黏度是液体在 37.8 ℃（100 ℉）温度下从雷氏黏度计流出 50 cm³ 所需的时间（s）。

ISO 组织规定,自 1977 年 10 月开始采用 50 ℃时的运动黏度值($mm^2/s$)作为燃油的黏度值。

6. 硫分

燃油中所含硫的质量百分数叫作硫分。燃油中的硫分主要与原油产地有关,同时受加工炼制工艺方法的影响。虽然可以通过燃油脱硫显著降低燃油中的硫分,但燃油的价格将大幅度上涨。

7. 灰分

灰分是在规定条件下燃油完全燃烧剩余物的质量百分比。燃烧后残存的灰分中含有的各种金属氧化物,可造成燃烧室部件的高温腐蚀和磨料磨损,加剧气缸的磨损。

8. 钒、钠含量

燃油中所含钒、钠等金属的质量浓度用 $10^{-6}$(ppm)表示。钒以金属有机化合物形式存在于原油中。这些金属有机化合物是油溶性的,净化系统无法除去。在炼制过程中也不蒸发,因而大部分浓集到残渣油中,燃烧后生成金属氧化物。钒与钠燃烧后生成低熔点的化合物,当排气阀和缸壁温度过高而超过这些化合物的熔点时,它们就会熔化附着在金属表面上,与金属表面发生氧化还原反应而腐蚀金属。

9. 机械杂质和水分

燃油中所含不溶于汽油或苯的固体颗粒或沉淀物的质量百分数称为机械杂质。轻质燃油不允许含机械杂质,重质燃油允许含少量机械杂质。燃油中的机械杂质主要来自贮运、使用及加工过程中混入的非油溶性固体物质,如尘土、铁锈、漆皮、金属末以及残存的添加剂等。机械杂质会加剧喷油设备偶件的磨损和喷油器喷孔堵塞、滤器堵塞。

燃油中的水分以容积百分数表示。燃油中的水分主要来自在贮运过程中进入的或燃油与大气或水接触时吸收和溶解的水,以及使用中管道漏泄进入的水分等。燃油中的水分能降低燃油的低热值,破坏其正常发火,甚至导致柴油机停车。如含有海水,将会造成腐蚀,加剧缸套磨损。因此应限制燃油中的水分,尤其对轻柴,油应限制其水分不大于痕迹(即不大于 0.025%)。

在船舶上可以使用燃油净化措施降低燃油的机械杂质和水分。

10. 沥青分

沥青分表示沥青占燃油质量的百分数。沥青是多环的大分子量芳香烃,悬浮在油中,呈胶状。沥青不易燃烧,导致滞燃期长,产生后燃,冒黑烟;使用中易形成沉积胶膜和积炭,增加磨损并使喷油器偶件咬死。

11. 残炭值

燃油在隔绝空气条件下加热干馏,最后剩下的一种鳞片状炭渣物称为残炭。残炭占试验油质量的百分数称残炭值。残炭值表示燃油燃烧时形成积炭、结焦的倾向,并不表示形成积炭的数值。残炭值中包括了机械杂质和灰分。当燃用残炭值较大的燃油时,将在燃烧室内产生较多的积炭使热阻增加,引起过热、磨损,缩短柴油机的维修周期。

12. 闪点

燃油在规定条件下加热到它的蒸汽与空气的混合气能同火焰接触而发生闪火时的最低温度称为闪点。根据测试仪器的不同,闪点分为开口闪点和闭口闪点。闭口闪点低于开口闪点。闪点是衡量燃油挥发成分产生爆炸或火灾危险性的指标。按国内外船舶建造规范规定,船舶使用的燃油闭口闪点不得低于 60 ℃。从防爆、防火的观点出发,在低于燃油闪点

17 ℃的环境温度下倾倒燃油或敞开容器才比较安全。

13. 凝点、倾点和浊点

凝点、倾点与浊点都是说明燃油低温流动性和泵送性的重要指标。

燃油在试验条件下冷却至液面不移动时的最高温度称为凝点。燃油的凝点取决于它的成分和组成结构。对于含石蜡较多的燃油，在低温下由于石蜡结晶而形成网状晶架，从而使燃油失去流动性的现象称为结构凝固；对于含石蜡较少的燃油，在低温下由于黏度增大而失去流动性的现象称为黏温凝固。

燃油尚能够流动的最低温度称为倾点。

燃油开始变浑浊时的温度称为浊点。

通常，燃油的浊点高于凝点 5 ℃～10 ℃；倾点高于凝点 3 ℃～5 ℃。燃油的温度低于浊点时将使滤器堵塞，供油中断。燃油温度低于凝点时，将无法泵送。从使用观点上看，浊点是比凝点更重要的指标。燃油的使用温度至少应高于浊点 3 ℃。

14. 密度与相对密度

燃油在温度 $t$(℃)时单位体积的质量称为密度。常用单位是 $kg/m^3$ 或 $g/cm^3$。在 20 ℃时的密度称为标准密度 $\rho_{20}$。

燃油在 20 ℃（国外为 15.6 ℃）时的密度与 4 ℃（国外为 15.6 ℃）时水的密度的比值称为相对密度。

燃油的密度与它的化学成分和馏分组成有关。烷烃的密度最小，环烷烃稍大，芳香烃较大，含硫、氧、氮的胶质和沥青质密度最大。燃油的密度随馏分温度的增高而增大。

## 任务二　喷油泵的拆装与检验

### 任务导学

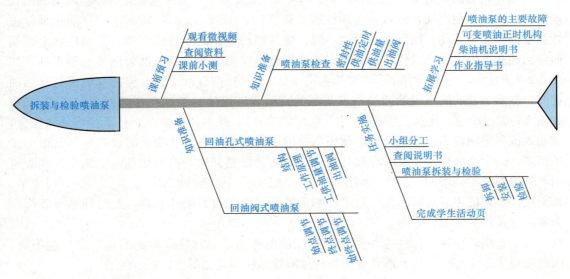

## 知识准备

喷油泵是柴油机的心脏，在调速器的控制下，按照柴油机的负荷，在规定的时间内定时向喷油器供给定量的高压燃油。根据调节机构的不同，喷油泵又分为回油孔式和回油阀式两大类，前者在沿海及内河船舶上各类中小型柴油机上获得广泛应用，后者仅用于大型柴油机。而喷油器均为液压启阀式。

### 一、回油孔式喷油泵

回油孔式喷油泵，也称柱塞滑阀式喷油泵或波许泵（Bosch）。根据其结构可分为单体泵和组合式泵两种。单体泵多用于大、中型柴油机，组合式泵多用于小型多缸柴油机。

#### 1. 喷油泵的结构

回油孔式喷油泵的主要零件为油泵柱塞套筒与出油阀阀座两副精密偶件。图 5-2-1 所示为回油孔式喷油泵的结构示意图。柱塞 11 和套筒 10 是一对精密偶件，通常称为柱塞副。套筒上有两个相对的孔（一个是进油孔，另一个是回油孔），喷油泵体内与低压油道相通。为了防止套筒转动，还设有一只定位螺钉。在柱塞上铣有直槽和斜槽，斜槽部分位于回油孔侧；柱塞尾端伸出套筒外部，其上有一柱塞定位舌 9 嵌在传动套 19 下部的切槽内；柱塞最下部还有一圆柱形小头，用来托住有插入切口的弹簧下盘。传动套可活动地套在柱塞套筒上，在其上部外径处套有可用螺钉紧固的弹性齿圈，如松开螺钉，则可调节齿圈与传动套的相对位置（在单体泵中也有齿圈和传动套为一体的不可调结构），调节齿圈 12 与调节齿杆 3 啮合。如拉动齿杆，则通过传动套带动柱塞相对于柱塞套筒转动，达到改变供油量的目的。弹簧上座 4 顶在本体内肩上，弹簧下座坐落在弹簧夹内，弹簧夹下部由嵌在本体内的挡圈 8 限住，柱塞弹簧 5 通过与柱塞连接的弹簧下座 7，使柱塞位于最下位置。喷油泵的燃油凸轮通过挺柱作用于弹簧夹 6 的下平面，燃油凸轮可设置在配气凸轮轴上。其传动机构如图 5-2-2 所示。

#### 2. 喷油泵的工作原理

回油孔式喷油泵的工作原理如图 5-2-3 所示。当柱塞下行至最低位置时，套筒上的油孔被打开，低压油由进油孔进入，充满柱塞上部空间，如图 5-2-3(a) 所示。当柱塞从最低位置被喷油泵凸轮顶动开始泵油行程时，部分燃油经回油孔流回进油空间，直到柱塞上部端面将回油孔关闭，供油过程开始，高压燃油推开出油阀并通过高压油管向喷油器供油，如图 5-2-3(b) 所示，这就是喷油泵的"几何供油始点"。柱塞继续上行，当柱塞斜槽打开回油孔时，柱塞上部的高压燃油即经柱塞头部的直槽和环形槽与回油孔相通而流回进油空间，如图 5-2-3(c) 所示，这就是喷油泵的"几何供油终点"。此后，柱塞再上行至行程最高位置，燃油则流回进油空间。显然，每次循环的供油量取决于与回油孔相对的柱塞顶到斜槽边缘的高度，这个高度称为柱塞的有效行程。如果转动柱塞使这一高度增加，如图 5-2-3(d) 所示，则供油量就会增加。反之，则柱塞有效行程减小，供油量也减小，如图 5-2-3(e) 所示。如果使柱塞直槽正对着回油孔，由于柱塞上部空间总是与回油孔相通，此时柱塞有效行程为零，这是停油位置，如图 5-2-3(f) 所示。

由于直槽的存在，使柱塞一侧受到高压油的作用，引起柱塞单面磨损，密封性下降。因此出现了以中心孔代替直槽并有两条对称斜槽的柱塞，如图 5-2-3(g) 所示。

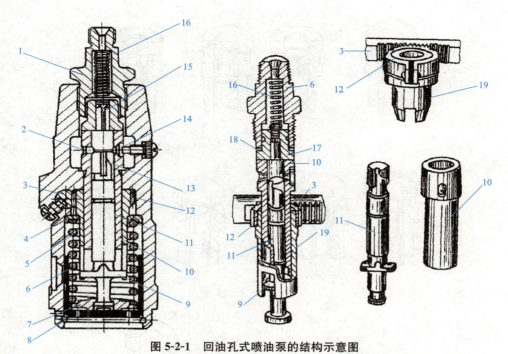

**图 5-2-1 回油孔式喷油泵的结构示意图**

1—排油阀接头；2—进油孔；3—调节齿杆；4—弹簧上座；5—柱塞弹簧；6—弹簧夹；7—弹簧下座；
8—挡圈；9—柱塞定位舌；10—套筒；11—柱塞；12—调节齿圈；13—螺旋槽；14—回油孔；
15—排油阀；16—排油阀弹簧；17—排油阀座；18—垫；19—传动套

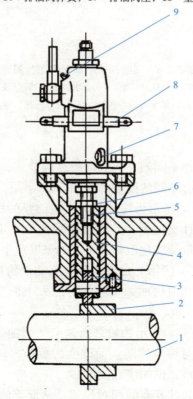

**图 5-2-2 单体喷油泵传动机构**

1—轴；2—凸轮；3—滚轮；4—顶头；5—顶头螺钉；6—锁紧螺母；7—正时检查孔；8—齿条；9—放气螺钉

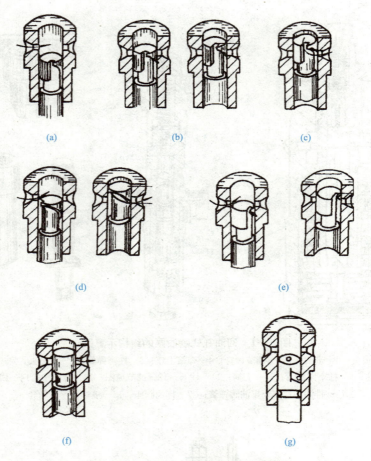

**图 5-2-3　回油孔式喷油泵的工作原理**
(a)进油；(b)进行供油；(c)供油结束；(d)增大供油量(转动柱塞，加大有效行程)；
(e)减小供油量(转动柱塞，减少有效行程)；(f)零供油柱塞位置；(g)带中心孔的柱塞

### 3. 供油量调节

喷油泵的供油量调节有三种不同的方式，即终点调节式、始点调节式及始终点调节式。回油孔式喷油泵柱塞头部因此有不同的线型，如图 5-2-4 所示。

(1)终点调节式。图 5-2-4(a)所示为终点调节式喷油泵的柱塞头部结构，平顶且斜槽向下。这种结构无论将柱塞转到什么位置，几何供油始点始终不变，但几何供油终点随负荷的大小而变动。这种柱塞用在负荷变化但转速不变的柴油机上，如柴油机发电机。

(2)始点调节式。图 5-2-4(b)所示为始点调节式喷油泵的柱塞头部结构，平底且斜槽向上。结构几何供油终点不变，几何供油始点随负荷的大小而变化。负荷大时，供油始点提前；负荷小时，供油始点滞后。

(3)始终点调节式。图 5-2-4(c)所示为始终点调节式喷油泵的柱塞头部结构，有向上及向下的两条斜槽。其供油始点与终点均随负荷改变。负荷大时，供油始点提前，供油终点滞后；负荷小时，供油始点滞后，供油终点提前。

油量控制机构是改变柱塞和柱塞套的相对位置，从而能够改变供油量的装置。图 5-2-5(a)所示是齿圈-齿杆式油量控制机构。图 5-2-5(b)所示是拨叉式油量控制机构。

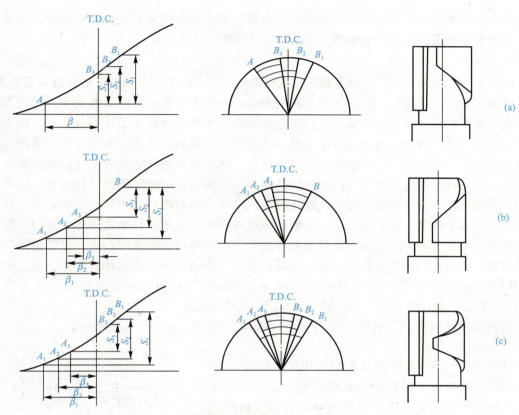

**图 5-2-4　回油孔式油泵的三种柱塞形式**
(a)终点调节式；(b)始点调节式；(c)始终点调节式

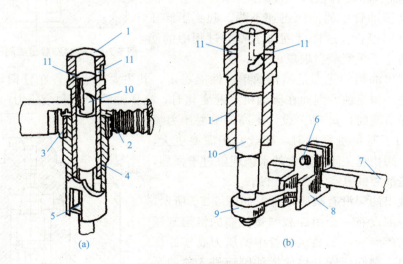

**图 5-2-5　油量控制机构**
(a)齿圈-齿杆式；(b)拨叉式
1—套筒；2—齿杆(齿条)；3—齿圈；4—传动套；5—柱塞定位舌；
6—锁紧螺钉；7—拉杆；8—拨叉；9—柱塞转臂；10—柱塞；11—油孔

在多缸柴油机中，各喷油泵的油量调节齿条均连接在一根共同的油量调节杆上，通过操纵台上的加油手柄控制供油量,这是油量总调。如果要单独调节某缸的供油量,一般只要旋转装在各油泵齿条与总油量调节杆之间的调节螺钉即可。

### 4. 出油阀

出油阀主要起到蓄压、止回及减压三方面的作用。在出油阀上面圆柱形头部装有弹簧,为使弹簧工作时不致倾斜,弹力作用于阀的中心。阀落座后两密封锥面能紧密封闭而不漏油。在柱塞不供油时能将高压油管与柱塞上腔隔断,在吸油行程中起止回阀作用。阀下部十字形断面为导向部分。油槽为排油通道。中间圆柱形为减压环带。当柱塞压油使油压超过出油阀的闭合压力时,出油阀开始上升,但还不能立即出油。油阀的上升压缩了高压油管内的剩余燃油,使高压油管内的油压随之提高。在减压环带全部离开导向孔时,柱塞上腔的压力油就进入高压油管。显然,高压油管内油压升高到喷油压力的过程很急速。在供油完成后,由于柱塞上腔泄油释压,出油阀将迅速落下。当减压环带进入导向孔时,高压油管就与柱塞上腔隔绝。出油阀在弹簧力和剩余油压的作用下落座时,高压油管中的容积突然增加一个高 $h$ 的圆柱体容积,从而使管内的压力迅速下降,油嘴针阀落座迅速,喷油立即停止,避免不良的二次重复喷射与滴油现象的发生;同时保持高压油管内有大约 2 MPa 的剩余压力,以利于下次启射时油压能迅速建立起来。

出油阀按卸载方式,可分为等容卸载出油阀及等压卸载出油阀两种。

等容卸载出油阀有一圆柱形减压环带,如图 5-2-6 所示。在出油阀锥面落座前的 $h$ 距离时,已由减压环带将高压油管与油泵的工作空间分开。此后直到阀落座,出油阀又下落一距离 $h$。这样,在高压油管中就增加了一部分容积(卸载容积),这部分容积使油管中的燃油膨胀,高压油管中的油压迅速下降,起到了卸压作用,喷油立即停止。这样就缩短了喷射过程中的滴漏阶段,也防止了重复喷射现象。

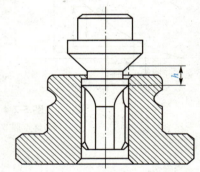

图 5-2-6 等容卸载出油阀(有减压环带)

等容卸载出油阀的优点是结构简单、性能稳定。其主要缺点是,在任何转速工况下,卸载容积都是一恒定值,因而在柴油机工况变化时,高压油管中的剩余压力($p_0$)也相应变化。高转速高负荷时,$p_0$ 高。设计更高的喷射压力喷射系统时,为了避免重复喷射,卸载容积需要更大,但卸载过多,阀快速关闭所产生的水锤现象过于强烈,就会造成高压油腔的真空,产生穴蚀。

等压卸载出油阀没有减压环带,如图 5-2-7 所示,而是在阀的内部设有一个由卸载弹簧控制的锥形卸压阀。当出油阀落座后,若高压油管中的压力高于卸压阀的开启压力,则卸压阀开启使燃油倒流进入喷油泵工作空间,直到与卸压阀的关闭压力相等时为止,因此,高压油管中的燃油压力始终保持一个适中的剩余压力,同时减小了油管中的压力波动。这样既能防止重复喷射,又能防止产生穴蚀。

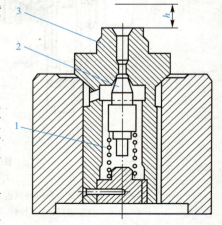

图 5-2-7 等压卸载出油阀(无减压环带)

1—卸载弹簧;2—卸载阀;3—出油阀

## 二、回油阀式喷油泵

回油阀式喷油泵的特点是柱塞上没有斜槽，这样在柱塞上也就不存在侧推力，提高了柱塞套筒偶件的使用寿命。其供油量的改变是由回油阀的启闭早晚来实现的，与回油孔式喷油泵相同，回油阀式喷油泵根据回油阀摆杆支点的不同，有始点调节、终点调节及始终点调节三种方式，如图 5-2-8 所示。

图 5-2-8(a)所示为始点调节回油阀式喷油泵示意图。燃油靠柱塞 1 下行的抽吸作用及进油压力推开进油阀 9 进入柱塞上部空间；当柱塞越过下止点开始上行时，顶上回油阀由于凸轮 2 通过偏心支承摇臂 3、推杆 5 及上摇臂 6 的作用尚未使其关闭，使燃油还会经该阀回流至低压腔内，直至柱塞上行到某一位置时，回油阀 7 才被关闭(由偏心支承确定)，开始泵油过程，直到柱塞到达上止点时为止。高压燃油经出油阀 8 供给喷油器。这种喷油泵是通过转动偏心轴 4 改变下摇臂的支承位置来控制回油阀关闭时刻，使供油始点和供油量同时改变，其特点是在供油开始时，柱塞往往已上行一段距离，具有较高的速度，因而喷射压力较高，燃油雾化质量较好。但在供油终点附近速度很低，使雾化不良。

图 5-2-8(b)所示是终点调节回油阀式喷油泵示意图。当柱塞 1 下行时，燃油经进油阀 9 被吸入。当柱塞一开始上行时，回油阀 7 在油压及弹簧的作用下关闭，并开始供油过程。供油过程的结束由回油阀打开的时刻来决定，而回油阀打开的时刻由偏心支承摇臂 3 经推杆来控制。转动偏心轴改变摇臂的支承位置，从而也就改变了推杆 5 与回油阀的间隙大小，即决定了推杆顶开回油阀的时刻，使供油终点和供油量同时改变。

图 5-2-8(c)所示是始终点调节回油阀式喷油泵示意图。可以使供油与停油时刻均随供油量而改变，或者只改变其中之一。这种喷油泵的调节结构比较复杂，但随着柴油机功率及增压度的提高，采用这种调节可以改善喷油特性，使之更符合燃烧的要求。如苏尔寿(Sulzer)RL56 型柴油机的喷油泵就是这种类型。

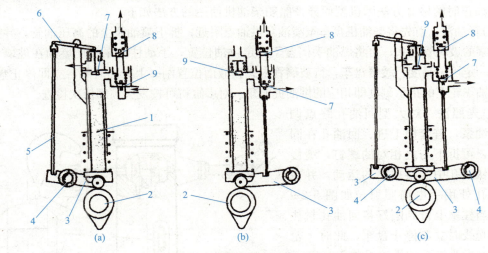

图 5-2-8 回油阀式喷油泵工作原理简图
(a)始点调节；(b)终点调节；(c)始终点调节
1—柱塞；2—凸轮；3—偏心支承摇臂；4—偏心轴；5—推杆；6—上摇臂；7—回油阀；8—出油阀；9—进油阀

回油阀式喷油泵比回油孔式喷油泵增加了进油阀、回油阀及其传动机构，结构比较复杂，但它的柱塞没有油槽，可做成圆柱形，这样就具有较长的密封段，能保证较高的喷射压力，而且磨损均匀，增加了喷油泵的使用寿命。回油阀式喷油泵主要用在大型低速柴油机上。

### 三、喷油泵检查

喷油泵检查主要包括密封性、供油正时及供油量三个方面。

#### 1. 密封性检查

密封性检查主要检查柱塞偶件、排油阀偶件及进、回油阀偶件的密封性。如其中之一的密封不良，就会影响喷油泵的高压供油性能及供油量。通常，密封性检查可按以下顺序进行：

（1）综合检查。在喷油泵高压油管接头处装压力表，手动泵油至达到说明书规定的泵油压力时停止泵油，按住泵油手柄不动，观察压力表指针。压力表读数若能在说明书规定的时间（一般不少于30 s）内保持不降，则认为密封性良好。若发现压力下降很快或不符合说明书的要求，则说明有密封不良处，应根据喷油泵的构造，进行相应处理。

（2）排油阀密封性检查。操作过程基本同上，区别在于停止泵油时应放松泵油手柄，柱塞自然下行，这时若压力表读数基本保持不变，则认为排油阀密封性良好。否则，排油阀应予换新或取出排油阀。

（3）进、回油阀密封性检查。取出排油阀后重复第（1）项检查。若压力下降很快，则说明进、回油阀或柱塞偶件漏油。鉴别方法是在研磨进、回油阀并取得满意效果后再重复此项检查，若密封性明显改善，则说明原进、回油阀密封性不良；若密封性仍无改善，则说明柱塞偶件密封性不良，应予换新。

通常，偶件密封不良可用研磨法修复；排油阀座和柱塞套筒之间的配合面如密封不良可分别在水平的玻璃板或平台上研磨以恢复密封性。此外，套筒与泵体之间的密封性可通过泵体下部是否有漏油来检查。

#### 2. 供油正时的检查

供油正时的检查方法因机型而异，船舶柴油机使用的方法如下：

（1）冒油法。首先将柴油机盘车至喷油泵供油点附近，拆下喷油泵上的高压油管，并接上用于观察的玻璃管接头；再将燃油手柄置于标定供油位置，手动柱塞泵油使燃油在玻璃管中上升到一定可见高度。缓慢盘车，待玻璃管内燃油液面位置刚一上升的时刻，立即停止盘车，此时曲轴飞轮上的指示刻度即相应的供油提前角。对多缸机可按发火顺序依次检查。

（2）光照法。对大型回油孔终点调节式喷油泵，若套筒上进、回油孔在同一高度，可拆下与之相对的螺钉，缓慢盘车，从油孔中观察柱塞的运动，并在对侧螺孔处用手电筒照射，如图5-2-9所示。当柱塞上行到刚好将回油孔封住而遮断光线时立刻停止盘车，此时飞轮上的刻度即为该泵的供油提前角。

（3）标记法。有些柴油机在喷油泵泵体上和柱塞导程筒外表面分别有刻线，盘车时，两刻线正对平齐的瞬间，飞轮上的刻度即该泵的供油提前角。

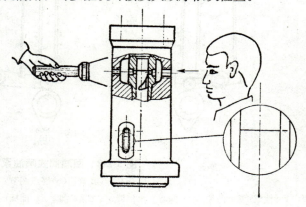

图 5-2-9 供油正时检查（光照法）

### 3. 喷油泵供油正时的调节

根据喷油泵的工作原理和传动机构的结构，改变供油正时的方法一般有以下三种。

(1)转动凸轮法。各种类型的柴油机，安装凸轮的凸轮轴与曲轴按1∶1或1∶2速度比传动的，无论齿轮传动还是链传动，只要改变凸轮轴的相位，就改变了燃油凸轮的相位，喷油泵的供油正时均发生变化。整体式凸轮轴(小型机)调节整机的供油正时，可松脱油泵凸轮轴连接法兰盘，转好调节角度后再重新连接。此法的规律是，在凸轮轴相对曲轴超前时，供油提前；反之，则滞后。对于装配式凸轮轴(大、中型机)，调节单缸供油正时，可直接转动燃油凸轮的安装相位。

(2)升(降)柱塞法。此法多用于中、小型柴油机回油孔式喷油泵，是通过调整调节顶动柱塞的顶头螺钉的高度来实现的。在顶头上装有调节螺钉，通过螺钉的旋入(柱塞降低)或旋出(柱塞升高)改变顶头的高度，柱塞相对升高供油正时提前；反之，则滞后。调节后须紧固锁紧螺母。

(3)升(降)套筒法。此法多用于大、中型柴油机回油孔式喷油泵。套筒上升时，正时滞后；反之，则提前。套筒的升降有三种途径：

1)套筒上端设有一组调节垫片，减少垫片即提升套筒。

2)泵体下端设置多个调节垫片。增加垫片，套筒升高，柱塞前导程增加，供油提前角减小；反之，供油提前角增大。

3)套筒上设有螺旋套，用正时齿条拉动使套筒升降，此即为 MAN B&W MC/MCE 机型的 VIT 机构。

在上述三种供油正时的调节中，均未改变柱塞有效工作段，也即没有改变供油量。但(2)、(3)两种方法调节供油正时，由于前导程的变化，在改变供油时间的同时也改变了凸轮有效工作段，使喷油泵的供油规律受到影响，故通常仅用于对喷油提前角的微量调节。

### 4. 供油量的检查与调整

在多缸柴油机中，当油量手柄置于标定供油位置时，应使各缸的供油量均等，以保证各缸负荷均匀。按我国有关的规定，在全负荷时各缸供油量的不均匀性应小于3%。当柴油机长期运转后或柴油机的喷油系统拆检后，各缸供油均匀性将发生变化，需进行调整，通常供油量的检查与调整包括停油位和各缸供油量均匀性检查与调整。

(1)停油位的检查与调整。停油位的检查与调整是确保当油量手柄置于停车位置时，各缸喷油泵的供油量为零，以保证可靠迅速停车。

回油孔式喷油泵的油量调节齿条上有刻度，表示供油量多少。当齿条在小于刻度"2"时，就应保持供油量为零。如齿条刻度不符合要求，可通过齿条与油量调节杆连接处的调节螺钉调节。

由于柱塞上行的全行程中进、回油阀不同时关闭即可实现零位；为此，要对喷油泵进行零位检查，应先测定进、回油阀的关闭和开启时刻，再检查或调整其零位。如零位不正确，则通过进、回油阀杆下的调节螺钉进行调节。

(2)各缸供油量均匀性的检查与调整。供油量均匀性检查是指当燃油手柄置于标定供油量的位置，测量并保证各泵柱塞的有效行程相等并符合说明书的规定。对于单体泵，燃油手柄置于标定油门位置时，可通过量杯法(测量每个泵相同转数的供油量)、单缸断油降速法(每缸断油后的柴油机速度降相等)和测量运行参数法(各缸最大爆发压力和各缸排气温度的一致性)等方法间接检查供油不均匀性。而组合式喷油泵则在专用试验台上对各缸供油量进行直接测定，以检查供油量均匀性。

如单体泵的供油不均匀，可通过调节供油齿条和供油拉杆的连接位置进行调整。而组合式喷油泵则需通过调节传动套和其上的调节齿套的相对位置来进行调整。

## 任务实施

### 一、喷油泵的拆卸

喷油泵拆卸时应小心操作，不得碰坏精密件，更不能互换，特别是柱塞、套筒偶件，应成对地放置在清洁的煤油或轻柴油中。需要在虎钳上拆卸时，夹紧部位不得在配合面或安装面上，必要时需用紫铜皮衬垫。拆卸前应注意喷油泵各部分原来的技术状态，以及与其他零件的连接方法，并检查其运动状态，观察是否灵活，检查有无缺件或损坏件。注意主要零件的安装记号或制作记号，以便于安装。具体拆卸步骤如下：

(1)从柴油机上将油泵总成卸下，清洗油泵的外表。

(2)用台虎钳夹住油泵下部，用工具将出油阀紧座拆除，取出限程支柱及出油阀弹簧。

(3)用专用工具将出油阀偶件从泵体中拆除，将取出的出油阀偶件放入清洁的油盘中，以便清洗与检查。

(4)将油泵倒转过来，用台虎钳夹住油泵上部，一个人用专用工具将导向套筒向下压紧，另一个人用螺钉旋具将弹簧锁圈拆除。

(5)从泵体中取出导向套筒，然后慢慢地连同下弹簧盘及柱塞一同取出，将取出的下弹簧盘及柱塞一同放入清洁的油盘中。

(6)有序地将柱塞弹簧、上弹簧盘、齿轮控制套筒从泵体中取出，放入清洁的油盘中，以便清洗与检查。

(7)从台虎钳上取下油泵，将其平放在工作台上，用工具从泵体上拆除螺钉(限位齿杆的)，将齿杆从泵体中取出。

(8)用螺钉旋具将定位钉从泵体中拆除，用手指或木棒由泵体下部顶住柱塞套筒端面，往里用力将柱塞套筒顶出。取出柱塞套筒后，将已取出的柱塞与柱塞套筒按原方向插入。将其偶件放入清洁的油盘中，以便清洗与检查。

### 二、喷油泵的安装

(1)柱塞套筒装配。

1)检查泵体与柱塞套金属密封平面及套筒上密封平面，确认清洁无异物。

2)从泵体上孔小心地装入柱塞泵，使其进油孔、定位盲孔(定位槽)分别与泵体上的进油孔及定位孔对正。

3)拧入定位螺钉至死位，然后退回半圈对套筒做轴向定位(轴向必须是可以移动的，小型油泵一般是直接将定位螺钉拧紧后，柱塞套筒还可轴向移动，不必退回半圈)。

(2)出油阀偶件装配。

1)确认出油阀与阀体的配合面及阀体下密封面是清洁的。将出油阀沾以过滤后的轻柴油，插入阀体内进行抽拉滑动试验，确认其运动自如无卡滞现象。

2)从泵体上孔小心地装入出油阀偶件及密封垫片，依次装入出油阀弹簧、限程支柱(小型泵无限程支柱)。

(3)装配出油阀接头。将喷油阀夹持在钳台上，在螺纹接头的螺纹处涂以少许清洁机油拧入泵体内接口螺纹，然后按要求的力矩拧紧接头（一般为10～15 bar）。

(4)将套筒定位螺钉拧入死位，使套筒完全定位（小型泵无此要求）。

(5)齿条与齿圈的装配。

1)泵体倒置，将齿条沾以清洁机油插入泵体齿条孔，使齿条上的装配标记朝上。拧入定位螺钉至死位然后退回一个棱面，往复拉动齿条做滑动试验确认其滑动自如无卡滞现象后，用锁紧螺母将定位螺钉锁紧，再次检查其滑动性符合要求。

2)将齿圈装配标记对正齿条标记装入泵体孔使之达到正确的啮合，再次往复拉动。此步骤只有在更换了柱塞偶件或更换了下弹簧承盘的耐磨硬块后才做。组装方法如下：

①将柱塞尾部插入下弹簧承盘的开口槽圆孔中，在柱塞偶件工作面用布包扎，然后将偶件倒置于开度适宜并垫以紫铜钳口的台钳上。

②将耐磨硬块对正下弹簧承盘的圆孔，用紫铜棒轻击耐磨硬块使其到位。

(6)装配柱塞及导向套筒。

1)检查柱塞工作面确认清洁无异物后沾以过滤后的轻柴油小心地插入套筒，做往复拉动滑动试验确认灵活自如无卡滞现象后抽出。

2)装入弹簧上承盘及弹簧，插入柱塞使其进油斜边对正泵体进油孔，调整柱塞凸耳使其对正齿圈缺口槽，用杠杆工具试压柱塞确认柱塞凸耳能对正齿圈缺口槽并能灵活自如地下滑（小型泵用大拇指将导向套筒压下后，在专设的小孔中插入小钢钉，装入卡簧环后，再用大拇指用力按下导向套筒，拔出小钢钉）。

3)装配结束后，清洁泵体表面，用布将泵低压油进口及出口包好，避免落入异物。

### 三、喷油泵总成密封性检查

(1)拆去高压油管后装上压力表，用手撬动柱塞泵油，排除系统中的空气后旋紧压力表。

(2)继续撬动柱塞泵油，当油压达到说明书规定的压力时，使柱塞处于1/2以上有效行程位置不动，停止泵油，观察压力表，若压力在规定时间（不少于30 s）内保持不降，则可判断密封性良好。

(3)若发现喷油泵密封性不良，则应分别检查出油阀偶件的密封性，具体方法如下：

1)检查出油阀密封性，重复上述操作，当压力到规定值时，松掉撬动手柄，使柱塞下行，若压力表读数基本保持不变，说明出油阀密封性良好，否则密封性不良。

2)检查柱塞偶件密封性。

①取出出油阀阀芯，装回出油口接头，装上压力表并排除空气后旋紧压力表（注意油箱的重力作用）；

②撬动柱塞泵油，当压力达到一定值时，使柱塞处于1/2以上有效行程保持不动，观察压力表的数值变化，若压力下降较快，说明密封不良。

## 学生活动页

| 学习领域 | 船舶柴油机使用与维护 | 任务名称 | 喷油泵的拆装与检验 |
|---|---|---|---|
| 学生姓名 | | 班级学号 | |
| 组别 | | 任务成绩 | |
| 任务描述 | 柴油机使用过程中要定期检查喷油泵，通过学习本任务，学生应能够按照流程正确拆装喷油泵，并对喷油泵进行检验 | | 管接头、出油阀、出油阀座、泵体、柱塞套、柱塞、上承盘、弹簧、滚轮体、滚轮、凸轮轴、弹簧、齿圈、齿条、转动套、下承盘、调整螺钉 |
| 知识目标 | | | 1. 熟悉喷油泵的类型；<br>2. 掌握回油孔式喷油泵的结构和工作原理；<br>3. 熟悉回油阀式喷油泵的工作原理 |
| 能力目标 | | | 1. 具有正确拆装喷油泵的能力；<br>2. 具有检验与调整喷油泵的能力 |
| 素质目标 | | | 1. 能够具备初步的管理能力和信息处理能力，主动获取信息，展示学习成果，对工作过程进行总结和反思。<br>2. 能够具备沟通能力、质量意识和安全意识，有效利用团队合作解决实际问题 |
| 学习重点 | 回油孔式喷油泵的结构与工作原理 | 学习难点 | 回油孔式喷油泵的工作原理 |
| 过程记录 | | | 请根据任务要求，确定所需要的知识、设备、工具，并对小组成员进行合理分工，制定完成喷油泵拆装与检验任务的方案。<br>1: 小组人员分工<br><br>| 姓名 | 分工 | 姓名 | 分工 | 姓名 | 分工 |<br>\|---\|---\|---\|---\|---\|---\|<br>\| \| \| \| \| \| \|<br>\| \| \| \| \| \| \|<br>\| \| \| \| \| \| \|<br><br>2. 所需要的工具 |

续表

| | 3. 查阅说明书，填写如下内容 | | |
|---|---|---|---|
| | 序号 | 项目 | |
| | 1 | 形式 | |
| | 2 | 柱塞直径(mm)×行程(mm) | |
| | 3 | 燃油滤器类型 | |
| | 4 | 喷油提前角 | |

过程记录

4. 喷油泵的拆卸

5. 喷油泵的安装

6. 喷油泵的检验

| 序号 | 检验项目 | 检验方法 |
|---|---|---|
| 1 | | |
| 2 | | |
| 3 | | |

任务考核

★选择题

1. 船舶柴油机广泛使用的柱塞泵式喷射系统中的主要组成是（   ）。
   A. 喷油泵　　　　B. 蓄压器　　　　C. 喷油器　　　　D. A+C
2. 船用柴油机的喷射系统大多采用（   ）。
   A. 直接喷射系统　B. 间接喷射系统　C. 蓄压式喷射系统　D. 电子喷射系统
3. 目前认为有广泛的应用前景的喷射系统是（   ）。
   A. 直接喷射系统　B. 间接喷射系统　C. 蓄压式喷射系统　D. 电子喷射系统
4. 检查柴油机喷油泵的喷油正时的方法中不正确的是（   ）。
   A. 冒油法　　　　B. 标记法　　　　C. 光照法　　　　D. 拉线法
5. 一个良好的喷射系统必须能够保证具有良好的（   ）。
   A. 喷油正时　　　B. 循环喷油量　　C. 喷射质量　　　D. A+B+C
6. 在对喷油泵供油量检查时，对喷油泵停油位置的检查目的是（   ）。
   A. 保证可靠停车　　　　　　　　　B. 防止柴油机运转中熄火
   C. 控制最低稳定转速　　　　　　　D. 检查各缸供油均匀性

| | ★简答题 | |
|---|---|---|
| 任务考核 | 1. 简述回油孔式喷油泵的工作原理。<br><br><br><br>2. 喷油泵的检验项目包含哪些? | |
| 任务评价 | 自我评价 | 1. 通过本任务学习，我学到的知识点和技能点：_____。<br>存在问题：_____。<br>2. 在本次工作和学习的过程中，我的表现可得到：<br>□优　□良　□中　□及格　□不及格 |
| | 小组互评 | |
| | 教师评价 | |

## 知识拓展

**一、喷油泵的主要故障**

喷油泵的主要零件是柱塞套筒、排油阀及阀座两对精密偶件，因此，喷油泵的主要故障大多发生在这两对零件上。

1. 穴蚀

在燃油喷射系统中，当某处的燃油压力下降到低于或等于该温度下的燃油汽化压力时，该处燃油就会开始汽化产生气泡，随后气泡在正压力波的作用下破裂，并激发出很强的冲击力，作用在金属壁面上。这样反复地侵蚀，就会引起金属表面不断剥落，形成穴蚀，使喷射系统零件损坏。喷射系统中最易发生穴蚀的部位有排油阀与阀座的密封处、柱塞斜槽与回油孔相对的泵体上、高压油管内壁及喷油器针阀密封处。高压系统中的穴蚀可通过选择出油阀的卸载容积来解决，低压系统中的穴蚀，可通过提高进油腔的燃油压力或在回油系统中设置缓冲器的方法来解决。

**2. 柱塞和套筒过度磨损、拉毛、卡阻和咬死**

柱塞和套筒过度磨损会使密封性下降，造成柱塞偶件漏油，喷射压力下降，雾化不良，各缸喷油量不均和燃烧恶化等问题。此外，若各缸喷油泵柱塞套筒磨损不均匀，将使各缸喷油量不均匀，引起柴油机低速运转不稳定。柱塞与套筒的过度磨损除与材料和制造质量有关外，还与燃油质量（如黏度、硫分和机械杂质等）有关。当硬质机械杂质进入柱塞与套筒的配合面时，容易使柱塞偶件拉毛。过度的磨损和拉毛最容易发生在柱塞的头部，特别是在柱塞斜槽上面的喷油部位以及套筒的进、回油孔附近。

柱塞卡阻和咬死会导致喷油泵不能正常工作。其原因大多是燃油净化不良，燃油中仍有杂质颗粒。在个别情况下，也可能是安装不正确或间隙过小所致，或工作温度过高、变化过快所致。

当发现上述故障时，应立即查明原因，酌情换新，或者加以研磨、研配后继续使用。

**3. 排油阀和阀座的磨损、阀杆卡紧和咬死**

排油阀和阀座的密封面磨损严重时，导致密封性下降，使高压油管中的残余压力下降或造成喷油量减小，影响雾化质量及燃烧过程。造成阀和阀座磨损的原因，主要是燃油中含有杂质、酸性腐蚀，阀与阀座的撞击或阀面扭曲变形等。

阀杆卡阻和咬死可能是由于润滑不良、受热不均，也可能是阀杆及导套变形引起的。这时将会因阀不能正常动作而发生相应的故障。例如，阀杆在阀开启位置卡死，则回油阀不能关闭，使喷油泵停止供油。

**二、可变喷油正时机构**

当代新型船用二冲程柴油机的喷油泵均配备了可变喷油正时机构（Variable Injection Timing Unit，VIT），保证在负荷改变时，随着喷油泵供油量改变自动调整其供油提前角以保证柴油机在部分负荷运转时仍有较高的爆发压力，改善部分负荷运转时的经济性，在高负荷时控制最高爆发压力，使之不超过标定爆压，因而 VIT 机构是当代新型船用柴油机采用的一种行之有效的节能措施（图 5-2-10）。

VIT 机构随着喷油泵的不同而有不同的类型，但其工作规律都是相同的，即该机构受柴油机调速器输出轴的控制，在调节喷油泵供油量的同时，自动地按最高爆发压力的要求调节其供油正时。目前，船用低速柴油机的 VIT 机构主要有以下三种。

**1. MAN B&W MC/MCE 柴油机使用的正时齿条机构**

该机构主要由位置传感器、位置服务器和正时齿条组成，如图 5-2-10 所示。该机型使用回油孔终点调节式喷油泵，其喷油泵调节机构有两根齿条，在油泵下部的齿条为油量调节齿条，在油量调节齿条上方的齿条为正时调节齿条，两根齿条均由调速器的调节轴控制。当调速器输出调节动作时，在拉动油量调节齿条调节供油量的同时，通过杆件改变位置传感器控制空气输出压力（该控制空气由气源单独供应），该输出控制空气使位置服务器（每缸一个）中的活塞动作，从而拉动正时调节齿条动作。正时齿条与油泵下部的齿套螺母外部啮合，齿套螺母内有梯形螺纹与喷油泵套筒下部的梯形螺纹啮合。所以，在正时齿条移动的同时，通过齿套螺母使喷油泵套筒上升或下降，从而改变了供油正时。这种机构的调节特性如图 5-2-10 所示。

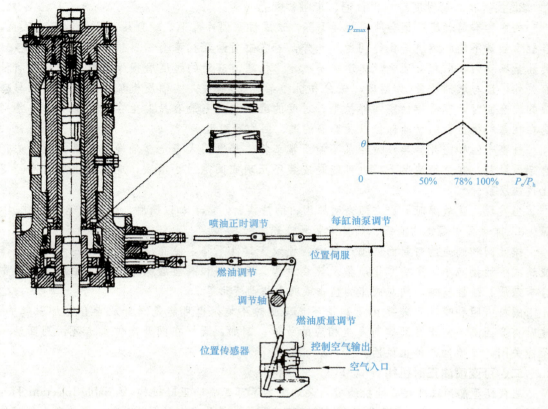

图 5-2-10 LMC 柴油机的 VIT 机构

(1) 在 $50\%P_b$ 负荷以下，该 VIT 机构失效，供油提前角 $\theta$ 基本不变。

(2) 当负荷为 $50\%P_b<P<78\%P_b$ 时，$\theta$ 逐渐增大，当 $P=78\%P_b$ 时，$P_z$ 最大，$\theta$ 也最大。

(3) 当负荷 $78\%P_b<P<100\%P_b$ 时，$P_z=P_{max}$，$\theta$ 逐渐减小。

**2. Sulzer RTA 型柴油机使用的 VIT 凸轮机构**

该机型使用始终点调节回油阀式喷油泵。其 VIT 机构主要由 VIT 凸轮和燃油质量调定杆组成，如图 5-2-11(a)所示。VIT 凸轮设在以喷油泵进油阀偏心轴单臂端为支点的十字摇臂的一端。十字摇臂的另外三个端点分别与调速器油量调节轴、喷油泵回油阀偏心轴、拉伸弹簧相接。VIT 凸轮设有曲线槽，凸轮的工作位置取决于调速器油量调节轴和固定在燃油质量调定杆折角摇臂上且控制凸轮曲线槽的导销的位置。柴油机负荷改变时，调速器油量调节轴带动十字摇臂转动，使喷油泵进、回油阀偏心轴同步转动，从而使供油始点、终点受到叠加控制。当由全负荷降低负荷时，在降低循环供油量的同时，通过 VIT 凸轮使进油阀提前关闭，即供油正时提前，且供油终点大幅度提前，保证循环供油量减少以适应负荷变化的需要。当降低至 85% 负荷时，供油提前角最大。此后负荷再降低，供油提前角相应减小。当柴油机使用劣质燃油时，手动燃油质量调定杆，通过折角摇臂上的导销改变 VIT 凸轮的工作位置，以达到改变供油正时的目的。

RTA 58 型柴油机采用 VIT 机构前后的性能对比见图 5-2-11(b)。随着负荷的增加，采用该机构的 RTA 型柴油机，其爆压 $P_z$ 上升得较快。当 $P_e=85\%P_b$ 时，$P_z$ 已达 100%

$P_{max}$,但此后 $P_z$ 不再增加。$P_z$ 上升较快的原因就在于随着 $P_e$ 增加而加大了喷油提前角。提高爆压又限制爆压是改善柴油机经济性和可靠性的重要措施。RTA型柴油机采用了该机构,明显地改善了部分负荷的经济性,尤其是在常用负荷的 $85\%P_b$ 下运行时,可获得最好的经济性。

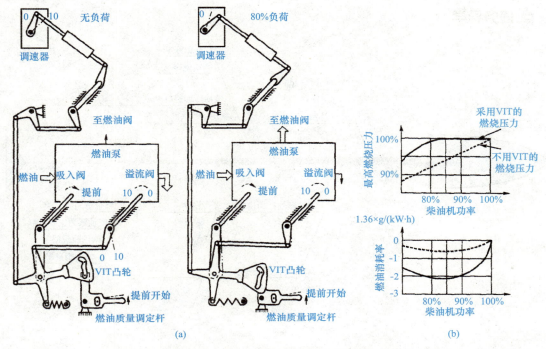

图 5-2-11  RTA 型柴油机的 VIT 机构及调节特性
(a)VIT 机构;(b)调节特性

3. 柱塞头部的特殊线形

在 L-MC 系列缸径最小的两种柴油机上(L35MC 和 L42MC),因结构所限,没有采用单独的 VIT 机构,而在柱塞头部上边缘使用特殊双斜槽,使得在转动柱塞调节供油量的同时改变供油正时,以满足 VIT 机构的需求,图 5-2-11 所示的 VIT 机构也为其他一些中、小型回油孔式喷油泵所采用。

# 任务三　喷油器的拆装与检验

## 📋 任务导学

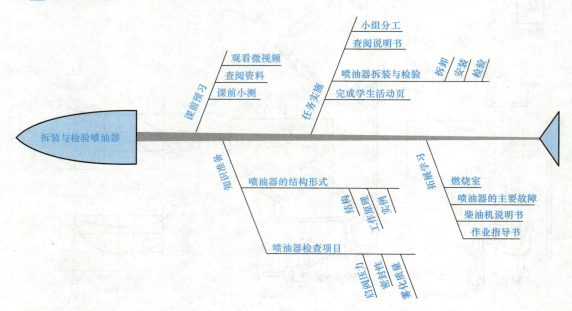

## 📚 知识准备

### 一、喷油器的结构形式

喷油器就是把供给它的高压燃油雾化成大小适当且均匀的油粒，并能使油粒以所要求的油束方向、射程和锥角（与燃烧方式和燃烧室形状相适应）均匀地充满燃烧室空间的部件。在喷射燃油的开始和结束要干脆利落，不应产生二次喷射等影响燃烧的现象。

喷油器按结构类型可分为开式和闭式两类。在电子控制式的蓄压式供油系统中的喷油器是电磁式，其针阀开闭由电磁线圈来控制。

开式喷油器结构简单，没有针阀控制喷油压力，一般在喷孔后装有止回阀以防止烟气进入喷油器。这种喷油器雾化质量差，喷油后期有滴油现象，引起燃烧不良排气冒烟。因此，它在船舶柴油机上很少被采用。

闭式喷油器克服了开式喷油器的缺点，依靠燃油本身的压力开启针阀后开始喷射，所以也称为液压启阀式喷油器，它被广泛应用在现代柴油机中。

**1. 闭式喷油器结构及工作原理**

以 6ESDZ30/55 型柴油机为例，闭式喷油器的结构如图 5-3-1 所示。针阀 6 由针阀弹簧 2 经顶杆 3 压紧在针阀体 5 的锥面阀座上，将高压油道腔与喷油嘴孔隔开。当喷油泵供给高压燃油时，高压燃油经油道进入腔 A 内。当燃油压力足够高时，作用在针阀锥形承压面的燃油压力克服弹簧力把针阀顶起，高压燃油便从喷孔以一定雾状喷出。针阀抬起的压力（启阀压力)可通过调节螺钉10改变弹簧的预紧力来调整。当燃油压力下降到一定数值后,弹簧使针阀落座而停止喷油。由针阀和针阀体配合面漏出的燃油从回油道经回油管流回。针阀上部台肩与本体下平面应有一定间隙,以控制针阀行程。为了使本体、针阀体的油道对准,在结合面上设有定位销。为了排除喷射系统中的空气,设有放气螺钉9。

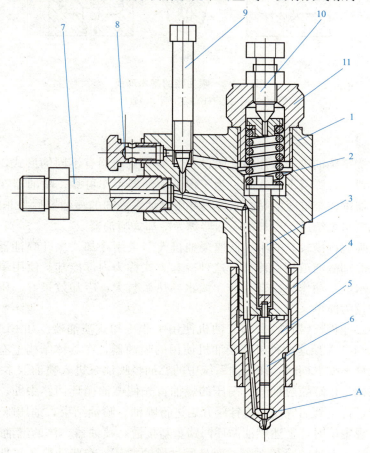

图 5-3-1　6ESDZ30/55 型柴油机喷油器
1—本体；2—针阀弹簧；3—顶杆；4—锁紧螺母；5—针阀体；6—针阀；
7—进油接头；8—回油接头；9—放气螺钉；10—调节螺钉；11—调压螺母；A—高压油腔

**2. 喷油嘴结构形式**

(1)单孔式喷油嘴[图 5-3-2(a)]。喷孔在喷油嘴中央,孔径最小为 0.2 mm,供油量大的孔径也增加。孔内座面与针阀的密封锥角为 50°～60°。燃油雾化锥角随孔的直径及长度而变化,通常为 5°～15°。这种喷油嘴由于孔径大,不易堵塞,喷出的油束穿透力强,雾化油粒较大,多用于采用分隔式燃烧室的小型柴油机。

(2)多孔式喷油嘴[图 5-3-2(b)]。喷孔数目 4～12 个,孔径 0.15～1.0 mm。雾化油粒匀细,分布较均匀,因孔径较小,喷孔容易堵塞,适用于直接喷射式燃烧室。

(3)轴针式喷油嘴[图 5-3-2(c)]。在针阀下端有一小轴针插入喷孔中,轴针有圆柱形和锥形两种,喷出的油束成空心柱状或空心锥状。这种喷油嘴不易产生积炭、堵塞等故障,适用于分隔式燃烧室。

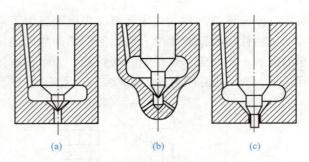

图 5-3-2　喷油嘴的基本形式
(a)单孔式；(b)多孔式；(c)轴针式

### 3. 喷油器实例

所有开式燃烧室柴油机均采用多孔喷油器。多孔喷油器有不同的形式，如冷却式、非冷却式、弹簧上置式、弹簧下置式等。为了保证喷油器工作可靠，喷油器在工作时需向外散热。依靠喷油器本体与缸盖的贴合来传热并由燃油来冷却的喷油器称为非冷却式喷油器，而另设有柴油或淡水系统进行冷却的喷油器称为冷却式喷油器。

目前，对于强化程度较高的中、低速柴油机大多采用冷却式多孔喷油器。该喷油器在针阀体内部布置冷却液通道用以冷却，这种冷却方式称为内部冷却。使用单独设立的冷却系统，以采用淡水或柴油作为冷却介质。淡水导热系数大，冷却效果好。用燃油冷却无须专门密封，系统较为简单。

当前，船舶二冲程长(超长)行程柴油机使用了非冷却式喷油器。如 MAN B&W MC/MCE 型和 Sulzer RTA 型这两种机型柴油机使用的喷油器，在具体结构上有所不同，但共同的特点是：该缸不喷射期间，使燃油系统中的燃油经喷油泵进入喷油器本体内循环冷却，最后排至日用油柜。该缸喷射期间，高压的燃油首先使燃油循环回路中断，然后高压燃油进入针阀的油腔，待达到启阀压力时针阀开启进行喷油。喷油结束，油压降低，针阀落座。当油压降低至某规定值时，上述燃油循环回路重新接通，喷油器本体的燃油循环重新恢复。这种结构不但省略了单独的冷却系统，而且通过燃油循环，在柴油机备车期间可对喷油器进行预热，在运转期间对喷油器冷却并兼有驱气作用。

图 5-3-3 所示是 MAN B&W MC 型柴油机使用的一种非冷却多孔式喷油器。喷油器由喷油器头 10 和喷油器本体 2 组成。止回阀 6 由止推座 $a$、阀体 $b$、滑阀弹簧 $c$ 和滑阀 $d$ 组成。止回阀和主弹簧 4 及针阀偶件 3 装在喷油器本体内。各部件用锁紧螺母 8 紧固在一起，燃油由喷油器顶部进入。当燃油压力小于 2 MPa 时，止回阀关闭，即其滑阀封闭燃油下行通道，滑阀顶部将止推座的旁通孔开启，燃油经此旁通孔在喷油器体内循环后排出。当喷油期间油压大于 2 MPa 时，止回阀开启，旁通孔关闭，燃油向下进入针阀的油腔。在燃油压力达到启阀压力时，针阀开启燃油喷入气缸。喷油器的启阀压力由弹簧安装预紧力和有关零件尺寸预先确定，使用中不能进行调节。

近年来，在某些船舶大型柴油机中还采用了一种可控启阀压力式喷油器。这种喷油器的启阀压力可以随负荷或转速而自动调节。这种喷油器的针阀弹簧上方设有一个气动活塞，当速度降低时，通过气压控制信号使空气作用在气动活塞上，使气动活塞下移，提高启阀压力，保证了柴油机低速时的雾化质量，改善了柴油机的低速性能。

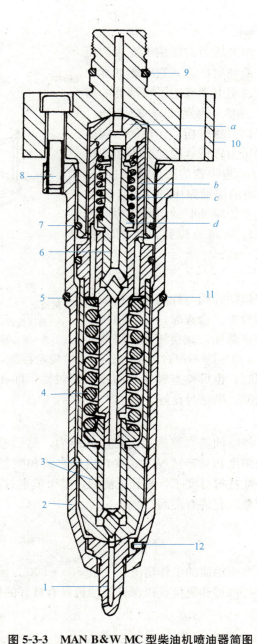

**图 5-3-3　MAN B&W MC 型柴油机喷油器简图**
1—喷油嘴；2—喷油器本体；3—针阀偶件；4—弹簧；5、7、9、11—密封圈；
6—止回阀；8—锁紧螺母；10—喷油器头；12—定位销；
$a$—止推座；$b$—阀体；$c$—滑阀弹簧；$d$—滑阀

## 二、喷油器检查项目

喷油器的检查与调整是在喷油器试验台上进行的，包括启阀压力、针阀偶件密封性和雾化质量三项。检查是在专用的试验台上，如图 5-3-4 所示，喷油器无论快喷（120 次/min）、慢喷（20 次/min），均应有良好的雾化质量，声音清脆，无滴油现象，方为合格。

**1. 启阀压力的检查与调整**

启阀压力是指针阀在燃油压力的作用下克服调压弹簧的预紧力而开启的最低喷射压力，它对燃油雾化质量有很大影响。柴油机说明书中规定了喷油器的启阀压力，对不同的机型，其值一般为 20～35 MPa。喷油器长期使用后，会因调节螺钉松动、针阀和阀座磨损、弹簧损坏等使启阀压力降低，因此必须经常检查。检查时，将喷油器与试验装置的高压油管接好，如图 5-3-4 所示。先排除喷油器油路中的空气，然后手动泵油，并观察压力表开始喷油时的启阀压力。若此值与规定值不符，则拧动调节螺钉，直到合格为止。

**2. 密封性的检查**

喷油器的密封性检查包括针阀与针阀体的柱面及针阀与阀座两处密封性的检查。检查时，泵油油压控制在略低于启阀压力时停止泵油，观察该油压降落的快慢。如某机型要求在 5 s 内压降不超过 5 MPa。若超过规定标准，则说明针阀与针阀体柱面间隙大，密封不良。同时，也可检查针阀与阀座处密封性，即在停止泵油时，若喷孔处只有轻微潮湿而无燃油滴漏，则密封良好。

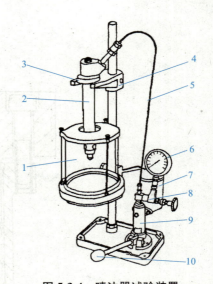

**图 5-3-4 喷油器试验装置**
1—玻璃罩；2—喷油器；3—支撑环；4—支架；
5—高压油管；6—压力表；7—盛油容器；
8—截止阀；9—手摇泵；10—杠杆

**3. 雾化质量检查**

在喷油器试验台上，将喷油器调整到规定的启阀压力，然后进行手动泵油，仔细观察喷柱的形状、数目、油滴细度和分布情况，观察在启阀之前和喷射之后喷孔处有无燃油滴漏。良好的雾化质量应是喷柱符合要求，喷孔无滴漏，整个喷射过程伴有清脆的"吱吱"声，连续几次喷油后无滴油现象，允许有湿润。

## 🧰 任务实施

轮机人员平时注意观察喷油器的工作情况，一般 500～600 h 就要对喷油器进行拆检和调整，对有损伤的零件进行修理和更换，以保证柴油机具有良好的性能。

### 一、喷油器的拆卸

（1）附件拆卸。拆去高压油管及回油管，将拆开的接头用布包好以防碰伤及落入异物。如果有冷却装置，还应将冷却水（油）管隔断。

（2）拆下喷油器。对角均匀地拧下喷油器紧固螺母，用顶螺钉（或专用工具）将喷油器从缸盖上顶下（或拉出）。

（3）将缸盖上的喷油器孔用木塞堵住以免落入异物。

（4）将喷油器体表面擦拭干净（但不要擦喷孔），装到喷油器试验台上做雾化试验、喷油压力试验及喷孔磨损状况检验等并做出记录，为以后的修理及修后验收提供依据。

## 二、喷油器的装配

(1)将零件彻底清洗后用压缩空气吹净。准备两盆过滤后的轻柴油供零件清洗、润滑用。

(2)针阀偶件组装。检查确认偶件是清洁的。将针阀蘸上过滤后的轻柴油插入阀体做周向及轴向滑动试验,应灵活自如,然后装配在一起。

(3)将喷油器体倒置夹紧在垫有铜钳口的台钳中,检查确认各零件的金属配合面是否清洁。然后按下述程序装配:

1)将限程盘装于阀体密封平面上(扩孔面朝上),装针阀偶件,装上喷嘴。

2)按说明书要求的力矩拧入喷嘴护帽将各装配件固紧,然后将压环螺母紧靠O形橡胶圈稍夹紧在垫有铜钳口的台钳中。

3)从喷油器体中孔插入顶杆(盲孔端朝下)。

4)装上弹簧承盘,令承盘圆柱体定位端朝上平面朝下并使顶杆球头插入承盘中间的盲孔中,然后装入弹簧。

5)在喷油器上端中孔拧入调节螺钉,使弹簧稍有压缩,并拧入锁紧螺母。

6)检查确认缝隙式滤器工作面清洁无异物,然后将滤芯蘸上过滤后的轻柴油插入滤器体中,然后共同拧紧于喷油器体的低压进油孔。

7)拧上进、回油管并用布将进、回油孔包好,避免落入异物。

## 三、喷油器的检验和调整

(1)将安装好的喷油器装在专用的喷油器试验台上,用手压动喷油器试验台的油泵手柄,直到燃油从油嘴中喷出,此时不要急于调整调节螺钉,重复几次喷油过程。

(2)用缓慢的速度压动喷油器试验台的油泵手柄,观察试验台上的压力表指针是否指示规定喷油启发压力的数值。若太低,则顺时针旋紧调节螺钉;若太高,则逆时针旋松调节螺钉,直到压力表指针指示在规定的喷油启阀压力的数值为止。最后拧紧紧固螺母。

(3)快速压动喷油器试验台的油泵手柄进行泵油,同时细心观察从油嘴喷出的油柱形状、数目,喷雾的细度和均匀度,雾距的长度和扩散锥角,始喷和停喷的敏捷程度以及停喷后喷孔周围的湿润程度等。良好的雾化质量应是雾化分布均匀,没有局部密集;喷油迅速利落且发出清脆的喷油声;连续喷油后无滴油现象。

(4)缓慢压动试验台的油泵手柄进行泵油,使油压升至稍低于喷油压力处,观察其油压降落速度,反复进行几次。如降落速度过,快则说明针阀与针阀体之间的间隙偏大,密封不良,产生漏油。

## 四、拆装注意事项

(1)针阀与阀体为精密偶件,不可互换,拆卸后应成对放置。

(2)拆卸时应注意各金属密封平面,不得碰撞。

(3)零部件摆放应有序不乱,以防失落。

(4)装配时必须保持针阀偶件和其他零件的清洁。

(5)装配时不得用布擦拭,也不准戴手套。

(6)装调节螺钉时,不可一次拧入太多,以防损伤零件。

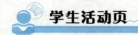

| 学习领域 | 船舶柴油机使用与维护 | 任务名称 | 喷油器的拆装与检验 |
|---|---|---|---|
| 学生姓名 | | 班级学号 | |
| 组别 | | 任务成绩 | |
| 任务描述 | 柴油机使用过程中要定期检查喷油器,本任务学习后学生应能够按流程正确拆卸喷油器,并对喷油器进行检验 | | |
| 知识目标 | 1. 熟悉喷油器的类型;<br>2. 掌握喷油器的结构和工作原理 | | |
| 能力目标 | 1. 具有正确拆装喷油器的能力;<br>2. 具有检验与调整喷油器的能力 | | |
| 素质目标 | 1. 能够具备初步的管理能力和信息处理能力,主动获取信息,展示学习成果,对工作过程进行总结和反思;<br>2. 能够具备沟通能力、质量意识和安全意识,有效利用团队合作解决实际问题 | | |
| 学习重点 | 喷油器的检验 | 学习难点 | 喷油器的检验 |
| 过程记录 | 请根据任务要求,确定所需要的知识、设备、工具,并对小组成员进行合理分工,制定完成喷油器拆装与检验的方案。<br>1. 小组人员分工<br><br>| 姓名 | 分工 | 姓名 | 分工 | 姓名 | 分工 |<br>|---|---|---|---|---|---|<br>| | | | | | |<br>| | | | | | |<br>| | | | | | |<br><br>2. 所需要的工具<br><br><br><br>3. 查阅说明书,填写以下内容<br><br>| 序号 | 项目 | |<br>|---|---|---|<br>| 1 | 形式 | |<br>| 2 | 孔数×孔径(mm)×夹角(°) | |<br>| 3 | 启阀压力 | | | | |

| 过程记录 | 4. 喷油器的拆卸<br><br>5. 喷油器的安装<br><br>6. 喷油器的检验<br><br>| 序号 | 检验项目 | 检验方法 |<br>|---|---|---|<br>| 1 |  |  |<br>| 2 |  |  |<br>| 3 |  |  | |
|---|---|
| 任务考核 | ★ 选择题<br><br>1. 对喷油器的检查与调整工作一般包括（　　）。<br>　　Ⅰ. 喷油均匀性　　Ⅱ. 启阀压力　　Ⅲ. 雾化质量　　Ⅳ. 喷油正时<br>　　Ⅴ. 密封性　　Ⅵ. 关阀压力<br>　　A. Ⅱ+Ⅲ+Ⅴ　　B. Ⅰ+Ⅲ+Ⅳ　　C. Ⅰ+Ⅳ+Ⅵ　　D. Ⅱ+Ⅳ+Ⅵ<br>2. 当对喷油器进行启阀压力检查与调整时，下列各项中操作错误的是（　　）。<br>　　A. 应该在专用的喷油器雾化试验台上进行<br>　　B. 检查前需先检查试验台的密封性<br>　　C. 接上待检喷油器后应先排除空气<br>　　D. 迅速泵油观察开始喷油时的压力<br>3. 目前认为有广泛的应用前景的喷射系统是（　　）。<br>　　A. 直接喷射系统　　B. 间接喷射系统　　C. 蓄压式喷射系统　　D. 电子喷射系统<br>4. 当柴油机燃用劣质燃油时，喷油器的冷却介质多使用（　　）。<br>　　A. 柴油　　B. 润滑油　　C. 轻柴油　　D. 淡水<br>5. 船用大型柴油机的喷油器多采用冷却式，其冷却介质多使用（　　）。<br>　　A. 柴油　　B. 淡水　　C. 润滑油　　D. A 或 B<br>6. 在闭式喷油器中，所谓启阀压力，是指（　　）。<br>　　A. 喷油器的预紧力　　B. 喷油泵抬起针阀时的喷油压力<br>　　C. 喷油泵的排油压力　　D. 抬起针阀的最低燃油压力<br><br>★ 简答题<br><br>1. 简述喷油器的工作原理。<br><br>2. 喷油泵的检验项目包含哪些？ |

续表

| 任务评价 | 自我评价 | 1. 通过本任务学习，我学到的知识点和技能点：_____。<br>存在问题：_____。<br>2. 在本次工作和学习的过程中，我的表现可得到：<br>□优　□良　□中　□及格　□不及格 |
|---|---|---|
| | 小组互评 | |
| | 教师评价 | |

## 一、燃烧室

燃烧室是可燃混合气形成和燃烧的主要场所。燃烧室的结构形式决定了对燃油喷射的要求和空气涡动的形式与强弱。所以，燃烧室的形式直接影响柴油机的工作性能。

目前柴油机燃烧室可分为两大类：直接喷射式与分开式。直接喷射式又包括开式与半开式两种，而分开式分为涡流室式和预燃室式两种。

### 1. 开式燃烧室

开式燃烧室是由气缸盖底面、活塞顶面及气缸壁所围成的统一空间，如图 5-3-5 所示。图 5-3-5(a)所示的燃烧室设在气缸盖底部，活塞顶面为平顶，适用于大型低速二冲程弯流扫气的柴油机；图 5-3-5(b)所示的燃烧室设在气缸盖底部和活塞顶部，适用于大型低速二冲程直流扫气的柴油机；图 5-3-5(c)、(d)所示的燃烧室设在活塞顶面，分别为浅盆形和浅 W 形，气缸盖为平底，广泛用于各种四冲程柴油机。

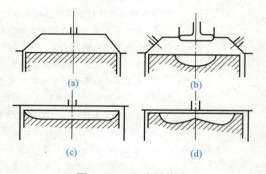

图 5-3-5　开式燃烧室

开式燃烧室中混合气形成的特点是主要依靠空间雾化混合，其对燃油品质和雾化质量较敏感；采用多孔（一般为 6～12 个）且孔径较小（一般为 0.15～0.8 mm）的喷油器；喷油器启阀压力较高（一般在 20 MPa）。油束在燃烧室中分布要与其形状良好配合，避免油束直接喷到气缸壁上。

开式燃烧室的优点是：形状简单，传热损失和流动损失少，具有良好的经济性和启动性。主要缺点是工作易粗暴，燃烧室组件的热负荷和机械负荷高，而且排气中 $NO_x$ 增加。

开式燃烧室适用于缸径 $D > 160$ mm 的柴油机，在大、中型柴油机及船舶低速柴油机中得到广泛的应用。

### 2. 半开式燃烧室

半开式燃烧室基本上由余隙容积和深坑容积两部分组成，如图 5-3-6 所示。其中图 5-3-6(a)、(b)所示分别为 W 形、倒 W 形燃烧室，主要靠空间雾化混合，但也有一部分靠油膜蒸发混合，因此对喷射系统的要求降低。图 5-3-6(c)所示为球形燃烧室，也称为 M 形燃烧室，其主要靠油膜蒸发混合，具有排烟少、噪声低、工作柔和等优点，但主要缺点是启动困难，并要求有较强的进气涡流。

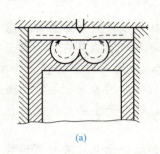 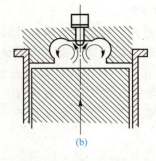 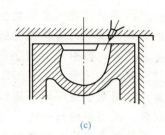

(a) (b) (c)

图 5-3-6 半开式燃烧室

半开式燃烧室保留了开式燃烧室经济性好、易于启动的优点，但仍未彻底改变柴油机工作粗暴、热负荷和机械负荷较高的缺点，故半开式燃烧室仅适用于小型高速柴油机。

### 3. 涡流室式燃烧室

涡流室式燃烧室分主室和辅室两部分，主室即余隙容积（压缩室），辅室呈球形或圆柱形的涡流式，一般设在气缸盖（或机体）内。两室间以切向通道相连，通流面积不大，如图 5-3-7 所示。其混合气形成过程主要靠压缩涡流。在压缩冲程中，空气从主室经通道流入涡流室，在涡流室内形成强烈的有组织的压缩涡流。燃油喷入涡流室着火燃烧后，涡流室内的压力和温度迅速上升，燃油和空气一起经通道高速流入主室，以加速燃油与空气的混合和燃烧。

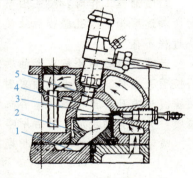

图 5-3-7 涡流室式燃烧室
1—主室；2—保温块；3—电热塞；
4—涡流室；5—喷油器

涡流室式燃烧室因主要靠气流涡动，故对雾化质量要求不高，一般采用孔径较大的单孔和启阀压力较低（12～15 MPa）的喷油器，过量空气系数也很小（一般为 1.2～1.3）。混合气形成质量对转速变化不敏感，柴油机工作平稳，噪声小，有害气体排放少，但热损失和节流损失较大，故存在经济性差等缺点。为了改善启动性能，在涡流室中装有电热塞 3 和保温块 2，以提高燃烧室的热状态。

### 4. 预燃室式燃烧室

预燃室式燃烧室如图 5-3-8 所示。在预燃室中不产生压缩涡流，预燃室的主要作用是在主燃烧室中形成燃烧涡流。在预燃室中只燃烧少量燃油，利用这部分燃油的燃烧能量，将其中的混合气高速喷入主燃烧室中，并在其中造成气体运动，促使大部分燃油在主燃烧室中混合并燃烧。

预燃室式和涡流室式同属于分开式燃烧室，两者在混合气形成方式上相同，优缺点均相似。主要差异在于预燃室式燃烧室以燃烧涡流为主，涡流室式燃烧室以压缩涡流为主。分开式燃烧室一般均用于小型高速柴油机。

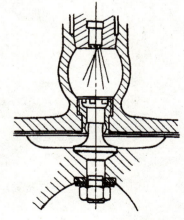

图 5-3-8 预燃室式燃烧室

## 二、喷油器的主要故障

由于喷油器的针阀偶件和喷油嘴因距燃烧室较近而易受到高温影响及针阀与阀座易撞击等，故这些部件较易发生故障。

1. 针阀偶件的磨损、漏油和卡阻

针阀偶件的磨损主要发生在针阀与阀座、针阀与针阀体的柱面及针阀体与本体的端面等处。针阀偶件的磨损将引起燃油泄漏，燃油漏入气缸使燃烧不良，油滴将在喷油嘴下端积炭。此外，会引起针阀下沉。由于针阀下沉，针阀升程增大，针阀与阀座的撞击加剧，并使弹簧过早产生永久变形，使启阀压力下降。针阀与针体及针阀体端面磨损后，使漏油量加大，引起喷油压力下降和雾化不良。当各缸磨损不一致时，还会产生各缸供油不一致的现象，从而影响均匀性。

若针阀卡阻在针阀体中不能及时关闭，就会造成雾化不良和燃烧恶化。若针阀因咬死而不能开启，则会造成该缸停油而熄火。产生卡阻或咬死的主要原因是燃油中的机械杂质进入针阀偶件、喷油器冷却不良、针阀偶件在高温时发生变形以及安装不正等。

2. 磨损、阻塞、积炭和裂纹

当喷油器工作时，喷孔因燃油不断地高速冲刷而磨损，当燃油中含有杂质和酸性物质时会加速磨损。喷孔磨损后致使喷孔直径增大，使喷油压力下降，雾化质量降低，导致燃烧过程不良。

若喷油器冷却不良或燃油燃烧距喷油嘴太近，在喷孔内部及其周边将发生积炭。积炭将使喷孔直径变小，造成油束射程缩短，使燃烧更靠近喷油嘴，形成恶性循环，导致喷孔堵塞。当喷孔严重堵塞时，各缸喷油就不均匀，使柴油机在低转速运转不稳定。当喷孔堵塞时，先用煤油浸泡，然后用略小于喷孔直径的钢探针疏通，必要时须换新喷油嘴。

喷油嘴的裂纹主要是受长期高温影响产生的。

# 项目六　润滑系统维护管理

## 思维导图

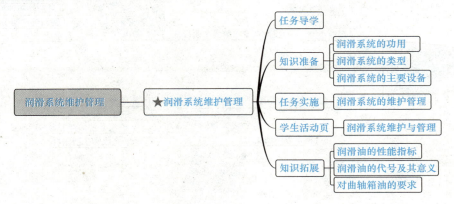

## 项目描述

柴油机润滑系统的作用是保证供给柴油机动力装置各运动部件的润滑和冷却所需并符合质量要求的润滑油。柴油机的润滑油循环系统通常由曲轴箱油强制润滑、曲轴箱油分油净化和废气涡轮增压器润滑等系统组成。润滑系统对柴油机的可靠工作和使用寿命的延长具有重要作用。轮机修造人员应能对润滑系统进行正确的使用与维护管理，并达到如下要求：

一、知识要求

1. 掌握润滑系统的类型和功用；
2. 明确润滑系统的主要设备及布置；
3. 了解润滑油的主要性能指标。

二、能力要求

能对润滑系统的主要设备进行正确维护管理。

三、素质要求

1. 具有分析问题、解决问题的能力；
2. 具有沟通能力和团队协作精神；
3. 具有勇于创新、爱岗敬业的优秀品质；
4. 具有质量意识、安全意识和环境保护意识；
5. 具有初步的管理能力和信息处理能力。

# 任务　润滑系统维护管理

## 任务导学

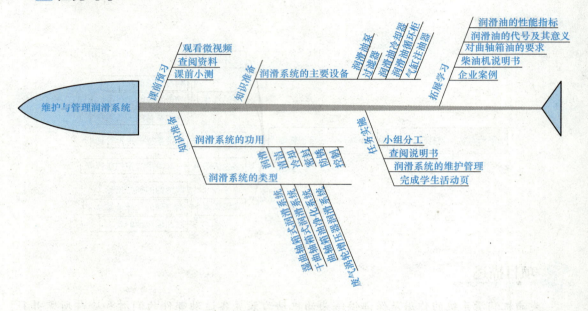

## 知识准备

### 一、润滑系统的功用

润滑系统的功用是：向柴油机各运动零件的摩擦表面输送一定数量的清洁润滑油，保持运动部件间的液体摩擦，减少零件的磨损和摩擦功的消耗；清洗摩擦表面，带走磨损下来的金属细末及其他微粒，带走摩擦热，冷却摩擦表面；在活塞环与气缸间加强密封；防止表面锈蚀。另外，具有一定压力的润滑油可用来冷却某些受热部件（如活塞等）以及轴系传动、操纵控制（如液压传动、正倒车控制）等。因此，润滑系统对柴油机的可靠工作和使用寿命的延长具有重要作用。

根据供给摩擦表面润滑油的形式，润滑方法有以下四种。

**1. 人工润滑**

人工润滑是用人工将润滑油定期加到某些摩擦表面中，如摇臂轴承、气阀导管、传动杆接头等。这种方法简单，但耗油量大，不能保证良好润滑。

**2. 飞溅润滑**

飞溅润滑是利用曲轴、连杆大端等零件在高速旋转时的飞溅作用，把润滑油溅到某些摩擦部位。一般用于油道输送难以达到或承受负荷不大的摩擦部位，如气缸套、凸轮、齿轮等。除少数中速筒形活塞式柴油机采用独立的气缸注油器润滑气缸外，中、高速筒形活塞式柴油机的气缸套润滑都采用飞溅润滑。

### 3. 压力润滑

润滑油在润滑油泵的作用下(或靠重力)把具有一定压力的润滑油通过油管和油道送至摩擦表面即为压力润滑。这种润滑方法适用于负荷较大的摩擦部位，如各个轴承和轴套等处。其特点是：能保证充分的润滑油量，润滑良好，工作可靠；有强烈的清洗和冷却作用。

### 4. 高压注油润滑

润滑油通过专门的注油器建立 2 MPa 左右的高压，定时、定量地将润滑油供给气缸套与活塞之间进行润滑即为高压注油润滑。

## 二、润滑系统的类型

曲轴箱油强制润滑系统组成形式依柴油机结构不同分为湿曲轴箱式润滑系统和干曲轴箱式润滑系统。

### 1. 湿曲轴箱式润滑系统(湿式油底壳润滑系统)

湿曲轴箱式润滑系统设有专门的润滑油箱，油底壳起着循环油柜的作用。柴油机正常运转时，由润滑油泵直接从油底壳中把润滑油输送到各摩擦表面，所有经过润滑后的润滑油全部流回油底壳，构成独立的润滑系统。这种润滑系统的特点是：组成简单，柴油机自带润滑油泵，管路依附在机体上，油底壳存油量少。但该系统的缺点是：油底壳中的润滑油将经常受到燃烧室漏泄的高温燃气的污染，容易变质，故润滑油使用寿命短，常用于小型柴油机动力装置。

图 6-1-1 所示是 135 系列柴油机的湿曲轴箱式润滑系统。油泵在油底壳中经粗滤网 2 将润滑油吸入并泵至润滑油滤器，一路经离心式细滤器 6 过滤后流回油底壳；另一路经缝隙式粗滤器 9 过滤后到水冷式润滑油冷却器或风冷式润滑油冷却器 10。润滑油从冷却器出来经传动机构的盖板中的油道再分成两路：一路经曲轴内油道分别通到各挡曲柄销轴颈；另一路经过凸轮轴及轴颈后分别进入气缸盖 14 内油道润滑配气机构零件，一小部分润滑油经盖板上的喷嘴 12 喷到各传动齿轮 11 上。气缸套和活塞间的润滑是靠连杆大端轴承流出的润滑油借助离心力的作用飞溅到气缸壁上。从油环刮下的润滑油溅入连杆小端上的两个油孔内来润滑活塞销和连杆小端轴瓦(有的柴油机润滑油是经过连杆中心油孔至小端)。曲轴的主轴承是靠曲轴箱内的油雾和飞溅的润滑油来润滑的。凸轮工作表面是靠顶杆套筒 15 上的两个油孔流出的润滑油和飞溅的润滑油来润滑的。

润滑油滤器的底座中设有调压阀 7 和旁通阀 8。调压阀 7 是用来调节润滑油的最高压力，当润滑油黏度太大或油路堵塞而造成油压超过调定的最高值时，调压阀 7 被顶开，使部分润滑油流回油底壳，以保护润滑系统设备不致因受高压而损坏。旁通阀 8 是在粗滤器太脏而堵塞时自动打开，使润滑油旁通到冷却器，以保证柴油机正常润滑。旁通阀开启压力要低于调压阀开启压力。

细滤器与粗滤器并联的好处是：不会使润滑油路阻力增加太多，又能保证部分润滑油得到细滤；当粗滤器堵塞时，旁通的润滑油仍能保持一定清洁，保证柴油机继续工作。

### 2. 干曲轴箱式润滑系统(干式油底壳润滑系统)

干曲轴箱式润滑系统设有专门的润滑油箱储存润滑油，由油底壳或机座收集的润滑油经抽油泵不断地抽出并送至润滑油箱；再由压油泵把润滑油箱中的润滑油送到各摩擦表面。这样可减少润滑油与燃气的接触机会，防止润滑油变质；曲轴箱的容积和高度可以减小；

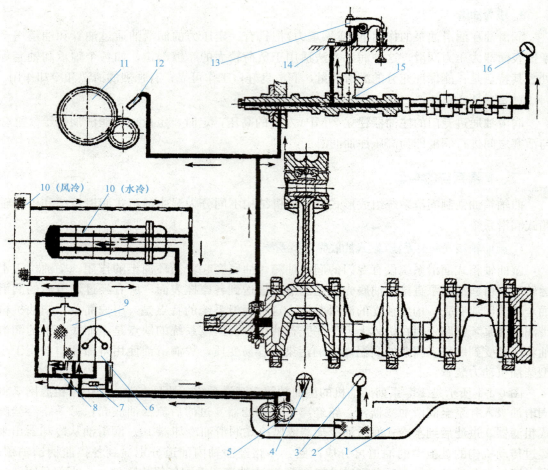

**图 6-1-1　135 系列柴油机的湿曲轴箱式润滑系统**
1—油底壳；2—粗滤网；3—油温表；4—曲轴箱呼吸器；5—润滑油泵；6—离心式细滤器；
7—调压阀；8—旁通阀；9—缝隙式粗滤器；10—润滑油冷却器；11—传动齿轮；12—喷嘴；
13—摇臂；14—气缸盖；15—顶杆套筒；16—油压表

润滑油积聚于单独的循环油箱中，保证船舶倾斜时不会中断供油，同时便于润滑油的检查与更换，放出润滑油中的气泡；对于大型柴油机来说，便于工作人员进入曲轴箱内拆装或检查零部件。在船舶大型柴油机中广泛采用干式油底壳润滑系统。

图 6-1-2 所示为 Sulzer RTA 58-84 低速柴油机润滑系统。这是一种典型的干曲轴箱式润滑系统。主润滑油泵 1 自循环油柜（图中未示出）吸油，泵送分两路：一路经升压泵 4 将压力提高到 1.6 MPa 后送入十字头、换向伺服器等处，并经减压阀 10 减压为 0.8 MPa 送至排气阀液压传动机构 8；另一路润滑油压力为 0.3 MPa 送至主轴承和推力轴承等处。各轴承润滑回油经油底壳流入循环油柜。

图 6-1-3 所示为 MAN B&W MC 型柴油机润滑系统。主机下部润滑油循环柜中的润滑油，由主润滑油泵吸入后泵至润滑油冷却器。主润滑油泵共两台，其中一台备用，多用螺杆泵，工作压力为 0.4 MPa，最高工作温度为 60 ℃，泵送的最大润滑油黏度为 400 cst。当柴油机冷油启动时，部分打开主润滑油泵旁通阀，以降低电动机的功率。主润滑油泵前一般设有粗滤器（双联磁性滤器）。润滑油经润滑油冷却器、温度调节阀和细滤器后分成两路

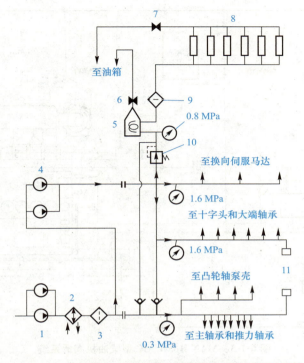

**图 6-1-2　Sulzer RTA 58-84 柴油机曲轴箱油强制润滑系统**
1—主润滑油泵；2—冷却器；3—滤器；4—升压泵；5—除气阀；6、7—节流阀；
8—排气阀传动机构；9—滤器；10—减压阀；11—最低油位指示器

至主机，一路连接法兰 U 去冷却活塞；另一路通过蝶阀和连接法兰 R 去润滑柴油机主轴承。在该润滑系统中，细滤器后连接两台凸轮轴和排气阀润滑油加压泵，设计压力为 0.3 MPa，加压后的工作压力为 1.2 MPa，连接法兰 Y 进口供油给排气阀驱动油泵和凸轮轴。润滑油日用柜可储存和补充系统润滑油。柴油机曲轴箱通过透气管 AR 直接通往甲板，透气管内有泄放装置，可将管内的冷凝油流回泄油柜。细滤器工作压力为 0.4 MPa，过滤细度为 50 μm。现代船舶多采用反冲式自动清洗滤器，能过滤直径为 15～30 μm 的杂质颗粒。润滑油循环柜设在双层底内，其四周都有干隔舱。润滑油分油机可使润滑油循环柜中润滑油循环净化，也可将润滑油循环柜内的润滑油净化后送至润滑油日用油柜或去主机暖机。

### 3. 曲轴箱油净化系统

曲轴箱油净化系统在柴油机运转中可连续对润滑油循环柜中的曲轴箱油进行分离净化处理，排除曲轴箱油使用中混入的各种杂质和氧化沉淀物。润滑油分油机从润滑油循环柜中吸入曲轴箱油，经加热器预热后送至分油机进行净化处理，净油重新返回循环柜。润滑油中分离出的水分和污渣分别排出。对直链纯矿物曲轴箱油，其净化速率应能保证在一天内净化油量为循环柜贮油量的 2～3 倍，对清净型曲轴箱油量应为 2～5 倍。

除上述净化措施外，还可在停港期间把全部润滑油泵至润滑油处理柜中，再视情况进行有关处理，如预热、沉淀、放水、放残等。处理完毕后再用分油机用允许的小分油量分油并送回循环柜。如需进行水洗法处理，则在润滑油分油机入口处加入相当于 1%～2% 润滑油量的淡水进行净化。水洗法不仅可洗掉无机酸，还能浸湿小颗粒杂质使之便于分离。因某些润滑油添加剂也溶于水，故对润滑油水洗时，应征得供油厂商的同意。

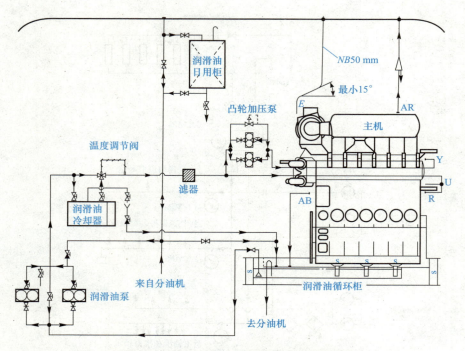

图 6-1-3 MAN B&W MC 型柴油机润滑系统

对中、小型柴油机的曲轴箱油，因其油量有限，一般采用全部润滑油换新法。

**4. 废气涡轮增压器润滑系统**

因废气涡轮增压器转速很高，因此对其轴承润滑要求也高，如果柴油机主轴承等所用的润滑油能满足增压器轴承的要求，则它们可共用一个润滑系统，但必须加设一个增压器重力润滑油箱和相应的止回阀。

废气涡轮增压器通常采用黏度较小的汽轮机油，并采用独立的增压器润滑系统。图 6-1-4 所示是废气涡轮增压器的独立润滑系统示意图。润滑油泵 8 或 9 从循环油箱 1 中吸油，经冷却器 7 和双联式滤器 5 送至重力润滑油箱 4，再由重力润滑油箱 4 向增压器 3 供油，润滑后的润滑油流回循环油箱 1。重力润滑油箱 4 上设有低油位警报器和溢油管。

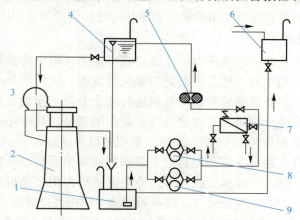

图 6-1-4 废气涡轮增压器的独立润滑系统示意图

1—循环油箱；2—柴油机；3—增压器；4—重力润滑油箱；5—双联式滤器；6—油箱；7—冷却器；8、9—润滑油泵

### 三、润滑系统的主要设备

#### 1. 润滑油泵

中、高速柴油机的润滑油泵，一般都是由柴油机本身驱动并布置在自由端(也有布置在输出端)。润滑油抽油泵(干曲轴箱式润滑系统)和有些小型柴油机的润滑油泵(湿曲轴箱式润滑系统)常布置在柴油机两端的下部或油底壳。大型柴油机的油泵体积和质量均较大，所以多采用独立的电动润滑油泵，布置在机舱里。

润滑油泵常设有两台，其中一台备用。为保证润滑油压力稳定和流动均匀，常采用螺杆式油泵。在泵的吸入端管上一般装有真空表，真空度不超过 33.3 kPa(250 mmHg)。泵的排出管上装有安全阀和调节压力的旁通阀。

#### 2. 滤器

润滑油泵的进口端和出口端分别设有粗、细滤器，滤器一般为双联式或多联式。装在进口端的一般为粗滤器(有时还用磁性粗滤器)，装在出口端的为细滤器，其前后装有压力表。

粗滤器按其结构分为网式、片式和吸收式等。网式滤器用金属网制成过滤元件；片式滤器用一系列薄金属片或圆盘组成过滤元件。它们均可拆卸清洗，粗滤器可滤除大于 0.07 mm 的固体颗粒。

细滤器可分为多孔填料式、吸附式和磁性滤器。多孔填料式的应用最广泛，其滤芯为厚纸板或棉质；吸附式采用表面活性材料进行过滤，不仅可滤除杂质颗粒，还可滤除润滑油的分解产物。一般细滤器能滤除 0.001~0.01 mm 的杂质和润滑油的分解物。

目前，在滤器的进出口安装压差继电器来监控滤器的脏污程度并报警。润滑油细滤器极易脏堵，人工清洗工作量很大，因而在自动化船上采用自动清洗滤器，这样不仅能节省人力和减少润滑油消耗，还保证了船舶的安全航行。

#### 3. 润滑油冷却器

润滑油冷却器通常采用管壳式或板式热交换器。

(1)管壳式热交换器。以管道与壳体形成换热空间的热交换器称为管壳式热交换器，如图 6-1-5 所示。管群装在两端管板之间，管两端与管板相连接之处均有良好的密封。在这种热交换器中，一种流体在管内流过，另一种流体在管外(壳内)流过。在壳内，这些管子可以做成单流程、双流程或多流程。图 6-1-5 中壳内流体为单流程，管内流体为双流程。为了提高换热效果，壳内常设有挡板使壳内流体来回地横向流过管束。

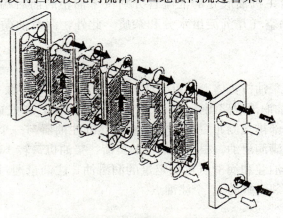

图 6-1-5　管壳式热交换器示意图

船舶柴油机上使用的润滑油冷却器和淡水冷却器多采用管壳式热交换器。在这些冷却器中，一般是冷却液在管内流动而被冷却的流体在管外壳内流动。管壳式换热的传热管有圆管、椭圆管、扁形管等，一般采用耐腐蚀性能较好的铜管。对于用海水做冷却介质的热交换器，在海水进口处必须装有更换方便的锌块或锌棒。

管壳式热交换器具有结构坚固、易于制造、适应性强、换热容量大、压力损失小、密封性好等优点，所以一直被广泛应用在船舶上。

(2) 板式热交换器。板组件是一些采用压制成型带有直波凹凸和球面凸起的板片传热面。每块板片有四个分配液体的孔和传热面（板片的厚度为 0.6~0.8 mm）。各板片和分配孔周围都装有垫圈，这些垫圈能使液体隔开，并使其限制在板组件内。各板片形成平行的通道。而垫圈则按这种方式设计，使得热交换器的两种液体做反向流动。垫圈的作用也保证两种液体不渗透混合。其冷热流体的换热原则如图 6-1-6 所示。

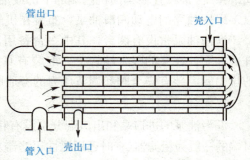

图 6-1-6　板式热交换器流动原理图

当使用海水或其他腐蚀性冷却介质时，标准的板片是由钛板制成的。使用非腐蚀介质的板片可以采用不锈钢片制成。垫圈采用丁腈橡胶、硫化丁基树脂制成，或在高温条件下用石棉材料制成。

板式热交换器的优点是：钛表面能防止海水的侵蚀，换热系数高；结构紧凑、质量轻、体积小，易于清除污垢和维修；能消除液体间发生渗漏的危险；通过改变板片的数目，极易增减热传导面积。但其不足之处是：费用较高，密封垫圈损坏时容易泄漏。板式热交换器适用于工作温度低于 110 ℃，工作压力低于 1.4 MPa 的场合，其典型应用是中央冷却器、缸套水冷却器、活塞水冷却器、润滑油冷却器、喷油器冷却器、分油机加热器等。

### 4. 润滑油循环柜

中、高速柴油机的润滑油循环柜一般设置在机舱适当位置上。大型低速柴油机和一些大功率中速柴油机的循环润滑油箱常设置在船体的双层底内，其四周都有干隔舱。油柜中设有横隔板，用来减少润滑油的扰动，便于杂质沉淀，在风浪天还能减轻油的波动。循环柜中常设有加热盘管，在柴油机冷车启动时，它能保证润滑油具有适当的黏度。润滑油泵的吸入口和来自主机油底壳的汇流管分别位于油柜的前后端，借以保证润滑油在柜中有足够的时间排除空气并沉淀出水分和杂质。此外，润滑油循环柜还设有透气管和测量管等。

### 5. 气缸注油器

气缸注油器安装在柴油机机体上，由柴油机驱动，一缸或两缸设一个。图 6-1-7 所示是 RL56 型柴油机气缸注油润滑线路图，每个气缸有 8 个注油点，在气缸套上部均匀地布置 6 个注油点，在气缸套下部排气侧布置 2 个注油点。气缸注油器与一个重力油柜相连，以保证在一个稳定压力下充满润滑油。根据柴油机的负荷，柴油机每转 10~15 转，注油器通过一个流通检查器 3 向注油腔和润滑点供应定量的润滑油，注油量通过调节杆 4 调节。一台注油器通常供应两个相邻气缸的 16 个注油点。

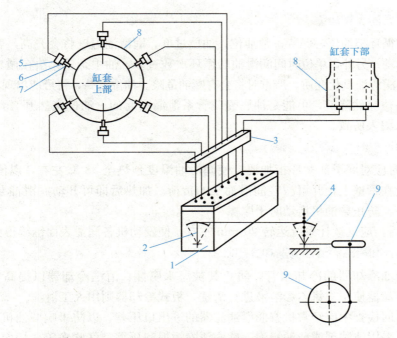

**图 6-1-7　RL56 型柴油机气缸注油润滑线路图**
1—注油器；2—摇臂杆；3—流通检查器；4—调节杆；5—蓄压器；
6—止回阀；7—注油枪；8—气缸套上、下部；9—供油率调节偏心驱动机构

## 🧰 任务实施

### 润滑系统的维护管理

**1. 正确选用润滑油**

根据要求合理地选用润滑油，并把质量合格的润滑油输送到各需润滑的部件，保证其正常运转。

**2. 确保润滑油的工作压力**

润滑油压力过高时，润滑油会向四处飞溅，结合面易漏油，在曲轴箱中容易受热氧化变质，也增加了润滑油的消耗。润滑油压力过低时，将会因轴承供油不足而使机件磨损增强，严重时会发生重大机损事故和安全事故。

润滑油的工作压力应按说明书的规定进行调节。一般应保持在 0.15～0.4 MPa。润滑油的压力应高于海水和淡水的压力，以防止泄漏时冷却液漏入润滑油。润滑油的压力可由润滑油泵的旁通阀来调节。

**3. 确保润滑油的工作温度**

润滑油温度过低，黏度增大，摩擦阻力损失增大，同时润滑油泵耗功增加；润滑油温度过高，黏度减小，润滑性能变差，零部件磨损增大，同时润滑油易氧化变质。

通常，润滑油进机温度应保持 40 ℃～55 ℃（中、高速机取上限），最高温度不允许超过 65 ℃（中、高速机为 70 ℃～90 ℃），进出口温差一般为 10 ℃～15 ℃。润滑油的温度一般可通过润滑油冷却器的旁通阀来调节。

#### 4. 保持正常的工作油位

经常检查循环柜油位，保持正常油位。油位过低，润滑油温度将会升高，容易使润滑油在曲轴箱中挥发。另外，单位时间润滑油的循环次数过多，油中杂质无法在循环油柜中充分沉淀，均加速润滑油氧化变质，严重时将会有断油危险。油位过高，将可能出现溢油危险。

运转中油位突然降低，可能是油底壳或管系泄漏引起的；油位突然升高，则可能是冷却系统中的水漏入所致。

#### 5. 备车和停车时的管理

(1)备车时应对润滑油循环柜加温，使润滑油温度预热至 38 ℃左右，以便杂质分离和防止油泥沉淀在管壁上，并可减轻润滑油泵的负荷。加热后即可开动润滑油泵，使润滑油在系统中循环，防止柴油机启动时干摩擦。

(2)停车后，应继续让系统运转 20 min 左右，使发动机各润滑表面继续得到冷却。

#### 6. 定期检查和清洗润滑油滤器和冷却器

检查润滑油冷却器的冷却水管，防止其被海水腐蚀，清洗冷却器以提高其冷却效果。通常壳管式冷却器使用三氯乙烯溶液进行清洗，板式冷却器则用人工清洗。

在日常巡回检查中应经常检查润滑油滤器的进出口压差，以防影响柴油机的正常运转。清洗滤器时可采用清洗剂或柴油浸泡、软刷清除污垢和压缩空气吹净等，切勿损伤其零件。对于自动反冲洗滤器，应按说明书的要求拆装和用专用工具清洗。

#### 7. 润滑油的检验

为了能及时掌握润滑油变质规律以便采取有效的措施，需对曲轴箱油进行定期检验。通常有以下三种方法：

(1)经验法。根据轮机人员的使用经验，通过对曲轴箱油的直观检查，如摸(黏性)、嗅(气味)、看(颜色)以及检查润滑油分油机中的沉积油泥，观察溅在曲轴箱壁面上的润滑油颜色和活塞冷却腔内的积炭等，可大致定性判断润滑油的变质情况。

(2)油渍试验法。把待检润滑油滴在特殊试纸上，待该油滴干燥后，根据其扩散状况和颜色的变化与提供的标准图像(或新油的扩散和颜色)比较，可大致判断润滑油的变质情况。如油渍中心黑点较小，颜色较浅，四周黄色油渍较大，则表明润滑油仍可使用；如黑色较大，且黑褐色均匀无颗粒，则表示润滑油已变质。

(3)化验法。化验法可对润滑油进行定量分析。根据使用要求可分为船上简易化验和试验室化验两种。船上简易化验可在船舶现场进行现场化验，所使用的化验设备均由油品供应商提供。应根据其规定的方法进行化验，可得到诸如黏度、水分、盐分、碱值、强酸值、不溶物等性能指标的数值。从而可较准确、及时地判断润滑油的变质情况。

试验室化验应由轮机人员在船舶上取样，送交陆地试验室(通常为油品供应商)进行定量化验分析，轮机人员可根据化验分析单进行综合分析并决定处理措施。通常，化验分析单上已有对润滑油的分析结论及相应的处理措施。曲轴箱油应在使用中每隔 3~4 个月取油样化验一次。所取油样应有代表性，一般应在柴油机正在运转、油热态时取样。其取样最佳时期是进港前，若分油机在工作，应在分油机前取样；若分油机停止工作，可从循环管系的滤器前取样，但不可在循环油柜或集油柜中取样。取样应使用专用取样瓶并放掉 2 倍于取样旋塞管路中的存油，以消除旋塞管路中杂质。取样瓶应加以密封并注意填写标签。标签中应写明油样名称、船公司、船名、取样部位、取样时间、油样牌号、所用燃油、使用时间和化验项目等。除正常检查项目(黏度、碱值、酸值、闪点、水分、残炭等)外,有特殊化验要求时也应注明。

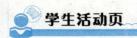
**学生活动页**

| 学习领域 | 船舶柴油机使用与维护 | 任务名称 | 润滑系统维护与管理 |
|---|---|---|---|
| 学生姓名 | | 班级学号 | |
| 组别 | | 任务成绩 | |
| 任务描述 | 润滑系统的工作性能直接决定了摩擦副的使用寿命,要定期检查润滑油性能,熟悉润滑系统的维护与管理 | | |
| 知识目标 | 1. 熟悉润滑的作用与方法;<br>2. 掌握润滑系统的类型与功用;<br>3. 熟悉润滑系统的主要设备及布置 | | |
| 能力目标 | 具有润滑系统维护与管理能力 | | |
| 素质目标 | 1. 能够具备初步的管理能力和信息处理能力,主动获取信息,展示学习成果,对工作过程进行总结和反思<br>2. 能够具备沟通能力、质量意识和安全意识,有效利用团队合作解决实际问题 | | |
| 学习重点 | 润滑系统的类型 | 学习难点 | 润滑系统的布置 |
| 过程记录 | 1. 小组人员分工<br><br>| 姓名 | 分工 | 姓名 | 分工 | 姓名 | 分工 |<br>\|---\|---\|---\|---\|---\|---\|<br>\| \| \| \| \| \| \|<br>\| \| \| \| \| \| \|<br>\| \| \| \| \| \| \|<br><br>2. 查阅说明书,填写如下内容<br><br>| 序号 | 项目 | |<br>\|---\|---\|---\|<br>\| 1 \| 润滑类型 \| \|<br>\| 2 \| \| 形式 \|<br>\| 3 \| \| 转速/(r·min$^{-1}$) \|<br>\| 4 \| 机油泵 \| 抽油泵排量/(m$^3$·h$^{-1}$) \|<br>\| 5 \| \| 压油泵排量/(m$^3$·h$^{-1}$) \|<br>\| 6 \| \| 检修时长/h \|<br>\| 7 \| \| 机油进油温度 \|<br>\| 8 \| \| 机油排油温度 \| | | |

续表

| | |
|---|---|
| 过程记录 | 3. 润滑系统维护管理要点<br><br>4. 存在问题 |
| 任务考核 | ★选择题<br>1. 湿式曲轴箱润滑系统主要用于(　　)。<br>　A. 大型低速柴油机　　　　　　B. 小型高速柴油机<br>　C. 增压柴油机　　　　　　　　D. 非增压柴油机<br>2. 柴油机停车后，润滑系统应继续运行约(　　)。<br>　A. 20 min　　B. 40 min　　C. 60 min　　D. 90 min<br>3. 下列关于润滑系统管理中说法错误的是(　　)。<br>　A. 备车时，应开动润滑油泵　　　　B. 润滑油压力过低时，将会使轴承磨损<br>　C. 润滑油温度过高时，易使润滑油氧化　D. 停车后，应立即停止润滑油泵运转<br>4. 润滑油的进口温度通常应保持在(　　)。<br>　A. 35 ℃～40 ℃　B. 40 ℃～55 ℃　C. 50 ℃～65 ℃　D. 60 ℃～75 ℃<br><br>★简答题<br>简述润滑系统的分类及应用。 |
| 任务评价 | 自我评价　　　　1. 通过本任务学习，我学到的知识点和技能点：_____。<br>　　　　　　　　存在问题：_____。<br>　　　　　　　　2. 在本次工作和学习的过程中，我的表现可得到：<br>　　　　　　　　□优　□良　□中　□及格　□不及格<br><br>小组互评<br><br>教师评价 |

## 知识拓展

### 一、润滑油的性能指标

**1. 润滑油的理化性能指标**

（1）颜色。润滑油的颜色与基础油的精制深度及所加的添加剂有关。在使用或贮存过程中，则与油品的氧化、变质程度有关。如果呈乳白色，则有水或气泡存在；如果颜色变深，则氧化变质或污染。

（2）黏度。黏度是润滑油最重要和最基本的性能指标。大多数润滑油都按运动黏度来划分牌号。润滑油的黏度越大，所形成的油膜越厚，有利于承受高负荷，但其流动性差，这也增加了机械运动的阻力，或者不能及时流到需要润滑的部位，以致失去润滑作用。

(3)黏温特性。温度变化时，润滑油的黏度也随之变化。温度升高，则黏度降低，反之亦然。润滑油黏度随温度变化的特性称为润滑油的黏温特性，它是润滑油的重要指标之一。

(4)凝点和倾点。凝点是指在规定的冷却条件下油品停止流动的最高温度，一般润滑油的使用温度应比凝点高5 ℃～7 ℃。倾点是油品在规定的条件下冷却到能继续流动的最低温度，也是油品流动的极限温度，故能更好地反映油品的低温流动性，实际使用性比凝点好。润滑油的最低使用温度应高于油品倾点30 ℃以上。

(5)闪点。闪点是表示油品蒸发性的一项指标。油品蒸发性越大，其闪点越低。同时，闪点又是表示石油产品着火危险性的指标。在选用润滑油时，应根据使用温度和润滑油的工作条件进行确定。一般认为，闪点比使用温度高20 ℃～30 ℃，即可安全使用。

(6)酸值。酸值指中和1 g油样中全部酸性物质所需的氢氧化钾的毫克数，单位是mgKOH/g。对于新油，酸值表示油品精制的深度或添加剂的加入量(当加有酸性添加剂时)；对于旧油，酸值表示氧化变质的程度。一般润滑油在贮存和使用过程中，由于在一定的温度下与空气中的氧发生反应，生成一定的有机酸，或由于碱性添加剂的消耗，油品的酸值会发生变化。因此，酸值过大，说明氧化变质严重，应考虑换油。

(7)水溶性酸碱(又称反应)。主要用于鉴别油号在精制过程中是否将无机酸碱水洗干净；在贮存、使用过程中，有无受无机酸碱的污染或因包装、保管不当而使油品氧化分解，产生有机酸类，致使油品产生水溶性酸碱。一般来讲，油品中不允许有水溶性酸碱，否则，与水、汽接触的油品容易腐蚀机械设备。

(8)机械杂质。机械杂质是润滑油中不溶于溶剂的沉淀物或胶状悬浮物。它们大部分是砂石和铁屑之类，或由添加剂带来的一些难溶于溶剂的有机金属盐。机械杂质将加速机械设备的正常磨损，严重时将堵塞油路、油嘴和过滤器，破坏正常润滑。此外，金属碎屑在一定的温度下对油起催化作用，会加速油品氧化变质。

(9)水分。水分指润滑油中所含的水，以质量百分数表示。润滑油中水分的存在会破坏润滑油膜，使润滑效果变差，加速有机酸对金属的腐蚀作用，还会使添加剂(尤其是金属盐类)发生水解反应而失效，从而产生沉淀，堵塞油路，妨碍润滑油的循环和供应。

(10)灰分。灰分是指在规定的条件下，灼烧后剩下的不燃烧物质，以质量百分数表示。灰分一般是一些金属元素及其盐类。对基础油或不加添加剂的油品来说，灰分可用来判断油品的精制深度；对于加有金属盐类添加剂的油品(新油)，灰分就成为定量控制添加剂加入量的参照，此时的灰分不是越少越好，而是不得低于某个指标，如内燃机油的产品标准中，既规定了基础油的最高灰分，又规定了最低灰分。

2. 润滑油使用性能指标

润滑油使用性能指标是在试验室内模拟机械设备的工作状态和润滑油的使用条件，对油品的性能进行评估的指标，是润滑油配方筛选和产品质量控制及评定的重要手段。

(1)抗腐蚀性。一般采用金属片试验来判断润滑油的抗腐蚀性。为提高润滑油的抗腐蚀性，可适当加入防腐添加剂。

(2)防锈蚀性。润滑油延缓金属零部件生锈的性能称为防锈蚀性，由于基础油的防锈能力较低，为此常要加入防锈添加剂。

(3)抗乳化性。润滑油的抗乳化性是指防止乳化,或乳化后经静置,油、水能迅速分离的性质。液压油、齿轮油、汽轮机油等工业润滑油,在使用中常常不可避免地要混入一些冷却水,若其抗乳化性不好,则将与混入的水形成乳化液,降低润滑性能,损坏机件,且易形成油泥。油品精制深度差,或随着使用时间增长,发生氧化,酸值增大,混入杂质等,都会使抗乳化性变差。因此,为保证油品有良好的抗乳化性,就必须尽可能地提高基础油的精制深度,在调制、贮运和使用过程中,要尽量避免杂质的混入。

(4)抗泡性。润滑油的抗泡性是指油中通入空气时或搅拌时发泡体积的大小及消泡的快慢等性能。润滑油在使用过程中,由于受到振荡、搅拌作用,使空气混入润滑油中而形成泡沫。这些泡沫造成润滑油的流动性变差、润滑性能变差,甚至发生气阻而影响供油等。因此,润滑油必须有一定的抗泡性。

(5)氧化安定性。润滑油在一定的外界条件下抵抗氧化作用的能力,称为润滑油的氧化安定性。氧化后酸值大,沉淀物多,黏度增长率大,则表明油的氧化安定性差,使用寿命不长。这项指标对于长期循环使用的汽轮机油、液压油、工业齿轮油、压缩机油、变压器油、内燃机油等,均有重要意义。

(6)极压抗磨性。极压抗磨性是衡量润滑油在苛刻工况条件下防止或减轻运动副磨损的润滑能力指标。

(7)热安定性。它表示油品的耐高温能力。在隔绝氧气和水蒸气的条件下,油品受到热的作用后发生性质变化的程度越小,其热安定性就越好。热安定性的好坏,在很大程度上取决于基础油的组成和馏分。很多分解温度较低的添加剂,往往对油品的热安定性有不利影响。

(8)剪切安定性(抗剪切性)。润滑油在通过泵、阀的间隙及小孔或齿轮轮齿啮合部位、活塞与气缸壁的摩擦部位时,都受到强烈的剪切作用,这时,油中的高分子物质就会发生裂解,生成分子量较低的物质,从而导致油品的黏度降低。油品的抵抗剪切作用而使黏度保持稳定的性能,称为剪切安定性(抗剪切性)。一般不含高分子添加剂(如增黏剂)的油品,其抗剪切性都比较好;而含高分子添加剂的油品,其抗剪切性就比较差。

## 二、润滑油的代号及其意义

根据《润滑剂、工业用油和有关产品(L类)的分类 第1部分 总分组》(GB/T 7631.1—2008)的规定,一个特定的产品可按下面完整的形式命名 ISO-L-AN 32,或其简式 L-AN32。

类别是指石油产品的分类,润滑剂是石油产品之一,润滑材料产品用 L 表示。

品种是指润滑油的分组,是按其应用场合分组,分别用相应字母代表:A—全损耗系统;C—齿轮;D—压缩机;E—内燃机;F—定子、轴承、离合器;G—导轨;H—液压系统;M—金属加工;P—风动工具;T—汽轮机;Z—蒸汽分气缸等,是品种栏的首字母,实际上品种栏内还可能有1个或多个其他字母,以表示该品种的进一步细分种类。

数字代表润滑油的黏度等级,其数值相当于 40 ℃(有些则是批号,但要注明,否则是指 40 ℃)时的中间运动黏度值,单位为 $mm^2/s$,按《工业液体润滑剂 ISO 粘度分类》(GB/T 3141—1994)规定有 2、3、5、7、10、15、22、32、46、68、100、150、220、320、460、680、1 000、1 500、2 200、3 200 共 20 个等级。

例:L—AN100,表示黏度等级为 100 $mm^2/s$ 的全损耗系统润滑油,其在 40 ℃时运动黏度是 90~110 $mm^2/s$,中间类的运动黏度为 100 $mm^2/s$。

### 三、对曲轴箱油的要求

曲轴箱油又称为柴油机油或系统油,按使用条件不同分为十字头式和筒形活塞式柴油机曲轴箱油两种。

在十字头式柴油机中的曲轴箱与气缸是隔开的,曲轴箱油用来润滑轴承冷却活塞,所以曲轴箱油的工作条件比较缓和。其正常消耗率为 0.1~0.3 g/(kW·h)。对曲轴箱油的要求如下:

(1)黏度和黏温性能。曲轴箱油必须具有适宜的黏度,以保证油膜的建立。由于船舶柴油机经常在变工况下工作,环境温度变化也较大,所以要求它能在较宽的温度范围内可靠工作,即具有较好的黏温特性。根据使用经验,这种油的黏度应在 100 ℃ 时为 11~14 $mm^2$/s(相当于 SAE30)、黏度指数以 80~95 为宜。

(2)抗腐蚀性能。抗腐蚀性能对轴瓦有重要意义。抗腐蚀性能差,可能引起轴承合金腐蚀或铅锡和铅铟等镀层剥落。曲轴箱油必须加有抗氧抗腐添加剂。

(3)清净分散性。具有清净分散性的油品能使碳粒或各种颗粒油泥等分散成微小粒子并悬浮在油中,以便滤掉。防止活塞冷却腔积炭,减少油泥沉积。

(4)抗氧化安定性。曲轴箱油应具有在较高温度下抗氧化性能(冷却活塞),轴承润滑用曲轴箱油与空气接触机会多易氧化变质,要求抗氧化安定性好。通常应控制润滑油温度不超过 82 ℃,以控制氧化速度。

(5)其他。如抗乳化性能、抗泡沫性能、闪点等。

筒形活塞式柴油机曲轴箱油除了润滑曲轴箱内各轴承外,还要兼作气缸润滑油使用,故其工作条件较十字头式柴油机曲轴箱油恶劣。其正常消耗率为 1.07~1.6 g/(kW·h)。它除应满足对十字头式柴油机曲轴箱油的全部要求外,还应满足以下要求:

(1)高温工作时的清净分散性。在高温下能保证各种沉淀物不黏附在机件上而应悬浮在油中。

(2)热氧化安定性好。

(3)足够的碱性。要求能中和劣质燃油燃烧后生成的硫酸。一般要求 TBN 为 22~34 mg KOH/g。

(4)黏度要求高。根据不同的使用条件应分别具有相当于 SAE20、SAE30、SAE40 等级润滑油的黏度。

# 项目七  冷却系统维护管理

## 思维导图

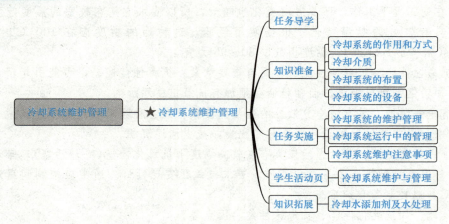

## 项目描述

从能量利用观点来看，柴油机的冷却是一项应予避免的能量损失，但从保证柴油机正常工作考虑，它又是必需的。在柴油机中燃油燃烧放出的热量约有 30% 要经过气缸、气缸盖和活塞等部件散向外界。为了能散出这些热量，需要有足够数量的冷却介质强制连续流经受热部件，通过冷却保证这些受热部件的正常稳定温度。通过本项目学习，学生应达到以下要求：

### 一、知识要求
1. 掌握冷却系统的组成和类型；
2. 明确冷却系统的主要设备及布置。

### 二、能力要求
1. 能够正确处理冷却液；
2. 能对冷却系统进行正确的维护管理。

### 三、素质要求
1. 具有分析问题、解决问题的能力；
2. 具有沟通能力和团队协作精神；
3. 具有勇于创新、爱岗敬业的优秀品质；
4. 具有质量意识、安全意识和环境保护意识；
5. 具有初步的管理能力和信息处理能力。

# 任务　冷却系统维护管理

## 任务导学

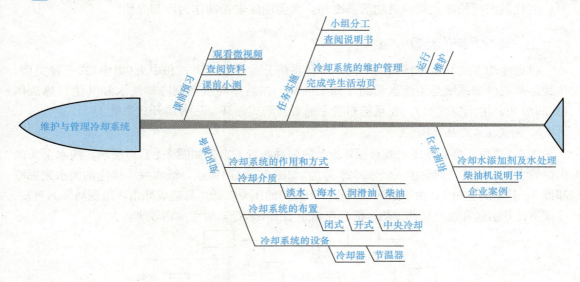

## 知识准备

### 一、冷却系统的作用和方式

冷却系统有以下作用：首先，冷却可以保持受热部件的工作温度不超过材料所允许的限值，从而可保证在高温状态下受热部件的足够强度；其次，冷却可以保证受热部件内外壁面适当的温差，减少受热部件的热应力；此外，冷却还可以保证运动部件如活塞与缸套的适当间隙和缸壁工作面润滑油膜的正常工作状态。冷却的这些作用通过冷却系统来实现。在管理中应兼顾柴油机冷却的两方面要求，既不能使柴油机因过分冷却而过冷，也不能使柴油机因缺乏冷却而过热。从尽量减少冷却损失以充分利用燃烧能量出发，国内外正在进行"绝热发动机"的研究，相应发展了一批耐高温的材料，如陶瓷材料等。

目前，柴油机的冷却方式分为强制液体冷却和风冷两种。绝大多数柴油机采用强制液体冷却。

### 二、冷却介质

在柴油机强制液体冷却系统中，冷却介质通常有淡水、海水、润滑油、柴油等。淡水的水质稳定，传热效果好并可采用水处理解决其腐蚀和结垢的缺陷，因而是目前使用广泛的一种理想冷却介质。柴油机对淡水水质的要求一般为不含杂质的淡水或蒸馏水。若为淡水要求，其硬度不超过 10 个德国度，pH 值为 6.5～8，氯化物含量不超过 $50\times10$。当使用蒸馏水或离子交换器产生的完全脱离子水作为冷却淡水时，必须特别注意对淡水进行水处理，并定期化验，确保水处理剂的浓度达到规定范围。否则由浓度不够而产生的腐蚀比使用一般硬水还严重（因无一般硬水所形成的石灰薄膜沉淀物保护）。海水的水质难以控制，并且其腐蚀和结垢问题比较突出，为减少腐蚀和结垢应限制海水的出口温度不超过 50 ℃，因而目前很少使用海水直接对柴油机进行冷却。润滑油的比热小，传热效果较差，高温状态易在冷却腔内产生结焦，但它不存在因泄漏而污染曲轴箱油的危险，因而适于作为活塞的冷却介质。柴油一般作为喷油器的冷却介质。

当代新型超长冲程柴油机的活塞冷却，大多用曲轴箱油作为冷却介质。

### 三、冷却系统的布置

根据冷却方式和工作特点的不同，冷却系统分为开式、闭式和中央（集中）式三种类型。传统柴油机冷却系统是用淡水强制冷却柴油机，然后用海水强制冷却淡水和其他载热流体（如润滑油、增压空气等）。在系统布置上前者属闭式循环，后者属开式系统。

#### 1. 闭式淡水冷却系统

图 7-1-1 所示是船用闭式淡水循环设备的两种布置方案。如图 7-1-1(a)所示，淡水泵 4 的出口与主机 1 相连，然后进入淡水冷却器 3。如图 7-1-1(b)所示，淡水泵 4 供应的淡水先去冷却器 3，然后到主机 1。由于柴油机淡水冷却腔内的压力较低，易造成死角，出现局部的蒸发、冷却不良并引起穴蚀或局部过热。前者在船舶上使用较广，后者应用较少。

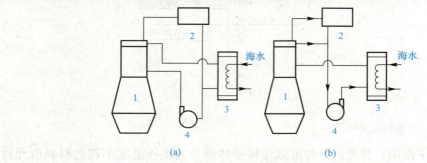

**图 7-1-1　船用闭式淡水循环设备的两种布置方案**
(a)淡水后冷却；(b)淡水先冷却
1—主机；2—膨胀水箱；3—淡水冷却器；4—淡水泵

由于受热部件工作条件不同，所要求的冷却液的温度、压力和冷却系统基本组成也各不相同，因而各受热部件的冷却系统通常由几个单独的系统组成，一般为缸套和气缸盖、活塞、喷油器三个闭式淡水冷却系统。

图 7-1-2 所示为 MAN B&W MC 型柴油机缸套冷却水系统。缸套冷却水泵的淡水由缸套进口总管进入各缸套下部，沿缸套→气缸盖→增压器路线进行冷却。各缸出水管汇总后一路经造水机和缸套水冷却器冷却，重新进入缸套冷却水泵进口；另一路进入淡水膨胀水箱。

缸套冷却水系统中均设置高膨胀水箱。其作用是：排放系统中的空气，使淡水受热后有膨胀余地；自动向系统中补充因蒸发和泄漏而损失的水，并保持淡水泵有足够的吸入压头；便于投放化学药剂以对冷却水进行化学处理；若没有蒸汽管，添加热淡水暖缸；此外可装设水位表，以便观察冷却水量的变化情况。在膨胀水箱和缸套水冷却泵之间设有平衡管，用于给系统补水并保持淡水泵吸入压力。系统中有温度传感器检测冷却水出口温度变化，并通过热力膨胀阀控制其温度。通常主淡水泵设有两台离心泵。

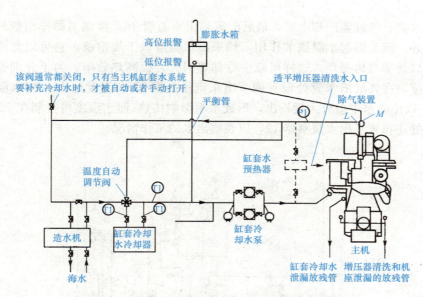

图 7-1-2　MAN B&W MC 型柴油机缸套冷却水系统

喷油器冷却系统的组成和原理与缸套冷却系统基本相同，冷却剂可用淡水或柴油。在某些喷油器冷却系统中，有时不设冷却器，借助冷却系统的自然散热即可达到冷却的目的。有时在冷却水循环箱中设置加热器以保证启动时喷油器对冷却水温度的要求。

船上的发电柴油机有自行独立的淡水冷却系统。

**2. 开式海水冷却系统**

开式循环冷却系统是直接利用舷外水(海水或河水)冷却各受热部件，然后排至舷外。所以，开式循环冷却系统仅用于技术指标不高的中、小型柴油机。随着船舶柴油机强化程度的不断提高，很少再采用开式循环冷却系统。

开式海水冷却系统是用海水作为冷却剂冷却淡水、润滑油、增压空气和空气压缩机等。系统的基本组成是海底阀和大排量海水泵。其系统如图 7-1-3 所示，使用过的海水排至舷外。在系统中装设感温元件 6 和自动温度调节阀 11，使部分使用过的海水回流至海水泵进口，保证进冷却器的海水温度不低于 25 ℃。

一般设两个以上海底门，分高位和低位，分设在船舶的两侧舷旁。高位海底门位于空载水线下约 300 mm 处，低位海底门设在舱底(靠双层底附近)。船舶在浅水道、港口航行或停泊时，为避免水下泥沙污物堵塞海水系统，多使用高位海底门；而在海上航行时，为防止因风浪造成空吸，多使用低位海底门。当船舶在码头停靠时，一般停止使用靠近码头一侧的海底门，而改用外侧海底门，以防污物堵塞。

海水泵一般设置两台，一台备用。一般均采用大排量离心泵。有些船上把备用泵兼作备用淡水泵。海水泵排量很大，通常在吸入管接一个应急舱底吸口，以备机舱进水时应急排水之用。海水排出管道上装有与消防泵、压载泵等排出管道相通的管系，当某个泵损坏时可以互相代用。

图 7-1-4 所示为 6300C 型柴油机实际开式循环冷却系统的布置及组成。由柴油机带动的水泵将舷外水经通海阀 1、进水阀 2、过滤器 3、止回阀 4 吸入，经三通阀 20 可全部或部分(旁路一部分)进入润滑油冷却器 18 冷却润滑油后再进入柴油机冷却进水总管 6，分别进入

· 191 ·

各气缸冷却水套、气缸盖冷却水腔,最后汇集到出水总管16,经调节器排出舷外或部分再参与冷却循环。调节器起水温调节作用,如果出水温度低于规定值,它可以允许部分出水再流入泵入口处参与再循环,这样可减少冷却热损失,提高热效率。为了分别控制和监测各缸出水温度,在各缸出水管处设有调节出水流量旋塞11和温度计10。海水温度控制在55℃以下,以免海水中盐分大量析出,形成水垢影响传热(河水温度可控制在70℃左右)。在出水总管处还布置了出水观察器12,以观察出水的工作情况。

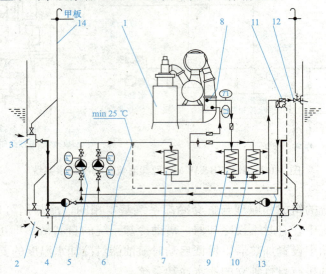

图 7-1-3 开式海水冷却系统

1—主机;2—低位海底阀;3—高位海底阀;4—海水滤器;5—海水泵;6—感温元件;7—润滑油冷却器;8—增压空气冷却器;9—活塞水冷却器;10—缸套水冷却器;11—温度调节阀;12—出海阀;13—温海水回流管;14—透气管

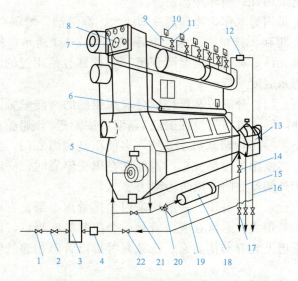

图 7-1-4 6300C型柴油机开式循环冷却系统

1—通海阀;2—进水阀;3—过滤器;4—止回阀;5—冷却水泵;6—进水总管;7—压力表;8—温度表;9—出水支管;10—温度计;11—调节出水流量旋塞;12—出水观察器;13—推力轴承;14—调节阀;15—推力轴承出水管;16—出水总管;17—截止阀;18—润滑油冷却器;19—旁通阀;20—三通阀;21—调压阀;22—调温阀

### 3. 中央冷却系统

中央冷却系统是一种新型的冷却系统,在近年来建造的现代化船舶中经常采用。这种冷却系统的特点是:使用不同工作温度的两个单独的淡水循环系统:高温淡水(80 ℃~85 ℃)和低温淡水(30 ℃~40 ℃)闭式系统。前者用于冷却主机,后者用于冷却高温淡水和各种冷却器。受热后低温淡水再在一个中央冷却器中由开式海水系统进行冷却。因此,可保证只使用一个用海水作为冷却液的冷却器,简化了海水管系的布置。

图 7-1-5 所示为 MAN B&W MC/MCE 型柴油机中央冷却系统。主机缸套冷却水为高温淡水循环系统,发电辅机缸套水为低温淡水系统。主机活塞采用润滑油冷却,喷油器为非冷却式。低温淡水由中央冷却水泵 3 泵出,分别冷却主机润滑油冷却器 4、空气冷却器 5、主机缸套水冷却器 8,回水经总管汇集后流至中央冷却水泵 3 入口处。在停泊期间,发电辅机缸套冷却水可用来给主机暖机。受热后的低温淡水可在中央冷却器 2 中由主海水泵 1 泵出的海水进行冷却。系统中有多个温度传感器以及相应的热力控制阀,可根据水温的变化来调节旁通水量。

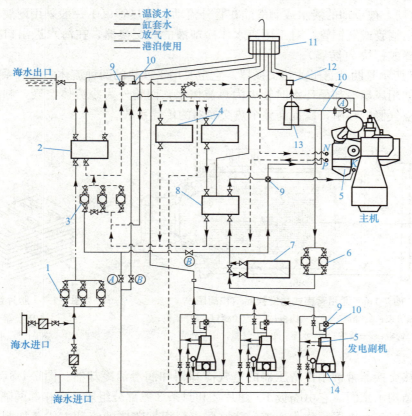

图 7-1-5 MAN B&W MC/MCE 型柴油机中央冷却系统

1—主海水泵;2—中央冷却器;3—中央冷却水泵;4—润滑油冷却器;5—空气冷却器;6—缸套冷却水泵;7—制淡水机;8—缸套水冷却器;9—热力控制阀;10—温度传感器;11—膨胀水箱;12—空气分离器报警器;13—空气分离器;14—辅机淡水泵

较传统的冷却系统,中央冷却系统有明显的优点:海水管系及中央冷却器的维修工作量减至最少;气缸冷却水温度稳定,不受工况变化的影响,使柴油机始终在最佳冷却状态下运转；淡水循环可多年保持清洁，维修工作量极少。中央冷却系统的缺点是：增加了中央冷却器及其辅助设备与管系，因而投资费用较高；由于附加管系的阻力损失，使水泵耗功也有所增加。

### 四、冷却系统的设备

#### 1. 冷却器

淡水冷却器用来冷却封闭循环的淡水；润滑油冷却器用来冷却润滑系统中温度升高的润滑油；空气冷却器用来冷却增压后温度升高的空气。从热交换的角度来看，它们都是热交换器。近年来出现了一些较新式的热交换器，但目前国内船舶柴油机上使用最广泛的仍是管壳式热交换器。

图 7-1-6 所示是通用管壳式热交换器结构简图。内部是由传热管束 1、挡板 3 和散热片 2（有的不带散热片）组成，它们一起浮动地装在外壳 10 中，仅用两端的两个定位螺钉 4 限位，受热后能自由膨胀，清洗和拆装都很容易。为了加强冷却效果，一般让冷却液（舷外水）在管内流动，被冷却的淡水或润滑油在管外流动。传热管束 1 一般采用耐腐蚀性能较好的紫铜管、白铜管或黄铜管。对于用海水作冷却液的热交换器，在海水进出口处还装有更换方便的锌棒或锌块 7（防腐）。

图 7-1-7 所示是肋片管子式热交换器。它主要用于换热的两种流体的放热系数相差悬殊的情况，例如用风扇冷却循环水时管中为热流体水，而管外为冷流体空气，利用加肋片的办法来减少空气侧的热阻，以提高整个热交换器的传热系数。

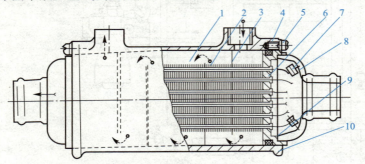

图 7-1-6　通用管壳式热交换器结构简图
1—传热管束；2—散热片；3—挡板；4—定位螺钉；5—压板；
6—管板；7—锌块；8—水室；9—密封圈；10—外壳

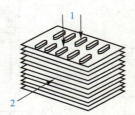

图 7-1-7　肋片管子式热交换器
1—管子；2—肋片

板翅式热交换器常被用作增压器的空气冷却器和润滑油冷却器。图 7-1-8(a) 为板翅式热交换器的结构示意图。它由隔板 1、翅片 2 和封条 3 三部分组成，在相邻两隔板之间设置翅片和封条组成一个夹层，称为通道。将这些夹层根据流体的流动方式叠加起来，钎焊成一体，即组成板束。

图 7-1-8(b) 是冷热流体作逆流换热时的板束组合形式。这种热交换器的传热过程主要是通过翅片的导热和翅片与流体之间的对流换热来完成的。翅片起着扩大传热面积、提高交换器的紧凑性的作用，每立方米容积的换热面积可高达 600～4 000 m$^2$；由于翅片的特殊结构，流体在通道中形成强烈的扰动，使热边界层不断破坏，有效地提高传热系数；另外，翅片有着支撑加固的作用，使板束形成有机整体。

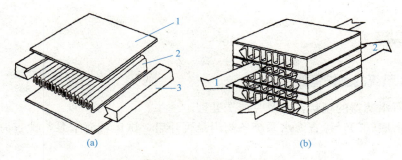

图 7-1-8　板翅式热交换器板束结构
(a)板翅式热交换器；(b)板束组合形式
1—隔板；2—翅片；3—封条

## 2. 节温器

目前节温器的形式较多，但常用的是波纹管节温器和蜡质节温器。图 7-1-9 所示是波纹管节温器工作原理图。在波纹管型密封容器 2 内装有易于挥发的乙醇或乙醚与蒸馏水的混合溶液（比例为 1：2）。波纹管浸在冷却出水的水流中，感受着出水温度的高低，并产生不同的伸长或收缩。当水温低于所要求的数值时，主阀 6 关小或关闭，旁通阀 3 打开，使得一部分或全部冷却水直接流向循环冷却水泵入口，不通过冷却器。当水温达到最大值时，波纹管膨胀到使主阀全开，旁通阀全关，致使冷却水全部流向冷却器 7，经冷却后再流至循环冷却水泵入口。波纹管节温器结构简单，但是由薄金属片做成的波纹管工作可靠性差，使用寿命也短。

图 7-1-10 所示是蜡质节温器的一种结构形式。它的感温元件是由感应器 8 及密封在其中的石蜡组成，为了提高导热性能，常在石蜡中加入铜粉。石蜡在 82.5 ℃～83 ℃ 熔化成液体时体积膨胀特别大，通过胶管 6 推动推杆 4，控制与推杆相连的主阀 1 和旁通阀 2。当水温达到最高值时，主阀 1 全开，通往循环冷却水泵入口的旁通阀关闭，冷却水全部进入冷却器，经冷却后至水泵入口。这种节温器对冷却系统中的工作压力不敏感，工作可靠，使用寿命较长，但结构比较复杂。

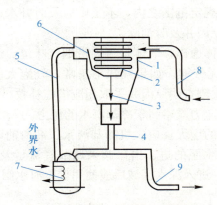

图 7-1-9　波纹管节温器工作原理图
1—壳体；2—波纹管型密封容器；3—旁通阀；
4、5—水管；6—主阀；7—冷却器；
8—柴油机冷却水出水管；9—循环冷却水泵进水管

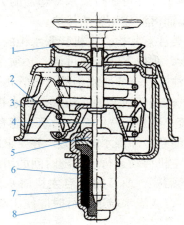

图 7-1-10　蜡质节温器
1—主阀；2—旁通阀；3—壳体；4—推杆；
5—密封器；6—胶管；7—石蜡；8—感应器

## 任务实施

### 一、冷却系统的维护管理

(1)检查海水滤器的现状,并及时清洗处理。

(2)检查海底阀门,检查海水系统各阀门是否开启,试运转海水泵,检查海水系统是否正常。

(3)检查主机膨胀水柜的水位,水量不足时,应补足至规定的水位。

(4)检查活塞冷却水柜、主机喷油器冷却水柜的水位是否在规定位置,水量不足时,应补足至规定的水位。

(5)开启淡水系统上的各个阀门,启动膨胀水箱加热装置或系统上的蒸汽加热器对冷却水加热,温度在 45 ℃以上。

(6)启动淡水循环泵,注意驱除系统内的空气,并检查调整好水压进行循环暖机,通过回水视流器观察主循环水的回流情况,并及时调整。

(7)开启水冷式喷油器冷却水加热装置,加热喷油器冷却水,温度约为 45 ℃。

(8)启动喷油器冷却水循环泵,检查其循环流量及回流情况,并及时调整。

(9)开启水冷式活塞水柜加热装置,加热喷油器冷却水,温度约为 45 ℃。

(10)启动活塞冷却循环水泵,检查其循环流量及回流情况,并及时调整。

(11)检查已有暖机保温措施时主、辅机冷却水的温度变化情况,及时调整,主机启动前切记关闭联通阀。

### 二、冷却系统运行中的管理

(1)对于大型主机,要注意检查主机冷却水的温度,冷却淡水出机温度为 65 ℃~80 ℃,进、出口温差不大于 12 ℃。当主机刚启动运行时,由于负荷不大,水温较低,可不必开启主机海水泵;当主机运行较长时间后,则负荷加大,水温升高,应开启主机海水泵,用海水冷却淡水,并可通过淡水冷却器的旁通阀来调节水温,海水出口温度不应超过 45 ℃,以免盐析出而沉淀成垢影响传热。

(2)要注意常检查主机膨胀水柜的水位是否在规定范围之内,不足则应及时补水;水量消耗过大,水位下降速度过快,必须立即查明其原因并及时消除。

(3)注意检查膨胀水柜的透气管是否有大量气体逸出,气体是否夹带烟气味道。也要经常查看气缸盖、活塞的冷却水柜回水视流器等有无气泡。如果气味不正常,气泡太多,说明气缸盖、垫片、气缸套、活塞可能有裂纹,应立刻查明原因并采取相应措施补救。

(4)注意冷却淡水的压力,并要求冷却淡水的压力应略高于冷却海水的压力。

(5)主机启动运行后,随时间的增加以及负荷的增大,应主机冷却淡水、润滑油以及扫气冷却的需要,要及时开启主机海水泵。通过海水泵的进、出口阀来调节其流量及压力。船舶在港口或浅水航道航行时应使用高位海底阀,进入深水区域后应使用低位海水阀。

### 三、冷却系统维护注意事项

(1)淡水泵出口压力应调整在正常的工作范围内。通常淡水压力应高于海水压力,防止冷却器泄漏时海水漏入淡水,引起其变质。

(2)淡水温度应根据说明书的规定调整至正常的工作范围。勿使淡水出口温度过低(造成热损失增加、热应力增大、低温腐蚀)或过高(使缸壁润滑油膜蒸发氧化、缸壁磨损加剧、冷却腔内发生汽化、缸套密封圈老化)。对于中、高速柴油机,一般出口温度可控制为 70 ℃~80 ℃(不烧含硫重油时),低速机可控制为 60 ℃~70 ℃;进出口温差不大于 12 ℃。一般淡水出口温度以接近允许上限为宜。

(3)海水出口温度不应超过 50 ℃,以免盐分析出而沉积成垢,影响传热。

(4)在运转中,调节淡水温度可以利用海水管路上的旁通阀来调节进入淡水冷却器的海水量,或者利用淡水管路上的旁通阀来调节进入淡水冷却器的淡水量或海水温度。现代新建的船舶大多装设淡水和润滑油温度自动调节装置,它们的调节阀都装在淡水和润滑油的管路中,以控制进入冷却器的淡水量和润滑油量。

(5)检查各缸冷却水的流动情况,如果需要调整冷却水流量,应调整淡水泵的出口阀,同时注意调节速度应尽量缓慢。淡水泵的进口阀应始终处于全开位置。

(6)当发现气缸冷却水压力波动而调节无效时,通常是由于系统中有气体存在造成的,应尽快查明原因并消除。同时应定期检查膨胀水箱和淡水循环柜的水位变化情况。如水位降低过快,应迅速查明原因,加以排除。

在备车时应开动淡水泵进行冷却系统驱气,一般使淡水在系统内循环 15~30 min。在需要时,还应同时进行暖缸,使水温达到 45 ℃左右。暖缸有利于缸内发火,易于启动,还可使润滑油均匀布散防止缸套严重腐蚀磨损,并可降低缸壁的热应力。

在进出港机动操纵时,要控制海水系统保证淡水温度不产生过大波动,应提前关掉海水泵或控制其流量。停车后,应让冷却水继续在系统内循环 20~30 min,使气缸温度逐渐下降,防止缸壁表面的润滑油蒸发或积炭,还可减少热应力。

同时注意检查海水滤器和海水阀是否被杂物堵塞。在寒冷地区航行时,应加强对海水管系的管理,防止海底阀(门)冰塞,并应保证海水进入冷却器的温度(25 ℃)。

应定期(最好每周一次)检查冷却水的质量,检测水处理添加剂(如缓蚀剂)的浓度应在其说明书规定的范围内,检测 pH 值(在 20 ℃时应为 7~10)和氯化物浓度(不大于 $50 \times 10^{-6}$)。

通过这些指标的变化可大致判断冷却系统的工作状态,如果氯化物浓度增加,则表示有海水漏入;pH 值降低,则说明有排气漏入。

## 学生活动页

| 学习领域 | 船舶柴油机使用与维护 | 任务名称 | 冷却系统维护与管理 |
|---|---|---|---|
| 学生姓名 | | 班级学号 | |
| 组别 | | 任务成绩 | |
| 任务描述 | 冷却系统的功用是保证在高温状态下受热部件的足够强度,延长部件使用寿命,要加强冷却系统维护与管理 | | |
| 知识目标 | 1. 熟悉冷却系统的布置方式;<br>2. 了解冷却介质;<br>3. 掌握中央冷却系统的形式与特点 | | |
| 能力目标 | 具有冷却系统维护与管理能力 | | |
| 素质目标 | 1. 能够具备初步的管理能力和信息处理能力,主动获取信息,展示学习成果,对工作过程进行总结和反思;<br>2. 能够具备沟通能力、质量意识和安全意识,有效利用团队合作解决实际问题 | | |
| 学习重点 | 中央冷却系统布置 | 学习难点 | 中央冷却系统布置 |
| 过程记录 | 1. 小组人员分工<br><br>2. 查阅说明书,填写如下内容 | | |

1. 小组人员分工

| 姓名 | 分工 | 姓名 | 分工 | 姓名 | 分工 |
|---|---|---|---|---|---|
| | | | | | |
| | | | | | |
| | | | | | |

2. 查阅说明书,填写如下内容

| 序号 | 规格名称 | |
|---|---|---|
| 1 | | |
| 2 | 冷却器类型 | |
| 3 | | |
| 4 | 冷却水温度 | 出水温度(从气缸盖排出时) |
| 5 | | 进水温度(进柴油机) |
| 6 | | 进、出水温差 |
| 7 | | 淡水压力表读数 |
| 8 | | 海水压力表读数 |

续表

| | | |
|---|---|---|
| 过程记录 | 3. 冷却系统备车<br><br>4. 运行中管理<br><br>5. 注意事项 | |
| 任务考核 | ★选择题<br>1. 在柴油机强制液体冷却系统中，最理想的冷却介质是（　　）。<br>　　A. 润滑油　　　B. 淡水　　　C. 柴油　　　D. 海水<br>2. 在中央冷却系统中下列选项中用海水冷却的是（　　）。<br>　　A. 润滑油　　　B. 增压空气　　C. 低温淡水　　D. 主机气缸套<br>3. 关于海水系统海底阀说法不正确的是（　　）。<br>　　A. 至少有两个　　　　　　B. 位于左右两舷<br>　　C. 有高位和低位　　　　　D. 位于海水滤器后<br>4. 船舶海水冷却系统中的海水泵一般采用（　　）。<br>　　A. 离心泵　　　B. 齿轮泵　　　C. 螺杆泵　　　D. 叶片泵<br><br>★简答题<br>1. 简述膨胀水箱设置的功用。<br><br><br>2. 简述中央冷却系统的形式与特点。 | |
| 任务评价 | 自我评价 | 1. 通过本任务学习，我学到的知识点和技能点：_____。<br>存在问题：_____。<br>2. 在本次工作和学习的过程中，我的表现可得到：<br>□优　□良　□中　□及格　□不及格 |
| | 小组互评 | |
| | 教师评价 | |

## 冷却水添加剂及水处理

闭式和中央冷却系统中，虽然都采用淡水作为冷却介质，但自然界中没有纯净的水，仍需对系统中的淡水进行处理，以防在冷却腔中结垢和造成腐蚀。船舶上处理冷却水的方法有两种：一种是加入无机缓蚀剂，此类化学药品大致分为阳极缓蚀剂和阴极缓蚀剂两种。前者如碳酸盐、磷酸盐、亚硝酸盐等，可在阳极金属上形成保护层，防止阳离子进入水中，但浓度必须足够，否则未形成保护层的局部将产生严重腐蚀；后者如重碳酸钙等，可在阴极金属上形成保护层。目前大多使用亚硝酸盐和硼酸盐为主的水处理剂。其价格低，保护效果好，投药量低（<0.5%），如浓度不当，其危害不突出，且不会伤及皮肤；其缺点是在船上必须定期化验其浓度变化，对锌及镀锌管有腐蚀作用，另外，亚硝酸盐有一定的毒性。另一种是加入乳化防锈油，由于环境保护的要求，目前较少使用乳化防锈油。

### 1. 无机缓蚀剂

无机缓蚀剂（防锈剂）的种类很多，但目前国内外所使用的均以亚硝酸盐和硼酸盐为主要成分。前者具有很好的防垢和防锈双重作用，后者为碱性物质，可提高冷却水的 pH 值，有利于保护膜形成。只要按使用说明书应用，都能取得良好效果。下面仅以远洋船上常用的 Uniter 公司生产的船用冷却水处理剂 Dieselguard（原名 Perolin Formet 326）为例加以说明。这种冷却水处理剂为干燥灰白色粉状亚硝酸盐—硼酸盐化合物，能使金属表面形成完整的一层薄膜，不影响传热，能防止电化学腐蚀和穴蚀，抑制水垢生成，对铜、黄铜及非金属（如软管、垫床、密封装置）均无损害。加有这种药剂的冷却水可用作造水机的热源，制得的淡水可供饮用。

使用时这种药剂的用量控制及浓度是根据亚硝酸盐浓度而定的，见表 7-1-1。对原来积有水垢和沉积物的冷却腔，加药量应加倍（达 $5\,000\times10^{-6}$），且经常从系统中放水，其排出水垢、铁锈和泥渣，放水量每次 10 L 即可。药剂未加入系统之前，应先按 1 kg 药剂加 6 kg 水的比例将药剂溶解，放掉系统中的部分水后，加入膨胀水柜。待药剂分散到整个系统后，应立即取水样化验，并根据化验结果对含药浓度进行调节。当达到所需要求以后应每周再化验一次。亚硝酸盐浓度化验是使用 Uniter 公司提供的手提化验箱按说明进行：取经过滤后的水样 5 mL 放入瓶内，再加蒸馏水至 50 mL，加入 2 片亚硝酸盐 1 号药片，待摇至溶解后再放入 1 片亚硝酸盐 2 号药片，待溶解后再放入第二片 2 号药片，这样一片片加入直至出现粉红色并保持 1 min 以上。加入的 2 号药片总数乘以 180 即得出亚硝酸盐的浓度值（$\times10^{-6}$），再和表 7-1-1 比较，即可决定加药数量。亚硝酸盐的浓度一定要足够，否则金属表面薄膜不能保持完整，反而会加速电化学腐蚀。

表 7-1-1 投药控制表

| 亚硝酸盐值 /($\times10^{-6}$) | 投药量/(kg·水$^{-1}$) | | |
|---|---|---|---|
| | 蒸馏水 | 自来水 | 有海水污染 |
| 200 | 2 | 5 | 6.5 |
| 400 | 1.5 | 4.5 | 6.0 |
| 600 | 1.0 | 4.0 | 5.5 |
| 800 | 1.0 | 4.0 | 5.0 |
| 1 000 | 0.4 | 3.5 | 4.5 |

续表

| 亚硝酸盐值 /($\times 10^{-6}$) | 投药量/(kg·水$^{-1}$) | | |
|---|---|---|---|
| | 蒸馏水 | 自来水 | 有海水污染 |
| 1 200 | 控制范围 | 3.0 | 4.5 |
| 1 400 | | 2.5 | 4.0 |
| 1 600 | | 2.0 | 3.5 |
| 1 800 | | 2.0 | 3.0 |
| 2 000 | | 1.5 | 3.0 |
| 2 200 | | 1.0 | 2.5 |
| 2 400 | | 控制范围 | 2.0 |
| 2 600 | | | 1.3 |
| 2 800 | | | 1.0 |
| 3 000 | | | 1.0 |
| 3 200 | | | 0.5 |
| 3 400 | | | 控制范围 |
| 3 600 | | | |
| 3 800 | | | |
| 4 000 | | | |
| 初次投药量 | 2.4 | 5.4 | 6.7 |

我国交通运输部推荐的柴油机水处理的药剂也是亚硝酸盐和四硼酸盐的混合物,其处理与化验步骤可参见有关说明书。

2. 乳化防锈油

乳化防锈油品种很多,都由有机防锈添加剂、乳化剂和基础油三部分组成。采用防锈油处理冷却水,除有防蚀作用外,还有一定的润滑作用,因此常用于活塞冷却水的处理。我国船舶常用的防锈油有国产 NL 型乳化防锈油和壳牌"壮马士 B"(Shell Dromus B)防锈油。

NL 型乳化防锈油是红棕色的透明状液体,与水混合后可成为乳白色的乳浊液。它适用于硬度为 0.7~8.0 mg 当量/L、氯离子不超过 0.4 mg 当量/L 的一般自来水。如水的硬度小于 0.7 mg 当量/L,则易产生泡沫,可在水中加入硫酸钙(每 100 kg 水加 5 g)来防止;如水的硬度大于 8.0 mg 当量/L,则易造成析油,在船上可掺一些造水机制造出来的蒸馏水或锅炉的凝结水来降低硬度。

初次使用时,按 1~1.5%(体积百分比,下同)加入防锈油,此时因金属表面的吸附和水中钙、镁离子的消耗,含油量会很快降低。运行时,防锈油浓度应保持在 0.8%~1.0% 范围内,低于 0.5% 要补油;浓度也不要大于 1.3%。配制时,将所需防锈油以 3~5 倍的水混合搅拌,从膨胀水箱或循环水柜加入。配制时避免使用镀锌容器,因它与镀锌面会起反应生成锌皂,影响乳化液的稳定并产生浮渣。

当乳化液变成澄清、黑棕色、泥泞状或油状时,表明已失效。此时应排掉原来的冷却液,清洗冷却系统,然后更换新液。

Dromus B 防锈油使用方法与 NL 型防锈油相同,不同点是水质硬度要求为 2.5~3.0 mg 当量/L,使用浓度则是初次加入时按 0.7%,运行时保持为 0.25%~0.5%。

# 项目八  操纵系统维护管理

思维导图

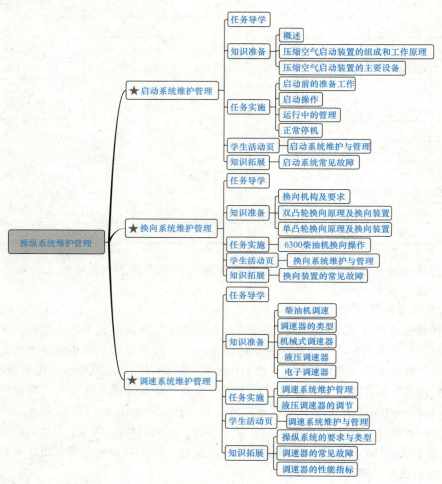

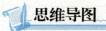项目描述

柴油机在运转中，为满足实际工作的要求，其工况需要经常改变，如停车、启动、换向、运转、变速等。为达到上述目的，不管人力还是自动控制，柴油机本身均需由相应的机构来控制，这些机构即组成了柴油机的操纵系统。柴油机的操纵系统具体由启动装置、换向装置和调速机构等组成。柴油机的操纵系统就是将启动、换向、调速等各装置连接成一个整体并可以集中控制柴油机的机构。轮机人员在操纵台前，通过控制系统就可以集中控制机器，满足船舶操纵的各种要求。

在船舶柴油机中，操纵系统是最复杂的一部分，零部件多，排列错综复杂。尤其是近年来遥控技术和自动化技术在操纵机构中的应用，更增加了操纵系统的复杂程度。为了保证操纵系统能够可靠工作，对轮机修造人员有下列基本要求。

## 一、知识要求

1. 熟悉柴油机常见启动方式；
2. 掌握压缩空气启动的工作原理；
3. 熟悉压缩空气启动系统各部件的结构和组成；
4. 掌握换向装置的基本原理、换向方法和要求；
5. 掌握调速器的类型和特点。

## 二、能力要求

1. 能够按照正确的流程启动柴油机；
2. 能够按照正确的流程对柴油机实现换向操作；
3. 能够使用和维护换向机构；
4. 能够使用和维护各种类型的调速器。

## 三、素质要求

1. 具有分析问题、解决问题的能力；
2. 具有沟通能力和团队协作精神；
3. 具有勇于创新、爱岗敬业的优秀品质；
4. 具有质量意识、安全意识和环境保护意识；
5. 具有初步的管理能力和信息处理能力。

# 任务一　启动系统维护管理

## 任务导学

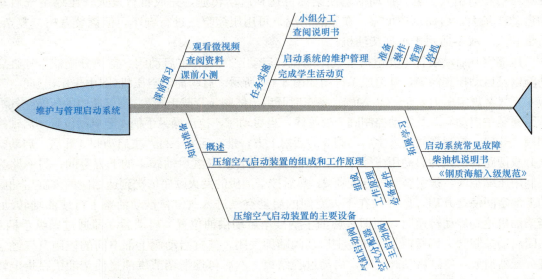

## 知识准备

### 一、概述

压缩空气启动系统一般由空压机、空气瓶、气缸启动阀、空气分配器、主启动阀及其他单向阀、转换阀和控制阀等组成。按气缸启动阀开启的方式不同,又分为直接控制与间接控制两种。

柴油机本身没有自行启动能力。欲使静止的柴油机转动起来必须借助外力,以便使柴油机获得第一个工作循环的条件,即在外力作用下进行进气、压缩、喷油,直至燃油燃烧膨胀做功而自行运转,这一过程称为柴油机启动。在启动过程中还必须使柴油机达到一定转速,才能保证在压缩终点缸内达到燃油自燃发火的温度。柴油机启动所要求的最低转速称为启动转速。

启动转速的高低与柴油机的类型、环境条件、柴油机技术状态、燃油品质等有关。它也是鉴别柴油机启动性能的重要标志。启动转速的一般范围是:

高速柴油机 80~150 r/min;
中速柴油机 60~70 r/min;
低速柴油机 25~30 r/min。

根据所采用的外来能源形式,柴油机的启动方式可分为:

(1)借助加在曲轴上的外力矩使曲轴转动起来。如人力手摇启动、电动机启动及风马达或液压电动机启动等。

(2)借助加在活塞上的外力推动活塞运动。如压缩空气启动。通常,船舶柴油机大多采用压缩空气启动。

### 二、压缩空气启动装置的组成和工作原理

压缩空气启动就是将具有一定压力(2.5~3.0 MPa)的压缩空气,按柴油机的发火顺序在膨胀行程时引入气缸,推动活塞使柴油机达到启动转速,完成自行发火。压缩空气启动的启动能量大,启动迅速可靠,在紧急情况下可用压缩空气进行刹车,但该装置构造复杂,质量较大,故不适用于小型柴油机。

压缩空气启动装置主要包括空气压缩机、启动空气瓶、主启动阀、空气分配器、气缸启动阀以及启动控制阀等,其组成系统图如图 8-1-1 所示。启动前,空压机(图中未示出)向空气瓶 6 充气至规定压力 2.5~3.0 MPa。备车时开启出气阀 5 及截止阀 8,空气瓶中的压缩空气沿管路通至主启动阀 3 及启动控制阀 7 处等候。当启动时,拉动操纵手柄 4 至启动位置,启动控制阀 7 开启,控制空气进入主启动阀 3 的活塞上方,推动活塞下行,主启动阀 3 开启。启动空气分成两路:一路为启动用压缩空气,经总管引至各缸气缸启动阀 1 的下方空间;另一路为控制用压缩空气,被引至空气分配器 2,然后按柴油机的发火顺序依次到达相应的气缸启动阀的上部空间使之开启,原等候在下方空间的启动空气进入气缸,推动活塞下行使曲轴转动。当柴油机达到启动转速时,随即将燃油手柄推至启动供油位置。启动后立即通过操纵手柄 4 关闭启动控制阀 7 切断控制空气,主启动阀随即关闭,气缸启动阀上部空间的控制空气经空气分配器泄放,气缸启动阀关闭,启动过程结束。然后可逐渐调节供油量使柴油机在指定转速下运转。当无须再次启动柴油机时可将截止阀 8 和出气阀 5 先后关闭。

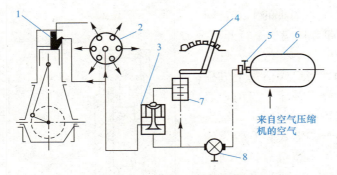

**图 8-1-1　压缩空气启动装置原理图**
1—气缸启动阀；2—空气分配器；3—主启动阀；4—操纵手柄；
5—出气阀；6—空气瓶；7—启动控制阀；8—截止阀

为了保证柴油机压缩空气启动迅速可靠，必须具备以下三个条件：

（1）压缩空气必须具有一定的压力和储量。按我国有关规定供主机启动用空气瓶（至少有两个）的压力应保持在 2.5～3.0 MPa，其储量应保证在不补充空气的情况下，对可换向主机能从冷机正倒车交替启动不少于 12 次；对不可换向主机能从冷机连续启动 6 次。

（2）压缩空气供气要适时并有一定的供气延续时间。适当的供气正时应以既有利于启动又可节省空气耗量为原则。通常，大型低速二冲程柴油机的供气始点约在上止点前 5°曲轴转角，供气终点在上止点后 100°～120°曲轴转角，进气持续角一般不超过 120°曲轴转角。中、高速四冲程柴油机供气始点在上止点前 5°～10°曲轴转角，进气持续角同受排气阀限制一般不超过 140°曲轴转角。

（3）必须保证有最少气缸数。为保证曲轴在任何位置都能启动，要求在任何位置至少有一个气缸处于启动位置。为此，二冲程柴油机最少启动缸数应大于 360°/120°，一般不应少于 4 个；而对四冲程机必须大于 720°/140°，一般不少于 6 个。若缸数少于最少启动缸数，启动前必须盘车，使某个气缸的启动阀处于供气位置。

### 三、压缩空气启动装置的主要设备

#### 1. 气缸启动阀

气缸启动阀是启动装置中最主要的部件之一。通常，每缸一个均装在气缸盖上，其下方与启动空气总管连接，上方与空气分配器连接。其动作由空气分配器按发火顺序使启动空气进入气缸，完成启动动作。

气缸启动阀分为单向阀式和气压控制式两种。单向阀式为一个简单的单向阀，其启动空气就是控制空气，由空气分配器直接控制。气压控制式开阀的控制空气由空气分配器来，进入气缸的启动空气直接由空气总管来。因而空气分配器尺寸小，空气损失少，启动迅速，适用于大型柴油机。根据控制气路的不同，气压控制式又可分为单气路控制式与双气路控制式两种。

单气路控制式气缸启动阀结构与工作原理简图如图 8-1-2(a)所示，图 8-1-2(b)所示为柱塞式空气分配器工作原理简图。启动阀由阀盘 1、阀杆 3 和面积较大的启阀活塞 4 组成。启动空气进入进气腔 2，由于阀盘 1 与阀杆 3 的直径基本相等，对气缸启动阀的开启不起作用，所以阀盘 1 在启阀活塞下部的弹簧作用下保持关闭状态。当控制空气（图中虚线示）由空气分配器送入启阀活塞 4 的上方空间时，启阀活塞下行带动阀盘 1 下行开阀，原等候在进气腔 2 的启动空气进入气缸推动活塞进行启动，当启阀活塞上方控制空气经空气分配器泄放至大气时，启阀活塞在弹簧作用下上行关闭。该缸启动动作结束。此种结构形式具有较大的启阀活塞，使其开关迅速可靠，启动空气消耗少，结构简单，因而为多种柴油机所采用，如 MAN B&W MC/MCE 型柴油机。但它在性能上不能兼顾启动与制动两方面的要求，在缸内压力超过启动空气压力时仍有可能开启（因启阀活塞大）而产生燃气倒冲事故。此外，在阀盘落座时速度快，撞击厉害，致使阀盘与阀座磨损快。

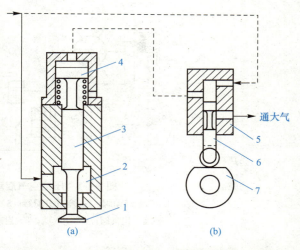

**图 8-1-2　单气路控制式气缸启动阀和空气分配器**
(a)气缸启动阀结构和工作原理；(b)柱塞式空气分配器
1—阀盘；2—进气腔；3—阀杆；4—启阀活塞；
5—阀体；6—滑阀；7—凸轮

双气路控制式气缸启动阀结构如图 8-1-3 所示。其启动阀由阀盘 5、阀杆 3 以及阶梯型启阀活塞 2 组成。启动空气由 AL 进入启动阀下部空间，启动阀保持关闭（平衡式）。管 H 与管 J 均与专用的空气分配器连接，当 T 空间经开启管 H 充入控制空气而 N 空间经关闭管 J 泄放空气时，阶梯活塞 2 下行开阀。阶梯活塞由直径不等的 $K_1$、$K_2$、$K_3$ 三级活塞组成，当控制活塞 $K_1$ 下行开启控制器 S 时，控制空气由 T 空间进入大直径的控制活塞 $K_2$ 的上部 P 空间，使启动阀加速打开。当控制活塞 $K_3$ 下行关闭管 J 的气口时在下部空间 N 形成气垫，使开阀速度减慢避免控制活塞撞击缸底。当空气分配器经管 H 释放 $K_1$、$K_2$ 上部的控制空气并向关闭管 J 充入控制空气时，控制空气首先进入活塞 $K_2$ 的下部空间 M，使启动阀上行关阀，随后控制空气作用在直径较小的控制活塞 $K_3$ 下方使关阀速度减慢，当活塞 $K_1$ 上行到关闭控制器 S 时，空间 P 变成密闭空间并形成气垫，使关闭后期（落座）速度大大减慢，避免了关闭时的强烈撞击。待阀落座后通过槽 B 使空间 P 与空间 M 的压力自动平衡。此种结构形式能较好地满足从启动方面提出的要求：速开、速关，但落座速度缓慢，

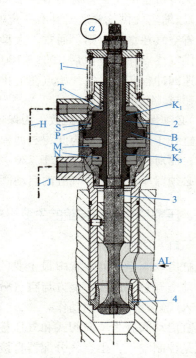

**图 8-1-3　双气路控制式气缸启动阀**
1—弹簧；2—阶梯活塞；3—阀杆；4—阀杆；
5—启动阀盘；
$K_1$、$K_2$、$K_3$—控制活塞；T—上部空间；
M—中部空间；N—下部空间；P—空间；
S—控制器；B—连接槽；H—开启管；J—关闭管

而且由于控制活塞 $K_1$ 直径较小使初始开阀力较小,当缸内压力较高时阀保持关闭。另外,当它处于全开状态时,开阀控制空气作用在阶梯活塞的全部工作面积上,向下的开阀作用力增大,因此,在紧急制动时即使缸内气体压力稍高于启动空气压力,该阀仍然可保持开启状态,从而也满足了从制动方面提出的要求。但此种结构形式构造复杂,造价较高。Sulzer 柴油机使用此种形式的气缸启动阀。

**2. 空气分配器**

空气分配器由凸轮轴驱动。它的作用是按照柴油机的发火顺序,在要求的启动正时时刻内将控制空气分配到相应的气缸启动阀使之开启,让压缩空气进入气缸,启动柴油机。

按结构形式不同,空气分配器可分为回转式(分配盘式)和柱塞式两种。回转式是利用凸轮轴驱动的一个带孔的分配盘与分配器壳体上的孔(与气缸数相同,按发火顺序排列)相配合,控制各缸气缸启动阀的启闭,一般多用于中、高速柴油机。柱塞式通过启动凸轮与柱塞(滑阀)来控制启动阀的启闭,一般多用于大、中型柴油机。

柱塞式空气分配器按其结构不同又可分为单体式与组合式两种。单体式分配器按各缸分开布置,分别由相应的启动凸轮控制,启动阀启闭时刻与次序均由各启动凸轮的型线和在凸轮轴上的安装位置决定。组合式空气分配器圆列式集中由一个启动凸轮控制,直列式由一套启动凸轮控制,凸轮的安装位置和型线决定了各启动阀的启闭时刻,分配器与启动阀的连接管系布置决定了各启动阀的开启次序。

为与气缸启动阀匹配,柱塞式空气分配器分为单气路和双气路两种。单气路式如图 8-1-2 所示,它与单气路气缸启动阀相配;双气路式(图 8-1-4)与双气路气缸启动阀配用,双气路控制式气缸启动阀需要两路控制空气,因为分配器必须有两个供气点分别与气缸启动阀的开启管 H 和关闭管 J 相连。双气路控制柱塞式空气分配器的各滑阀 3 是按各气缸的发火顺序绕凸轮轴中心线径向布置的,各滑阀是由一个启动凸轮 6 控制。图 8-1-4 所示位置,空气分配器没有控制空气时,控制滑阀 3 在弹簧 3a 的作用下脱离启动凸轮 6 不接触(存在 1 mm 间隙),此时开启管 H 经放气空腔 VS 通大气,各缸气缸启动阀均处于关闭状态。

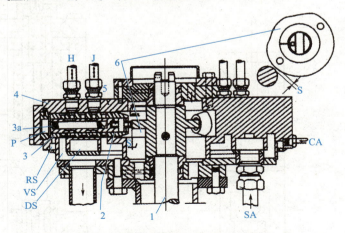

图 8-1-4 双气路控制式空气分配器

1—凸轮轴;2—滑阀套;3—控制滑阀;3a—弹簧;4—外壳;5—滚轮;6—启动凸轮;
CA—控制空气管;SA—供气管;DS—分配器空腔;VS—放气空腔;RS—空腔;P—压力空腔

启动操作时,启动控制阀输出的控制空气中的一路经分配器管 CA 进入空腔 RS 及压力空腔 P，将各控制滑阀 3 和滚轮 5 压向启动凸轮 6，从而使各滑阀处于凸轮控制状态。当控制空气中的另一路开启主启动阀后，由主启动阀输出的启动空气中的一路经分配器供气管 SA 进入分配器空腔 DS 与开启管 H 相通，而关闭管 J 与放气腔 VS 相通，于是使气缸启动阀下行开启进行启动。随着凸轮轴 1 的转动，启动凸轮 6 将控制滑阀 3 推向外端，将开启管 H 与放气空腔 VS 相通放气，来自主启动阀的控制空气经分配器空腔 DS 与关闭管 J 相通，使气缸启动阀关闭，而凸轮的基圆又转到另一个滑阀下端，依次启闭另一个气缸的启动阀。当启动按钮或启动手柄复位时，则启动结束，空间 P 和 RS 的控制空气经 CA 泄放，控制滑阀 3 又在弹簧 3a 的作用下拉回到原位，滚轮 5 离开凸轮 6，空气分配器停止工作。

### 3. 主启动阀

主启动阀是一种能迅速启闭的截止阀，用来启闭空气瓶至空气分配器和气缸启动阀间的主启动空气通路；在启动操纵时来自空气瓶的压缩空气经主启动阀迅速进入启动空气总管，并经总管分至各缸气缸启动阀和空气分配器，使启动迅速可靠并可减少压缩空气的节流损失；当启动完毕后，它能迅速切断进入启动总管的压缩空气，并使总管中的残余空气经主启动阀放入大气中。因此，在大、中型柴油机压缩空气启动装置中多设有主启动阀。

主启动阀按结构形式可分为均衡式和非均衡式两种。图 8-1-5 所示为均衡式主启动阀，阀的开启依靠加载于控制缸内启阀活塞上的控制空气破坏原均衡关闭状态来实现；图 8-1-6 所示为非均衡式主启动阀，阀的开启依靠释放控制缸内的压缩空气来实现。大型低速机多使用后者。

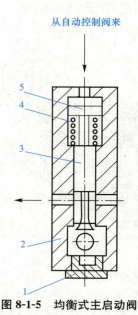

图 8-1-5　均衡式主启动阀
1—螺盖；2—阀体；3—阀；4—螺簧；5—活塞

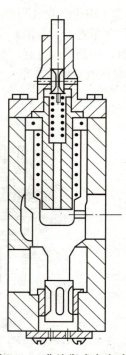

图 8-1-6　非均衡式主启动阀

## 任务实施

### 一、启动前的准备工作

(1) 检查曲轴箱的油位是否在油尺两刻度线之间。采用油勺飞溅润滑时，以曲轴在下止点油勺浸入油中 20~30 mm 为宜，油勺应离曲轴箱底 2~3 mm。

(2) 如果低压级气缸采用滴油润滑时，启动前油杯中的油位应不低于 1/3，并将滴油量调至每分钟 1~2 滴。

(3) 自动卸载装置的空压机，启动前应开启手动卸载阀或中间冷却器和液气分离器的卸放阀，以减轻空压机的启动负载。

(4) 开启冷却水系统上的进、出水阀，并开启机身下部的放水阀，检查供水情况。

(5) 检查空压机排出端的截止阀是否开启并处于全开位置。

(6) 应手动盘车 2~3 转，检查运动部件是否灵活，有无卡阻等异常现象。

(7) 检查电源是否连接牢固、电压是否正常，并及时排除故障。

### 二、启动操作

(1) 开启空气瓶上的主停气阀阀门和空气瓶上的进气阀阀门。

(2) 接通空气压缩机的启动电源，正确启动空压机。

(3) 对于采用压力润滑的空压机，启动初始应密切注意观察压力表压是否达到规定范围。

(4) 通常采用手动操作的方式启动空压机后，应将两只空气瓶的空气压力补足到规定压力上限 3 MPa，并注意放掉空气瓶底部的残水。

(5) 开启空气瓶的出口阀、主启动阀前的截止阀。

(6) 开启空气瓶通往驾驶台的汽笛用低压阀门，使汽笛随时有汽。

(7) 设置有自动卸载装置的空压机，待确认机器运转正常后，应关闭手动卸载阀或中间冷却器和液气分离器的泄放阀。

(8) 空压机启动运行中，应随时仔细倾听空压机有无其他不正常响声。

(9) 空压机启动后，应注意观察压力表有无读数，以判断气路是否畅通，压力表是否损坏等。

### 三、运行中的管理

(1) 检查压力表有无读数，以判断气路畅通情况、压力表是否损坏。

(2) 注意检查高低压及排出压力表上的读数是否在规定范围内，因为工作中各级排气压力是随排出容器中的压力升高而逐渐升高的。

(3) 注意检查各级压力比，分配是否均匀，工作压力是否超过规定。

(4) 注意检查曲轴箱内润滑油位和油质，油位应保持在规定范围(0.15~0.30 MPa)之内。检查中若发现油位增高和油质乳化，应停车查明水的来源。

(5) 注意检查润滑油的压力和温度，当吸气温度不超过 45 ℃时，用水冷却的空压机润滑油温度应不超过 70 ℃，采用风冷却的应不超过 80 ℃。

(6) 注意观察各级气缸的排出温度，一般风冷式空压机的排气温度应不超过 160 ℃，水冷式空压机的排气温度应不超过 200 ℃。

（7）检查中一旦发现压缩机在工作中供水中断，必须立即停车查明原因，一般空压机冷却水进、出口温度不要超过13 ℃。

（8）定期开启冷却器和液气分离器下部的泄放阀，排放残油和冷凝水，以免其进入空气瓶，冷却器2 h、空气瓶4 h排放一次冷凝水和残油。排放的水液应做到虽然在水面能看到油渍，但用手捻又无油腻感，不然将认为有过多的润滑油进入气缸。

（9）注意检查空压机与电动机的连接情况，查看地脚螺栓是否松动，及其空压机管系中接头的紧密性。

（10）如果有注油器，要定时检查其运行情况，油位应在规定范围内。

### 四、正常停机

（1）工作中当空气瓶压力达到上限时，如果是自动控制的空气压缩机会自动停机，如果不是，应手动切断电源，停止空压机工作。

（2）停机前首先应打开卸载和液气分离器泄放阀，减少负荷和排污。

（3）关闭冷却水截止阀和滴油杯的油量调节阀。

（4）如果是正常工作过程中短时间的程序性停机，还应保证能随时启动空压机投入运行。

#### 学生活动页

| 学习领域 | 船舶柴油机使用与维护 | 任务名称 | 启动系统维护与管理 |
|---|---|---|---|
| 学生姓名 | | 班级学号 | |
| 组别 | | 任务成绩 | |
| 任务描述 | 船舶柴油机常采用压缩空气启动系统，通过对启动条件、启动系统组成与原理、启动设备进行学习，学生能够按流程进行柴油机启动操作 | | |
| 知识目标 | 1. 熟悉启动条件与启动方式；<br>2. 了解压缩空气启动装置的主要设备；<br>3. 掌握压缩空气启动装置的组成和工作原理 | | |
| 能力目标 | 具有启动系统维护与管理能力 | | |
| 素质目标 | 1. 能够具备初步的管理能力和信息处理能力，主动获取信息，展示学习成果，对工作过程进行总结和反思；<br>2. 能够具备沟通能力、质量意识和安全意识，有效利用团队合作解决实际问题 | | |
| 学习重点 | 压缩空气启动系统的组成 | 学习难点 | 压缩空气启动系统的工作原理 |

续表

| | | | | | | | |
|---|---|---|---|---|---|---|---|
| 过程记录 | 1. 小组人员分工 ||||||||

| 姓名 | 分工 | 姓名 | 分工 | 姓名 | 分工 |
|---|---|---|---|---|---|
| | | | | | |
| | | | | | |
| | | | | | |

2. 查阅说明书，填写如下内容

| 序号 | 压缩空气启动系统组成设备 | 序号 | 压缩空气启动系统组成设备 |
|---|---|---|---|
| 1 | 空气分配器 | 8 | |
| 2 | | 9 | |
| 3 | | 10 | |
| 4 | | 11 | |
| 5 | | 12 | |
| 6 | | 13 | |
| 7 | | | |

3. 启动前准备

4. 启动操作

5. 运行中管理

★ 选择题

1. 大型低速柴油机的最低启动转速范围，一般为（　　）。
   A. $n=25\sim30$ r/min　　　　　　　B. $n=30\sim50$ r/min
   C. $n=60\sim70$ r/min　　　　　　　D. $n=80\sim150$ r/min
2. 根据《钢质海船入级规范》的规定，启动空气瓶的总容量在不补充充气的情况下，对可换向柴油机正倒车交替进行启动（　　）。
   A. 至少连续启动 12 次　　　　　　B. 至少冷机连续启动 12 次
   C. 至少热态连续启动 8 次　　　　　D. 至少冷机连续启动 8 次
3. 为了保证柴油机曲轴停在任何位置都能用压缩空气启动，则必须（　　）。
   A. 二冲程柴油机应不少于 6 个缸　　B. 二冲程柴油机不少于 3 个缸
   C. 四冲程柴油机应不少于 6 个缸　　D. 四冲程柴油机应不少于 4 个缸

★ 简答题

简述压缩空气启动系统工作原理。

续表

| 任务评价 | 自我评价 | 1. 通过本任务学习，我学到的知识点和技能点：_____。<br>存在问题：_____。<br>2. 在本次工作和学习的过程中，我的表现可得到：<br>□优　□良　□中　□及格　□不及格 |
|---|---|---|
| | 小组互评 | |
| | 教师评价 | |

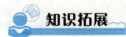

## 知识拓展

### 启动系统常见故障

1. 柴油机不能启动

当启动手柄或手轮推至启动位置时，如果柴油机没有转动，其主要原因在启动系统。可能的原因有以下五个方面：

(1) 盘车机未脱开。启动控制空气处于关闭状态。

(2) 空气瓶出口阀或主截止阀未开足。

(3) 启动空气压力不足。

(4) 启动空气管系脏污，空气流量不足。

(5) 启动系统中的有关阀件，如主启动阀、启动控制阀、空气分配器、气缸启动阀等卡死、磨损、漏气。

2. 启动时曲轴转动但达不到发火转速可能的原因和解决办法

(1) 启动空气压力太低，应予补充。

(2) 柴油机暖缸不足，润滑油黏度太大，应予暖缸。

(3) 启动操纵动作过快，应重新启动。

(4) 个别气缸启动阀或空气分配器咬死或动作不灵活，应检查、拆卸清洗。

3. 某一段启动空气管发热的处理

通常是该气缸启动阀漏泄所致，应检修漏气的启动阀。

# 任务二 换向系统维护管理

## 任务导学

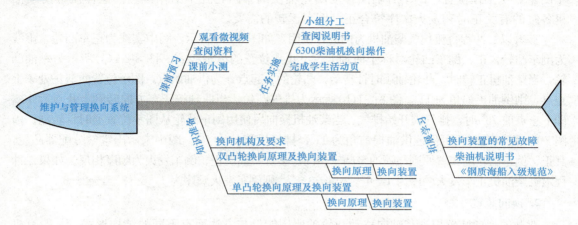

## 知识准备

### 一、换向机构及要求

根据航行要求,如果船舶要从前进变为后退(或相反),一般有两种方法:其一是改变螺旋桨的旋转方向(称为直接换向);其二是保持螺旋桨转向不变而改变螺旋桨叶的螺距角,使推力方向改变(称为变距桨换向)。目前多数船舶使用前者来实现换向。改变螺旋桨转向的方法除少数间接传动推进装置采用倒顺车离合器外,一般都是直接改变柴油机的转向。

柴油机只有按照规定的进、排气和喷油正时及发火顺序工作,才能够以恒定的方向连续运转。要使柴油机换向,首先应停车,然后将柴油机反向启动起来,最后使柴油机按反转方向运转起来。要满足反向启动和反向运转的要求,必须改变启动正时、喷油正时和配气正时,使之与正转时有相同的规律。由于上述正时均由有关凸轮控制,所以柴油机的换向问题就是如何改变空气分配器凸轮、喷油泵凸轮和进、排气凸轮与曲轴相对位置。为改变柴油机的运转方向而设置的改变各种凸轮相对于曲轴位置的机构称为换向机构。

换向时需改变其与曲轴相对位置的凸轮随机型不同而异。如二冲程弯流扫气柴油机只有空气分配器凸轮和燃油凸轮需要换向;二冲程直流扫气柴油机又增加了排气凸轮的换向;而四冲程柴油机则包括空气分配器凸轮、喷油泵凸轮及进、排气凸轮。所以不同的机型采用不同的换向机构。

换向机构种类繁多,但对换向机构的要求基本相同,主要如下:

(1)能准确、迅速地改为各种换向设备的正时关系,保证正、倒车正时相同。

(2)换向装置与启动、供油装置间应有必要的连锁机构以保证柴油机运转安全。

(3)需要设置锁紧装置以防止柴油机在运转过程中各凸轮正时机构相对于曲轴上、下止点位置发生变化。

(4)按《钢质海船入级与建造规范》的规定,换向过程所需时间不大于 15 s。

## 二、双凸轮换向原理及换向装置

### 1. 换向原理

双凸轮换向的特点是对需要换向的设备均设置供正、倒车使用的两套凸轮。正车时正车凸轮处于工作位置，倒车时轴向移动凸轮轴使倒车凸轮处于工作位置。这样便可使柴油机各缸的有关正时和发火次序符合正、倒车运转的需要。

接着以二冲程直流扫气柴油机为例进行说明。如图 8-2-1 所示，图中实线为正车凸轮，虚线为倒车凸轮，正、倒车凸轮对称于曲轴上、下止点位置的纵轴线 $ob$。图 8-2-1(a) 所示为燃油凸轮，当柴油机正转时，凸轮轴顺时针转动，凸轮的升起点 $a$ 为供油始点，图示位置曲柄正处于上止点，则供油提前角为 11°。图 8-2-1(b) 所示为排气凸轮，当曲轴按正车方向转到上止点后 104° 即下止点前 76° 时，排气阀开始排气。当柴油机换向后使用倒车凸轮从图示位置逆时针转动。由图 8-2-1 可知此时仍可保证供油提前角为 11°，排气提前角为 76°。图中未示出空气分配器凸轮，其正、倒车凸轮的布置原则与喷油泵凸轮相同。多缸柴油机正、倒车发火为顺序相反。如果二冲程六缸柴油机正车发火顺序为 1—6—2—4—3—5，则倒车发火顺序为 1—5—3—4—2—6。

### 2. 换向装置

双凸轮换向装置根据其轴向移动凸轮轴所用能量与方法而有不同的结构形式。一般有机械式、液压式和气压式三种。图 8-2-2 所示为气力－液压式双凸轮换向装置。这也是 MAN 型柴油机所采用的换向装置。图示为倒车位置。由倒车换向为正车的操作时，利用换向杆使压缩空气进入正车油瓶，润滑油被压入活塞右方的油缸内，使活塞带动凸轮轴向左移动，与此同时，油缸活塞左侧的油被活塞压入倒车油瓶，倒车油瓶中的气体经换向阀泄入大气。当活塞移至左侧极限位置时，各正车凸轮正好处于相应的从动件下面，换向过程结束。

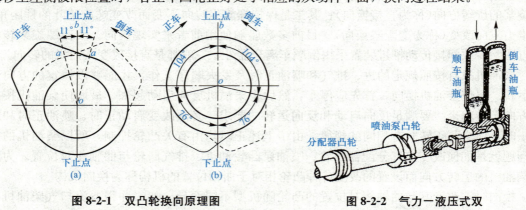

图 8-2-1 双凸轮换向原理图
(a)燃油凸轮；(b)排气凸轮

图 8-2-2 气力－液压式双凸轮换向装置

## 三、单凸轮换向原理及换向装置

单凸轮换向的特点是每个需要进行换向的设备（如喷油泵、空气分配器、排气阀等）均由各自轮廓对称的凸轮控制，正、倒车使用同一凸轮。换向时无须轴向移动凸轮轴，只需将凸轮轴相对曲轴转过一个角度即可。柴油机换向时为改变正时而使凸轮轴相于对曲轴转过一个角度的动作称为凸轮的换向差动，所转动的相应角度称为换向差动角。差动方向如果与换向后的新转向相同，称为超前差动；差动方向如果与换向后的新转向相反，称为滞后差动。

单凸轮换向所使用的凸轮线型有两种：一般线型和鸡心形线型。一般线型适用于各种柴油机的凸轮，鸡心形线型仅适用于直流阀式换气的燃油凸轮。

### 1. 一般线型单凸轮换向原理

一般线型单凸轮换向原理可用图 8-2-3 说明。图 8-2-3(a)所示为二冲程柴油机的燃油凸轮，凸轮的轮廓在作用角 $2\varphi$ 的中心线两边互相对称，图示位置曲柄处于上止点，$\beta$ 为供油提前角，凸轮正车工作(实线)，凸轮中心线 $oo_1$ 与曲柄上止点夹角为 $\alpha_s=\varphi-\beta$。当从正车换为倒车时，为保证倒车供油提前角同样是 $\beta$，则要求正车凸轮中心线 $oo_1$ 沿换向后转向(逆时针转向)相反的方向转过一个差动角 $2\alpha_s=2(\varphi-\beta)$，如图中虚线凸轮所示。因此凸轮为滞后差动，换向差动角为 $2\alpha_s$。

图 8-2-3(b)所示为二冲程直流阀式柴油机的排气凸轮。同理，当由正车(实线)凸轮位置换为倒车(虚线)凸轮位置时，凸轮的差动方向为沿换向后转向的同方向(逆时针转向)，即为超前差动，换向差动角为 $2\alpha_s$。

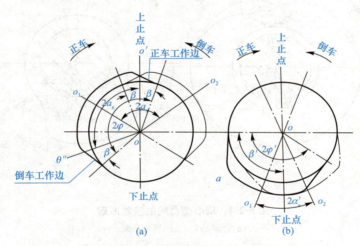

图 8-2-3　一般线型单凸轮换向原理
(a)燃油凸轮；(b)排气凸轮

由此可见，一般线型单凸轮换向时，喷油泵凸轮和排气阀凸轮差动方向相反，且差动角也不相同。两者无法同轴差动，只能分别装在两根凸轮轴上进行双轴单凸轮换向差动，使柴油机结构复杂化。

为了简化柴油机结构，实现同轴差动，必须满足下列三个条件：
(1)两组凸轮差动方向相同；
(2)两组凸轮差动角相等；
(3)差动前后同名凸轮的正倒车正时相同或基本相同。

为满足上述要求，可以用一种特殊形状的鸡心型凸轮代替上述一般线型的燃油凸轮。

### 2. 鸡心型凸轮换向原理

图 8-2-4 所示的实线凸轮为处于正车位置的一种喷油泵使用的鸡心型凸轮。它由基圆 $o_1o_2$(半径最小)、顶圆 $a_1a_2$(半径最大)以及由基圆 $o_1$、$o_2$，两侧向顶圆 $a_1$、$a_2$ 伸展的按相同规律变化的两段曲线 $o_1a_1$ 及 $o_2a_2$ 组成，图中 $oo'$ 为鸡心凸轮对称线。正车运行时(顺时针方向转动)，$a_1-o_1$ 为喷油泵吸油段，$a_2-o_2$ 为喷油泵泵油段，供油提前角为 $\beta$。在图示情

况下,鸡心型凸轮中心线 $oo'$ 与该缸曲柄上止点夹角为 $\alpha_s=15°$,按换向差动原理,当由正车改为倒车时只要把鸡心型凸轮沿换向后转向(逆时针方向)转动差动角 $2\alpha_s=30°$ 即可,如图中虚线所示凸轮,此凸轮按倒车方向(逆时针方向)差动 $30°$ 可保证相同的喷油提前角,但喷油泵吸油段、供油段与正车运转时正好互换。由前述知此为超前差动,而与排气凸轮差动方向相同,满足了同轴差动的第一个条件。由图 8-2-4(b)所示为排气凸轮,其正车凸轮中心线与下止点夹角为 $18°$(排气阀正时:下止点前 $91°$ 开,下止点后 $55°$ 关),换向差动角应为 $2×18°=36°$,而与喷油泵凸轮差动角为 $30°$ 不一致。为满足同轴差动的第二个条件,取 $30°$ 为共同的差动角。此时可保证喷油泵的供油正时在换向前后不变,但排气阀正时在倒车运转时较正车正时滞后 $6°$,即下止点前 $85°$ 开,下止点后 $61°$ 关,而排气持续角($146°$)未变,满足了同轴差动的第三个条件。由此,实现了燃油凸轮与排气凸轮同轴换向差动。

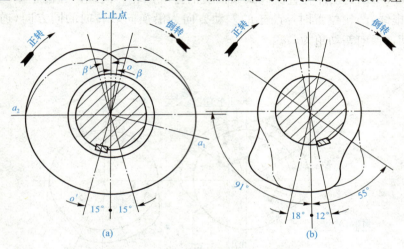

图 8-2-4 鸡心型凸轮的差动原理
(a)燃油凸轮;(b)排气凸轮

### 3. 单凸轮换向装置

单凸轮换向就是改变凸轮轴与曲轴的相对位置。通常,实现这种变化的方法有以下三种:

(1)曲轴不动,通过换向装置使凸轮轴相对曲轴转过一个差动角,一般为滞后差动。

(2)凸轮轴不动,先进行空气分配器换向,在进行反向启动使曲轴反向回转之初,曲轴相对凸轮轴转过一个差动角之后才带动凸轮轴一起转动。此种方法为滞后差动。

(3)先进行空气分配器换向,在反向启动之初,通过差动机构使凸轮轴与曲轴之间有一定的转速差,待完成差动角后,再同步转动。此种方法一般为超前差动。

用于完成凸轮轴与曲轴之间差动过程的换向装置,按其使用的工质和能量不同,可分为以下两种:

(1)液压差动换向装置。采用液压差动换向伺服器并使用润滑系统中的中压润滑油(0.6 MPa)作为工质实现差动换向动作。如图 8-2-5 所示,换向伺服器 4 外壳上的链轮 1 通过链条 2 由曲轴驱动;伺服器的内腔有一转板 5 并用键固定在凸轮轴 3 上,转板将伺服器的内腔分隔成正、倒车两个空间,这两个空间分别用润滑油管与操作换向阀的有关油路相通。正车时,压力油由 B 孔进入正车空间,倒车空间的油从 C 孔流出,转板顶在伺服器内两个对称布置的扇形止动块上。换向时曲轴不动,操作换向阀改变正、倒车空间的进、排油方向，将压力油改为由 C 孔进入倒车空间，正车空间从 B 孔泄油，转板在润滑油压力作用下相对曲轴转过一个差动角，并带动凸轮轴从正车位置转至倒车位置，完成换向动作。这种换向装置应用在 Sulzer RD、RND、RND—M 等型柴油机上，为滞后差动。

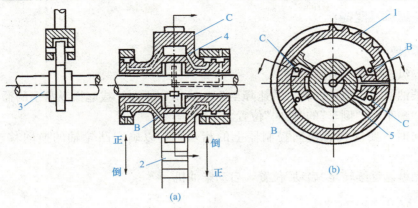

图 8-2-5　液压差动换向原理
1—链轮；2—链条；3—凸轮轴；4—换向伺服器；5—转板；
B、C—油孔

(2) 气动机械差动换向装置。用压缩空气为动力轴向拉动花键轴，使凸轮轴完成差动动作。正常运转时，曲轴由链轮并通过花键轴、推力法兰等带动凸轮按一定方向转动。换向时，改变空气缸内活塞两侧压缩空气的流向，使活塞产生轴向移动，从而带动花键轴轴向移动。花键轴两端的左、右螺旋花键通过推力法兰带动凸轮轴相对于曲轴产生轴向差动（超前差动），实现换向动作。

近年来，MAN B&W 公司采用了一种更加简易而新颖的气动机械换向装置，如图 8-2-6 所示。换向时曲轴与凸轮轴均无差动动作，而是通过改变每缸喷油泵传动机构中的滚轮在凸轮上的倾斜度完成换向动作。图示为正车位置，换向时使用压缩空气拉动滚轮的顶头，使滚轮连杆的倾斜方向发生变化，即改变滚轮与凸轮的相对位置完成换向动作。

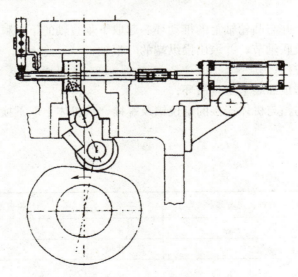

图 8-2-6　MAN B&W 新型换向装置

## 任务实施

### 6300 柴油机换向操作

**1. 柴油机换向**

(1)将操纵盘转至"停止"位置。

(2)待柴油机由于惯性回转,转速降至 80 r/min 以下时,拔起操纵盘上的插销,将操纵盘转至所需"顺车"或"倒车"的"换向"位置。

(3)换向时,要注视着换向控制器上的指示牌,以确定凸轮轴的换向移动是否完全结束。

(4)将操纵盘继续转至"启动"位置,启动柴油机。

**2. 应急手动换向**

在换向机构损坏的情况下,可用手动进行应急换向。

(1)从"顺车"换向至"倒车"时,将操纵盘转到"倒车"换向位置,把扳手套在换向控制器的六角轴头上,逆时针方向转动(从前端向柴油机看)。

(2)从"倒车"换向至"顺车"时,将操纵盘转到"顺车"换向位置,把扳手套在换向控制器的六角轴头上,顺时针方向转动。

当换向过程中途停止时,可用扳手继续盘动至所需的极限位置,如发现卡死现象无法盘动,应将操纵盘置于未换向前的"换向"位置,然后转动换向控制器轴,回到原来位置后,把操纵盘置于"停"位置,找出问题并消除。

**3. 换向机构的拆卸**

(1)拆下仪表盘及油缸盖板;

(2)拆开换向油缸上的管路,取下换向油缸;

(3)拆开空气分配器、主启动阀和单向阀上的启动空气管路,并取下空气分配器及转速表传动装置;

(4)拆下轴承座,并与凸轮轴上的推动环一起取下垂直轴的下摇臂;

(5)拆开操纵盘及联轴节,并取出操纵端的一根轴;

(6)脱开喷油泵拉杆;

(7)在换向控制器顶面装上工具吊环;

(8)松开换向机构箱与机体连接的定位销及螺栓,从机体上取下换向器及换向机构箱。

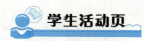
## 学生活动页

| 学习领域 | 船舶柴油机使用与维护 | 任务名称 | 换向系统维护与管理 |
|---|---|---|---|
| 学生姓名 |  | 班级学号 |  |
| 组别 |  | 任务成绩 |  |

续表

| 任务描述 | 对于定距桨的主柴油机来说，在船舶前进、后退时要求改变主柴油机的旋转方向，因此要求柴油机具有换向的性能。通过本任务学习，学生能够独立完成6300柴油机换向操作 |
|---|---|
| 知识目标 | 熟悉换向系统机构的原理 |
| 能力目标 | 1. 能按正确的流程对柴油机实现换向操作；<br>2. 能够使用和维护换向机构 |
| 素质目标 | 1. 能够具备初步的管理能力和信息处理能力，主动获取信息，展示学习成果，对工作过程进行总结和反思；<br>2. 能够具备沟通能力、质量意识和安全意识，有效利用团队合作解决实际问题 |
| 学习重点 | 换向操作 | 学习难点 | 换向机构原理 |
| 过程记录 | 请根据任务要求，确定所需要的知识、设备、工具，并对小组成员进行合理分工，制定完成6300柴油机换向操作的方案。<br>1. 小组人员分工<br><br>| 姓名 | 分工 | 姓名 | 分工 | 姓名 | 分工 |<br>|---|---|---|---|---|---|<br>|  |  |  |  |  |  |<br>|  |  |  |  |  |  |<br>|  |  |  |  |  |  |<br><br>2. 6300柴油机换向操作步骤<br><br><br>3. 实操中存在的问题<br><br><br>简答题<br>1. 对换向机构要求有哪些？<br><br><br>2. 船舶换向有哪些方法？ |

续表

| 任务评价 | 自我评价 | 1. 通过本任务学习，我学到的知识点和技能点：_____。<br>存在问题：_____。<br>2. 在本次工作和学习的过程中，我的表现可得到：<br>□优　□良　□中　□及格　□不及格 |
|---|---|---|
| | 小组互评 | |
| | 教师评价 | |

### 知识拓展

#### 换向装置的常见故障

换向装置的常见故障主要是柴油机不能换向，即换向手柄（轮）已从正车位置推至倒车位置（或相反），但柴油机未能开出倒车（或倒车换成正车）。通常，其主要原因在于换向机构发生故障和操作不当。

1. 换向机构故障

(1) 换向装置中有关阀件咬死；

(2) 换向伺服器故障，堵塞、漏油、转板在极端位置咬死或不能达到另一极端位置；

(3) 空气分配器故障。

2. 操作不当

(1) 操作动作过快，凸轮轴尚未到位就急于启动使换向失败；

(2) 换向手柄虽已到位，但由于水流作用使螺旋桨仍按原转向以较高转速转动，此时急于启动而使换向失败；

(3) 在紧急刹车时，过于性急，强制制动的时机不当，使换向失败。

# 任务三　调速系统维护管理

## 📋 任务导学

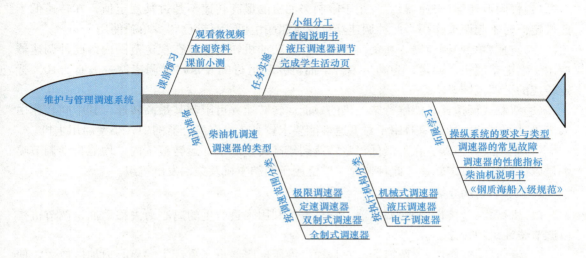

## 📖 知识准备

### 一、柴油机调速

柴油机的不同转速是通过改变循环喷油量来获得的。改变柴油机油量调节机构的位置，使其转速调节到规定的转速范围内称为柴油机调速。为此必须装设专门的调速装置，以便根据柴油机负载的变化自动调节供油量，维持其规定的转速范围。这种装置称为调速器。

船舶推进主机与发电用柴油机的运转条件和要求不同。当外界负荷变化时，其自身的适应能力也不同，因而对调速的要求也不同。

船舶发电用柴油机要求在外界负荷（用电量）变化时能保持恒定的转速，以保证发电机的电压和频率恒定。若外界负荷减小而喷油量不变，则柴油机的功率就会大于外界负荷而使转速升高，转速升高后会进一步扩大功率的不平衡，使转速继续升高以致发生飞车，反之，若外界负荷增加而喷油量不变，柴油机转速就会降低并最终导致停车。所以，发电柴油机必须装设定速调速器，保证负荷变化时柴油机的转速基本不变。

船舶推进主柴油机的运转条件和要求与发电用柴油机不同。若外界负荷（如装载、海面状态等）变小而喷油量不变，柴油机就会增速，增速后使螺旋桨耗功增加从而可在一较高转速下达到功率平衡，柴油机稳定运转；反之，若外界负荷增加而喷油量不变，则柴油机就会在一个较低转速下稳定运转。由此可见，推进主机具有自动调节转速以适应外界负荷变化的能力。所以，如果不要求柴油主机恒速运转，则无须装设调速器。但为了保证推进主机在特殊航行条件下（如螺旋桨出水、断轴、掉桨等）的安全，根据我国有关规范的规定，必须装设可靠的调速器（限速器），使主机转速不超过 115% 标定转速。

另外，现代船舶主柴油机为了避免外界负荷变化所引起的转速变化，以及由此对柴油机工作的不良影响(如可靠性、经济性等),通常多装设全制式调速器。它能在柴油机正常转速范围内的任一设定转速下保证稳定运转。

## 二、调速器的类型

### 1. 按调速范围分类

(1)极限调速器(限速器)。只用于限制柴油机的最高转速不超过某规定值,在转速低于此规定值时不起调节作用。此种调速器仅用于船舶主机,目前已很少单独使用。

(2)定速(单制)调速器。在负荷变化时能使柴油机转速保持在规定范围内。此种调速器应用于发电柴油机。通常,为满足多台柴油机并联运行的要求,本调速器一般有±10%标定转速的可调范围。

(3)双制式调速器。能维持柴油机的最低运转转速并可限制其最高转速。其中间转速由人工手动调节。此种调速器用于对低速性能要求较高或带有离合器的中、小型船用主机。

(4)全制式调速器。在从最低稳定转速到最高转速的全部运转范围内,均能自动调节喷油量以保持任一设定转速。此种调速器广泛用于船舶主机及柴油发电机组。

### 2. 按执行机构分类

(1)机械式(直接作用式)调速器。它是直接利用飞重产生的离心力去移动油量调节机构以调节柴油机的转速。

(2)液压(间接作用式)调速器。它是通过液压伺服器将飞重产生的离心力加以放大,使用放大后的动力去移动油量调节机构。

(3)电子调速器。转速信号监测或/和执行机构采用电气方式的调速器。

## 三、机械式调速器

机械式调速器主要由飞重3、滑动套筒4及调速弹簧5组成,如图8-3-1所示。飞重3安装在飞重座架2上通过转轴1由柴油机驱动高速回转。由飞重3和调速弹簧5组成的转速感应元件按力平衡原理工作。当柴油机发出的功率与外界负荷刚好平衡时,其转速稳定,飞重产生的离心力与调速弹簧5的弹力平衡,油量调节机构8也停留在某一供油量位置,如图中实线所示。若外界负荷突然减少,柴油机发出的功率就大于外界负荷而使转速升高,这时飞重的离心力将大于弹簧的弹力而使滑动套筒4上移,增加调速弹簧5的压缩量,同时通过角杆拉动油量调节机构8以减少供油量。当调节过程结束时,柴油机的功率与外界负荷在彼此都减小了的情况下恢复平衡,调速器的飞重稳定在图示虚线位置,它的离心力和调速弹簧的作用力也在彼此都增长的情况下达到新的平衡状态。当外界负荷突然增加时,调速器的动作与

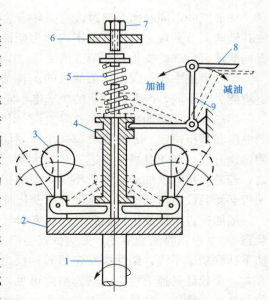

图8-3-1 机械式调速器工作原理
1—转轴;2—飞重座架;3—飞重;
4—滑动套筒;5—调速弹簧;6—本体;
7—调节螺钉;8—油量调节机构;9—角杆

上述相反，飞重离心力与弹簧作用力在彼此都减小的情况下达到平衡状态。

由上述可知，这种调速器不能保持柴油机在调速前后的稳定转速不变。当外负荷减少后，调节后的稳定转速要比原稳定转速稍高；而当外负荷增加时，调节后的稳定转速要比原稳定转速稍低。产生这种转速差的根本原因在于感应元件与油量调节机构之间采用了刚性连接；当外负荷减少时供油量必须相应减少才能保持转速稳定，因此，调油杆必须右移减油，这就必然会同时增大调速弹簧的压缩量而使弹簧压力变大，因而与弹簧力平衡的套筒推力以及飞重离心力也必须相应增加。上述平衡条件只有在柴油机的转速稍高于原转速时才能达到。反之，当外负荷增加时，上述平衡条件只有在柴油机的转速稍低于原转速时才能达到。显然，转动调节螺钉7可改变调速弹簧5的预紧力，从而改变柴油机的设定转速。

机械式调速器的工作能力较低，其灵敏度和精度均较差，但其结构简单，维护方便，多用于中、小型柴油机。

### 四、液压调速器

#### 1. 液压调速器工作原理

（1）无反馈液压调速器。图8-3-2所示为无反馈液压调速器。其主要部件有飞重3、速度杆2、弹簧4、驱动轴11、转盘1、液压伺服器6、滑阀7、齿轮泵8以及连接摇杆5。溢流阀9使高压油路中的油保持一定的压力。

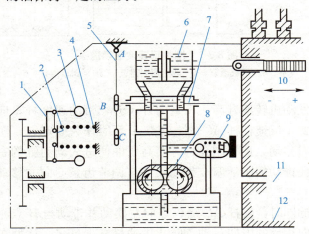

**图8-3-2　无反馈液压调速器**
1—转盘；2—速度杆；3—飞重；4—弹簧；5—连接摇杆；6—液压伺服器；
7—滑阀；8—齿轮泵；9—溢流阀；10—喷油泵齿条；11—驱动轴；12—喷油泵

当外负荷减少时，由曲轴带动的驱动轴11转速升高，飞重3的离心力增加，推动速度杆2右移。于是，连接摇杆5以A点为中心逆时针转动，滑阀7右移，压力油进入液压伺服器6油缸的右部空间。与此同时，油缸的左部空间通过油孔与低压油路相通，其中的油被泄放。在压差的作用下，伺服活塞带动喷油泵齿条10左移，以减少供油量。当转速恢复到原来数值时，滑阀回到中央位置，调节过程结束。当外负荷增加、转速降低时，调速过程按相反方向进行。

由于调速系统的惯性，滑阀动力活塞的运动总滞后于柴油机转速的变化，调节过程转速波动、不稳定，无法满足使用要求。为了使调速器能稳定调节，应在调速器中加入一种装置，其作用是在伺服活塞移动的同时对滑阀产生一个反作用，使其向平衡位置方向移动，减少柴油机转速波动的可能性。这种装置称为反馈机构。

(2) 刚性反馈液压调速器。反馈机构的类型很多，这里仅通过实例介绍其中常见的两种。图 8-3-3 所示是具有刚性反馈系统的液压调速器。它的构造与上述无反馈液压调速器基本相同，只是杠杆 AC 的上端 A 不安装在固定的铰链上，而是与伺服活塞 3 的活塞杆相连。这一改变使感应元件、液压放大元件和油量调节机构之间的关系发生如下变化。

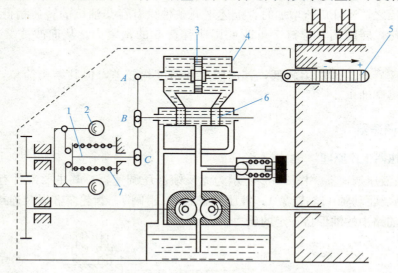

**图 8-3-3　刚性反馈液压调速器**
1—速度杆；2—飞重；3—伺服活塞；4—液压伺服器；5—油泵调节齿条；6—滑阀；7—弹簧

当负荷减小时，发动机转速升高，飞重向外飞开，带动速度杆 1 向右移动。此时伺服活塞 3 尚未动作，因此，反馈杠杆 AC 的上端点 A 暂时作为固定点，杠杆 AC 绕 A 逆时针转动，带动滑阀 6 向右移动，把控制孔打开，高压油便进入动力缸的右腔，左腔与低压油路相通。这样高压油便推动伺服活塞 3 带动喷油泵调节齿条 5 向左移动，并按照新的负荷减少燃油供给量。

在伺服活塞左移的同时，杠杆 AC 绕 C 点向左摆动并带动与 B 点相连接的滑阀 6 也向左移动，从而使滑阀向相反的方向运动，防止供油量减少过多。这种在伺服活塞移动时能对滑阀运动产生相反作用的杠杆装置称为刚性反馈系统。当调节过程终了时，滑阀回到了平衡位置，把控制油孔关闭，切断通往伺服油缸的油路。这时伺服活塞即停止运动，喷油泵调节杆随之移动到一个新的平衡位置，发动机就在相应的新负荷下工作。因此，对于发动机不同的负荷，调速器具有不同的稳定转速。因为发动机负荷变化时需要改变供油量，所以 A 点位置随负荷而变。与滑阀相连接的 B 点在任何稳定工况下均应处于平衡的位置，与负荷无关。这样 C 点的位置必须配合 A 点做相应的变动，因而导致了转速的变化。例如，当负荷减小时，调速过程结束后，滑阀 6 回到中间原来位置时，伺服活塞 3 处于减少了的供油量位置，使 A 点偏左、C 点偏右，因 C 点偏右，弹簧 7 进一步受压，只有在较高的转速下运转才能使飞重的离心力与弹簧压力相平衡。这说明负荷减小时稳定运转后，柴油机的转速比原来稍有升高。同理，当负荷增加时，稳定运转后，柴油机的转速比原来稍有降低。具有刚性反馈的液压调速器，可以保证调速过程具有稳定的工作特性，但负荷改变后，柴油机转速发生变化，稳定调速率 $\delta_2$ 不能为零。

如果要求负荷变化时既要调速过程稳定，又能保持发动机转速恒定不变（$\delta_2=0$），就必须采用另一种带有弹性反馈系统的液压调速器，如图 8-3-4 所示。这种反馈形式实际上是在"刚性反馈"装置中加入一个弹性环节——缓冲器 4 和弹簧 2。弹簧 2 的另一端同固定的支点 1 相连，而另一端则与缓冲器 4 的活塞 3 相连。缓冲器的油缸同伺服器的活塞 5 成刚体连接。

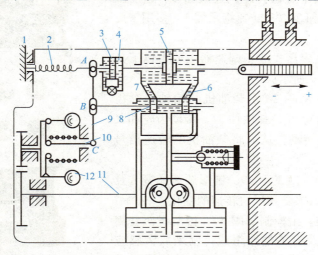

图 8-3-4　弹性反馈液压调速器
1—支点；2—弹簧；3—缓冲活塞；4—缓冲器；5—伺服活塞；6、7—油路；
8—滑阀；9—反馈杠杆；10—速度杆；11—驱动轴；12—飞重

当发动机负荷减小时，转速增大，飞重 12 的离心力增加。同样，滑阀 8 右移，而伺服活塞 5 则左移，减少喷油泵的供油量。当活塞 5 的运动速度很快时，由于缓冲器 4 中润滑油的阻尼作用，缓冲器 4 和缓冲活塞 3 就像一个刚体一样运动。随着伺服活塞 5 的左移，缓冲器和 AC 杠杆上的 A 点也向左移动。这一过程和上述刚性反馈系统的调速器完全相同。但当调速过程接近终了时，滑阀 8 已回到原来的位置，遮住了通往伺服油缸的油路 6、7，此时缓冲器和伺服活塞已停留在与新负荷相应的位置上。被压缩的弹簧 2 由于有弹性复原的作用，因此使 A 点带动缓冲活塞 3 相对于缓冲器 4 油缸移向右方，回到原来位置。缓冲活塞右方油缸中的油经节流阀流到左方。于是，AC 杠杆上的各点都恢复到原来的位置，此时调速器的套筒 10 也因转速复原而回到原来的位置。这样，发动机的稳定转速就保持不变。当负荷增加时，动作过程相反。这种调速器没有静速差，即 $\delta_2=0$。

目前船舶上广泛采用同时具有弹性反馈机构和刚性反馈机构的双反馈液压调速器。这种调速器稳定性高，$\delta_2$ 大小可调，转速调节精度和灵敏度高。

液压调速器必须具有由控制滑阀和动力活塞组成的液压放大机构（称为液压伺服器）；另外为了提高其调节稳定性，改善其动态特性，还必须具有反馈（补偿）机构。液压调速器的这些特点使它具有广阔的转速调节范围、调节精度和灵敏度高，稳定性好，广泛用于船舶大、中型柴油机。但其结构复杂，管理要求高。

船用柴油机使用的液压调速器大多为双反馈全制式。其中以 Woodward UG 型和 Woodward PGA 型应用较普遍。UG 型分为杠杆式和表盘式两种，并按其工作能力大小分为多种规格；PGA 型为气动遥控式，多用于遥控主机。另外，它们均可按使用者要求附加某些辅助装置以完成控制或安全方面的额外要求。国产全制式双反馈液压调速器，如 TY111 或 TY555 在结构和性能上与 Woodward UG 型相似。

### 2. Woodward UG-8 表盘式液压调速器

UG-8 表盘式液压调速器的外形如图 8-3-5 所示。它的正面表盘上有四个旋钮，即调速旋钮 3、速度降旋钮 2、负荷限制旋钮 4 以及转速指示器 1，多用于发电用柴油机。

(1) 结构。UG-8 表盘式液压调速器主要由以下几部分组成，如图 8-3-6 所示。

1) 驱动机构。驱动轴 28 由柴油机凸轮轴经伞齿轮传动，通过油泵齿轮 22、弹性轴 37、传动齿轮和飞重架等使飞重 39 等转动，从而将柴油机的转速信号传给感应机构。

2) 转速感应机构。由飞重 39、锥形调速弹簧 8 及调速杆 38 组成，用以感受和反映转速的变化。

3) 伺服放大机构。由控制滑阀 36、控制滑阀套筒 34、动力活塞 23 以及有关油路组成，用来放大感应机构的输出能量。控制滑阀套筒 34 由驱动轴 28 带动回转。

4) 调节机构。由动力活塞 23、输出轴 12 及油量调节杆 13 等组成，用来拉动调油杆调节供油量。

图 8-3-5 UG-8 表盘式液压调速器的外形
1—转速指示器；2—速度降旋钮；3—调速旋钮；4—负荷限定旋钮

5) 恒速(弹性)反馈机构。主要由大反馈活塞 33、小反馈活塞 30、上下反馈弹簧 29、补偿针阀 31、反馈杠杆 45 和 40、可调支点 47、反馈指针 46 以及反馈油路等组成。其作用是保证调速过程中转速稳定。

6) 速度降(静速差)机构。主要由速度降旋钮 2、速度降凸轮 1、顶杆 4、拉紧弹簧 3、可调支持销 6、速度降杆 7 和速度降指针 5 等组成。它是一种刚性反馈机构，不仅能使调节过程稳定，而且能调节稳定调速率 $\delta_2$ 以满足调节稳定性及并联运行的工作需要。

7) 速度设定机构。由两部分组成：其一由调速旋钮 42、传动齿轮 41、43 和调速齿轮 44 组成；其二由调速电动机及涡轮减速机构等组成。前者用于调速器前手动调节，后者用于配电盘处遥调，均可通过改变锥形调速弹簧 8 的预紧力改变柴油机的稳定转速。

8) 负荷限制机构。由负荷限制旋钮 16、负荷限制指针 14、负荷限制凸轮 15、控制杆 17、紧急停车杆 24、限制杆 25、限制销 26、齿条 11、齿轮 10、负荷指针 9 等组成，用以限制动力活塞的加油行程。如图示负荷限制指针 14 位于表盘刻度"10"(最大)处，而此时动力活塞的实际加油行程由负荷指针 9 指示"5"处。此时在控制杆 17 与负荷限制凸轮 15 之间具有间隙，控制滑阀 36 的下移不受限制，动力活塞继续上行加大供油量，当动力活塞上行至最大供油位置时，指针 9 指示"10"，控制杆 17 与负荷限制凸轮 15 刚好接触，限制控制滑阀 36 继续下移，即动力活塞限制在供油"10"处。同理若负荷限制指针 14 置于"8""6""4"处，柴油机的供油量也被限制在"8""6""4"处。若转动负荷限制旋钮 16 至"0"处，则柴油机自行停车。柴油机启动时为防加速过快应将负荷限制旋钮置于"5"处；待启动之后运转正常将负荷限制旋钮转至"10"或规定位置。

按下紧急停车杆 24 可使控制滑阀 36 抬起，动力活塞 23 下行减油停车。但此杆仅在调速器试验中使用，并非在柴油机运转中使用。但可在其上方装设安全停车辅助装置以保护柴油机。

9）液压系统。由低压油池、油泵齿轮 22、稳压油缸 18 及稳压活塞及有关油路组成。用于产生并维持规定的油压。

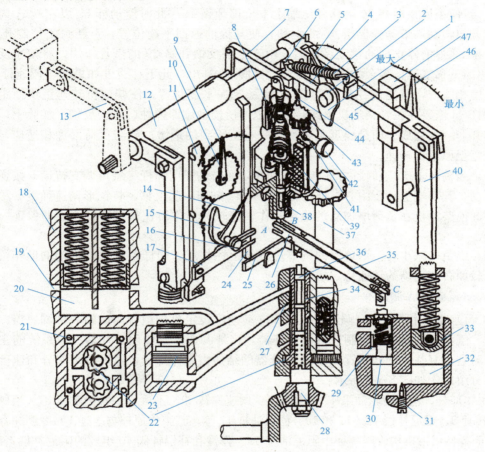

图 8-3-6　表盘式液压调速器

1—速度降凸轮；2—速度降旋钮；3—拉紧弹簧；4—顶杆；5—速度降指针；6—可调支持销；7—速度降杆；8—锥形调速弹簧；9—负荷指针；10—齿轮；11—齿条；12—输出轴；13—油量调节杆；14—负荷限制指针；15—负荷限制凸轮；16—负荷限制旋钮；17—控制杆；18—稳压油缸；19—溢油孔；20—蓄压室；21—球阀；22—油泵齿轮；23—动力活塞；24—紧急停车杆；25—限制杆；26—限制销；27—控制孔；28—驱动轴；29—上下反馈弹簧；30—小反馈活塞；31—补偿针阀；32—补偿空间；33—大反馈活塞；34—控制滑阀套筒；35—浮动杆；36—控制滑阀；37—弹性轴；38—调速杆；39—飞重；40、45—反馈杠杆；41、43—传动齿轮；42—调速旋钮；44—调速齿轮；46—反馈指针；47—可调支点

（2）工作原理。当柴油机在某一负荷下稳定工作时，飞重 39 的离心力与锥形调速弹簧 8 的预紧力相平衡，控制滑阀 36 处于图示中间位置将控制孔 27 封闭，动力活塞 23 下方空间封闭，动力活塞固定不动，输出轴 12 和油量调节杆 13 等均固定在某一位置，使柴油机有一个相应于外负荷的供油量。柴油机在由锥形调速弹簧 8 所设定的转速稳定运转。

当负荷增大时，转速下降，飞重的离心力小于弹簧的预紧力，飞重向内收拢，调速杆 38 下移，使浮动杆 35 以右端 C 为支点向下摆动，推动控制滑阀 36 下移并打开套筒上的控制孔 27，高压油进入动力活塞 23 的下腔。由于动力活塞下面面积为上面面积的 2 倍，致使动力活塞向上移动并带动输出轴 12 逆时针方向转动加油，增加柴油机供油量使转速回升。随着输出轴 12 逆时针转动，反馈杠杆 45 的左端上移，右端以可调支点 47 为中心下移，带动大反馈活塞 33 下移，压缩补偿空间 32 中的润滑油，由于补偿针阀 31 的节流作用（31 的开度小），致使小反馈活塞 30 上移并压缩上下反馈弹簧 29。此时浮动杆 35 以左端 A 为支点逆时针方向转动，带动控制滑阀 36 上移，使其提前返回平衡位置，重新封闭控制孔 27 使动力活塞 23 提前停止加油移动。此后，由于上下反馈弹簧 29 的恢复作用，将使小反馈活塞 30 逐渐下移复位，多余的润滑油由补偿针阀 31 排出。此下移速度如果能与调速杆 38 的上行速度相适应，就能使控制滑阀 36 迅速稳定在平衡位置，使柴油机转速更快稳定下来。浮动杆 35 恢复原位，柴油机恒速转动。上述反馈动作即弹性（恒速）反馈。实际上，此反馈动作并非一次完成。而是要反复多次，一直持续到油量增加到与负荷增加相适应，使柴油机恢复至原工作转速。

另外，当输出轴 12 逆时针方向转动加油时，还带动速度降杆 7 绕可调支持销 6 按逆时针方向转动，其右端上移，中心螺杆和调速齿轮 44 随即一起上移，将锥形调速弹簧 8 稍微放松，由此使柴油机在负荷增加后的稳定工作转速较原工作转速稍有降低，也即保证一定的速度降。

同理，当负荷减小时，调速器的调节过程与上述相反。同样由速度降机构的动作，使柴油机以较原转速稍高的转速稳定运转。

### 3. Woodward PGA 调速器

PGA 调速器是由原 PG 型调速器与遥控气动速度设定机构组合而成的一种调速器。它是双反馈、气动速度设定、全制式液压调速器。这种调速器主要用于气动遥控系统的主柴油机。同时它具有某些辅助装置。PGA 调速器的结构由主体部分、速度设定部分和速度降机构三部分组成，如图 8-3-7 所示。

（1）主体部分。包括齿轮油泵 4、蓄压器 1、调速弹簧 29、飞重 30、推力轴承 31、滑阀柱塞 8、回转套 9、阻尼补偿系统 12 和 10、伺服油缸 17 等。其工作原理与上述 UG-8 调速器基本相同，而弹性反馈机构改用一种由阻尼活塞 12、弹簧和补偿针阀 10 组成的阻尼补偿系统。当柴油机的外负荷增大时，转速下降，滑阀柱塞 8 下行，压力油进入阻尼活塞 12 的左侧并推动它右移，把右侧的油压入伺服油缸 17 内动力活塞的下部，推动动力活塞上行，加大油门使柴油机加速。与此同时，阻尼活塞 12 左右两侧的油压同时作用在位于滑阀柱塞 8 上部的补偿环带 7 的两侧，且下侧油压大于上侧油压，产生向上的补偿力使滑阀上移提前复位，即产生负反馈作用。此后，由于另一方面，阻尼活塞的缓慢左移复位，使此补偿力逐渐减小。最后当转速恢复至原设定转速稳定运转时，补偿力消失，飞重恢复至垂直位置，滑阀与阻尼活塞均恢复至原中央位置，而动力活塞稳定在新的位置。柴油机在增大的供油量下稳定运转。

（2）速度设定部分。由气动（控制空气压力 0.049～0.50 MPa）设定与手动设定机构两部分构成。

1）气动式转速设定机构。主要由波纹管 39、速度设定滑阀活塞 35、单作用弹簧支承的液压转速设定油缸 28 以及使速度设定滑阀活塞 35 中的复位机构（活塞杆 25、复位杆 45、可调支点架 41、复位弹簧 44 等）等组成。

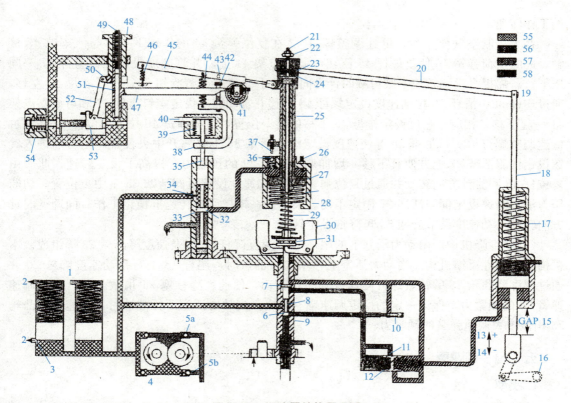

**图 8-3-7 调速器结构原理图**

1—蓄压器；2—贮油箱；3—溢油孔；4—齿轮油泵；5a—止回阀(开启)；5b—止回阀(关闭)；6—控制环带；7—补偿环带；8—滑阀柱塞；9—套筒(回转套)；10—补偿针阀；11—旁通口；12—阻尼活塞；13—加油；14—减油；15—间隙；16—输出转轴(选配)；17—伺服油缸；18—尾杆；19—选配的补偿切除孔；20—速度降杆；21—停车杆；22—停油螺母；23—速度降凸轮；24—速度降柱塞；25—活塞杆；26—活塞止动调整螺钉；27—转速设定伺服活塞；28—转速设定油缸；29—调速弹簧；30—飞重；31—推力轴承；32—控制环带；33—套筒(转动)；34—断续供油口；35—速度设定滑阀活塞；36—最高转速限制阀；37—限制阀调整螺钉；38—C形框；39—波纹管；40—控制空气；41—可调支点架；42—低速调整螺钉；43—停车销；44—复位弹簧；45—复位杆；46—负荷弹簧；47—速度设定螺钉组件；48—速度设定螺母；49—手动高速停车调整螺钉；50—滑环；51—高速停车销；52—连杆；53—引导螺母；54—手动速度调节旋钮；55—调速器油泵供油压力；56—调速器中间部分油压；57—封闭和伺服油缸中油压；58—贮油箱油压

  当输入波纹管 39 外侧的控制空气压力增高时(即要求设定转速增高)，波纹管被压缩向下的力大于复位弹簧 44 的向上作用力，波纹管被压缩使速度设定滑阀活塞 35 下移，高压工作油进入转速设定伺服活塞 27 的上方并推动转速设定伺服活塞下移，增加调速弹簧 29 的预紧力，即设定转速增高。在与活塞杆 25 下移的同时，复位杆 45 以可调支点架 41 为支点顺时针方向转动，增大了复位弹簧 44 与负荷弹簧 46 向上的拉力，并与波纹管向下的作用力相互平衡。同时通过 C 形框 38 向上拉动速度设定滑阀活塞 35 使它恢复到中央位置，封闭转速设定伺服活塞的压力油管，转速设定伺服活塞固定不动，给出一个较高的设定转速。

  欲降低设定转速而降低控制空气压力时，上述速度设定机构按相反过程动作。

  2)手动转速设定机构。主要由手动速度调节旋钮 54、引导螺母 53、连杆 52、滑环 50、速度设定螺母 48、手动高速停车调整螺钉 49、高速停车销 51 和 T 形带有滚珠轴承支架的手动速度设定螺钉组件 47 等组成。在没有控制空气时，借助机构可在机旁任意设定柴油机的工作转速。

在无控制空气作用时,低速调整螺钉 42 在复位弹簧 44 的作用下上移与停车销 43 接触,此时负荷弹簧 46 使复位杆 45 压在可调支点架 41 上,并将速度设定螺钉组件 47 一同压下。若需提高设定转速,则可顺时针方向转动手动速度调节旋钮 54,引导螺母 53 左移,通过连杆 52、滑环 50 拉动速度设定螺母 48 下移并带动速度设定螺钉组件 47 和可调支点架 41 一起下移。相应于速度设定螺母 48 下移的某一位置,负荷弹簧 46 拉下复位杆 45 并通过低速调整螺钉 42、C 形框 38 等使速度设定滑阀活塞 35 下移离开中央位置。压力油进入转速设定伺服活塞 27 上方使其下移,增加调速弹簧 29 的预紧力,提高了设定转速。此后由复位杆 45 顺时针方向转动并通过复位弹簧 44 提起速度设定滑阀活塞 35 至中央位置,切断压力油,转速设定伺服活塞 27 固定不动。柴油机在较高设定转速下稳定工作。同理逆时针方向转动手动速度调节旋钮 54 可降低设定转速。

(3)速度降机构。由动力活塞上的尾杆 18、速度降杆 20 以及速度降凸轮 23 等组成。本机构为一刚性反馈机构。当动力活塞上移增加供油量时,尾杆 18 上行推动速度降杆 20 并通过速度降凸轮 23 的锁紧螺钉使速度降凸轮转动,使速度降柱塞 24 稍微上移,放松调速弹簧 29 的预紧力,保证一定的稳定调速率。反之,当动力活塞下行减油时,由速度降凸轮 23 稍微增大调速弹簧的预紧力。

### 五、电子调速器

#### 1. 类型

凡转速感测元件或执行机构采用电气方式的调速器,习惯上通称为电子调速器。电子调速器通常有以下三种类型:

(1)全电子调速器:信号感测与执行机构均采用电气方式。如海因茨曼电子调速器、Woodward 8290 电子调速器等。此种电子调速器工作能力较差,多用于小型柴油机。

(2)电一液或电一气调速器:信号监测采用电子式,而执行机构采用液压或气力式,如 Woodward 2301 电子调速器的执行机构使用 EG3P 型液压伺服器,而 DGS-8800 数字式调速器的执行机构采用气压式。此类调速器的伺服执行器工作能力较强,可满足各种柴油机的使用要求。

(3)液一电双脉冲调速器:在普通的液压调速器上加装电子式负载信号感测装置。此类调速器当电子部分发生故障时,可自动转为液压调速器工作。国产 TYD-40 型调速器即此类调速器。

电子调速器能够采用双脉冲调节,即将转速变化信号和负载变化信号这样两个单脉冲信号叠加起来调节燃油量。此种调速器也称为频载调速器。这种双脉冲调速器能在负载一有变动而转速尚未明显变化之前就开始调节燃油量,因而有很高的调节精度,适用于对供电要求特别高的柴油发电机组。

电子调速器不使用机械机构,动作灵敏,响应速度快,响应时间只有液压调速器的 $1/10\sim1/2$;动态与静态精度高;无调速器驱动机构,装置简单,安装方便,便于实现遥控与自动控制,是近年来发展起来的精密调速器,已经被多数新型船舶柴油机所采用。

#### 2. 电子调速器的基本组成

双脉冲电子调速器基本组成框图如图 8-3-8 所示。图中 3 为磁电式转速传感器,用于监测柴油机轴系转速的变化,并按比例产生交流电压输出;负荷传感器 5 监测柴油机负荷的变化,并按比例转换成直流电压输出;速度控制单元 6 是电子调速器的核心,它接受来自转速传感器 3 和负荷传感器 5 的输出电压信号,并按比例转换成直流电压后与转速设定电位器 7 的设定转速(电压)进行比较,把比较后的差值作为控制信号送往执行机构 1。执行机构根据输入的控制信号以电子方式或液压方式拉动柴油机的油量调节机构进行调速。

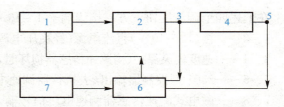

图 8-3-8　双脉冲电子调速器基本组成框图

1—执行机构;2—柴油机;3—转速传感器;4—柴油机负荷;5—负荷传感器;6—速度控制单元;7—转速设定电位器

### 3. 电子调速器的工作原理

当柴油机在某一负荷下稳定运转时,其工作转速等于转速设定电位器 7 的设定转速。转速传感器 3 的输出电压作为负值信号在速度控制单元 6 内与正值的设定转速电压信号相互抵消。速度控制单元 6 输往执行机构 1 的控制电压信号使执行机构的输出轴静止不动,柴油机供油量固定,转速稳定。

若柴油机负荷突然增加,负荷传感器 5 的输出电压首先发生变化,此后转速传感器的输出电压也会相应变化(数值降低)。此两种降低的脉冲信号在速度控制单元 6 内与设定转速(电压)比较,输出正值电压信号,在执行机构中使其输出轴向加油方向转动,增加柴油机的循环供油量。

反之,若柴油机负荷降低,转速升高,则传感器的负值信号数值大于转速设定电压的正值信号数值,控制单元输出负值信号,执行机构输出轴向减油方向转动,降低柴油机的循环供油量。

### 4. 典型电子调速器简介

Woodward 2301 型电子调速器是一种使用广泛的电子调速器,它属于电-液调速器,其测速传感器采用磁电式,控制单元采用 2301 型电子控制器,执行机构采用 EG3P 液压执行器。它有单纯调频型(单脉冲)和调频调载型(双脉冲)两种。前者用于单机运行,其瞬时调速率 $\delta_1$ 一般在 5% ~ 7%,稳定时间 $T_s$ 在 3 ~ 5 s 范围内;后者用于并联运行机组,其瞬时调速率 $\delta_1$ 一般不大于 2%,稳定时间 $T_s$ 不大于 1 s。

图 8-3-9 所示为单脉冲 2301 型电子控制器外形图。其正面面板上有四个调节旋钮,自左而右分别是:

急速(Low Idle Speed)调节旋钮——用于调节润滑油低压,保护运转时的最低转速。

设定转速(Rated Speed)调节旋钮——用于调节设定转速。

稳定度(Stability)调节旋钮——用于稳定性调节。

增益量(Gain)调节旋钮——用于稳定性调节。

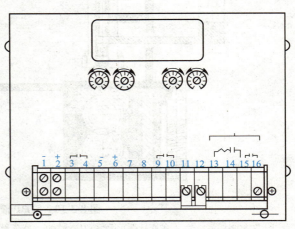

图 8-3-9　单脉冲 2301 型电子控制器外形图

在上述四个调节旋钮下方有接线端子 1～16，其端子接线如下：

1、2——接(12～40 V)直流电源(经稳压电源转换为 9 V)。

3、4——速度失灵保护(当测速传感器损坏时，切断去执行器的调速信号，柴油机停车)。

5、6——2301 型控制器输出(去执行器调速电压信号)。

7、8——磁电式测速传感器测速电压信号输入(1～1.5 V)。

9、10——怠速调节电位计(与怠速调节旋钮相连)。

11、12——转速设定电位计(与设定转速调节旋钮相连)。

13、14——稳定调速率调节电位计(调节范围 0～13%)。

15、16——机组加速时间调节电容器(调节由低速到标定转速的加速时间)。

EG3P 液压执行器如图 8-3-10 所示。由齿轮泵 20 产生的高压油(最大压力 2.5 MPa)始终作用在负荷活塞 21 的下方，使它上行减油，但它的上行受动力活塞 3 下方的油压制约。永久磁铁 4 固装在滑阀柱塞 16 的上方，并通过中央弹簧 6 与复位弹簧 7 悬挂在电磁线圈 5 内的磁场。在滑阀柱塞上有两个作用力；一是中央弹簧 6 的向上弹簧力与复位弹簧 7 的向下弹簧力，其合力方向始终向上，而大小随输出轴 8 的位置不同而不同；二是由电磁线圈产生的电磁力，其方向始终向下而大小与输出轴的转角位置成正比。这两种力的相互作用决定了滑阀柱塞的移动方向。

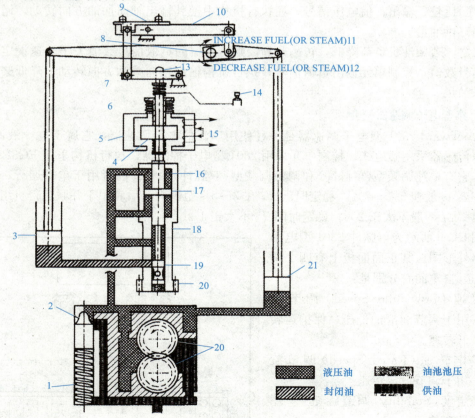

**图 8-3-10　EG3P 液压执行器**

1—安全阀弹簧；2—安全阀柱塞；3—动力活塞；4—永久磁铁；5—电磁线圈；6—中央弹簧；7—复位弹簧；8—输出轴；9—可调滑动支架；10—复位杆；11—加油；12—减油；13—可调弹簧座；14—中央螺钉；15—电子控制器；16—滑阀柱塞；17—补偿环带；18—滑阀套；19—控制带；20—齿轮泵；21—负荷活塞

当柴油机在设定转速 $n_b$ 稳定运转时，测速传感器产生的交流电压信号经 2301 型电子控制器内的频率转换器调制整流成直流电压信号并以负值（$-V_b$）输送到控制器内的输出运算放大器的输入端与设定转速正值电压（$+V_b$）比较。其差值 $\Delta V=0$，于是输出运算放大器便输出一个与输出轴转角位置（负荷大小）成正比的调速电压信号，并送往执行器中的电磁线圈产生一个向下的电磁力，此电磁力在数值上恰与前述的弹簧合力相等，而使滑阀柱塞在中央平衡位置保持不动，控制带 19 封闭动力活塞下方空间，动力活塞不动，输出轴静止不动，供油量不动，柴油机在设定转速 $n_b$ 稳定运转。

当外界负荷减少时柴油机转速升高，测速传感器产生的并经调制整流的直流负电压 $|-V_a|>V_b$，在输出运算放大器输入端与设定转速正值电压（$+V_b$）比较后，其差值 $\Delta V<0$，使控制器的输出调速电压减少。电磁线圈产生的向下电磁力降低，滑阀柱塞在弹簧合力与电磁力差值的作用下上移。动力活塞下方与低压油相通，负荷活塞上行，动力活塞下行，输出轴逆时针方向转动而减油。在减油的同时，复位杆 10 绕可调滑动支架 9 的支点逆时针方向摆动，增加复位弹簧 7 的向下作用力使滑阀柱塞下行提前复位，实现负反馈作用，使调速过程稳定。最后，输出轴在减少柴油机供油量的某一位置上，使相应弹簧合力（向上）与电磁力（向下）在均有所降低的情况下重新达到平衡状态，滑阀柱塞重新处于中央平衡位置，动力活塞下方恢复密封状态，输出轴固定不动，柴油机在较低供油量的情况下重新稳定运转（$n_0$）。

同理，当外界负荷增加时，转速降低，测速电压信号 $|-V_a|<V_b$，其差值 $\Delta V>0$，因而输出运算放大器的调速电压信号值增大，在电磁线圈中的电磁力增大，在电磁力与弹簧力差值的作用下滑阀柱塞下移，动力活塞下方与高压油相通，使动力活塞上行，负荷活塞下行，顺时针方向转动输出轴，使柴油机加油。此后的反馈（负反馈）调节过程与上述负荷减少时相反。最后在输出轴增加供油量的某一位置，滑阀柱塞恢复到平衡状态，动力活塞固定不动，油量固定，柴油机重新稳定运转。

## 任务实施

### 一、调速系统维护管理

#### 1. 正确地选择调速器润滑油

调速器润滑油既是润滑油又作为液压油使用，所以它必须满足下述要求：

（1）具有适当的黏度以保证在整个工作温度范围内（通常为 60 ℃～93 ℃）黏度变化符合下列要求：赛氏黏度为 100（或 50）～300 s 或运转黏度为 20～65 $mm^2/s$；

（2）含有适当的添加剂以保证在上述工作温度范围内性能稳定；

（3）对密封材料（如聚酯橡胶、聚丙烯等）不产生腐蚀和损坏作用。

按照上述要求可选用黏度等级 SAE30、SAE40，质量等级 CB、CC、CD 的石油基润滑油，不同的油品不得混用。

#### 2. 防止调速器润滑油高温

调速器连续工作时推荐的使用油温是 60 ℃～93 ℃（在调速器外壳下部外表面处测量）。油温过高，不但使调速器稳定性不好，而且易导致润滑油氧化变质，从而会在调速器的零部件上产生浸渍或沉渣。为防止润滑油氧化变质，应降低润滑油的工作温度，如采用换热器进行冷却或换用抗氧化能力强的润滑油。

### 3. 防止润滑油污染，保证润滑油清洁

调速器润滑油污染的途径主要有油容器脏污；润滑油反复加热与冷却，导致油中产生凝水；润滑油氧化变质。

润滑油污染是调速器发生故障的主要原因。据统计，约有 50% 的故障来自润滑油脏污。为此，应定期检查润滑油质量，如果发现润滑油污染变质，应及时换油。在正常情况下，一般每半年应换油一次。但在理想工作条件下，若工作环境灰尘和水分很少且工作温度处于正常范围内，则换油周期可延长至 2 年或更长。

如果不允许将调速器从柴油机上拆下来，则应趁油热的时候及时把旧油从放油塞放掉，然后充入清洁的轻柴油，把补偿针阀打开两转以上，启动柴油机让调速器波动 30 s 自行清洗。停车并把清洁用的轻柴油放净。换上新润滑油至规定油位，调整好补偿针阀。为了保证清洗柴油能全部放掉，在柴油机短时间运转后，可把新换的润滑油再放掉，然后注入新油即可。

### 4. 调速器内部油道驱气

调速器经装配或拆检后，油道内会掺混空气；运转中由于管理不当（如油面过高）油道内也会卷进空气。油道内有空气存在，会影响油流的连续性和补偿作用的敏感性。将引起柴油机转速不稳定。

排除油道内空气的方法是，先将柴油机启动怠速运转。然后将补偿针阀旋出几圈，人为使柴油机产生大幅度的转速波动，迫使油道内的空气从出气孔中挤出。这种大幅度游车至少应持续 2 min，然后慢慢关小补偿针阀直至游车完全消除为止。

### 5. 检查并保证调速器润滑油液位的正常高度

调速器工作时，其油位必须保持在油位玻璃表的刻度线之间，不可过高或过低。如果液压下降过快，则说明调速器有漏油或渗油处，应立即查找和修理。否则，润滑油因漏泄而减少，会导致调速器咬死，柴油机出现"飞车"事故。

## 二、液压调速器的调节

液压调速器的调节一般为修理后的调节或性能优化调节。调节工作最好在调速器试验台上进行。如在柴油机上进行调节，必须严防柴油机超速飞车，并应备好紧急停车机构。此种调节工作随调速器的类型而不同。本任务只进行稳定性调节以及 PGA 调速器的速度设定调节。

### 1. 稳定性调节

稳定性调节步骤如下（以 UG 型为例）：

（1）调速前的准备。使柴油机在无负荷下空车运转，当柴油机转速和调速器的润滑油温度上升到正常值时，方能进行调节。这时须有专人掌握燃油杆，以备人工切断供油。

（2）调速器润滑油驱气。把反馈指针放在最大位置，补偿针阀旋出几转，使柴油机处于游车状态，松开调速器上的透气塞，让柴油机转速波动 1～1.5 min，使调速器各油路中的空气从放气塞逸出来，直至空气全部排光后上紧放气塞。

（3）无负荷调整。反馈指针置于刻度"3"处；人为地使柴油机转速波动并逐渐关小补偿针阀，直至柴油机转速波动刚好消失为止，检查此时针阀的开度（可将针阀慢慢关死并记住至全关死的圈数，然后返回原来的位置）。如果其开度符合说明书的规定，则调节完成；如

果调节中波动不停或针阀开度不符合要求,则说明反馈作用不足,此时应将反馈指针向"最大"方向增加两格,重复以上调节;如果反馈指针达到"7"格时还不稳定,则应调节速度降机构,适当增大稳定调速率 $\delta_2$,再重复以上调节,直至满意为止;经过上述调节,转速波动会很快停止。如果针阀开度符合要求,就可继续试验在各种转速下柴油机能否在转速一旦波动后就会迅速停止。如果认为满意,则无负荷反馈调节即完成。

(4) 有负荷调整。使柴油机承受负荷,在所需要的各种转速下,检查调速器的稳定性,调整步骤与无负荷时相同。一般只需稍微调整一下反馈指针或补偿针阀开度即可达到满意的调节。

调节完毕后,记录反馈指针位置、针阀开度和速度降数值。锁紧反馈指针位置后不要随便移动。清洗调速器、更换润滑油时,只需重新调整针阀开度即可,一般无须变动反馈指针的位置。

PGA 型调速器没有反馈指针,因而其稳定性调节比较简单,只需从全开针阀到逐步关小针阀进行调节即可,最后仍需使针阀开度符合 1/16~2 转的要求。应尽量使针阀有较大的开度以保证调速器调节迅速。如果在针阀几乎关死的情况下,柴油机仍不能恢复稳定运转,则可换用一个刚度较大的阻尼弹簧。

**2. 速度设定的调节**

PGA 调速器速度设定的调节主要包括气动低速设定值调节;控制空气压力与相应转速范围调节;手动设定旋钮的最高转速调节。通常,此种调节应按下列顺序进行。

(1) 调节前的准备工作。启动柴油机,使调速器润滑油温度正常。

1) 如果调速器装置有停车电磁阀或压力停车装置,则应使它们处于不致使柴油机停车的状态。

2) 逆时针方向转动手动速度调节旋钮,直至最低速度为止(出现滑动)。

3) 使手动高速停车调节螺钉的上端与 T 形速度设定螺钉的顶部平齐。

4) 调节活塞止动调整螺钉使其在速度设定油缸顶部伸出长度约 13 mm。

(2) 气动低速设定值调节。

1) 接通控制空气,并调至与所要求低速(空车)相应的最低空气压力值。

2) 逆时针转动速度设定螺母,直至在最低控制空气压力下达到所要求的低速为止。

(3) 控制空气压力与相应的调速范围的调节。

1) 缓慢增加控制空气压力至所需的最大压力值(注意防止超速飞车)。

2) 如果在控制空气压力到达最大值前,柴油机已达到最高要求转速,则应向速度设定油缸方向移动可调支点架;如果相反,则向相反方向移动支点架。

在进行此项调节之后,应重新调整低速设定值。

3) 控制空气压力达最大值,使柴油机稳定运转,顺时针方向转动限制阀调节螺钉使柴油机转速刚刚开始下降,然后逆时针方向转动螺钉 1/4~1/2 转并锁紧。防止柴油机超速。

4) 控制空气压力降至最低值,顺时针方向转动活塞止动调节螺钉直至刚接触伺服活塞为止。然后逆时针方向返回 3 转并锁紧。这样,在柴油机启动时能迅速打开油门,减少启动时间。

(4) 手动速度设定的最大速度设定值调节。

1) 关闭控制空气,顺时针方向转动手动设定旋钮,使柴油机达到所要求的转速。

2) 顺时针方向转动手动高速停车调速螺钉,直至其刚好与高速停车销接触为止。

最后,把手动旋钮逆时针方向转至最低速度位置处,以恢复气动速度设定控制。

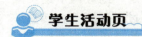
## 学生活动页

| 学习领域 | 船舶柴油机使用与维护 | 任务名称 | 调速系统维护与管理 |
|---|---|---|---|
| 学生姓名 | | 班级学号 | |
| 组别 | | 任务成绩 | |
| 任务描述 | 作为船舶主机的柴油机,因为船舶航速改变而需要经常改变其转速,为了使柴油机在规定的转速下稳定运转,必须装设调节转速的装置——调速器。通过本任务学习,学生能够完成液压调速器的维护与管理 | | |
| 知识目标 | 熟悉调速器的作用及类型 | | |
| 能力目标 | 能够使用和维护各种类型的调速器 | | |
| 素质目标 | 1. 能够具备初步的管理能力和信息处理能力,主动获取信息,展示学习成果,对工作过程进行总结和反思;<br>2. 能够具备沟通能力、质量意识和安全意识,有效利用团队合作解决实际问题 | | |
| 学习重点 | 液压调速器维护管理 | 学习难点 | 弹性反馈液压调速器原理 |
| 过程记录 | 请根据任务要求,确定所需要的知识、设备、工具,并对小组成员进行合理分工,制定完成液压调速器维护管理的方案。<br>1. 小组人员分工<br><br>| 姓名 | 分工 | 姓名 | 分工 | 姓名 | 分工 |<br>\|---\|---\|---\|---\|---\|---\|<br>\| \| \| \| \| \| \|<br>\| \| \| \| \| \| \|<br>\| \| \| \| \| \| \|<br><br>2. 液压调速器维护管理<br><br>3. 实操中存在的问题 | | |

| | | |
|---|---|---|
| 任务考核 | ★选择题<br><br>1. 能保证柴油机在全工况范围内，在设定的转速下稳定工作的调速器是（　　）。<br>　A. 极限调速器　　B. 定速调速器　　C. 双制式调速器　　D. 全制式调速器<br>2. 用于限制柴油机转速不超过某规定值，但在此定值之下不起调节作用的调速器称为（　　）。<br>　A. 极限调速器　　B. 定速调速器　　C. 全制式调速器　　D. 双制式调速器<br>3. 根据双制式调速器的工作特点，它最适合作用的柴油机是（　　）。<br>　A. 船用中速柴油机　　　　　　B. 船用带离合器的中、小型主机<br>　C. 船用低速机　　　　　　　　D. 带动变距桨柴油机<br>4. 船用主机及发电柴油机均可使用的调速器是（　　）。<br>　A. 定速调速器　　B. 极限调速器　　C. 全制式调速器　　D. 机械式调速器<br>5. 柴油机的负荷、转速及循环供油量之间的正确关系是（　　）。<br>　A. 当负荷不变循环供油量增加时，转速下降<br>　B. 当转速不变负荷增加时，循环供油量增加<br>　C. 当循环供油量不变负荷减少时，转速降低<br>　D. 当负荷不变循环供油量减少时，转速上升<br><br>★简答题<br><br>1. 按执行机构采用电气方式的调速器有哪几类？<br><br>2. Woodward UG-8 表盘式液压调速器由哪些部分组成？ | |
| 任务评价 | 自我评价 | 1. 通过本任务学习，我学到的知识点和技能点：_____。<br>存在问题：_____。<br>2. 在本次工作和学习的过程中，我的表现可得到：<br>□优　□良　□中　□及格　□不及格 |
| | 小组互评 | |
| | 教师评价 | |

## 知识拓展

### 一、操纵系统的要求与类型

柴油机的操纵系统是将启动、换向、调速等各装置联结成一个整体并可以集中控制柴油机的机构。轮机人员在操纵台前，通过控制系统就可以集中控制机器，满足船舶操纵的各种要求。

随着自动化技术和电子技术的发展，各种遥控技术已广泛应用于柴油机的操纵机构。特别是近年来电子计算机技术和微处理机已用于主机遥控、巡回检测和工况监视等方面，不仅大大减轻了轮机人员的劳动强度，改善了工作条件；还可以避免人为的操作差错，提高船舶运行的安全性、操纵性和经济性。目前，主机遥控技术水平越来越高，船舶正朝着全面自动化和智能化的方向发展。

按操纵部位和操纵方式，操纵系统可以分为以下三种：

(1)机旁手动操纵，操纵台设在机旁，使用相应的控制机构操纵柴油机使之满足各种工况的需要。

(2)机舱集控室控制，在机舱的适当位置设置专用的控制室实现对柴油机的控制和监视。

(3)驾驶室控制，在驾驶室的控制台中由驾驶员直接控制柴油机。

在这三个部位中机旁手动操纵是整个操纵系统的基础。机舱集控室控制和驾驶室控制统称遥控，即指远距离操纵主机。遥控系统是用逻辑回路和自动化装置代替原有的各种手动操作程序。在三个部位的操纵台上均设操纵手柄、操纵部位转换开关、应急操作按钮及显示仪表等，以便对主机进行操纵和运行状态参数的监测。尽管目前主机遥控技术已经达到相当高的水平，但系统中仍然必须保留机旁手动操纵系统，以保证对主机的可靠控制。

按遥控系统所使用的能源和工质，主机遥控系统可分为以下五种。

1. 电动式主机遥控系统

电动式主机遥控系统是以电作为能源，通过电动遥控装置和电动驱动机构，在遥控室对主机进行操作。它具有如下优缺点：该系统控制性能好，可实现准确的控制；不受信号传递距离的限制，有利于远距离控制；不需要油、气管路；无油、气处理装置；不必担心漏油、漏气；易于实现较高程度的自动化；是实现主要遥控的最佳途径。电动式遥控系统管理水平要求高，需要配备具有一定电子技术知识的较熟练的操作管理人员。

2. 气动式主机遥控系统

该系统的能源是压缩空气，它是通过气动遥控装置和气动驱动机构对主机进行遥控。压缩空气可直接利用主机启动用的压缩空气，只要经过减压和净化处理即可取得。信号传递范围比较远，一般在100 m以内可满足系统的控制要求。信号传递基本不受温度、振动、电气干扰等的影响。因为有管路和气压，可以看得见、摸得着，动作可靠，维护方便，因而深受轮机人员的欢迎。但该系统信号传递没有电动式快，对气源的除油、除尘、除水的净化处理要求较高，否则易使气动元件失灵。气动系统目前也趋于小型化和集成化。

3. 液力式主机遥控系统

液力式主机遥控系统的主要优点是：结构牢固，工作可靠，传递力较大。但是由于液压传动有惯性和所用油的黏度受温度的影响等，会使传动的灵敏性和准确性受到影响，因此，在遥控系统中一般限于机舱范围内，不适用于远距离信号的传递。

4. 混合式主机遥控系统

为了综合利用上述各种系统的优点，出现了许多混合式主机遥控系统，如电—气混合式和电—液混合式等，即从驾驶台到机舱采用电传动，机舱系统采用液压力或气动。目前，混合式主机遥控系统在船上应用较为广泛。

5. 微型计算机控制系统

在常规的主机遥控系统中，程序控制等功能是通过各种典型环节的控制回路完成的。

采用微型计算机遥控主机时，是通过软件设计给出一个计算机执行程序以取代常规遥控系统的控制回路，用软件取代硬件程序。微型计算机在执行时，将根据从接口输入的指令和表征主机实际运行状态的各种信息进行综合判断和运算，得出需要的控制信息，经输出接口去控制操纵系统的执行元件，实现主机的正倒车换向、启动、停车和调速等功能操作。

其主要特点是用微型计算机取代了分立元件或集成逻辑电路元件，体积小，功能强，扩大了逻辑功能、运算功能和增加了灵活性，可实现最佳状态和最经济性控制。

微型计算机控制系统是当代向综合性自动化方向发展的主要目标和方向。

通常，在远距离遥控系统中多采用电传动，近距离多采用液力或气力传动。目前，我国远洋船队多采用全气动式、电—气混合式两种形式。

主机遥控系统的功能除了根据车钟指令通过各种逻辑回路和自动装置等完成主机启动、换向、调速和停车等的程序操作外，还必须具有重复启动、慢转启动、负荷程序、应急停车、自动避开临界转速、故障自动减速或停车、紧急倒车等辅助功能；但柴油机的备车系统状态检查等均由轮机人员在机舱内完成，然后转换到遥控系统控制。

**二、调速器的常见故障**

当柴油机在工作中，转速变化出现异常时，通常应考虑以下三个方面的因素：柴油机工作性能恶化；调速器某些辅助设备失常；调速器本身失常。因此，应首先进行以下检查：

(1)确认柴油机的负荷是否超出柴油机的标定负荷；
(2)检查各缸负荷是否严重不均，是否正常发火，喷油器是否处于正常工作状态；
(3)检查调速器与喷油泵之间的杠杆传动机构是否卡滞或间隙过大而松动；
(4)检查调速器负荷指针的零位与喷油泵的零位是否一致；
(5)检查调速器的设定机构、控制空气压力等是否正常。

当进行以上检查并排除之后，如果调速器工作仍然不正常，则为调速器自身故障。这些故障通常包括以下几种：

**1. 柴油机游车或转速振荡**

游车指转速有节奏地变化，以手动停住调速器的作用可以消除，但放手后仍会恢复有节奏的转速变化。转速振荡指转速有节奏变化且幅值较大，手动停住调速器作用可消除波动，放手后转速不会立即重新波动，但在调速或负荷变化后波动仍会发生。可能的原因如下：

(1)调速器反馈系统调速不当，应重新进行稳定性调节；
(2)调油杆、高压油泵空动或卡死；
(3)调速器润滑油太脏、起泡或油位过低(油位表不见油位)；
(4)调速器内部故障，如飞重和轴承磨损，滑阀卡死，补偿(阻尼)弱簧弹性失效等；
(5)调速器与柴油机不匹配。

**2. 调速器输出轴颤动**

(1)调速器驱动不稳，如传动齿轮磨损，啮合不良，凸轮轴传动机构松动，柴油机减振器故障；
(2)飞重的弹性驱动机构故障；
(3)调速器在安装支座上没有均匀固紧。

**3. 柴油机达不到全速全负荷**

(1)喷油泵齿条拉出长度不够或喷油泵齿条拉出长度不够而调速器输出轴已达到最大输

出行程(刻度"10")。这可能是由于调油杆系卡滞、空动,调速器输出轴与喷油泵供油刻度匹配不当等因素引起。

(2)控制空气或扫气空气压力太低或设定转速太低。

(3)动力活塞运动受阻。

(4)液压系统油压过低或油路阻塞。

4. 柴油机启动时高压油泵齿条不能及时拉开

(1)调速器中油压低,如齿轮泵磨损、齿轮泵单向阀漏泄;

(2)启动转速太低;

(3)升压伺服器(在启动时刻使用启动空气迅速增加调速器内润滑油压力的选用设备)动作不佳;

(4)某种断油机构(如停车螺母等)调整不当;

(5)转速设定值或扫气压力燃油限制器(在启动时由扫气压力限定调速器输出轴转角的一种辅助装置)设定值太低。

### 三、调速器的性能指标

调速器的性能直接影响柴油机运转的稳定性和可靠性。调速器装机后,在柴油机性能鉴定时,应对柴油机进行突变负荷试验,同时用转速自动记录仪记录柴油机的转速随时间的变化曲线,用以分析调速器的工作性能。评定调速器性能有以下两种工作指标:

1. 静态指标

(1)稳定调速率 $\delta_2$。指当操纵手柄在标定供油位置时,最高空载转速 $n_{\sigma max}$ 与标定转速 $n_b$ 之差同标定转速 $n_b$ 比值的百分数,即

$$\delta_2 = \frac{n_{\sigma max} - n_b}{n_b} \times 100\%$$

稳定调速率 $\delta_2$ 用来衡量调速器的准确性,其值越小,表示调速器的准确性越好。$\delta_2$ 在国外称速度降(Speed Droop)。对单台柴油机运转允许 $\delta_2=0$,表示该柴油机将不随外界负荷变化而保持恒速运转。但在几台柴油机并联工作时,为使各机负荷分配合理,各机的 $\delta_2$ 必须相等且不得为零。对 $\delta_2$ 的要求应根据柴油机的用途而定。我国有关规范规定,船用主机的 $\delta_2 \leqslant 10\%$,交流发电机的 $\delta_2 \leqslant 5\%$。

(2)转速波动率 $\Phi$ 或转速变化率 $\varphi$。用来表征在稳定运转时柴油机转速的变化程度,主要是由柴油机回转力矩不均匀引起的,但两者的定义不同。

转速波动率 
$$\Phi = \left| \frac{n_{cmax}(n_{cmin}) - n_m}{n_m} \right| \times 100\%$$

转速变化率 
$$\varphi = \frac{n_{cmax} - n_{cmin}}{n_m} \times 100\%$$

式中 $n_{cmax}$——测定期间的最高转速(r/min);

$n_{cmin}$——测定期间的最低转速(r/min);

$n_m$——测定期间的平均转速(r/min),$n_m = (n_{cmax} + n_{cmin})/2$。

一般,在标定工况时,$\Phi \leqslant (0.25 \sim 0.5)\%$、$\varphi \leqslant (0.5 \sim 1)\%$。

(3)不灵敏度 $\varepsilon$。当柴油机在一定负荷下稳定运转时,由于调速机构中存在间隙、摩擦和阻力等,转速稍有变化,调速器并不能立即改变供油量。直到转速变化量足够大时,调速器才能开始起到调节供油的作用。这种现象称为调速器的不灵敏性。我国用不灵敏度 $\varepsilon$ 表示不灵敏区域的大小。

令
$$\varepsilon = \frac{n_2 - n_1}{n_m} \times 100\%$$

式中　$n_1$——柴油机转速降低时,调速器开始起作用的转速(r/min);
　　　$n_2$——柴油机转速增加时,调速器开始起作用的转速(r/min);
　　　$n_m$——柴油机平均转速(r/min),$n_m = (n_1 + n_2)/2$。

不灵敏度过大会引起柴油机转速不稳定,严重时会导致调速器失去作用发生飞车,一般规定在标定转速时,$\varepsilon \leqslant (1.5 \sim 2)\%$;而在最低稳定转速时,$\varepsilon \leqslant (10 \sim 13)\%$。

2. 动态指标

动态指标是用以评定调速系统过渡过程的性能(稳定性)指标。

(1) 瞬时调速率 $\delta_1$。突卸全负荷瞬时调速率

$$\delta_1^+ = \frac{n_{max} - n_b}{n_b} \times 100\%$$

式中　$n_{max}$——突卸100%负荷时的最高瞬时转速;
　　　$n_b$——突卸100%负荷前的稳定转速(标定转速)。

突加全负荷瞬时调速率

$$\delta_1^- = \left| \frac{n_{min} - n_{\sigma max}}{n_b} \right| \times 100\%$$

式中　$n_{min}$——突加100%负荷时的最低瞬时转速;
　　　$n_{\sigma max}$——突加100%负荷前的稳定转速(空载转速)。

我国有关规范要求发电柴油机的 $\delta_1^+ \leqslant 10\%$、$\delta_1^-$(突加50%后再加50%全负荷)$\leqslant 10\%$。

(2) 稳定时间 $t_s$。稳定时间指从突加(或突减)全负荷后转速刚偏离最高空载转速的波动范围(或标定转速的波动范围)到转速恢复到标定转速的波动范围(或最高空载转速的波动范围)为止所需的时间(s)。我国有关规范规定,交流发电机 $t_s \leqslant 5$ s。

# 项目九　柴油机测试

## 思维导图

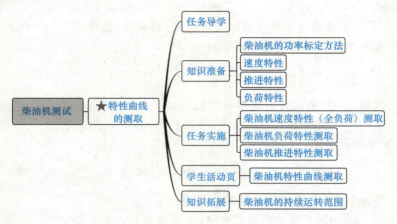

## 项目描述

柴油机在船舶上主要用来作为船舶主机和发电辅机。作为船舶主机时，在稳定工况下运转的主机有效功率恰好与螺旋桨吸收的功率相等。但是，要使船舶改变航速，就得使主机功率和螺旋桨产生的推力有相应的变化；另外，由于船舶在海上航行的外界条件（风力、航区、吃水等）以及船舶的运动情况等的经常变化，也使主机功率和转速发生变化。可见，船舶主机是在功率和转速都可能发生变化的条件下工作的。作为带动发电机的柴油机来说，为了保持电网电压的稳定和一定的电流频率，要求柴油机在负荷变化时转速基本固定不变。

柴油机特性分为负荷特性和速度特性两大类，其中速度特性包括全负荷速度特性、超负荷速度特性、部分负荷速度特性。另外，柴油机的限制特性、推进特性、调速特性等也属于速度特性。掌握柴油机各种运转特性的曲线能指导我们解决以下主要问题：通过各种运转特性确定柴油机极限允许使用范围；合理选择柴油机与螺旋桨的配合，确定柴油机的最佳工作点；通过柴油机实际运转所测得的主要参数与说明书给定特性曲线上的相应工况下的参数进行比较，可检查柴油机的工作情况，从而为调整、修理和改进柴油机提供依据。通过本项目的学习，学生应达到以下要求：

一、知识要求

1. 掌握速度特性测取的目的和方法；
2. 掌握推进特性测取的目的和方法；
3. 掌握负荷特性测取的目的和方法。

二、能力要求

具有测取速度特性、推进特性和负荷特性的能力。

### 三、素质要求

1. 具有分析问题、解决问题的能力;
2. 具有沟通能力和团队协作精神;
3. 具有勇于创新、爱岗敬业的优秀品质;
4. 具有质量意识、安全意识和环境保护意识;
5. 具有初步的管理能力和信息处理能力。

## 任务　特性曲线的测取

### 任务导学

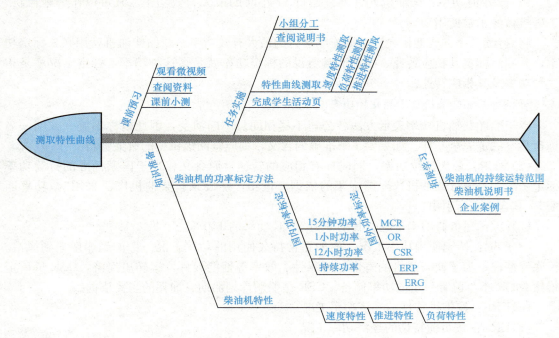

### 知识准备

#### 一、柴油机的功率标定方法

柴油机能发出的功率是有极限的,客观上受到许多因素的限制,如最高爆发压力 $p_z$、平均有效压力 $p_e$、曲轴扭矩 $M_e$、燃烧过量空气系数 $α$、排气温度 $T_r$、转速 $n$ 等。也就是说,柴油机所发出的功率有个客观极限。但一台柴油机的功率究竟标定多大才合适,是根据柴油机特性、使用特点以及寿命和可靠性等要求来确定的。

**1. 我国柴油机功率的标定**

国家标准规定了内燃机标定功率分为 15 分钟功率、1 小时功率、12 小时功率、持续功率四级。它们的关系可用图 9-1-1 的速度特性曲线定性地说明。图中的功率极限为柴油机可能发出的最大功率,这时机械负荷、热负荷等限制因素达到极限,柴油机可能损坏,不能可靠工作。因此柴油机即使是出厂试验时,也不允许达到此极限。

(1) 15 分钟功率:柴油机允许连续运行 15 分钟的最大有效功率。商船不允许使用这么大的功率。其可作为军用车辆和舰艇的追击功率。

(2) 1 小时功率:柴油机允许连续运行 1 小时的最大有效功率,可作为商船的超负荷功率,是最大持续功率的 110%。1 小时功率还可作为拖拉机、工程机械的最大使用功率。

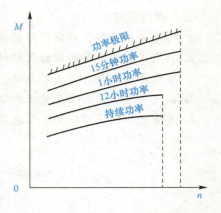

图 9-1-1　柴油机各种功率的速度特性

(3) 12 小时功率:柴油机允许连续运行 12 小时的最大有效功率。其可以作为拖拉机、工程机械的正常使用功率。

(4) 持续功率:柴油机允许长期连续运行的最大有效功率。船舶柴油机就用它来标定功率,并同时标定其相应转速。我们通常所说的标定功率就是指这种功率,标定工况就是指这种功率及其相应转速。

**2. 国外船舶柴油机常用的几种功率(工况)名称**

由于船舶柴油机功率表示方法各公司不尽相同且不断演变,因此名称不统一或同一名称含义不一定完全一样。如果要了解准确的含义,则应查阅该机型的有关资料。

(1) MCR:最大持续功率,同时标有相应的转速。原含义相当于国家标准的持续功率标定工况,是设计柴油机选配螺旋桨的依据。近年,螺旋桨与柴油机广泛采用"减功率匹配",其含义有所引申。

(2) OR:超负荷功率工况。其功率为 MCR 功率的 110%。

(3) CSR:持续使用功率工况。船舶正常持久使用的功率工况。考虑到船舶遇到风浪、污底等情况,为了使柴油机的寿命、可靠性、效率等性能较好,运转更经济,CSR 负荷定得比 MCR 小,留有一定的功率储备。CSR 是船舶计划船期、油耗的主要依据。

(4) ERP:按推进特性的经济功率工况。

(5) ERG:按负荷特性的经济功率工况。

## 二、速度特性

速度特性是指在供油量调节机构固定在某一位置时,柴油机的各性能参数随转速变化的关系。根据供油量调节机构固定位置不同,柴油机的速度特性可分为全负荷速度特性和部分负荷速度特性。全负荷速度特性是把油量调节机构固定在标定功率位置时,所测得的速度特性,也称为外特性。根据国家标准对每一台柴油机都应按用途特点,在柴油机铭牌上标明上述四种标定功率中的两种及其相应的转速。当油量调节机构固定在设计标定功率(持续功率)以下的各位置时,所测得的速度特性称为部分负荷速度特性。

进行全负荷速度特性(外特性)试验时,应使其速度和负荷逐步增加。当达到某一标定功率和转速时,柴油机的油量调节机构保持不变。然后调节测功器加载,使柴油机转速下降到某一点,并使之在该转速下稳定运转,测出主要参数。图 9-1-2 所示为 4135AG 型柴油机 1 小时功率和 12 小时功率的外特性曲线。

如图 9-1-3 所示,当转速升高时,机械效率 $\eta_m$ 下降;由于转速升高使进气阻力增加,所以充气系数 $\eta_v$ 下降;对于没有校正装置的普通柱塞式喷油泵的循环供油量,随着转速升高会稍有增加(因泄漏减少)。总的结果使扭矩 $M_e$ 随转速变化较为平坦。将柴油机各转速下的负荷特性冒烟极限点的转矩连接起来就是图中的冒烟极限曲线。

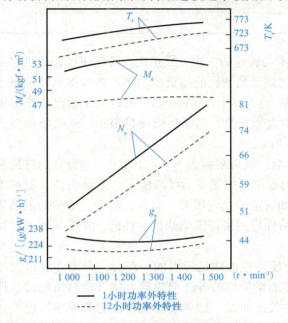

图 9-1-2　4135AG 型柴油机外特性曲线

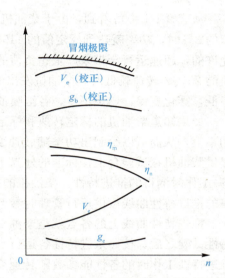

图 9-1-3　柴油机外特性曲线上各参数随转速的变化规律

目前在工厂中仍使用以前的标定功率方法。按照以前的标准,柴油机的功率有额定功率、超额功率和连续功率。在柴油机铭牌上标明的是额定功率,通常所说的标定功率仅指额定功率。额定功率是工厂在试验台上测得的,并把大气压力为 760 mmHg 柱高、环境温度为 27 ℃、相对湿度为 60% 作为标定的试验外界条件。额定功率为最经济功率的 110%,在额定功率下,柴油机应能保证 12 h 的连续运转。超额功率为额定功率的 110%,在超额功率下不准冒黑烟,并保证柴油机连续运转 1 h,单位油耗量不超过额定功率的 7%,连续功率是能保证柴油机长时间连续运转的最大功率,一般为额定功率的 85%～90%,而相应的转速为额定转速的 94.7%～96.5%。部分负荷速度特性是在设计标定功率(持续功率)的 90%、80%、75%、60%、50%、40%、25%、20%、10% 等部分负荷下稳定运转时,按全负荷速度特性(外特性)的试验方法进行测定。一般与全负荷速度特性试验连贯地进行。

### 三、推进特性

当柴油机作为船舶主机时,柴油机的特性将由螺旋桨决定。主机发出的功率 $N_e$(或扭矩)总是与螺旋桨吸收功率 $N_B$(或扭矩)相等。因为螺旋桨所需的功率与转速的三次方成正比,所以柴油机功率 $N_e$ 与转速 $n$ 的关系也是三次方的关系。即

$$N_e = N_B = Cn^3$$

根据上式，已知柴油机的一个工况，就可算出其他工况下功率 $N_e$ 与转速的对应关系。主机在各种转速下对应的功率百分数见表 9-1-1。

表 9-1-1　主机在各种转速下对应的功率百分数

| 标定转速/% | 63 | 79.5 | 91 | 96.5 | 100 | 103 |
| --- | --- | --- | --- | --- | --- | --- |
| 标定功率/% | 25 | 50 | 75 | 90 | 100 | 110 |

从表 9-1-1 中可看到，由于柴油机的功率与转速的三次方成正比，转速超过柴油机标定值的 3% 时，功率就达到标定值的 110%，达到了柴油机的超负荷功率，继续提高转速是不允许的，超速运行会带来严重超负荷的后果；转速为标定值的 63% 时，功率就已降至标定值的 25%。转速较低时，柴油机发出的功率大为减少，每循环喷油量很小，使得喷油压力降低，雾化变差，燃烧不良，各缸喷油量不均匀。

如果知道柴油机的标定转速和标定功率后，就可根据表 9-1-1 计算出各运行点的转速和功率值，从而可以绘制出功率随转速变化的规律，如图 9-1-4(a)所示。柴油机技术资料中提供柴油机在试验台上按标准的外界条件(如规定的大气压力、温度、湿度、燃油的低热值等)工作时测得的推进特性。柴油机的推进特性可用来评定柴油机的性能。在实船试航时测得的推进特性曲线可供运行管理时参考。

推进特性曲线上的各点就是柴油机各速度特性曲线运行点的一部分，只要在完成速度特性试验之后，按照推进特性各运行点整理出柴油机的各性能参数，便可绘制出柴油机按推进特性工作时的各性能参数随转速变化的关系曲线。如单独测试各性能参数随转速变化的关系曲线，就要先计算出符合该台柴油机推进特性各运行点的转速和功率值，再根据这些数据将柴油机调节在各运行点上运行(一般从标定功率点开始逐步向低负荷进行)，逐点测取各参数(如最高燃烧压力、增压压力、废气涡轮前后排气温度、机械效率、过量空气系数、烟度、有效耗油率等)，然后以转速为横坐标，以上述各参数为纵坐标绘制成曲线，如图 9-1-4(b)所示。

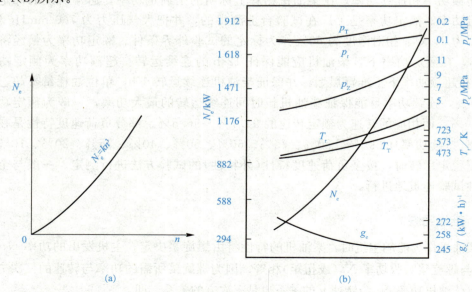

图 9-1-4　推进特性曲线
(a)功率与转速关系；(b)各参数与转速关系

### 四、负荷特性

柴油机的负荷特性是表示当转速保持一定时,各性能参数随负荷变化的关系。驱动发电机的副柴油机在负荷变化时,转速基本上保持不变。当前船舶主柴油机均装有全制式(转速在运行范围内可选定任意值)的调速器。在负荷变化(螺旋桨 $\lambda_P$ 变化)时,转速也基本上保持不变。因此它们均可看成按负荷特性工作。

技术资料提供的负荷特性通常是在标定转速下测取的。如果有必要,还需要提供若干个不同转速下的负荷特性。测取负荷特性时,在改变外负荷的同时改变每循环供油量,使 $n$ 保持不变。通常以平均有效压力 $p_e$ 为横坐标。纵坐标则是各性能参数,如有效耗油率、排气温度、最高爆发压力、增压器转速、增压压力、涡轮进口处排气温度等。

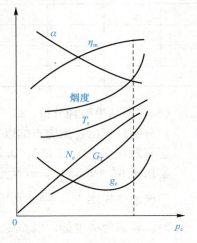

图 9-1-5　负荷特性曲线

如图 9-1-5 所示,随着负荷的增加,每小时供油量 $G_T$ 增加;因转速不变,所以进气量变化不大,因此随负荷增加过量空气系数 $\alpha$ 减少;随着供油量增加,放热量增多,所以排气温度 $T_r$、排气烟度都增加,但在低负荷时增加缓慢;在高负荷时,由于 $\alpha$ 减少,混合气形成恶化,引起燃烧不完全,烟度增加较大;如果再继续增加供油量,则产生大量黑烟,功率反而下降,因此柴油机在任一转速下的负荷特性有一个冒烟极限。

柴油机的机械损失主要与转速有关,在转速不变的情况下,机械损失变化不大,因此,随着负荷增加,机械效率也增高。

## 🧰 任务实施

### 一、柴油机速度特性(全负荷)测取

(1)检查仪器、仪表工作正常,接通燃油、冷却水通断阀。

(2)按常规启动柴油机,暖机,当油温、水温达到规定值时,加载试验。

(3)调节发动机油门,使其转速逐渐升至额定转速,调节水力测功器手轮,使负荷逐渐增加至额定负荷。反复调节油门和测功器手轮,使其转速和负荷稳定在额定工况点上,用专用夹具固定油门,测出柴油机在标定工况下的参数:排气温度 $T_r$、燃油消耗量 $G_t$、测量时间 $t$ 等。

(4)调节水力测功器手轮,逐渐增加负荷,使发动机转速缓慢地下降到某一定值,在新的转速和扭矩下达到新平衡后,测取各主要性能参数,并记录下来。

(5)用此方法逐步测取不同转速时各主要性能参数,直到最低稳定转速,每个测量点取两次测量的平均值。

(6)松开喷油泵供油量调节装置,逐渐减小柴油机的负荷和转速,然后按照操作规程停车。

(7)填写并整理试验数据(表 9-1-2)。

表 9-1-2　实验数据

| 测量点 | 转速 $n$ r/min | 制动力 $p$ N | 功率 $N_e$ kW | 燃油消耗量 $G_f$ g | 测量时间 $t$ s | 燃油消耗率 $g_e$ g/(kW·h) | 扭矩 $M_e$ N·m | 排气温度 $T_r$ ℃ |
|---|---|---|---|---|---|---|---|---|
| 1 | | | | | | | | |
| 2 | | | | | | | | |
| 3 | | | | | | | | |
| 4 | | | | | | | | |
| 5 | | | | | | | | |
| 6 | | | | | | | | |
| 7 | | | | | | | | |

(8)实训结果整理分析。

1)分别计算出各测定点的以下参数：

①有效功率 $N_e = 0.001 \times 0.735 p \times n (\text{kW})$；

②扭矩 $M_e = 9\,550 N_e / n (\text{N·m})$；

③燃油消耗率 $g_e = \dfrac{G_f}{N_e} \times 10^3 [\text{g/(kW·h)}]$。

2)以转速为横坐标，以 $G_f$、$g_e$、$N_e$、$M_e$、$T_r$ 为纵坐标，画出速度特性曲线。

## 二、柴油机负荷特性测取

(1)按操作规程启动柴油机并进行暖缸。

(2)开空车缓慢增速至标定转速 $n_b$。

(3)逐渐加负荷(加水门)、加油门，使柴油机的转速保持标定转速 $n_b$。在负荷分别为标定负荷的 25%、50%、75%、90%、100%、110% 的工况下稳定运转，测出每个工况点参数(如排气温度 $T_r$、燃油消耗量 $G_f$、测量时间 $t$ 等)，每个测量点取两次测量的平均值。

(4)松开喷油泵供油量调节装置，逐渐减小柴油机的负荷和转速，然后按照操作规程停车。

(5)填写并整理试验数据(表 9-1-3)。

表 9-1-3　试验数据

| 测量点 | 转速 $n$ r/min | 制动力 $p$ N | 功率 $N_e$ kW | 燃油消耗量 $G_f$ g | 测量时间 $t$ s | 燃油消耗率 $g_e$ g/(kW·h) | 扭矩 $M_e$ N·m | 排气温度 $T_r$ ℃ |
|---|---|---|---|---|---|---|---|---|
| 1 | | | | | | | | |
| 2 | | | | | | | | |
| 3 | | | | | | | | |
| 4 | | | | | | | | |
| 5 | | | | | | | | |
| 6 | | | | | | | | |
| 7 | | | | | | | | |

(6)实训结果整理分析。

1)分别计算出各测定点的以下参数：

①有效功率 $N_e = 0.001 \times 0.735 p \times n (\text{kW})$；

②扭矩 $M_e = 9\,550 N_e/n (\text{N} \cdot \text{m})$；

③燃油消耗率 $g_e = \dfrac{G_f}{N_e} \times 10^3 [\text{g}/(\text{kW} \cdot \text{h})]$。

2)以柴油机功率为横坐标，以 $G_f$、$g_e$、$N_e$、$M_e$、$T_r$ 为纵坐标，画出负荷特性曲线。

### 三、柴油机推进特性测取

(1)按公式 $N_e = Cn^3$ 计算功率与转速的对应值，并由公式 $N_e = 0.001 pn$ 求出水力测功器的制动力。

(2)按操作规程启动柴油机并进行暖缸。

(3)开空车，缓慢增速至标定转速。

(4)通过水力测功器逐渐加负荷(加水门)、加油门，使柴油机在标定转速和标定功率下稳定运转。

(5)逐渐加负荷，加油至功率和转速的第1个对应点，待柴油机转速稳定后，测出 $T_r$、$p$、$G_f$、$t$ 等参数，每个测量点取两次测量的平均值。

(6)逐渐减小负荷，减小供油量，使柴油机的功率和转速下降至第2个对应点。

(7)重复上一步骤，依次测出(3)、(4)、(5)步各对应点的相应性能参数。

(8)逐渐减小柴油机的负荷和转速，然后按照操作规程停车。

(9)填写并整理试验数据(表 9-1-4)。

**表 9-1-4　试验数据**

| 测量点 | 转速 $n$ r/min | 制动力 $p$ N | 功率 $N_e$ kW | 燃油消耗量 $G_f$ g | 测量时间 $t$ s | 燃油消耗率 $g_e$ g/(kW·h) | 扭矩 $M_e$ N·m | 排气温度 $T_r$ ℃ |
|---|---|---|---|---|---|---|---|---|
| 1 | | | | | | | | |
| 2 | | | | | | | | |
| 3 | | | | | | | | |
| 4 | | | | | | | | |
| 5 | | | | | | | | |
| 6 | | | | | | | | |

(10)实训结果整理分析。

1)分别计算出各测定点的以下参数：

①有效功率 $N_e = 0.001 \times 0.735 p \times n (\text{kW})$；

②扭矩 $M_e = 9\,550\, N_e/n (\text{N} \cdot \text{m})$；

③燃油消耗率 $g_e = \dfrac{G_f}{N_e} \times 10^3 [\text{g}/(\text{kW} \cdot \text{h})]$。

2)以柴油机转速为横坐标，以 $G_f$、$g_e$、$N_e$、$M_e$、$T_r$ 为纵坐标，画出推进特性曲线。

## 学生活动页

| 学习领域 | 船舶柴油机使用与维护 | 任务名称 | 柴油机特性曲线测取 |
|---|---|---|---|
| 学生姓名 | | 班级学号 | |
| 组别 | | 任务成绩 | |
| 任务描述 | 掌握柴油机各种运转特性的曲线能指导我们解决以下主要问题：通过各种运转特性，确定柴油机极限允许使用范围；合理选择柴油机与螺旋桨的配合，确定柴油机的最佳工作点；通过柴油机实际运转所测得的主要参数与说明书给定特性曲线上的相应工况下的参数进行比较，可检查出柴油机的工作情况，从而为调整、修理和改进柴油机提供依据 | | |
| 知识目标 | 1. 掌握速度特性曲线含义；<br>2. 掌握推进特性曲线含义；<br>3. 掌握负荷特性曲线含义 | | |
| 能力目标 | 具有测取速度特性、推进特性、负荷特性的能力 | | |
| 素质目标 | 1. 能够具备初步的管理能力和信息处理能力，主动获取信息，展示学习成果，对工作过程进行总结和反思；<br>2. 能够具备沟通能力、质量意识和安全意识，有效利用团队合作解决实际问题 | | |
| 学习重点 | 特性曲线测取 | 学习难点 | 特性曲线测取 |
| 过程记录 | 1. 小组人员分工<br><br>| 姓名 | 分工 | 姓名 | 分工 | 姓名 | 分工 |<br>|---|---|---|---|---|---|<br>| | | | | | |<br>| | | | | | |<br>| | | | | | |<br><br>2. 速度特性曲线测取<br>(1) 步骤：<br><br><br>(2) 记录试验数据：<br><br>| 测量点 | 转速 $n$ | 制动力 $p$ | 功率 $N_e$ | 燃油消耗量 $G_f$ | 测量时间 $t$ | 燃油消耗率 $g_e$ | 扭矩 $M_e$ | 排气温度 $T_r$ |<br>|---|---|---|---|---|---|---|---|---|<br>| | r/min | N | kW | g | s | g/(kW·h) | N·m | ℃ |<br>| 1 | | | | | | | | |<br>| 2 | | | | | | | | |<br>| 3 | | | | | | | | |<br>| 4 | | | | | | | | |<br>| 5 | | | | | | | | |<br>| 6 | | | | | | | | |<br>| 7 | | | | | | | | | | | |

续表

| 过程记录 | (3)试验结果整理分析： <br><br> 3.存在问题 |
| --- | --- |
| | ★名词解释 <br><br> 1.速度特性 <br><br><br> 2.推进特性 <br><br><br> 3.负荷特性 <br><br><br> 4.持续功率 |

| 任务评价 | 自我评价 | 1.通过本任务学习，我学到的知识点和技能点：＿＿＿＿＿＿＿＿＿。<br>存在问题：＿＿＿＿＿＿＿＿＿。<br>2.在本次工作和学习的过程中，我的表现可得到：<br>□优　□良　□中　□及格　□不及格 |
| --- | --- | --- |
| | 小组互评 | |
| | 教师评价 | |

**知识拓展**

### 柴油机的持续运转范围

为了使主机可靠、经济地工作并具有一定寿命，应对它工作时可能达到的功率（负荷）

和转速做适当的限制。其中应特别注意允许持续工作的范围。主柴油机允许工作范围如图 9-1-6 所示。曲线 11 为螺旋桨特性曲线，MCR 为标定工况($100\%N_b$，$100\%n_b$)点。其中有阴影线的面为允许持续工作的范围。

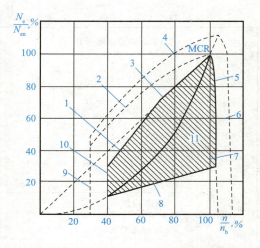

图 9-1-6　主柴油机的允许工作范围

1. 功率所受的限制

(1) 最大功率限制：柴油机在各种转速下允许达到的最大功率(负荷)，在不同的条件下可分别由超负荷速度特性(曲线 4)、全负荷速度特性(曲线 2)以及限制特性(曲线 1 和 3)来限制。

柴油机的限制特性(曲线 1 和 3)是用来限制柴油机在各种转速下持续运转的最大功率。

限制特性线 1 和 3 中的线段 3 是等扭矩限制特性曲线。由关系式 $N_e = CM_e n$ 可知，在 $N_e - n$ 坐标系中等扭矩线为过原点的直线。过标定工况点与原点的直线则是标定工况扭矩 $M_b$ 的等扭矩线。柴油机在各种转速下长期运转时都不能超过此线，即 $M_e$ 不能超过标定工况点的扭矩 $M_b$(设计柴油机是以标定工况作为依据的)。$M_e$ 的大小可以代表柴油机机械负荷的大小。$M_e$ 大，说明曲轴工作时的扭矩(扭应力)大，说明平均有效压力 $p_e$(有关零件机械应力)大，也说明有关轴承的负荷大。所以，线段 3 等扭矩限制即是进行机械负荷限制。这样就可以避免柴油机因机械负荷过大而损坏。

柴油机的全负荷速度特性也有上述对功率的限制作用。但是，对有些机型仍不够严格，当柴油机按全负荷速度特性工作时不能保证它在各种转速下都不超负荷。某些柴油机的 $p_e$ (以及 $M_e$) 在 $n$ 降低时将有所增大，这就可能使柴油机的机械负荷在较低转速运转时超出允许值。

限制特性线 1 和 3 中的线段 1 是等过量空气系数限制特性曲线。这种限制即要求柴油机在各种转速下长期运转时过量空气系数 $\alpha$ 都不小于标定工况下的过量空气系数 $\alpha_b$。对于一台技术状态良好的柴油机，工作循环的平均温度以及排气温度主要取决于 $\alpha$。而这些温度与柴油机的热负荷又有直接的关系。因此，如果柴油机的 $\alpha$ 在各种转速下都能保持不小于标定工况下的 $\alpha_b$ 值，那么它的热负荷在各种转速下也就不会超出标定工况下的水平。所以，线段 1 等过量空气系数限制就是进行热负荷限制。这样就可以避免柴油机因热负荷过大而发生故障。

热负荷限制对增压柴油机很重要，增压程度较高的柴油机，都有此限制。这是因为如果仅用全负荷速度特性作限制，当柴油机转速减低时，尽管每循环喷油量不变。但单位时间气缸排气次数减少，涡轮获得能量减少，增压器转速降低，增压压力降低，过量空气系数 $\alpha$ 减小，循环平均温度升高，热负荷增大，必定导致热负荷在低转速运转时超出允许值。

然而，上述燃烧过量空气系数难以测定，工作循环的平均温度也无法直接测取，而排气温度的平均值容易测量。因此，实际上常以排气温度作为依据来建立限制特性。

(2) 最小功率限制：柴油机在各种转速下持续运转的最小功率也有限制。因为柴油机在过小的负荷下工作时每循环供油量太少，各缸供油量在此情况下将变得很不均匀，导致各缸功率显著不均，有的气缸甚至不喷油或不发火，因而使柴油机的运转不稳定。柴油机在各种转速下的最小功率(负荷)由最小负荷速度特性(曲线 8)来限制。

2. 转速所受的限制

(1)最高转速限制：柴油机在各种负荷下持续运转允许达到的最高转速是有限制的。如果柴油机的转速超过限制值，就不能可靠工作。具体限制值各机型不一定相同，有的以标定转速为限，有的以103％标定转速为限。在装有调速器的情况下，由限制转速相应的调速特性来限制。如图9-1-6中的曲线5。如果在标定功率下，调速器使柴油机在标定转速 $n_b$ 下稳定运转，则当负荷变轻(如 $\lambda_P$ 变大)时，柴油机将在调速特性所确定的转速(比 $n_b$ 只有小量增加)下稳定运转。

(2)最低转速限制：柴油机在各种负荷下持续运转允许的最低转速也有限制。因为柴油机在过低的转速下运转时，燃油的雾化和混合质量将显著恶化。各种正时也变得不合适。因而导致柴油机工作不正常。这时柴油机的工作也将变得不稳定。柴油机最低稳定转速限制线如图9-1-6中的曲线9所示。特别是当柴油机按推进特性(曲线11)工作时，负荷随转速的降低而迅速减小，在转速降低到某一数值以后，负荷将减小到最小负荷速度特性所限制的数值以下，从而导致柴油机运转不稳定。柴油机在各种负荷下持续运转允许的最低转速为曲线10所限制。

新型柴油机由于高增压，故热负荷限制是最重要的限制。

# 项目十　柴油机操作与管理

## 思维导图

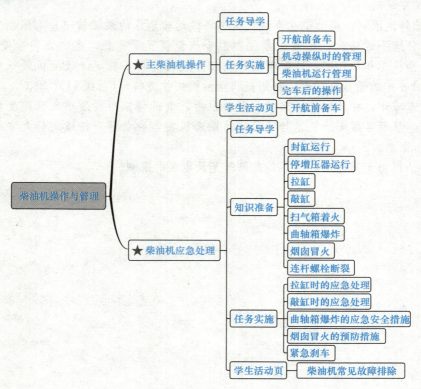

## 项目描述

备车通常是指在开航前使船舶动力装置及相关设备处于随时运行状态，准备执行驾驶台发出的指令。当船舶在特殊水域、气象条件下以及交通过运河或关键航行设备发生故障时，根据船长或轮机长指令也需要备车。机动操纵是指船舶在开航后（至定速前）或抵达锚地和港口前（自接到驾驶台的通知和第一个车令后到完车）的各种操纵主机的过程。

备车和机动操纵是轮机技术管理工作中最重要的环节之一，它对柴油机动力装置的可靠性、经济性、维修性和使用寿命有直接影响。

通过本项目的学习，学生应达到以下要求：

一、知识要求

1. 熟悉备车的基本程序；
2. 掌握主柴油机运行管理要点；
3. 掌握柴油机各种应急情况下的操作和管理方法；
4. 了解柴油机运转中的常见故障。

## 二、能力要求

1. 具有主柴油机运行的能力；
2. 能在柴油机各种应急情况下进行操作与管理。

## 三、素质要求

1. 具有规范操作、安全操作、环保意识；
2. 具有爱岗敬业、实事求是、团结协作的优秀品质；
3. 具有分析问题、解决实际问题的能力；
4. 具有创新意识，获取新知识、新技能的学习能力。

## 任务一 主柴油机操作

### 任务导学

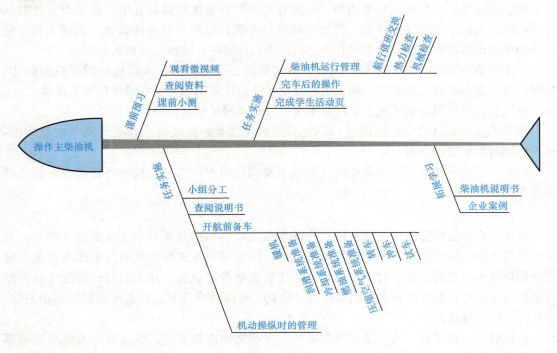

### 任务实施

开航前备车的目的是使船舶动力装置处于随时都能启动和运行的状态。一般情况下，因船舶动力装置类型、功率的不同，备车所需的时间长短不一，范围为0.5～6 h。对于船舶柴油机动力装置，应提前1～2 h备车。由于机型、辅助设备和动力装置布置的不同，备车的程序有所区别，但备车的内容大致相同，主要包括值班驾驶员和轮机员会签确认开航时间；在规定的开航时间1～2 h前核对时钟、车钟和对舵；暖机、各动力系统准备；转车、冲车、试车等。待备车工作结束并经机、驾双方确认后，轮机员操纵车钟手柄将车钟指针摇至"STOP"位置，驾驶台车钟指针跟至并对正"STOP"位置，则表示轮机备车完毕，随时可以按车钟指令的要求操纵主机。

船舶主机的暖机方法有三种：一是将运转中的发电柴油机循环冷却水通入主机冷却水中；二是利用蒸汽加热主机冷却水和润滑油；三是利用电加热器给主机冷却水加温。对于润滑系统，除用蒸汽管道直接加温主机循环油柜外，也可用润滑油分油机运转分油的加温方法。

暖机的目的是使柴油机容易启动发火，减少燃油中的硫分燃烧后生成的酸性物质对气缸壁、活塞顶的低温腐蚀，还可以减少组成燃烧室部件在动车后产生的热应力。

### 一、开航前备车

#### 1. 暖机

暖机是指船舶在停泊后开航前预先加热柴油机冷却系统和润滑系统中的循环液，并开动冷却水循环泵、润滑油循环泵以提高机体温度和向各运动摩擦表面供应润滑油的过程。

#### 2. 润滑系统的准备

在开航前备车时，必须检查润滑油循环柜、增压器油液观察镜（或油柜）、尾轴润滑重力油柜、尾轴尾部密封装置润滑油柜、尾轴首部密封装置循环器和各中间轴承座等处的润滑油油位。启动主润滑油循环泵，将油压调至规定值，以便将润滑油送至各润滑表面，使润滑油中的固体微粒和杂质在主机开车之前汇集到滤器中，减少运转后的磨损。

若采用油冷活塞，当循环泵开动后，活塞温度会逐渐升高，所以也起到暖机的作用。此时，应注意观察各缸活塞的回油流量和温度，各缸活塞回油流量和温度相差不能过大。

废气涡轮增压器若属于独立式润滑系统，应开动透平油泵使润滑油循环。

在柴油机转车过程中，应操纵（或手动）气缸注油器，将润滑油预先送到气缸壁周围，减少启动时气缸壁的磨损。

检查和注满各活动部件和启动空气系统主要阀件的润滑油杯，检查各注油点并注入润滑油和油脂。

#### 3. 冷却系统的准备

首先，检查主机膨胀水柜的水位和冷却水系统中各阀门是否处于正常状态；然后，开动主机淡水泵使淡水在系统中循环并排出气体，同时可用发电柴油机的淡水或者用蒸汽管加热循环淡水来进行暖机。对于水冷活塞，注意观察各缸活塞冷却水的流动情况并检查循环水柜水位。对于独立冷却系统的喷油器，应开动喷油器冷却泵，检查喷油器冷却柜液位，必要时可进行加温预热。

主机启动运转之后，当主淡水冷却系统、主润滑油冷却系统、活塞冷却系统和喷油器冷却系统中冷却液温度开始升高时，主机海水冷却系统立即投入运行。

#### 4. 燃油系统的准备

检查主机沉淀柜，轻、重油日用柜油位，油位较低时应及时驳油，加热燃油日用柜、经燃油、沉淀柜和使用中的燃油舱中的燃油，并注意调节上述舱柜的油温至规定温度。开动燃油输油泵、升压泵使燃油循环流动并驱气。主管轮机员在机舱记事板上注明各油舱的存油量及使用分配情况，开航前轮机长应将本船现存轻、重油总量以书面形式向船长报告，以备开航前报告海关。

#### 5. 压缩空气系统的准备

当值轮机员应将主、辅空气瓶充气至规定压力，放掉气瓶中的水和残油。开启空气瓶出口阀、主停气阀，将主启动阀置于"自动"位置。打开通至汽笛的空气出口阀，以备驾驶台随时使用。

未经冷却的压缩空气禁止充入气瓶，严格控制进入气瓶的空气温度，不得高于 40 ℃。

### 6. 转车

暖机后合上转车机进行主机转车，检查机器各运动部件和轴系的回转情况以及各气缸内有无大量积水。自动或手动操纵注油器向气缸注油润滑，燃油系统通过开启各缸喷油器上的放气阀或特设的放气设备放出燃油系统中的空气。

大型低速柴油机和部分中速柴油主机，要求正、倒车共转车 10～15min，确认机器正常后停止转车机，并使转车机与主机脱开，确认连锁装置释放。

### 7. 冲车

冲车是利用启动装置供给压缩空气（不供燃油）使主机转动的操作过程。利用冲车可将气缸中的杂质、残水或积油等从开启的示动阀冲出。在冲车过程中可以判断启动装置和主机工作是否正常，若有故障，排除后方可进行试车。如果主机冲车情况正常，则关闭示功阀。

### 8. 试车

试车的目的是检查启动系统、换向装置、燃油喷射系统、油量调节机构、调速器、主机及其系统、轴系和螺旋桨等是否工作正常。试车的操作，是由当值轮机员先将车钟推至正车（或倒车）微速运转位置，待驾驶台回车令后，当值轮机员进行柴油机启动操作，供油在正车微速下运转数转后停车；换向，再进行倒车（或正车）启动，供油微速运转后停车。

在换向和启动过程中，应注意观察换向装置、启动装置、调速器及油量调节机构等动作是否灵活、正常。同时注意各缸发火是否正常和主机运转是否有不正常声响。试车结果若发现不正常情况，应及时查明原因予以消除。对于直流扫气的二冲程柴油机，还应检查气阀机构等运动部件的工作状态是否正常。

试车完毕后，车钟回令手柄停在停车位置，此时船舶可随时启航，机电设备应始终处在当值轮机员的监管之下，轮机员不应远离操纵台，并与驾驶台保持联系。如果主机采用驾控方式，将遥控旋钮转至"驾控"位置。

## 二、机动操纵时的管理

船舶在进出港、靠离码头时运动状态变化比较频繁，船舶动力装置必须保证船舶运动状态变化时，船舶动力装置有效并安全运行。当值轮机员应严格准确地执行车令，正确操纵和管理主机。

### 1. 机动操纵时的操作

当机舱接到驾驶台机动操纵的指令时，轮机部立即备车：

(1)主机按规定的换油程序换用轻质燃油，应避免油温突变损坏供油设备。

(2)机动操纵时应保证供电，必要时增开发电机，满足高负荷和冲击负荷的需求。

(3)空气瓶应随时补足，并保证汽笛用气。

(4)当值轮机员必须集中精力，使各运转设备的主要参数在规定的范围内，必要时进行适当调整。

### 2. 机动操纵时的安全事项

(1)主机启动操作时，应尽量做到一次启动成功，油门不能给得过大，防止柴油机发生冷爆、损伤机件和增加不必要的磨损。

（2）在船舶起航和加速过程中，不应加速太快，以防柴油机热负荷、机械负荷过大。

（3）应快速越过转速禁区，防止机器发生剧烈振动。

（4）在进行倒车操纵时，应控制油门，避免主机超负荷。

### 3. 机动操纵管理

（1）机动操纵所设定的车速应是机动操纵转速、港速或系泊试验转速。

（2）当值轮机员除处理紧急故障外，不得远离操纵台和离开集控室。

（3）轮机长应监督轮机员进行各种操作；监控各设备运行状态；及时与驾驶台取得联系；及时处理各种突发事件。

（4）机动操纵期间，船舶航行状态多变，要随时注意配电板各仪表的工作情况，注意观察和调节冷却水、润滑油的温度和压力，保持空气瓶压力在允许范围内，保持正常的扫气温度和压力，注意各缸排气温度值的变化，注意各主要设备的工作状态。

（5）机动航行时间不管多长，轮机长都必须始终在集控室监督和监控机动操纵整个过程，直至机动操纵结束方可离开集控室。

## 三、柴油机运行管理

柴油机稳定运转后，评价一台柴油机技术状态和运转性能的主要依据是燃料在气缸中的燃烧状况和各缸负荷分配的均匀程度，以及各零部件和系统的工作情况。为了保证柴油机及其装置始终处于正常技术状态，柴油机运转中应做好以下工作：

### 1. 航行值班的交接工作

交班前当值人员应做好运转设备的清洁工作，对运转设备做全面仔细的检测，并将主要技术参数、本班所发生的问题、处理方法、处理结果、轮机长的命令和专门指示、驾驶台的通知等记入轮机日志；将油舱、油柜的预热加温、驳运、净化分离，以及舱底水水位、污油水舱（柜）液位和防污设备的使用情况向接班人详细交代。

接班人员在进入机舱之前，首先观察烟囱排气颜色、舷外水的排出和海面情况，进入舵机间检查舵机及其附属设备。进入机舱后，按合理的巡检路线检测各设备，最后查看轮机日志、听取交班人员的情况介绍。经接班人同意后，交班人员方可离开机舱。

### 2. 热力检查

热力检查的目的是检查和确定发动机各缸燃烧情况及负荷分配的均匀程度。这是发动机正常运转、可靠工作的必要保证，也是衡量发动机运转性能和技术状态的主要内容之一。在发动机运转中，应注意喷油设备技术状态的变化，特别是喷油器性能不良常引起气缸燃烧恶化和各缸负荷的变化。对喷油器的检查，可以通过检测排气温度、观察排气烟色及打开示功阀观看火焰情况等方法进行。

各缸排气温度值要按说明书的要求限定，也可以参照试航报告在各负荷下所测得的数据与主机实际运行数据进行对比，找出排气温度升高的原因。各缸排气温度最大温差不应超过平均值 20 ℃（或 ±5%）。同时，应检查各缸冷却水、活塞冷却液及废气涡轮增压器冷却水的出口温度，各缸冷却液的出口温度与平均温度相比，最大温差要小于 5 ℃。在柴油机状态良好的情况下，排气温度只能大致反映出各缸燃烧的状态及喷油设备的情况，了解负荷分配的大概状况。为了确定各缸负荷的分配是否基本上均匀，还应在适当时机测取各缸示功图，确定最高燃烧压力和计算平均指示压力，分析和判断各缸负荷的大小和分配是否均匀。根据实测数值对各缸负荷做适当调节。通过测取示功图可以确定纯压缩压力、发火始点和整个燃烧过程。

为了更可靠地掌握柴油机的热力过程，最好在测示功图的同时进行油耗测定，作为衡量柴油机维护管理的标准之一。

增压空气的压力、温度，空冷器前后增压空气压差是判断柴油机燃油燃烧状况、排气温升的主要依据之一，许多船舶柴油机都因空冷器水侧、气侧（尤其是气侧）脏堵而引起排气温度升高及增压器喘振。

### 3. 机械检查

机械检查的目的是保证发动机各部件和系统均处于正常的技术状态。看、摸、听、闻是管理者最直接又简便的手段，优秀的轮机员通过人体的感觉器官判断出故障发生的苗头并及时排除，保证了机械设备正常运行。不正常的运转声响可导致机件受损；异常温差反映出机器或系统内部存在的问题；刺激性气味表明机械设备温度异常高或润滑油变质；运行中经常边巡检边触摸机器外部机件，从温差、振动、脉冲等角度判断设备工作是否正常。机械设备连接处、阀件等的泄漏要及时发现并迅速查明原因并予以解决。

为了确保机器各部件处于正常的技术状态，除加强日常维护管理外，在航行中应加强各主要系统的管理。

(1) 冷却系统的管理。巡回检查时，应注意主、辅机膨胀水柜和喷油器冷却水柜的液位变化并注意水量的消耗，若发现水位上升或下降，则必须查明原因及时排除故障。各缸冷却水出口温度应符合说明书的规定，温差应符合要求。若出现异常，则应结合排气温度、喷油设备及增压系统的技术状态进行分析。水温调节符合说明书的要求，水温过低不仅使柴油机热效率下降，增加低温腐蚀，而且受热部件因内外温差过大产生热应力会导致裂纹故障发生。水温过高则橡胶阻水圈易老化、损坏甚至碳化，发生水腔漏泄，同时冷却腔可能形成冷却水汽化使冷却效果下降。通常大型低速机的冷却水出口温度为 65 ℃～70 ℃，海水出冷却器的温度为 50 ℃～55 ℃。

空冷器出口的扫气温度不得低于 25 ℃，不得高于 45 ℃。冷却系统的自动温度调节器应始终保持正常工作状态。冷却水应按规定由大管轮每周化验一次主、辅机水质，按规定的标准投药处理，必要时须化验淡水舱水质，分析冷却水质变化的原因。

(2) 润滑系统的管理。大型低速柴油机主润滑油循环泵的出口压力一般为 0.15 MPa～0.4 MPa。润滑油冷却器前温度为 50 ℃～55 ℃，不超过 60 ℃，冷却器前后温差为 10 ℃～15 ℃。对高、中速柴油机，润滑油压力与温度值均稍高一些。

注意检查润滑油循环柜的油位，若油位发生变化，则应及时查明原因并排除故障。油冷式活塞的回油应保持稳定，油量不足或中断均能造成活塞烧蚀和咬缸。

对油泵和滤器前后压差的变化要注意检查，滤器清洗后必须驱气后才能转入系统工作。加强自动清洗滤器的管理，使之始终处于有效工作状态。

加强润滑油分油机的管理，保证润滑油的分离净化，油质符合使用要求。为了确定润滑油的质量，每 3～4 个月应定期取样化验，必要时，全部润滑油集中处理或更换。运转中确保气缸注油器的工作正常，防止断油。

定期检查推力轴承的油温，各中间轴承的油位、油温，尾轴重力油柜的液位、油温，首尾密封装置油柜和循环器油位。每 3～4 个月取样化验一次，最长不得超过 6 个月。进、排气阀杆要按时注油,防止过快磨损或咬死。对非压力式润滑的各活动部件,要定时加注润滑油或油脂。

(3)燃油系统的管理。应注意各燃油舱合理使用,保持船舶平衡;注意燃油的加温、驳运、沉淀、净化、储存和计量,沉淀柜中油应驳满沉淀至规定的时间后,方能经分油机净化并驳至日用油柜,还应注意检查沉淀柜、日用柜的油位和油温,按时放残水。应定期清洗燃油滤器,清洗后必须充油排气。当风浪天航行时,滤器须转换清洗,避免供油中断。

注意对高压油泵、喷油器的工作状态和高压油管的脉动情况进行检查。综合考虑泵体发热、油管脉动以及排烟温度变化等情况,分析气缸内燃烧和喷油器的工作状态。

燃油进机前要有合适的黏度范围,低速机要求的范围是 $12\sim25\ mm^2/s$。中速机要求上限不超过 $20\ mm^2/s$。在管理中可用人工调节蒸汽供给量控制燃油雾化加热器燃油出口温度,现代船舶柴油机都用黏度计自动控制燃油进机黏度。

(4)增压系统的管理。废气涡轮增压器是高速回转机械,在运行中要观察其运转的平衡性,有无异常振动和声响。注意检测增压器的转速、润滑和冷却情况及增压空气压力。自带油泵式润滑系统要注意油位、油质及油泵排出情况的检测。根据情况及时添加或更换润滑油。应注意强制式润滑系统中油柜的液位、循环泵的运行状况、滤器前后的压差、观察镜中油流情况等,润滑油压力、温度应随时观察并根据具体情况进行调节。

压气机流道和废气流道应按说明书规定的时间间隔喷水冲洗。压气机流道每天冲洗一次。主柴油机累计运行 $300\ h$ 冲洗废气流道,视废气流道脏污状况的不同,冲洗时间的长短不一。当污染严重时,可采用清水和化学剂交替喷射清洗的方法。按照说明书的规定,废气涡轮增压器必须定期解体清洗。

空气冷却器是增压系统中的重要设备,运行中极易发生空气流道污堵现象,影响空气流通,引起燃烧恶化,排气高温甚至达到限定的报警温度,严重时发生喘振,直接影响主机运转的可靠性和船舶营运安全及经济性。为此,增压系统的空气冷却器必须定期化学清洗其气侧,空气冷却器水侧的清洗较方便,也必须定期进行人工清洗。

在船舶靠泊期间应用防尘罩将消声器滤网盖上,特别是装卸粉尘性货物或港口粉尘较大时,还要考虑停止机舱风机运转,关闭通风口,防止大量粉尘被吸入机舱。尽可能减少运转设备的跑、冒、滴、漏等现象,减少舱底污油水,避免大量油气充斥机舱被吸入压气机。当发生空冷器污堵时,轻者可采取清水和清洗剂交替喷射的方法经常冲洗。污堵严重时可实现不解体浸湿式清洗,方法是:用清水和清洗剂以一定比例混合,注满底部装上盲板的空冷器,同时用蒸汽持续加温并用空气吹搅,一般需要 $30\ h$ 以上方能达到清除污垢的效果,清洗效果可依压差计读数、扫气压力、扫气温度、排气温度及冷却水温度而定。

## 四、完车后的操作

当船舶进入停泊状态后,当值轮机员接到驾驶台"完车"指令时,表明主机不再动车,应按"完车"程序做好如下工作:

(1)关闭启动空气系统的主停气阀、主启动阀、空气瓶出口阀,并将空气瓶补气至规定的压力。

(2)打开各缸示功阀、合上转车机进行转车 $15\sim30\ min$,并人工驱动气缸注油器向气缸表面注油。

(3)关闭主海水泵进出口阀及冷却器进口阀。

（4）关停燃油输送泵、升压泵进出口阀及日用柜出口阀。

（5）打开扫气箱和涡轮增压器透平侧处的放残旋塞。用防尘罩将压气机消声器滤网盖好。

（6）让主润滑油泵、淡水泵继续运转15~20 min，充分带走运动表面的热量并使机体各部件均匀散热，避免因应力过大而发生故障。同时可以避免润滑油在缸壁表面积炭。

对采用辅机循环冷却水暖机的主机，应在水温未降下来之前及时换接辅机淡水管系，并注意管路中各阀的开闭状态。确认主机和其他设备正常后，航行班结束，轮机员开始轮值锚泊班或靠泊班。

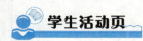
学生活动页

| 学习领域 | 船舶柴油机使用与维护 | | 任务名称 | | 开航前备车 | |
|---|---|---|---|---|---|---|
| 学生姓名 | | | 班级学号 | | | |
| 组别 | | | 任务成绩 | | | |
| 任务描述 | 船舶柴油机动力装置，应提前1~2 h备车。由于机型、辅助设备和动力装置布置的不同，备车的程序有所区别，但备车的内容大致相同 | | | | | |
| 知识目标 | 掌握备车内容 | | | | | |
| 能力目标 | 1. 熟悉主机备车操作项目和顺序；<br>2. 能够做好开车前的准备工作；<br>3. 能够根据记录参数判断柴油机的运行情况 | | | | | |
| 素质目标 | 1. 能够具备初步的管理能力和信息处理能力，主动获取信息，展示学习成果，对工作过程进行总结和反思；<br>2. 能够具备沟通能力、质量意识和安全意识，有效利用团队合作解决实际问题 | | | | | |
| 学习重点 | 柴油机备车操作 | | 学习难点 | | 柴油机运行 | |
| 过程记录 | 1. 小组人员分工 | | | | | |
| | 姓名 | 分工 | 姓名 | 分工 | 姓名 | 分工 |
| | | | | | | |
| | | | | | | |
| | | | | | | |
| | 2. 开航前备车 | | | | | |
| | 序号 | 内容 | | | 说明 | |
| | 1 | | | | | |
| | 2 | | | | | |
| | 3 | | | | | |
| | 4 | | | | | |
| | 5 | | | | | |
| | 6 | | | | | |
| | 7 | | | | | |
| | 8 | | | | | |

续表

| | |
|---|---|
| 任务考核 | ★选择题<br>1. 柴油机备车的目的是（　　）。<br>　　A. 主机处于随时使用状态　　B. 应急设备处于工作状态<br>　　C. 动力装置处于随时使用状态　　D. 辅助设备处于随时使用状态<br>2. 柴油机冲车的目的是（　　）。<br>　　A. 检查轴系的回转情况　　B. 检查气缸内有无油水及杂质<br>　　C. 检查操纵系统工作是否正常　　D. 检查启动系统是否正常<br>3. 在备车过程中，进行盘车的主要目的是（　　）。<br>　　A. 检查柴油机各运动部件及其轴系回转灵活性<br>　　B. 利于气缸油在缸壁均匀分布<br>　　C. 利于各轴承形成润滑油膜<br>　　D. 检查缸内是否有水分<br>4. 当机舱接到"完车"指令后不正确的操作是（　　）。<br>　　A. 停止润滑油泵、海水泵、淡水泵<br>　　B. 停止低压燃油输送泵<br>　　C. 搭上盘车机盘车并手动泵压气缸注油器<br>　　D. 开启扫气箱放残阀并用防尘罩盖住压气机消声器滤网<br><br>★简答题<br>简述备车的内容。 |

| | | |
|---|---|---|
| 任务评价 | 自我评价 | 1. 通过本任务学习，我学到的知识点和技能点：_____。<br>存在问题：_____。<br>2. 在本次工作和学习的过程中，我的表现可得到：<br>□优　□良　□中　□及格　□不及格 |
| | 小组互评 | |
| | 教师评价 | |

# 任务二　柴油机应急处理

## 任务导学

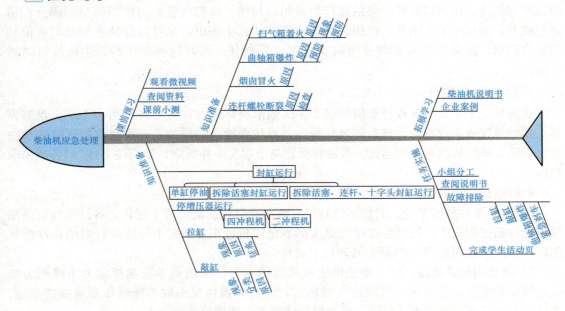

## 知识准备

### 一、封缸运行

船舶在航行途中，柴油机某一缸发生了故障，一时无法或没有足够的时间修复时，常采用停止该缸工作，让柴油机继续运转所采取的措施称为封缸运行。

根据船舶规范的要求，六缸以下的柴油机，应能在保证停止一个缸工作的情况下仍可继续保持运转；六缸以上的柴油机，应能保证在停止二缸工作的情况下仍可继续保持运转。封缸运行按故障损坏程度不同可分为以下三种情况。

**1. 单缸停油**

如果在运转中，主柴油机一个气缸发生故障，例如喷射系统故障、气阀咬死、气缸漏气、轻微拉缸等情况时（这些故障只是使气缸不能发火而运动部件还可运转），一旦无法排除，并且海面情况不允许停车时，为了避免事故的扩展，可采用单缸停油减/停缸运行措施。根据具体机型，可采取提起喷油泵滚轮使喷油泵停止工作，或打开喷油器回油阀使燃油停止喷入气缸。在单缸停油减缸后，在运转中应采取如下措施：

（1）适当减少该缸的润滑和活塞冷却，定期开启该缸示功阀，以避免因润滑油积存而引起爆燃。

（2）为了保持主机运转平稳，避免其他各缸超负荷和防止增压器的喘振，应降低负荷减速航行；如在减速的情况下船体或机件发生振动，应进一步减速直到消除振动为止。

### 2. 拆除活塞封缸运行

在活塞、缸盖或缸套裂纹或损坏时,不可能继续使用,并且无备件,但连杆和十字头还能正常工作时,可以采取拆除活塞组件(含填料函)的封缸运行措施。此时不但要切断该缸的燃油,还应切断空气。其操作程序如下:

在活塞或气缸套损坏时,将活塞吊出,用专用工具把气缸的进、排气口完全封住;将活塞冷却液进、排出口封住;将活塞杆填料函口封住,使扫气空间与曲柄箱空间隔开;切断气缸油;封住十字头油孔,以保证润滑油不能从孔中流出,又可以保证主轴承仍可得到可靠的润滑;拆除该缸启动阀并将启动空气支管封住。做好这些工作后,主机就可继续运转。

### 3. 拆除活塞、连杆、十字头封缸运行

在连杆、十字头或导板严重损坏或十字头轴承损坏时,首先要将活塞和十字头盘到容易支撑的位置或全部拆除,然后将连杆拆除,封住曲轴上的供油孔,再将该缸气缸油和冷却水切除,柴油机就可继续运转。若需将活塞与十字头一并拆除,则应按上述"2"各项采取措施。

封缸运行的目的如下:

(1)防止柴油机超负荷。封缸运行时,应减小油门并在低负荷下运转,各缸喷油泵供油量不允许超过额定值,同时各缸排气温度都不允许超过正常情况下全速航行时的最高排气温度,柴油机必须在75%负荷的转速以下运行。

(2)防止增压器喘振。由于停止供应被减缸的空气,柴油机本身通流能力下降阻力增大,增压器流量必定变小,可能进入喘振区,因此应视情况采取消除增压器喘振的措施。当增压器连续或间断发生喘振时,柴油机应降速直至喘振消除为止。

(3)防止柴油机异常振动。柴油机某缸的运动部件被拆除后,破坏了柴油机整体的平衡性,封缸航行扭矩变得不均匀,往往使船体或机件振动变得厉害。为确保柴油机能够可靠运转,应根据情况降低负荷,有时负荷要降到60%以下或更低。

(4)保证船舶航行安全。无论在何种封缸方法中运行,柴油机都应在无故障状况下运转。当柴油机主要工作指标和有关参数有异常情况时,必须立即找出原因并采取相应措施。如果问题得不到解决,必须立即向轮机长报告,在必要情况下应向船长报告。

## 二、停增压器运行

柴油机运转中若发生增压器损坏(如轴承烧毁、叶片断裂等)而无法修复时,则柴油机应转入停增压器紧急运转。此时应对故障增压器进行技术处理(如锁住转轴或吊出转轴),同时应尽快使柴油机恢复运转。

### 1. 四冲程柴油机停增压器运行

四冲程柴油机停增压器运行时相当于非增压柴油机,此时依靠活塞的吸排作用,仍可完成换气过程,因而柴油机还可运转。但因其气缸充气量大幅度降低,而且有关正时适合非增压工作,因而其运转功率和转速会明显降低。例如某机的标定功率为820.3 kW、标定转速为750 r/min、标定耗油率为221.3 g/(kW·h),停增压器后运转允许的最大转速为390 r/min,运转功率降为138 kW,耗油率增加到407.7 g/(kW·h)。

### 2. 二冲程柴油机停增压器运行

当二冲程柴油机停增压器运行时,本身无法完成换气过程,因而无法运转。此时为使

柴油机能够运转，必须采取应急措施。此应急措施随机型不同而异，如 Sulzer RTA 和 MAN B&W MC 机型必须采取如下应急措施：

（1）启动电动辅助鼓风机；

（2）使用专用工具将增压器转轴在涡轮端固定，如应急运转时间很长，则应抽出转子，并用专用盖板封住增压器涡轮壳体两端；

（3）从排气旁通管上拆下封闭盲板，使排气旁通到烟囱。

柴油机应急运行时应注意参数限制：

（1）根据电动鼓风机功率的大小，柴油机最高可在 25％标定功率、63％标定转速和 40％平均有效压力下运转。同时根据柴油机排气温度、排气烟色和运转情况采取降速运转措施。

（2）对于复合增压系统（串联、并联或串联旁通等），不设置电动鼓风机的柴油机，当增压器损坏时，应将其所使用的活塞下部辅助压气机的相应盖板打开，以便直接从机舱内吸气。

### 三、拉缸

#### 1. 拉缸现象

拉缸现象是指活塞组件与气缸套之间相对运动的工作表面相互作用而造成的表面损伤，它是一种典型的黏着磨损。根据损伤程度的不同，可分为划伤、拉缸、烧伤和咬缸，但在广义上统称为拉缸。拉缸发展严重时会造成咬缸，致使柴油机停车。这是柴油机管理中最严重的事故之一，应尽力避免。

活塞环与缸套之间的拉缸通常发生在柴油机运转的初期，一旦磨合结束，就几乎不再发生。活塞裙部与缸套的拉缸则往往在磨合期后并稳定运转了数千小时之后发生。

通常四冲程柴油机拉缸多发生在气缸上部第一道密封环上止点附近；二冲程柴油机拉缸多发生在气缸下部气口附近。

#### 2. 拉缸的原因

造成拉缸的原因十分复杂，有设计方面的原因，如材料的选配、间隙大小的确定、装置的安装对中等是否恰当，结构布置是否合理，表面粗糙度是否适宜，润滑冷却的安排是否完善等；从管理的角度，则可能是下列原因造成的：

（1）气缸润滑不良，气缸润滑油不足或供油中断，润滑油品质差，注油器系统发生故障造成局部干摩擦。

（2）磨合不够充分，在柴油机磨合期内应注意：磨合期间要适当加大注油量；活塞环换新后应在低负荷下运转一段时间；活塞和气缸套换新后应进行磨合再加大负荷。

（3）柴油机冷却不良，冷却水温度过高或过低。

（4）活塞环搭口间隙、天地间隙过小，使活塞环卡死，积炭太多，使活塞环断裂或漏气。燃气的泄漏破坏润滑油膜使表面温度过高。活塞环断裂后碎片易揳入活塞气缸之间引起拉缸、咬缸。

（5）燃用劣质燃油，排气温度升高及气缸润滑油碱值不合适。

另外，有些柴油机因长期超负荷运转，热负荷增加，发生过热膨胀或运动部件对中不良而拉缸。

#### 3. 拉缸时的征兆

（1）气缸冷却水出口的温度和活塞冷却液的出口温度增高；

(2)如果早期发现活塞过热,则可以听到活塞与缸壁的干摩擦的异常声音;

(3)当发生拉缸时,该缸曲柄越过上止点位置时将发生敲击声,此时柴油机的转速会迅速下降或自行停车;

(4)曲柄箱或扫气箱温度升高,甚至有烟气冒出。

### 四、敲缸

#### 1. 敲缸现象及分类

柴油机在运行中产生的有规律的不正常异响或敲击声,称为敲缸。敲缸分为燃烧敲缸和机械敲缸。

(1)燃烧敲缸(热敲缸):由于燃烧方面的原因在上止点发出的尖锐的金属敲击声。若继续运行,则发动机的最高燃烧压力异常地增高,各部件的机械应力增大,在冲击力的作用下,运动部件会快速磨损而损坏。

(2)机械敲缸(冷敲缸):因运动部件或轴承间隙不正常所引起的钝重的敲击声或摩擦声。其特征是发生在活塞的上下止点部位或越过上下止点时。

鉴别方法是:若采取降速或切断该缸供油,敲击声音即消除者为燃烧敲缸;否则为机械敲缸,也可用听诊棒探查敲击声的发生部位。

#### 2. 敲缸的原因

(1)燃烧敲缸的原因。

1)燃油喷射时间过早,使平均压力增长率和最高爆发压力增高;

2)喷油器的喷嘴针阀在开启位置卡住发生漏油;

3)喷油器弹簧断裂而漏油;

4)喷油器弹簧松动,启阀压力下降,喷油提前;

5)该缸超负荷运转,喷油量过大;

6)所用燃油的燃烧性能太差,发火迟后燃烧粗暴。

上述燃烧敲缸除用切断燃油和听其敲击声来判别外,也可采用测取示功图检查燃烧状况和最高爆发压力来断定。

(2)机械敲缸的原因。

1)气缸上部机械敲缸的原因:第1道环碰到气缸套上部的磨台;曲柄销中心线与曲轴中心线不平行,使活塞有倾斜运动;曲柄销的偏磨损引起活塞敲击声。

2)气缸中部敲击声的原因:四冲程活塞销间隙过大;筒状活塞与气缸套间隙过大;气缸套严重磨损。

3)气缸下部及曲柄箱敲击声的原因:十字头滑块与导板间隙过大;连杆轴承或主轴承间隙过大;主要运动部件的螺栓松动。

### 五、扫气箱着火

大型低速柴油机扫气箱着火是较常见的故障之一。通常是在某缸扫气口下方首先发生着火,然后很快蔓延至整个扫气箱。扫气箱着火是一种危害较大的灾害事故,轮机管理人员应提高轮机安全管理的意识,采取有效的管理措施,防止扫气箱着火事故的发生。

#### 1. 扫气箱着火的原因

扫气箱着火必须同时具备两个条件:扫气箱积聚大量可燃物;有高温热源。

扫气箱污染的主要原因是不完全燃烧产物经气缸和扫气口漏入扫气箱底板和隔板，尤其是在燃烧不良时，混有气缸油的黏性残渣将积聚过多，一旦遇到火花即起火。当十字头柴油机的活塞杆填料函失效时尤其严重。

(1)可燃物大量积聚的原因：喷油器工作不正常，喷射和雾化不良；燃油过冷，预热不够；喷油泵正时调节不当；柴油机负荷剧烈变化，造成暂时进气不足，燃烧恶化；增压系统污染造成气缸进气不足，增压空气中有透平油雾；气缸油注油量过多；活塞杆填料函失效；泄污油管阻塞。

(2)燃气泄漏，形成火源的原因：活塞环磨损、卡住和断裂；气缸润滑不正常，密封性变差；气缸摩擦表面损坏，出现纵向沟纹泄漏；负荷急剧变化，引起活塞环密封效果变坏。燃气倒冲，排气系统污阻，排气不畅，液压启阀系统故障，排气正时滞后。

(3)扫气温度升高，促进着火的原因：空气冷却器脏堵；扫气压力降低，排气倒流—燃气倒冲；气缸燃气泄漏。

**2. 扫气箱着火的现象和预防措施**

(1)现象：排气温度明显升高，扫气温度升高，烟囱冒黑烟，扫气箱过热，打开扫气箱放残考克检查时有烟或火花喷出；柴油机转速自动下降；与该缸相连的增压器转速升高，容易发生喘振；扫气箱着火严重时因压力、温度急剧升高发生扫气箱爆炸使安全阀起跳。增压器可能因转速过高导致轴承损坏，甚至压气机叶轮爆裂。

(2)预防措施：定期放泄扫气箱残油；定期清洁扫气空间；部分负荷时注意减少气缸注油量；控制好扫气温度；避免长时间低速运行；避免超负荷运转；大风浪天应减油降速，避免负荷波动范围过大；喷油器应定期试压；正确调整喷油正时；定期吊缸检修，检查气缸套的磨损、圆度和圆柱度情况，超过磨损极限时，应及时更换和修理。

**3. 扫气箱着火时的应急安全措施**

(1)值班轮机员应立即减油降速，但不可立即停车，同时应加大气缸注油润滑，切断着火气缸的燃油供给；

(2)如火势不重，可待积油继续燃尽后再停车；如果火势较严重，则应立即停车采取灭火措施，同时应注意盘车；

(3)采取灭火措施应慎重，应根据火情采取水降温、蒸汽灭火，火势很猛时才考虑使用 $CO_2$；

(4)当火扑灭后，应过 15 min 后才恢复着火缸供油，启动主机，缓慢加速；

(5)如果需停车检查，则应待扫气箱冷却后方可开道门或吊缸检查；

(6)柴油机定速后应增加扫气箱放残次数，注意着火缸的工作情况，防止扫气箱再次发生着火。

## 六、曲轴箱爆炸

所谓爆炸，是指在发生火焰的同时伴随着高压。高压是由火焰诱发而产生的，如果无高压存在，则称为着火。爆炸所形成的破坏力是双重的，即在发生火灾的同时伴随着冲击破坏。在封闭式强力润滑的柴油机中，任何运动部件的失常都有可能导致曲柄箱发生爆炸。曲柄箱爆炸属于恶性事故，不仅会造成柴油机的冲击破坏，而且会造成人员伤亡。

**1. 曲轴箱爆炸的原因**

(1)曲柄箱内的油雾浓度达到可爆燃的混合比(基本条件)；

(2) 高温热源的存在（决定性因素）。

曲轴箱的油雾浓度只有在一定的范围内才能引燃。据资料介绍，空气与油雾的可爆燃的比例下限为 100∶1，而爆燃的比例上限为 7∶1。当油雾浓度到达下限时，在高温热源的引燃下可发生爆炸，当油雾未超出上限时，爆炸的危险一直存在。而当浓度超过上限时，即使有高温热源，也不会发生爆炸。

曲柄箱存在油雾的原因是油的蒸发汽化。导致曲柄箱出现高温热源的原因是运动部件不正常摩擦导致高温，如轴承过热或烧熔、活塞环漏气、拉缸等。它既能使润滑油蒸发成油雾，又是可爆燃混合气的点火源。对于润滑油蒸汽而言，其着火下限为 270 ℃，而蒸发温度在 200 ℃ 以上，因此，燃油漏入曲轴箱中会降低润滑油的着火温度，从而使油雾在较低的温度下产生爆炸。

**2. 曲轴箱爆炸的预防**

(1) 避免曲轴箱出现高温热源，保证运动部件正确的相对位置和间隙，保持正常的润滑和冷却，以免运动部件过热、轴承合金烧熔、燃气泄漏等，运行中定期探摸曲轴箱的温度。

(2) 设置油雾浓度检测器，在运转中连续监测曲轴箱内油雾浓度的变化，在油雾浓度达到着火下限之前发出警报。

(3) 为了保证润滑油蒸气的浓度低于燃爆下限，应采取曲轴箱通风。在曲轴箱上装有透气管或抽风机，用以将油气引出机舱外，防止油气积聚。透气装置应装有止回阀，以防止新鲜空气流入曲轴箱。

(4) 在曲轴箱的排气侧盖上装有防爆门。防爆门的开启压力一般为 0.02 MPa。当曲轴箱内的压力高到一定程度时，防爆门开启，释放曲轴箱内的气体，降低压力后自动关闭。

(5) 在曲轴箱上装设 $CO_2$ 灭火接头与 $CO_2$ 管系相连，以备万一情况发生时使用。其有关的截止阀应绝对密封。

## 七、烟囱冒火

装有废气锅炉的柴油主机，往往会产生烟囱喷出火花的情况，称为烟囱冒火。在烟囱冒火时常伴随着废气锅炉的气压突然升高，锅炉安全阀冲开，蒸气大量泄出。

柴油机烟囱冒火通常是由于未燃尽的燃油或含油积存物随高温燃气带出烟囱遇空气再燃烧所产生的。柴油机烟囱冒火，不仅会引起火灾，特别是危及油船、液化气船的航行安全，而且是柴油机运行状态不佳和管理不善的反映。轮机管理人员应根据具体情况迅速判断出烟囱冒火的原因，采取有效措施予以消除。

(1) 油雾燃烧所形成的火花。该种火花在白天不易发现，在黑夜可看到细小而短的浅粉红色火花从烟囱中冒出。火花大多在随其排出的烟流中自行熄灭，而无炭垢或黑色的颗粒落下。这种情况多发生在柴油机超负荷、部分气缸燃油雾化较差或气缸空气供应不足等情况下，使气缸内喷入的燃料不能完全燃烧，气缸内过量的油雾或微细油珠被高温排气直接带出烟囱时遇氧而燃烧。

(2) 残油燃烧所形成的火花。该种火花形状较上述稍长，颜色也稍深，由烟囱冲入天空并随风漂流后自行熄灭，有微细炭粒及烟灰带出。一般发生在柴油机部分喷油器滴油或在低负荷运行中燃烧不良的情况下，尤其是当排气系统的温度、压力长期偏低时，尚未燃烧的油分常常积存在排气烟道内。积存的残油经过着火前的物理及化学准备过程，如有较充分的空气，当排气温度高于 210 ℃ 或遇明火时，便会在排烟管道内部和烟囱出口处着火。

(3)烟灰沉积物燃烧所形成的火花。从烟囱排出的火花,大多是片状。火花产生的时间往往是出航后不久以及航行 10~15 d 之后,火焰持续的时间自 0.5 h 至 3 h 不等。白天因光线关系不易被注意到,晚上则很明显。这类火花亮点较大,呈黑红色,持续时间较长,有灰及不同形状固体颗粒伴随火花同时从烟囱冲出,常常落在甲板上还继续燃烧,容易引起火灾。

一般情况下,在排气系统中,自增压器出口至废气锅炉进口这一段管路上很少着火,而且在废气锅炉的过热蒸气盘管上烟垢也不很多。但在饱和蒸气盘管上往往有采热片的密集布置和在废气锅炉漏斗形的部位上固体沉积物较多,这些沉积物是产生火花的主要来源。

该类烟囱冒火最为常见,危险性也最大,其形成的原因是:燃油质量差;气缸润滑油注油量太大;燃油的喷油设备不完善或故障,不完全燃烧使排气中的含油物质增加;气缸进气系统工作不完善,增压系统阻塞,燃烧恶化。废气锅炉脏堵。四冲程机换气条件优于二冲程机,发生烟囱冒火的情况也少一些。

## 八、连杆螺栓断裂

柴油机的连杆螺栓必须十分坚固、工作可靠,运转时连杆螺栓一旦断裂,就会发生机损事故,并可能造成人员伤亡。连杆螺栓的断裂事故,几乎全部发生于四冲程柴油机,这是因为四冲程柴油机的往复运动质量的惯性力在连杆螺栓上产生比较大的交变拉伸力,所以发生连杆螺栓断裂事故较多。

**1. 对连杆螺栓断裂的统计**

根据日本海事协会对船用发电柴油机连杆螺栓断裂事故的调查报告,连杆螺栓断裂的位置和原因如下:

(1)断裂位置。
1)在螺纹部分断裂的占 46%;
2)中央圆角处断裂的占 40%;
3)在螺栓头根部断裂的占 10%。
(2)断裂原因。
1)由于疲劳,占 40%;
2)忘记装防止螺栓转动的开口销等,占 25%;
3)上紧不良,占 13%;
4)圆角不足等设计、加工不良,占 12%;
5)材料本身存在缺陷,占 12%。

**2. 对连杆螺栓的检查**

对新换的螺栓和使用中的连杆螺栓要仔细检查后方可安装使用,其检查内容如下:
(1)按柴油机说明书规定的周期检修时,对使用或换新的连杆螺栓必须进行探伤检查后方能装复使用;
(2)如无条件做探伤检查,应使用放大镜或肉眼检查有无缺陷,特别要注意检查螺栓的头部、螺纹及根部;
(3)用牙规检查螺距,用直尺检查弯曲情况和螺栓长度;
(4)检查螺母与螺杆螺纹部位、螺杆与轴承接触面的配合及磨损情况;
(5)用手锤敲击螺栓,通过声响判断有无明显缺陷;

(6)检查定位销是否松动或磨损；

(7)上紧螺母后检查连杆螺栓伸长量，如超过说明书的规定应换新；

(8)插入开口销并锁紧；

(9)严格按使用期限更换连杆螺栓，四冲程柴油机连杆螺栓的寿命一般为15 000~20 000 h。

**3. 上紧螺栓时注意事项**

(1)必须保持垫片(如有的话)和轴承上、下结合面的清洁，以确保其完全接触；

(2)使用扭力扳手或液压工具，按照规定的力度上紧螺母；

(3)严格遵守上紧次序，切忌单边上紧，应分几次交替上紧；

(4)注意原来的上紧记号；

(5)新型四冲程柴油机，上紧连杆螺母有专用的样板，规定每次上紧各缸的连杆螺栓的螺母角度必须一致，同时还应规定上紧次序；

(6)某些四冲程柴油机设有螺栓伸长限制样板，连杆螺栓依次上紧的过程中，用厚薄规插入螺栓头部与样板平面之间，以确定螺栓伸长量是否在允许范围内。

## 🧰 任务实施

### 一、拉缸时的应急处理

一旦发现主机有拉缸征兆，值班轮机员应立即减油降速，然后根据事故的严重程度和海面的情况以及机型进一步采取正确的措施，同时应尽快告知驾驶台和轮机长。

**1. 临时安全措施**

在发现主机有拉缸的征兆时，为了避免事故的扩展，值班轮机员应立即采取如下措施：

(1)把油门手柄拉回一定格数，减油降速航行。

(2)用专用工具将拉缸的那个气缸的喷油泵柱塞抬起，单缸停油。

(3)用手摇动该缸的气缸油注油器注油，加强气缸润滑。

(4)打开该缸的示功阀，以便释放压力并将缸内污物吹出。

(5)加强活塞的冷却，以便将活塞热量带走，防止咬缸，但同时要防止冷却速度过快而引起裂纹。另外，切勿加强缸套冷却，否则缸套受冷收缩可能引起咬缸，造成更大事故。

(6)通知驾驶台和轮机长；轮机长应即刻到机舱处理事故和查找事故原因。

(7)经采取上述临时措施，确认是拉缸并排除其故障后，可将冷却液的温度调到正常值，重新给该缸供燃油，使其恢复正常工作，但在运转中还应注意观察，直到确认一切正常后方可加速进入正常航行。同时记录入"轮机日志"和"航海日志"。

(8)如果一时不能查明原因或拉缸事故发展较严重，则应进一步采取吊缸检修、减缸航行、封缸航行等安全措施。

**2. 吊缸检修**

当拉缸事故比较严重时，继续运转将有可能将连杆或其他部件拉断，或者活塞已咬死在气缸中而自动停车，或者事故虽未发展到严重程度但又不能很快排除，目的港又距离较远，海面情况良好而允许停车吊缸检查操作时，可以采取吊缸抢修措施。

在吊缸前要切断主机燃油供给并盘车，加强活塞冷却和气缸润滑，直到主机完全冷却之后方可打开该缸曲轴箱道门和进行吊缸作业。

吊缸检查后，在拉缸比较轻微的情况下，如活塞和缸套仅有局部拉毛或轻微擦伤，可用砂轮、油石、砂布等工具将受伤处磨光或抛光，使缸套纵向（轴向）无沟纹或划痕，横向（周向）无台肩。已损坏或不符合要求的活塞环应换新。对于已出现裂缝和严重损坏的活塞、缸套、连杆等零部件应更换，若无备件或损伤严重无法修复，应采取封缸航行。

吊缸抢修后，仍可投入运行时，应注意换新部件的重新磨合，同时要加强该缸注油润滑和管理。

轮机长应将事故情况和所采取的措施记入"轮机日志"，并将一切处理过程等填入事故报告/机务报告中。

## 二、敲缸时的应急处理

(1)减油降速，然后切断敲缸的气缸的燃油供给，判断原因。

(2)若为热敲缸（燃油敲缸），海况允许停车检查时，则应查找燃油系统设备故障原因；若不允许停车，则可单缸停油减缸继续航行。

(3)若为冷敲缸（机械敲缸），海况允许停车检查时，则应实施吊缸检查原因，然后根据实际情况采取修理或封缸航行措施；若不允许停车，则应单缸停油减缸并降速航行。

## 三、曲轴箱爆炸的应急安全措施

(1)当运转中发现曲轴箱有不正常发热、透气管冒出大量油气并嗅到油焦味或油雾浓度探测器发出警报时，应迅速降低主机转速并加强气缸注油润滑，但不能立即停车或停止冷却淡水和润滑油的供应；

(2)当曲轴箱已经爆炸并将防爆门冲开后，应立即停车并采取灭火措施，但切忌马上打开道门，以防新鲜空气进入曲轴箱而引发更大事故；

(3)选用灭火剂应慎重，应视情况采用水降温、蒸气灭火等，万不得已再使用 $CO_2$；

(4)当发现曲轴箱有爆炸危险时，严禁人员在防爆门侧（在远离操纵台侧）停留，以防伤人；

(5)如果是曲轴箱内某些机件发热而停车，则至少停车 15 min 后方可打开道门检查，以免新鲜空气进入而引起爆炸。

## 四、烟囱冒火的预防措施

### 1. 预防措施

(1)保持增压系统清洁高效、燃油系统工作正常，保持柴油机气缸内燃烧处于良好状态；

(2)加强对各缸燃烧过程的监测，及时发现不正常情况；

(3)加强废气锅炉的管理，保持良好的燃烧效果，保持低排气流动阻力，按规定的时间间隔吹灰、洗炉和除垢；

(4)采用合适的除炭剂等化学品，定期向排烟管或废气锅炉内投放，以预防结垢和清通系统，使管壁上的积炭等软化、脱落；

(5)为保证油轮安全，烟囱内应装有喷水灭火装置。

### 2. 应急处理措施

(1)若出现第一类火花，则应立即降低柴油机负荷或慢慢停车，待查明原因并消除故障后再恢复正常运转；

(2)若出现第二、三类火花,则在环境允许的条件下应让其继续"喷冒",使排气系统内的油性沉积物尽量吹掉、烧尽,但应加强柴油机和废气锅炉的维护管理以及防火工作;

(3)除火势过猛个别缸或局部排烟管过热需要降速外,必须尽量使柴油机保持较高负荷运行;

(4)不要轻易使用灭火设备,特别是$CO_2$灭火设备,以防止高温金属因温度急剧降低而产生炸裂。

### 五、紧急刹车

船舶航行遇到避碰等紧急情况时,为使船舶尽快停止运动或改为倒航而对主机进行制动并迅速倒转的操纵过程称为紧急刹车。

#### 1. 紧急刹车时的应急安全操作程序

(1)船舶在紧急避让时,发出从前进三到倒退三的车令时,值班轮机员应即刻将操纵手柄(燃油杆)迅速移到"停车"位置,然后扳动车钟手柄回令。

(2)迅速将换向手柄移到"倒车"位置进行换向操作(油门手柄与换向手柄非联动船),并注意换向指针的位置(目前大多数船舶主机都在反向启动之初换向)。

(3)逐渐将操纵手柄移到倒车"启动"位置,用启动空气进行刹车,此时切勿供油;当主机紧急制动并反向启动运转时,换向指针应从"正车"位置移到"倒车"位置(无换向杆船)。

(4)立即将操纵手柄移到加油位置的最后一挡,确认主机倒车运转,其转速增加时,再将操纵手柄移回到低速位置,缓慢地加大油量,避免主机产生过大的振动。

(5)值班驾驶员在紧急情况处理过后应告知船长及机舱有关情况,并分别记入"航海日志"和"轮机日志"中。

#### 2. 紧急刹车注意事项

(1)保证启动空气瓶的压缩空气压力足够,否则刹车过程很难有效进行。

(2)为保证倒车启动成功,可稍加大启动油量。

(3)为使主机迅速刹车和反向启动,拉动启动手柄时可略停顿,以缩短刹车过程时间。

(4)当主机和船舶在较高航速下刹车时,可采取几次间断刹车。

(5)当柴油机换向未到位时,不可过早拉动启动调油手柄,以免发生意外。

(6)倒航时油门不应过大,以防止主机超负荷。

(7)正确把握刹车时机,不应过快或过慢;采用遥控系统的主机,如无紧急刹车程序(功能)者应迅速切换到集控室操纵位置。

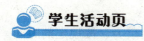

## 学生活动页

| 学习领域 | 船舶柴油机使用与维护 | 任务名称 | 柴油机常见故障排除 |
|---|---|---|---|
| 学生姓名 |  | 班级学号 |  |
| 组别 |  | 任务成绩 |  |
| 任务描述 | 本任务对柴油机使用中的常见故障进行整理,学习后能够分析原因并解决 |||
| 知识目标 | 熟悉柴油机常见故障 |||
| 能力目标 | 具有分析并解决故障的能力 |||

续表

| 素质目标 | 1. 能够具备初步的管理能力和信息处理能力，主动获取信息，展示学习成果，对工作过程进行总结和反思；<br>2. 能够具备沟通能力、质量意识和安全意识，有效利用团队合作解决实际问题 | | | | | | |
|---|---|---|---|---|---|---|---|
| 学习重点 | 柴油机常见故障 | | | 学习难点 | | 故障排除 | |

| 过程记录 | 1. 小组人员分工 |
|---|---|

| 姓名 | 分工 | 姓名 | 分工 | 姓名 | 分工 |
|---|---|---|---|---|---|
|  |  |  |  |  |  |
|  |  |  |  |  |  |
|  |  |  |  |  |  |

2. 参考说明书列举10种柴油机常见故障及排除方法

| 序号 | 常见故障 | 排除方法 |
|---|---|---|
| 1 |  |  |
| 2 |  |  |
| 3 |  |  |
| 4 |  |  |
| 5 |  |  |
| 6 |  |  |
| 7 |  |  |
| 8 |  |  |
| 9 |  |  |
| 10 |  |  |

| 任务考核 | ★选择题<br>1. 当发现主机个别缸有拉缸征兆时，所采取的首要措施是(　　)。<br>　　A. 停车　　　B. 加强冷却　　　C. 单缸停油　　　D. 降速<br>2. 曲轴箱防爆门的作用是(　　)。<br>　　A. 防止曲轴箱爆炸　　　　B. 爆炸前释放曲轴箱内气体<br>　　C. 避免二次爆炸　　　　　D. B＋C<br>3. 在值班轮机员接到"紧急刹车"指令时，首先采取的操作是(　　)。<br>　　A. 回车钟　　B. 停油　　C. 换向　　D. 刹车<br>4. 柴油机装设油雾探测器的目的是(　　)。<br>　　A. 探测轴承温度　　　　　B. 检测活塞环漏气<br>　　C. 检测曲轴箱门漏气　　　D. 检测曲轴箱内油气浓度的变化 |
|---|---|

| 任务评价 | 自我评价 | 1. 通过本任务学习，我学到的知识点和技能点：_____。<br>存在问题：_____。<br>2. 在本次工作和学习的过程中，我的表现可得到：<br>□优　□良　□中　□及格　□不及格 |
|---|---|---|
|  | 小组互评 |  |
|  | 教师评价 |  |

# 参考文献

[1] 刘晓丽．船舶柴油机使用与维护[M]．北京：北京理工大学出版社，2014．
[2] 黄步松，吕凤明．船舶柴油机[M]．北京：人民交通出版社，2009．
[3] 聂云超，任庆国．船舶柴油机[M]．大连：大连理工大学出版社，2004．
[4] 罗红英．船舶柴油机使用及维护[M]．哈尔滨：哈尔滨工程大学出版社，2010．
[5] 朱建元．船舶柴油机[M]．北京：人民交通出版社，2008．
[6] 沈维道，蒋智敏，童钧耕．工程热力学[M]．3版．北京：高等教育出版社，2001．
[7] 周龙保．内燃机学[M]．北京：机械工业出版社，2005．
[8] 陈珍加，罗振辉，陈欣．船舶柴油机拆装修理工艺[M]．哈尔滨：哈尔滨工程大学出版社，2007．
[9] 中国船用柴油机市场调查及战略研究报告(2020版)．